團體諮商與心理治療

多元場域應用實務 第二版

Group Counseling and Psychotherapy:
Practice in Diverse Settings

許育光———著

序言

青山正茂、藍海湧浪，專業的諮商與心理服務在變動世代與革新時期，正突顯其需要性與急迫性；相較於個別諮商與治療／輔導，團體在華人群性中一直有其特殊且安適自在的脈絡性優勢，例如：圍爐、歡聚、暢談、共學、團員、學社等群性和諧或相互聯結特性，以及儒家修身知識體系中的「以文會友、以友輔仁」、「參贊」或「三人行必有我師」等友伴支持或砥礪之團體實踐知識，存在顯示華人受眾，有其文化與心理基底的團體脈絡之實在性，而團體的心理工作應是能積極反映我們內在心靈原型的重要心理工作模式。

回顧團體諮商與治療教學二十年，從而立的懵懂為開端，研究、實務與教學轉輪的忙碌間，寫一本教科書是內心常浮現的一個願望，負笈美東博後訪學之際，有機會研讀與整理相關資訊，促成本書初版緩緩的於不惑之年未到前出版。隨後變局襲來，生命穿梭在多重困惑版塊的拼接裡，理事長、系主任、合校、博士班、轉型、國際合作、疫情，一直到解封；需要認真好好檢視和改版的呼籲和心聲，每日只能在進入夢鄉前三省吾身，湧現強烈的愧疚。到了當前天命的未能了然之際；感嘆時不我予的心虛，終於化為力量，好好的增修了本書的相關篇章，使得此一修訂版能順利完稿與出版。特別感謝五南出版與編輯同仁的支持，以及身邊周遭實務夥伴的激勵。

本書的增修版本，包含了幾個重要的增添，例如，對於團體類型與模式更為細緻的區分、規劃團體的系統化思維指標、六類團體主題軸線的提議，以及對於篩選和面談、組合團體的人際模式評估等均為教學實務上的體會。在多元文化觀點的實務融入上，於倫理的章節納入更具脈絡性的考量，也於探究文化多元樣貌的篇章，加入對於文化與社會正義實踐的實務精神。在實務技術篇章上，更納入歷程與研究的觀點來統整意圖／技術和焦點等三個重要的策略面向，且嘗試延伸說明系統化的策略運用實務。

對於多元場域的團體實務，本書也增添對於精神醫療／安寧療護／社

區心理衛生／自殺防治／監所司法／創傷哀傷協助等多樣的團體實務應用
概況；在兒童青少年與學校方面，也依序探討各類型團體模式可於早期療
育／幼兒園所／中小學／大專院校／社區兒少心理服務等運用；此一增訂
編撰旨在提供更為寬廣的實務簡介，雖然不及各類型團體實務工作，但在
兼顧當前較為熟知的相關模式下，幫助學習者／實務者能開啟興趣，在不
同場域中朝向應用團體心理工作的知識與技巧，提升團體心理工作的實務
成效和實踐力。

　　進階的實務中，對於團體僵局、特殊需求成員處理、領導風格、領
導能力向度，以及最常見也需要關注的協同領導和關係磨合發展等，也是
本書期望拋磚引玉與大家分享的部分。最值得再自我引薦的部分還包括：
團體實務表格運用、團體成效評量的方針，以及團體研究與實證基層考慮
等推廣，期望讀者與實務者能建構更具績效和實證延伸性的團體實踐；最
末，有感於華人團體心理工作與實務培養的重要，團體實務之專業發展、
督導模式和培育系統、個人成長與學習歷程等議題，也是本書基於教學熱
誠而開展的重要議題，期盼能磚玉共陳，會心共研。

　　本書《團體諮商與心理治療：多元場域應用實務》旨在為跨度於學
校、社區與醫療場域之心理助人專業、輔導實踐者、專業心理師、心理治
療師、諮商輔導工作者以及相關領域的學習者，提供貼近實用的團體心理
工作理念與實務參考。本書的編寫立基於後學多年來在不同場域機構、開
展背景及社會脈絡下的實務體驗和研究成果，涵蓋了廣泛的實務議題，並
針對不同的團體需求與多元挑戰，力求提出具體的學理建構、參照觀點和
介入策略方法。

　　每篇章的設計與次序安排，期望能在教學或自行研讀下，幫助讀者朝
向理解並掌握團體諮商與心理治療的核心概念和技術。除了理論探討，本
書也從有限的經驗，嘗試舉例或呈現實務案例分析，加以促進讀者能從具
體操作歷程描述中有所了解和學習。茲將本書七個篇章中各章節的主要內
容摘要如下：

Part I 團體心理工作的理論基礎

第一章：團體心理工作歷史源流與發展——概述團體心理工作的基本概念及其範圍與類型，並回顧心理工作團體的歷史發展。具體探討任務與工作團體、心理教育團體、諮商團體及心理治療團體等不同類型團體的界定和應用。

第二章：團體歷程與個人成長——探討團體心理工作的功能與效益，並深入分析團體發展歷程與個人成長的關聯。強調團體經驗對個人心理需求的滿足及其對個人改變歷程的影響，並探討療效因素在團體歷程中的作用。

Part II 團體的籌劃準備與實務考量

第三章：團體構思與規劃設計——指導如何構思與規劃心理工作團體，涵蓋團體功能與目標的設定、領導者角色的明確以及成員人數，以及時間安排等重要考量，並具體介紹諮商與治療團體的規劃步驟。

第四章：結構方案的設計與選用——探討如何運用結構方案設計理念與原則，並介紹各階段結構方案的設計與應用。重點說明如何催化團體分享與對話，並透過結構活動達到預期的團體目標。

第五章：成員篩選與組成團體——介紹成員篩選與組成團體的考量，強調適合度與評估的重要性，並討論成員篩選面談評估或說明會的實施。

第六章：團體倫理議題與實務考量——討論團體諮商與治療中的倫理議題，涵蓋成員篩選與定向、保密議題及成員關係等方面，並強調專業能力與多元文化能力的重要性。

Part III 團體階段領導實務

第七章：開始階段領導實務：初次團體帶領——本章探討團體開始階段的領導任務與程序，並介紹初次團體領導的實務要點，包括時間規劃、分享發言順序及個別成員參與等。也提供五個重要的領導任務，作為實務開始團體之時的領導架構運用。

第八章：轉換階段領導實務：凝聚促進與議題呈現——分析轉換階段

的領導任務，並介紹非結構與結構團體單元的領導實務，強調人際聯結與關係促進的重要性。

　　第九章：工作階段領導實務：議題處理與行動促發——探討工作階段的領導任務，並介紹團體工作段落的領導實務，強調問題解決與個人賦能的重要性。

　　第十章：結束階段領導實務：回顧、道別與展望——介紹團體結束階段的領導任務，並強調成員關係的分離與個人成長的回顧與展望。也提供五個重要的結束階段領導任務，作為引領團體終止歷程的領導架構運用。

Part IV　團體技術與策略

　　第十一章：團體歷程介入意圖與技術——探討團體諮商與治療領導的意圖與技術，並介紹不同階段的技術應用，主要包含各類型介入意圖／技術運用／焦點轉換等三個層次。

　　第十二章：團體系統化介入策略——分析團體介入策略的向度與歷程考量，並介紹團體層面、人際層面，以及個人層面的介入策略。在架構上整合團體發展歷程，主要區分為維持和催化兩類策略在不同歷程間的運用或推進。

Part V　跨場域多元文化團體實務開展

　　第十三章：成人團體實務開展：醫療／社區——探討多元專業場域中的團體規劃與實務應用，涵蓋醫療、社區、任務團體、成長與發展團體、諮詢與教練團體等多種形式的團體心理工作。

　　第十四章：兒童青少年團體實務開展：學校——探討兒童青少年發展與團體工作的關聯，並介紹學校及社區／醫療場域中兒少團體實務的應用，強調發展階段與團體實務工作的配合。

　　第十五章：團體多元文化議題與實務介入——探討團體諮商中的多元文化議題，涵蓋年齡、發展障礙、宗教信仰、種族、性別等，並探討在多元文化情境中進行有效的團體領導和介入策略；也強化創造文化與貼近社會正義的思維，賦予團體實務更具脈絡性和生命力的影響力。

Part VI 進階團體歷程實務

第十六章：團體特殊需求成員評估與介入——探討如何評估和介入具有特殊需求的團體成員，並提供從團體整體、人際互動和個人背景等角度理解成員行為的方法，以及針對不同議題的具體介入策略。

第十七章：團體困境突破與領導風格——著重於探討常見的團體領導困境及其解決方法，並介紹進階的領導實務與風格，包括領導者的語言使用與溝通技巧。探討議題舉例如：無法融入的成員之評估處理、團體沉默、團體主題飛馳且持續空泛、團體強烈衝突與情緒對立爆發，以及挑戰領導者等議題；針對新手帶領者於實務領導非結構團體歷程，常需要面對之處境加以探討。

第十八章：團體領導能力與協同領導——介紹團體領導者應具備的特質、專業態度和能力，並探討協同領導的概念、組合模式及其在團體催化中的應用。

Part VII 團體評鑑、研究與專業實務發展

第十九章：團體實務紀錄、評量與研究——討論團體實務的記錄方法、效能評估及其資料來源和分析，並介紹團體諮商與治療研究的設計方法及其主要類型與主題。

第二十章：實務訓練與專業發展——探討團體諮商專業成長的課題，提供團體實務領導的知識體系建立、實務學習、訓練及督導方法，並強調實務工作者的專業發展路徑。

本書七大篇章，從基礎理論、團體規劃、歷程實務、技術運用、場域實踐、進階議題，到研究與專業發展。其中第一、二篇：「基礎理論」、「團體規劃」為重要基礎和先備知識；第三、四篇：「歷程實務」、「技術運用」則可做為教學或自我學習上的實務參考導引，尤其碩士以上或實務進階層級之學習者可參考技術運用部分；第五篇：「場域實踐」則包含社區／醫療和學校等多樣需求與多元樣貌，可擴增團體實務工作者之視域；第六篇：「進階議題」則主要對於團體歷程之實務難題、僵局突破、協同領導與領導風格發展等議題，提供相關的訊息作為碩博學習或具備實

務進階需求之讀者參考；第七篇：「研究與專業發展」旨在提升對於團體諮商與治療之研究興趣，也對於如何教、如何學、如何累積經驗，以及如何成長精進等，提出相關的見解。對於不同層級的教學或實務學習，後學依據深淺程度，提出相關的建議，並推薦其進度如上下學期之不同月份進程，來加以安排進度，如下表所示；茲分述如下：

1. 大學層級：在團體動力的基礎上，著重於對團體心理工作的整體了解和團體歷程基本實務之學習，因此內涵上可依序包含：第一、二篇：「基礎理論」、「團體規劃」建構規劃與執行團體之基本知能；第三篇：「歷程實務」則著重於走過團體階段實務操作之學習，若為中高結構團體，亦可融入非結構對話與人際互動催化之引導。而第五篇：「場域實踐」包含社區／醫療和學校等多樣需求與多元樣貌，可擴增團體實務工作者之視域。大學部授課上，第四篇「技術運用」、第六篇「進階議題」和第七篇「研究與專業發展」若因時間因素，可暫不排入教學日程中，但對於進階技術、非結構團體歷程與研究等感興趣之學生，亦可鼓勵加以參考和研讀。第19章所提供之團體紀錄表格、評量方向等亦可由教師給予指引，加以參考和應用。

2. 碩士班層級：在具備團體動力、團體諮商輔導的實務基礎上，碩士班研究生可以專業實務整合和啟發其研究興趣等，為主要教學方向。在教學上除了涵蓋大學層級的學習內容外，於第三、四篇「歷程實務」、「技術運用」兩個篇章之運用上，可強化相互的輔助，對於各階段團體催化歷程與技術策略的應用，形成有系統的實務知識，也提供教師在推進學生實務學習之參考。而第五篇「場域實踐」、第六篇「進階議題」和第七篇「研究與專業發展」則可採專題研討或分章節報告方式，於學期中後階段加以選取和研討。

3. 碩士在職專班：由於碩士在職專班之屬性較偏向與自我脈絡相關（如學校／社區／醫療等廠域）之實務議題精進，建議教學上可由第五篇「場域實踐」之研討入手，也依序以系統的研討與學習各篇章之內涵。於第三、四篇「歷程實務」、「技術運用」兩個篇章之運用上，由於在職專班可能存在跨領域學習或較多元之脈絡，系統性的技術策

略掌握等要求可能相對較為精細，若大致缺乏先備的個別諮商輔導技術訓練，教師可先穩定其關於歷程實務之實務經驗，再回觀與反思相關的技術策略運用即可。而第六篇「進階議題」則可採專題研討或分章節報告方式，於學期中後階段加以選取和研討。第七篇「研究與專業發展」可選備，若學生對團體研究議題感興趣，亦可加以選取和討論。

4. 博士班：本書在博士班進階團體諮商與治療實務，或是專題研究相關課程之應用上，可界定為自行閱讀之參考資料；但於實務操作上第三、四篇「歷程實務」、「技術運用」兩個篇章亦可提供進階實務或督導學習之相關素材，藉以對應理解團體領導介入策略與團體歷程現象。與實務相對應的研討素材上，第五篇「場域實踐」、第六篇「進階議題」和第七篇「研究與專業發展」則可做為閱讀的基礎，延伸搜尋相關新進研究或各取向專書論著，整合相關更進階的教材，採專題研討或分章節報告方式，於學期中後階段加以選取和研討。

△大學層級　◎碩士班　◇碩士在職專班　☆博士班

授課學期／篇章主題		授課月份與進程				
下學期	課前研讀	Feb	Mar	Apr	May	Jun
上學期		Sep	Oct	Nov	Dec	Jan
Part I　團體心理工作的理論基礎 第一章　團體心理工作歷史源流與發展 第二章　團體歷程與個人成長	△◎◇☆	△◎◇☆				
Part II　團體的籌劃準備與實務考量 第三章　團體構思與規劃設計 第四章　結構方案的設計與選用 第五章　成員招募與篩選組成 第六章　團體倫理議題與實務考量	△◎◇☆	◎☆	△◇			

授課學期 / 篇章主題	課前研讀	授課月份與進程				
下學期		Feb	Mar	Apr	May	Jun
上學期		Sep	Oct	Nov	Dec	Jan
Part III　團體階段領導實務 第七章　開始階段領導實務： 　　　　初次團體帶領 第八章　轉換階段領導實務： 　　　　凝聚促進與議題呈現 第九章　工作階段領導實務： 　　　　議題處理與行動促發 第十章　結束階段領導實務： 　　　　回顧、道別與展望	◎◇☆	☆	◎☆	△◎◇	△	
Part IV　團體技術與策略 第十一章　團體歷程介入意圖 　　　　　與技術 第十二章　團體系統化介入策略			☆	◎	◇	
Part V　跨場域多元文化團體實 務開展 第十三章　成人團體實務開展： 　　　　　醫療／社區 第十四章　兒童青少年團體實 　　　　　務開展：學校 第十五章　團體多元文化議題 　　　　　與實務介入	◎◇☆	◇		☆	△◎	△
Part VI　進階團體歷程實務 第十六章　團體特殊需求成員 　　　　　評估與介入 第十七章　團體困境突破與領 　　　　　導能力 第十八章　團體領導能力與協 　　　　　同領導	◎◇☆				☆	◎◇
Part VII　團體評鑑、研究與專 業實務發展 第十九章　團體實務紀錄、評 　　　　　量與研究 第二十章　實務訓練與專業發展	◎◇☆				☆	◎☆

　　在當前快速變遷的社會環境中，心理健康需求日益多樣化和複雜化。本書希望透過提供多元場域的實務應用知識，幫助專業工作者更好地應對這些挑戰，提升團體諮商與心理治療的效能和專業水準。本書自出版至新作增添雖審慎修訂，然仍尚有疏漏或未臻完備之處，還盼學者先進於展閱之間，不吝給予指教和修正意見。

　　在開展團體、學習團體、實際帶領團體或嘗試發展團體研究的道路上，林林總總的學派與取向（Approach）、跨生命全距且多元的服務對象（Person）、因應不同需求的諮商輔導目標（Purpose），又必須兼顧實務團體發展階段與歷程（Process），加上對於適切的輔導或模式的應用（Model）、各類型表達性媒材的選用（Material），以及團體歷程與效能的評鑑（Measurement）等議題（AP3M3的團體規劃與建構，參見本書第三章）；呈現了多重的實務議題與層面。初學時也有一種複雜又困難的感覺，感覺任重道遠，有時感嘆學海無涯；但幾年致力於學習教學和摸索研究的過程後，嘗試回到初衷，期待所學所思的團體理念或實務，能藉此書面平台有所分享和交流。

　　回首受訓歷程、海內外跨機構或相關學會、專業社群的學習，最珍貴的始終是遇見最好的老師，給予最佳時機的指引或督導；有所茁壯，盡在澆灌與耕耘的日常，致上最深的感激給一路引領的師長和同事。也邀請讀者諸君能進入團體心理實務或研究的領域，徜徉其間，擇你所愛，無問所負，緣起永翔。深切期盼本書能夠成為您的團體實務夥伴，為您的團體專業發展路徑提供一盞夠用的燈。

許育光

國立清華大學／新竹城南校區

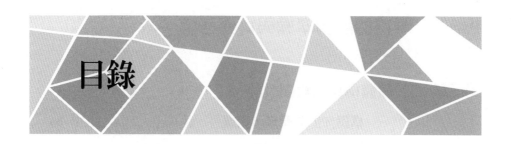

目錄

Part II 團體的籌劃準備與實務考量

Part III　團體階段領導實務

Part IV　團體技術與策略

Part V　跨場域／多元文化團體實務開展

本書本文部分已多達 504 頁，為避免本書厚重，增加讀者負擔，故將參考
文獻部分放在五南圖書出版公司官網供讀者下載：
https://www.wunan.com.tw/

請見本書的「資料下載」處。

對此種嘗試有任何不便或是指教，請洽本書主編。

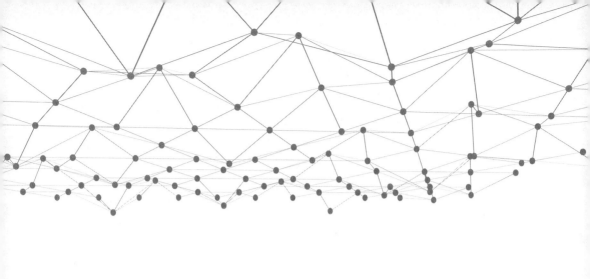

◆ Part I

團體心理工作的理論基礎

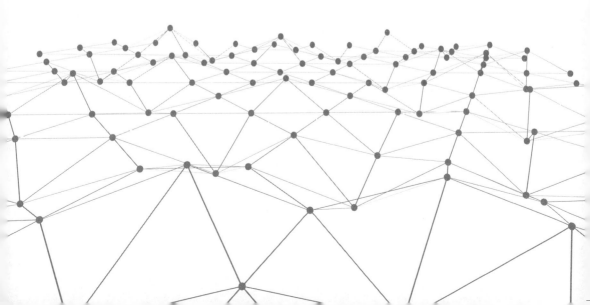

第一章

團體心理工作歷史源流與發展

本章綱要：

一、「團體」之基本概念

二、團體工作之範圍與類型：任務與工作團體／心理教育團體／諮商團體／心理治療團體

三、心理工作團體的界定：訓練團體／（探究）學習團體／成長與發展導向的團體／諮詢團體（心理性質的學習／教練／諮詢／顧問）／輔導與心理教育團體／團體諮商與治療

四、心理工作團體之歷史回顧與前瞻：精神醫療／學派發展之影響／學校教育／諮商輔導工作之發展／社區機構／歷史事件之影響／專業社群學會／研究之發展

一、「團體」之基本概念

「團體」（group）是什麼？在我們的生活當中，四處可見到團體的身影，例如說班級是一個大家一起學習的團體，球隊是一個大家一起練習且為了追求更好團隊成績的團體，組織裡的研發小組是一個大家共同合作朝向新產品研究開發的團體，醫療院所的精神醫療團隊共同朝向建構專業的多元服務亦是一個團體，而對心理服務專業人員來說，集合受輔導的學生或是服務的案主等共同在一起，探討關切的主題或個人議題，朝向發展、改變或成長，亦是團體。我們可以很顯然的發現，團體的組成是兩三個以上的成員，且透過互動、溝通、討論或合作等歷程，朝向某一共識努

力且致力於達成目標；並且在過程中成員能逐漸或是充分的意識到相互設定或有共識的既定目標，調整自己的努力或表現而朝向該目標共同前進。由上述舉例和探討可知，「團體」其實是一個非常廣泛存在的現象，舉凡生活中、人際上或工作組織內，處處可見到人與人之間聯結而形成的團體架構，而且因為人類的群體性和對於關係連結等天性上的特質，團體對人群來說，顯得非常重要且必須。

從團體的概念延伸出來，如何去建構一個團體？帶領或領導一個團體？或者是如何推動或促進一個團體朝向他／她的目標邁進？引導團體或團體內的個人朝向團體共識的目標或個人目標前進等議題，實則與如何工作於這個團體的實際帶領有關，我們可稱之為「團體工作」（group work）。相關學者或學會對團體工作曾作了精要的界定和定義，認為團體工作是運用特定的知識和技術，來加以催化或促進團體內的成員們能朝向或達到他／她們大家相互設定的目標，而此目標可能包含了工作或職業上的任務、教育和學習、個人發展、問題解決，以及異常狀態等的改變或導正（ASGW, 2007；Gladding, 2008；Erford, 2010）。

本書是一個聚焦於探討心理諮商與治療導向團體的參考專書，主要著重於探討如何在團體中能透過建構一個具有效能的團體，而能運用其資源來幫助個別成員在心理上獲致改變、成長或發展。所討論的焦點將會聚焦在如何領導和催化一個心理性質的團體，能協助案主朝向改變與成長的目標前進。在學習團體心理實務工作上，對於所規劃是一個什麼樣的團體？是哪一種類型或屬性的團體？團體的目標或方向是什麼？團體給那些群體或作用的目的是什麼等議題，都是非常重要的。因此，在探討此一議題之前，專業工作者須先了解廣泛的「團體工作」（group work）及其範疇，以能更清楚地認識自我工作的定位和角色。

二、團體工作之範圍與類型

團體工作（group work）有許多形式且能夠廣泛的在各種專業領域應用，諸如企業管理、團隊建構、護理醫療、社會工作、職能治療，

以及學校輔導、心理諮商與心理衛生領域。美國團體專業工作者學會
（Association For Specialists In Group Work, ASGW）將廣泛的團體工作依
據其不同性質，從早期至今均延續有相同的分類方式，分為：任務與工作
團體（task groups）、輔導與心理教育團體（psychoeducational groups）、
諮商與人際取向問題解決團體（counseling & interpersonal delete problem
solving groups），以及心理治療與人格重建為導向的團體（psychotherapy
& personality reconstruction groups），等四種類型；而新版的最佳實務指
南（ASGW guiding principles for group work）則較縮短原有描述，簡約的
界定為(1)任務與工作團體、(2)心理教育團體、(3)諮商團體，以及(4)心理
治療團體，四種類型（ASGW, 2021），如表1-1分類列表所示。其中，任
務與工作團體較以團體動力或凝聚歷程，以促進績效任務之達成為主；其
他三類型之團體則較以心理發展、成長、改變與矯治為目的，在理念上接
近心理工作類型的團體。

表1-1　美國團體專業工作者學會對於團體工作（group work）之四項分類列表

任務與工作團體 Task Groups	心理教育團體 Psychoeducational Groups
諮商團體 Counseling Groups	心理治療團體 Psychotherapy Groups

　　依據不同的運用場域，各種團體有其特性、特定目標和應用場域；在
進入專業團體心理工作領域與實務學習前，應對廣泛的團體工作形式有基
本的了解，以下加以分述四類型團體工作之特性與方向。各種類型團體工
作的定義可如下加以理解：

（一）任務與工作團體

　　任務與工作團體（task groups）旨在促進一群人有效地完成任務，這
些人通常為了實現特定且時間有限的目標而聚集在一起。這類團體以目標

為導向，專注於在設定的時間範圍內完成明確的目標。任務團體通常以共同達成任務或解決、完成特定事務為主要目標，其重點不在於個人的改變或成長，而主要著重於能夠有效能、合作和發揮團隊力量去達成特定的任務。例如企業組織體裡的小組或部門、運動領域的團隊或球隊、學校教師合作教學團隊、醫院的醫療團隊或小組，或是社區發展的工作小組等。任務團體的領導者最主要的任務，是能夠促進和協調團隊或團體合作，朝向既定的目標前進，去達成任務或獲致最佳的效能發揮。

「任務與工作團體」是一種旨在達成特定任務或工作目標的組織團隊等團體形式，總則上團體由具有特定專業技能或共同目標的成員組成，協同合作以達成所設定的工作任務。其特點可包括：明確的任務目標、專業技能的促進、重視與任務有關的合作與協同、具備明確的領導與結構設置、對於時間與進度有限制性、對於所界定的績效進行評估，以及對於進展加以追蹤。

任務與工作團體是為了完成特定任務而組成的，也包括共同學習與專業成長，組織結構和運作方式旨在最大程度地發揮成員的專業技能和協同效應，以達成事先確定的目標。心理學習導向的任務團體（貼近或設定以心理成長或覺察為宗旨的團體或團隊），可以分為內容與歷程兩個軸線來理解，其一為以學習心理相關實務知識為目標所建構的任務團體，例如讀書會、心理學技術的學習、理論或實務的研討會、定期舉辦的分享會或沙龍聚會等；其二則為運用心理學相關理念或模式，設定相關團體歷程運作與體驗，旨在進行訓練或透過歷程體驗來經驗，此部分包含了以訓練或敏感度提升為宗旨的團體體驗活動，如後續再加以介紹的塔維斯托克團體（Tavistock Group）、訓練團體（Training Group），以及介於任務團體與諮商、治療導向之間的會心團體（encounter group）、中心主題互動團體（theme-centered interaction group）等陸續發展的形式。

（二）心理教育團體

心理教育導向的團體（psychoeducational groups）旨在促進個人和人

際關係的成長與發展，通常致力於預防未來的困難並提升個人的特質和能力；提供資訊並教導技能，幫助參與者應對未來的挑戰。其主要目標是能透過教育、指導和訊息傳遞等方式，促進成員獲取知識、學習新的生活適應方法，或是調整生活態度與習慣；在應用上廣泛的運用於中小學學校輔導工作、社區心理衛生推廣教育、醫療院所衛生教育、社福機構，以及大專院校等場域。在功能上，心理教育導向的團體可分為三種不同方向的形式（Aasheim & Niemann, 2006），包括：(1)教導或訊息、知識傳遞為主的教育團體、(2)技巧或生活功能訓練團體，強調行為或新習慣的建立、(3)自我了解與肯定為主要目的之心理教育團體，雖以特定方案進行為主，但仍邀請成員進行自我經驗分享，且從相互回饋和討論中增加自我態度調整或新行為的嘗試。依據帶領者預先設定主題、內容或教材的主導性來區分，教育團體的計畫性和結構性較高，技巧訓練團體次之，而自我了解與肯定團體則比較接近輔導性質的團體，在主要促進成員發展的目標下，仍然兼顧個別成員的狀態和需求，也嘗試在重要的發展任務上促進成員自我了解或改變。

　　心理教育導向的團體領導者或教育者，其主要功能在於促進成員在特定發展任務上（例如：人際關係、生涯規劃、伴侶關係發展、自我認同、求職面試、生活適應、家庭關係、罹病親屬照護等），能朝向更好、更為適應的方向發展；因此，領導者應同時對該發展領域的知識或技能，以及基本的團體帶領方式，都有相當的熟悉度或訓練。例如：(1)高中輔導教師對於學生生涯興趣和科系選擇等階段性的發展難題或待抉擇的課題，以及升學進路和生涯輔導相關方法等，都應有充分的理解和準備；在帶領心理教育團體過程中也能充分促進相似議題的討論，並讓不同生涯期待的學生有相互交流與回饋的機會，擴展學生的生涯價值觀。又如：(2)醫療院所精神科或心理衛生科，針對罹病家屬所開設的衛教團體，除能充分提供診斷與症狀、療程與預後、照顧與關係調適之相關資訊；也要能針對病友家屬的心情，或是運用團體人際支持與回饋的動力，提供家屬能透過團體獲得知識與技能、情緒調適與紓解，以及實際在與病友的互動或日常照顧上，更為實質的幫助。

（三）諮商團體

　　諮商團體旨在緩解或協助個體處理生活中的個人和人際關係問題，促進個人和人際關係的成長，並針對那些經歷生活重大轉變的人士的需求提供支持。「諮商」（counseling）本身在性質上即與解決個人困境或議題有關，而放置於團體情境或脈絡裡的諮商工作，則更著重於在人際眞實互動的場域中，提供與建構一個能夠幫助個人處理自己議題或解決特定問題的空間；因之，諮商團體（counseling group）在功能和目標上，旨在協助個人面對或探索、釐清或了解自己所面臨的適應困境或問題，且從團體歷程中能擴展覺察與對情境的認知、表達或疏通情緒，且發展適切的新行爲或具效能的行動。在性質上，諮商團體，因爲需要經歷自我表達、意義探索和面對挑戰或省思等較有壓力的心理歷程，通常適合於心理或生活功能維持一定水平的案主參與，也因爲在目標導向上以解決問題或當前所面臨的困境議題爲主，諮商團體一般在時程上以短期爲考慮，意即在團體次數上不會太多，進行的期間也有其限度而不會像心理治療團體較長。

　　在學校場域，例如：針對父母方剛離異的兒童或青少年開設的生活適應團體，其目標在於讓學生有機會表達和處理生活變動、關係變化或相關的衝突經驗，發展新的生活技巧並重新面對單親生活的架構。而例如邀請曾因攻擊或霸凌相關經驗而遭遇創傷經驗的青少年，透過諮商團體形式探討經驗本身或發展解決策略等，亦是一種諮商團體形式的實務應用。

　　在社區場域，在職上班族、婦女、家庭親子議題和壓力適應等，也是社區諮商團體常見的開設範疇，例如：身心舒壓導向的團體，可能除了運用適切的活動方案，也加上身體感官工作，並開放團體場域空間，讓成員有機會探討自己工作場域之壓力困境，透過團體資源激盪，尋求解決和新的觀點；又如婦女成長團體，因女性在溝通表達意願和情感連結上較男性主動，在社區場域參與團體之成員仍以女性爲多，而女性本身面對人生發展階段任務、伴侶或婚姻關係、親子溝通、事業與家庭平衡，以及自我覺察和自主等議題，也常常爲社區此類團體之探索重點。

　　精神醫療單位門診或診所爲輕微精神官能症或適應障礙案主開設的短期團體，雖然在名稱上稱爲團體治療，但通常屬性接近以問題解決或人際課題處理的心理諮商團體，通常其目標已經不儘是症狀處理，而傾向於在病程已經穩定的狀況下，朝向自我生活經驗和隨之而來的想法、感受或行爲等進行探討。

（四）心理治療團體

　　心理治療團體以治療爲導向，旨在解決成員之間顯著且持續的行爲、思考和人際關係模式。這類團體的主要特徵是全面的診斷評估和特定的治療方法，專注於治療模式以提供有效的治療。長期以來，諮商輔導與精神醫療領域之既定觀念，常將心理治療界定爲對精神疾病患者進行處遇和介入，而不是回到心理治療的本質進行探討。在內涵上，心理治療（psychotherapy）與諮商（counseling）最大的分野與區別，在於其並非以解決實際生活困境或議題爲焦點，而是將介入的處理焦點放在內在心理模式或性格的重建上，透過某一歷程促進案主朝向內在狀態的改變、成長，或是轉化（transformation），在各個治療學派可能對於轉化或轉變有不同的界定，例如：自我（ego）的強化、內化與整合好壞客體（object）、接觸與能夠統整、朝向自我實現、認知型態的轉變、新行爲模式的穩固發展等；因之，心理治療團體通常在導向上較諮商團體長期，且必須依循擇定的治療取向與學派，創建一個適合個體在當中呈現、探索的團體情境，以致於使成員等朝向內在轉化與改變。

　　相反，在精神醫療單位若原初乃針對康復階段的住院精神疾病案主，設定爲給予成員能具備處理生活情境的技能，有架構的學習新事務和技巧等，性質應較爲接近心理教育導向的團體；而假若爲引導案主於康復過程，能更有效解決踏入社會和新生活適應所面對的個人特定壓力，例如親子衝突、求職挫折、友件關係困境處理、自我價值觀澄清，或壓力因應等，則屬性上則較接近諮商團體。綜合上述可發現，當前在醫療體系雖然通稱集合病患來進行活動或討論之團體型式工作爲「團體治療」，但是屬

性上實則包含心理教育團體、諮商團體，以及真正聚焦在性格重建上的心理治療團體等三類。

再者，於醫療體系外也常見的「成長團體」（growth group）或「會心團體」（encounter group）、「敏感度訓練」（sensitivity training）團體等，通常參與者為一般適應狀態良好或未有嚴重困擾之成員，且其主要焦點為尋求個人成長和改變，且期待透過更深入的探索和自我了解，獲致頓悟、覺察和自我內在更深層的轉化，其性質和導向上是貼近「心理治療」的。而提供專業心理從業人員參與的「訓練團體」（training group）或稱T-Group，從非結構或無結構的團體歷程和動力，激盪參與者反身思考自我或覺察自己的人際應對模式。由此可發現上述兩類型團體，雖然不是提供病患參與，但是其本質上是接近心理治療導向的。

因此，廣義或俗稱的「團體治療」固然可以採用醫療體系的觀點，套用於所有協助精神病患之團體模式，但在領導和催化團體的專業工作上，領導者應對自己所帶領和進行的團體有清晰的認識；在本書則將「心理治療團體」界定為包含提供一般困擾或精神疾病案主參與，且著重於個人轉化或性格重建的團體心理工作，以及提供正常群體案主或專業人員參與，具有個體療癒性質的「成長」或「訓練」團體等兩個範疇。

三、心理工作團體的界定

在前述所探討的四類型團體工作中，任務團體是一個廣泛存在且處處可見的工作形式，但通常期焦點並不會放在個別成員心理層面的成長上，而較以團隊的任務達成為主，我們可發現團體工作是一個非常廣泛且多元的範疇，團體可以各種形式在各種不同的場域存在，也因此各個領域在團隊、組織、小組、領導和行政等領域，也都共同納入團體動力相關的學問或學科。然而，在團體工作中若著重於個人的發展、成長與改變，則其屬性較為貼近廣義的團體心理工作，其中包含團體輔導（group guidance）、團體諮商（group counseling）、團體心理治療（group psychotherapy），以及上述為敏感度訓練、會心團體、和訓練團體等諸多

團體工作模式，主要都著重於提供參與成員或個案一個有意義的人際情境，能協助參加的成員自我改變、朝向成長或發展。

表1-2　團體輔導、團體諮商或團體治療之大致區分摘要表

	團體輔導	團體諮商	團體心理治療
功能	預防性、教育性	發展性、成長性	治療性、矯正性
目標	知識、訊息的獲得	促進問題解決或認知／行為／情緒的改變	人格重建與模式轉化
對象	一般常態群體／民眾或學生	面對困擾／生命特定議題或適應困難	嚴重心理困擾／精神疾病患者／法定矯治需求

　　團體輔導、團體諮商或團體心理治療，是指著透過設定且有專業人員帶領的團體，對於有特定需求的案主，依照設定的程序或在過程中進行某些促進其覺察或行動的介入，使參與的案主有所改變。此類團體與現實生活情境的團體有所不同，現實生活中的群體因為個別差異，以及人我需求的衝突，未必能帶來有助於兒童成長或發展之經驗；兒童與青少年在家庭、同儕和班級團體中，也有時因為自身的特質或發展上的弱勢而在群體中難以自我表達和獲致最佳的發展，例如兒童可能在自己的班級常受到嘲笑和愚弄，也可能因為曾經有些人際衝突而持續一段時間的被孤立，也可能因為容易被激怒而成為大家刻意疏遠的對象。社區案主可能因長期孤獨且自我與人群疏離，但內在渴望與他人能有意義的連結，而感到衝突與不一致，透過參與團體所實際在當下經驗到新的人際交融經驗，以及嘗試在受到鼓勵的氣氛下，向外追尋新的人際等新經驗，都對其心理發展有很大的幫助。

　　綜合上述，「朝向心理工作的團體」（group for psychological work）是一群個體的集合與心理交會而建構的實體，一個孩子在參與團體的過程中會透過有意義的互動，去重新認識自己的價值觀、信念和情緒感受，也從他人的眼中看見自己，團體互動的支持和互助、嘗試進行努力後又受到

肯定等新的經驗，將會很有價值的成為他／她內在很重要的回憶和資源。

　　作者從多樣的團體心理工作考察為出發點，統整與推薦可從下列九個類型的團體型態，來區分不同屬性的團體工作；以下即從各類型團體之應用優勢、心理團體的形態和分類等，銜接美國團體專業工作者學會（ASGW）所界定的四種團體類型基礎（表格的四個角落），加以延伸探討不同類型的心理團體工作。

　　如表1-3多元心理團體工作型態分類摘要表所示，第一列最左上角的「任務與工作團體」，由前述的討論可以知道較接近以績效或任務為主的團體，可暫不列入心理團體來討論，通常也歸屬於「團隊」的討論範圍；而最右側中間欄位的「短期／較高結構諮商團體」，則介於「輔導心理教育團體」與「諮商與人際取向問題解決團體」之間，實務應用上常可見於輔導場域因服務群體的需要而加以設計或運用結構等；第三列最左側為「心理治療與人格重建為導向團體」，下方中間位置的「非結構諮商團體／治療性的諮商團體」，則介於一般較為短期或低結構模式的諮商團體與長期的治療團體之間。

表1-3　多元心理團體工作型態分類摘要表

任務與工作團體	團隊學習／教練團體 顧問諮詢（consultation）團體	輔導心理教育團體
訓練團體／ 無結構體驗式團體	成長與發展的團體	短期／較高結構諮商團體
心理治療與人格重建 為導向團體	非結構諮商團體／ 治療性的諮商團體	諮商與人際取向問題解決 團體

　　常見的心理工作團體在導向上，包括心理教育導向的團體、諮商與人際問題解決的團體，以及心理治療和性格重建的團體；但是實際上，此三類的區分是依據團體的目標和性質，卻也因為性質和目標的廣泛，又常

常有重疊或相關之處，很難截然劃分。本書在界定上將常見的心理團體形式，針對結構化的高低、實務工作或推展模式，區分為：訓練團體、成長團體、教練／顧問諮詢團體、輔導心理教育團體，以及諮商與治療團體等五種類型加以描述描述和說明。

其中，如上表1-3虛線框線所示，部分任務工作團體與訓練團體可整合為一類型來討論，成長與發展類型的團體以正常功能良好的群體為主可成為一類型，教練／顧問諮詢類型主要為提升職能與間接服務為焦點也可單獨一類來探討，輔導心理教育與較高結構之諮商團體於短期團體之歷程上有接近之處，也可共同討論；而下緣從諮商到心理治療之光譜與程度差異之心理議題與協助個案或病人之團體有相似且共有的理論，也可歸結為一類來討論。茲分述如下：

（一）訓練團體／（探究）學習團體

訓練團體（training group）或探究（學習）團體（study group），一般指的是無結構方式、以體驗為主的團體工作，目的在於從體驗此時此刻，促進對於相關聯內外在覺察，提升對於邊界、權威、角色和任務等議題的覺察。團體型態有明確的時間與次數之界線，因此通常採封閉方式進行，且成員需具備一定的自我心理強度，以能承受無結構團體動力體驗所帶來的身心衝擊；成員人數、時間與次數可依據團體或研習會之規劃來設置。

1. **訓練團體**（T-Group）：訓練團體是一種以實踐為基礎的小組訓練模式，旨在促進成員的個人成長、協作技能和人際互動。以美國國家實驗室勒溫（Lewin）理論為主的團體動力體驗則提供參與者一個體驗與實驗的情境，團體的進行方式包含訓練團體、行動團體等型態，促使參與者能夠更了解團體動力與個人行為的關係，進而影響其所處社會和組織的改變。在訓練團體中，成員透過自我探索和開放性的互動，接受來自組內成員和催化員（facilitator）的即時回饋和引導，成員參與各種小組活動和討論，提升溝通、人際真誠互動和解決衝突的能力，使其更具對於人際與自

我的敏感度。

　　2.團體關係大會（Group Relation Conference, GRC）：以英國塔維斯托克（Tavistock）比昂（Bion）取向所設置的「團體關係大會」，亦是常見的訓練或探究導向的團體；探究的內容層面可舉例如：個人在團體或組織中的經驗、團體脈絡下的人際互動或衝擊、團體間或組織間的互動關係、個人在人際與團體中所被誘發的體驗等。團體關係大會（GRC）在核心任務上為探究個人領導力、團體間關係與社會系統為主；形式上是一種注重組織心理學和組織動力學的大型會議，可進行為期數天，模式包含大型學習團體、小型學習團體、團體間活動、組織機構活動等各類型團體，工作人員在團體過程中以顧問的角色參與；其主要目的在於探討組織中的權力、角色和人際動態。與傳統的會議不同，強調參與者的學習和觀察組織中的模式，包括權力結構、文化和階層關係。由團體分析師作為顧問進行歷程反映或給予顧問式諮詢，參與者在角色扮演和組織活動中實際經歷，以理解團體與組織的動力，並尋找改進個人領導力與介入組織效能的方法。

　　並列這兩種團體形式都注重實踐和體驗學習，強調參與者在此時此刻互動中的實際成長。透過這些獨特的團體訓練，成員能夠提升各種技能，增進對自己和他人的理解，並在組織和人際層面上取得實質能力與敏感度的改變。

（二）成長與發展導向的團體

　　成長團體為一個模糊的統稱，其主要指以成長與發展為目標的團體，在群體上通常為提供給常態人群或專業工作者，透過密集的團體經驗，促使正常但疏離的個人能與自己、與他人、與這個世界的存在性產生較親密的互動，從而找回自己、了解自己和改變自己。雖然有學者如Jones（1998）指稱成長團體（growth group）之主要類型包括：訓練團體（T-Group）、會心團體、馬拉松團體、治療團體和諮商團體等五類，但若從對象為正常群體、目標為成長與發展、時間與設置有其特定性等角度

來界定，常見的團體型式可爲會心團體、馬拉松團體，以及中心主題團體。

　　會心團體（encounter group）：其源流可追溯個人中心人本取向之團體理念，也於訓練團體（T-Group）之運作模式有關，分支包括如：羅吉斯的基本會心模式、巴哈和史脫樂的馬拉松會心模式、隱名團體或攻擊治療、舒茲的坦誠會心模式，以及米茲的馬拉松會心團體。團體通常爲相對的低結構，偶爾使用催化活動、身體感官體驗的融入等來加以暖化。而馬拉松團體（marathon encounter group）在1960年代和1970年代被譽爲一種近乎奇蹟的會心團體形式，能加速與自己和他人的眞實接觸，並作爲人類潛能運動的一種催化形式，對個人和組織均有影響力；持續性的團體體驗融合了治療理念、敏感度訓練和眞誠接觸的元素，帶來極佳的個人成長與發展之促進性。

　　中心主題互動團體（theme-centered interaction group）：可爲另一個重要的成長團體模式，是露絲・夏洛特・科恩（Ruth Charlotte Cohn）所建構的兼具自我探索與人際對話之團體形式，著重於以生活學習研討會的形式來進行團體工作，透過思考主題、試著碰觸並增強在團體中的感覺，以及將主題導向團體所呈現的狀況做連結等多重歷程，促進參與成員的深刻學習，包括從下列的團體歷程中的平衡和衝擊去體驗與成長：領導者威信—團體規則、個人—團體、內容—歷程、自由—責任、表象—潛藏、自主—互相依賴、個體—社會、給—拿的選擇性眞實。

（三）諮詢團體（心理性質的學習／教練／諮詢／顧問）

　　諮詢（consultation）是指透過專業服務過程，協助來詢者獲致資訊或能力來回應系統與處理個案或管理上的問題；其目標在於以特殊方式幫助來詢者與個案系統互動。換言之，個案系統透過被諮詢者這個媒介，接受諮詢者的間接服務。不同於諮商（counseling）提供直接的心理服務和介入干預，諮詢以間接服務的方式提升來詢者的能力或效能，作用於個案系統（例如學生或子女等第三方，或是班級、親子關係、家庭氣氛）。

　　諮詢之應用範圍很廣，可擴及到商業組織與行政管理等多樣層面；但心理性質的諮詢之旨趣通常可包含：學習、教練、諮詢和顧問等方面的目標和角色。諮詢團體（consultation group）通常由專業人士或有需要職能提升之特定群體組成（例如教師、父母或領導階層等），旨在提供支持、指導和解決問題，以幫助個人和組織實現目標和改善表現。這些團體可以涉及各種不同的領域和專業，包括心理學、教育、組織管理和人力資源等。成員之間的合作和知識共享有助於促進學習和發展，並提高個人和組織的效能。

　　諮詢團體在心理性質的學習、教練和諮詢中扮演著重要的角色，尤其在各種專業領域中的教練、顧問以及人才評鑑和發展方面。例如，教練／顧問導向的諮詢團體是一個提供專業教練和顧問服務的平台；成員透過集體的學習和經驗分享，提升其教練和顧問技能。這類型的團體不僅能夠增進成員的專業知識，還能夠激發創新思維，提升解決問題的能力。人才評鑑與發展是一個重要的關鍵領域，教練和顧問在這方面的團體可為企業組織提供專業的建議；團體通常由經驗豐富的專業人士引導，協助評估需求和共同探討理念和方法、發展計畫等，以實現機構的長期目標。領導力培育團體也可針對領導者和管理階層進行團體教練形式的催化和引導，旨在提升領導力和實質的團隊管理技能。值得注意的是坊間較多教練所執行的團隊教練（team couching）或顧問諮詢，焦點主要放在團隊整體的績效為終極目標；而團體教練（group couching）團體顧問諮詢，則同時更兼顧實質領導力之賦能，貼近人才發展培育的理念。

　　家長／教師顧問諮詢團體則專注於支持和提供家長和教師協助，解決他們在教育方面的問題；教育體系的諮詢團體可能涉及到教育心理學、親職技巧以及教學策略的討論和分享，以促進學習環境的改善。親子教練團體是針對家庭中親子關係和成長的團體形式。教練可以共同探討親子互動的挑戰，研議有效的育兒建議，並共享成功的經驗，此有助於家長建立更健康、支持性的親子關係。

　　最後，這樣的團體提供了一個開放的平台，使領導者能夠分享挑戰、學習有效的領導策略，並共同成長。

（四）輔導與心理教育團體

　　輔導與心理教育團體以促進心理發展為主，旨在結合輔導、心理學和教育的原理，以協助參與者在心理層面實現個人發展和學習目標。這樣的團體通常由教育或療育、諮商輔導、社工與心理專業人員主導，專注於提供情緒支持、解決問題、促進個人成長和學習技能。參與者可能包括學生、員工、社區民眾或其他有著共同需求和目標的個體。團體內容和目標包括：情緒支持與共享，讓成員分享彼此的情緒和經驗，建立情感連結並得到專業支持；解決問題與技能培養，提供解決具體問題的機會，教導成員應對生活挑戰的技能；自我探索和發展，透過群體互動，探索個人價值觀、信念、心理發展議題和生活目標，促進成長；心理健康發展之知能，包含心理學原理的教育元素，增加成員對心理健康和人際關係的理解；建立支持網絡，讓成員透過參與團體建立長期的社交支持網絡。在輔導與心理教育團體中，專業人員擔任引導者或接近輔導者的角色，促進團體內的互動和學習，同時提供適切的輔導和支持；整個過程以較有架構和安全的環境，促進成員之間的共同學習和個人發展。

（五）團體諮商與治療

　　團體諮商與團體治療，在理論上依據功能或目標可界定區分為解決問題導向、較為短期的團體（團體諮商）與性格統整重建導向的長程團體（團體治療）實務團體治療的屬性上可有三個類別：其一為界定上特定指稱且通常為長期模式的團體心理治療（group psychotherapy），一般情況指精神分析治療團體、心理動力取向治療團體、團體動力治療團體等工作取向。其二，則以參與成員為界定焦點，針對臨床有精神醫療或嚴重身心困擾的案主所進行的團體，即使為心理教育或功能復健導向的工作，也較廣泛的稱為團體治療。其三，是廣義的團體治療（group therapy），則在理念上包含團體諮商的短期介入，以問題解決和生活適應促進為主體，也同時延伸中長期、具備更深層覺察的治療性團體。作者依據場域的多樣性

和理論應用、適用群體和功能水平等，如下表1-4所進行比較和摘要；團體諮商與治療之範圍相當廣泛，但理解上可以最核心的諮商團體爲出發和學習，延伸朝向團體治療則傾向於長程、非結構（依然有領導架構，不是無結構）、以性格和模式轉化爲目標或特定理論學派；延伸朝向輔導與教育心理導向者，則傾向於可較爲導引性、中高結構、具較爲明確的治療目標與矯治方向等，

表1-4　團體諮商與治療之範疇與比較一覽表

團體諮商與治療之範疇			
	團體心理教育	團體諮商	團體治療	團體心理治療
目標／應用場域	醫療／復健／矯治場域療育性團體	問題解決與人際取向諮商團體	長程導向之性格重建與內在模式轉化團體	
理論應用	教育心理相關原理——非特定理論——心理動力相關理論			
服務人群／適用群體	心理困擾或臨界診斷／行為違常	適應問題或心理困擾	心理困擾或臨界診斷／行為違常	
功能水平	生活功能較退化或改變意願較低	中度日常生活功能以上——具心理領悟力		

諮商團體爲人際取向問題解決之專業團體工作，注重融合諮商理論或架構運用，著重於人際互動歷程催化的方法，旨在協助參與者共同解決個人或人際關係、生活適應方面的問題。團體提供一個安全的環境，鼓勵成員開放地分享和討論他們在人際關係或個人方面遇到的問題，同時提供支持與困境的探討；透過團體的互動和反思，成員能夠建立更健康、更有彈性的人際關係，並發展更有效的問題解決能力。

以治療爲導向的團體，在範圍上包含團體發展歷史較早期的各類型團體心理工作，可爲各種取向或學派於團體的廣泛應用，目標上以較深度的覺察；而在取向與模式上則包含了各個取向與學派典範，如：精神分析、存在—經驗的治療團體、心理劇、完形治療工作坊、行爲治療團體運用等脈絡。總體而言，「心理治療與人格重建爲導向的團體」主要目的是通過

心理治療的方法和團體人際歷程和經驗，協助成員進行人格重建和個人成長。治療導向團體的特點和內容包括協助成員進行自我探索與覺察，疏通過去的心理議題或創傷，促進健康的人格發展和心理幸福感。團體提供支持性環境，鼓勵成員分享經歷和情感，促進情感釋放和療癒。成員在深層自我探索中理解自己的信念和價值觀，發現潛在自我資源，促進個人成長和自尊提升。治療導向團體通常採持續性、長期進行的形式，支持成員內在轉化和改變。

四、心理工作團體之歷史回顧與前瞻

從上述對團體心理工作的類型列舉，可知其形態和方式之繁多且具差異性，且其各自均有不同時代背景的分野，或各自有不同的發展脈絡；若要能探討其團體多元型態的前因後果，則應稍加了解承接西方歐美心理學領域發展而來的心理工作團體之歷史。回顧團體心理工作之發展，我們可從精神醫療與學派理論之發展、學校教育之諮商輔導工作、社區機構創建與歷史事件影響，以及專業學會社群與研究等四個軸向來理解，如表1-5摘要和依據歷史分期分類整理，茲分述如下：

（一）精神醫療／學派發展之影響

最早在十九世紀時，一位於波士頓的實習醫師Joseph Pratt開始在當時的精神病院針對收容人進行教育與支持性的團體，這是早期將服務對象招聚起來進行類似團體的記載。而後在1920年代Edward Lazell針對精神分裂症病患，引用佛洛伊德的概念進行精神分析內容的心理教育團體，也是較早的團體實務。個體心理學家Alfred Adler採用家庭的團體聚會也是團體形式的重要工作。1930年代左右，Moreno心理劇團體與自發劇場的創設，是團體心理工作很重要的革新，運用心理劇的方式進行個人內在探索與轉化，也同時納入了團體層面的實務工作；後續Moreno更與追隨其一同工

作的團體治療師，創設第一個團體領域的專業學會，蔚爲其重要貢獻。1940年代，來自英國精神分析與客體關係導向心理治療之訓練重鎮，塔維斯托克診療中心（Tavistock）的Wilfred Bion對於團體動力進行深入的探究，也從個人家庭關係動力與團體凝聚等現象，提出團體的基本假設等概念，建構也提供實務者對大團體動力與個人內在模式的了解。1950年代，在家庭諮商與治療理論逐漸發展且成熟之同時，將團體工作融入到家庭諮商工作，例如家長團體、家庭成員共邀進入團體，以及從家庭理論補充團體動力概念等；隨後在1960-1970年代各學派在團體工作與實務的進展，也是相當重要的發展，諸如精神分析心理動力導向的團體治療、存在取向的團體治療、完形學派的團體治療，以及認知行爲導向的團體等均是，特別在個人中心學派Carl Rogers完整建構其理論且應用其概念於團體上，創構會心團體或稱爲敏感度訓練團體等模式後，會心團體的實務型態蓬勃發展且廣泛的被運用，也直接促成學校諮商輔導、社區諮商與心理治療對於團體更廣泛的應用。

（二）學校教育／諮商輔導工作之發展

　　學校教育體系運用團體進行心理教育工作，最早可追溯到1907年一位密西根州的學校校長Jesse Davis，她開創性地運用團體方式進行教育、職業選擇，或道德抉擇的技巧教導，爲早期採用團體進行學校諮商輔導的重要嘗試。而後，職業輔導與學校諮商的先驅者Frank Parsons，亦採用團體形式，於學校進行生涯與職業發展團體等實務應用。而從1930-1960年代左右，美國中小學學校班級輔導與團體諮商或小團體輔導，已經在學校廣泛的運用和使用；1958年因爲受到與蘇聯太空競賽的影響，而迫切期望加強和落實學校教育與輔導，美國國家防衛教育行動（NDEA）透過訓練與聘任學校諮商師的重要法案，在國中小均聘任專任且專業的諮商輔導教師之背景下，學校團體諮商與輔導工作充分展現其穩健且專業的發展。直至美國學校諮商師學會（ASCA）於2005年，提出其國家實務模式，美國之學校諮商輔導工作已專業化地發展了將近五、六十年，而其國家實務模式

亦確認的包含對於學校團體輔導與諮商之界定，對於培育訓練、專業內涵和實務應用等均奠定優質的基礎。

（三）社區機構／歷史事件之影響

第一次世界大戰後（1917），大量的退役軍人因爲創傷後壓力障礙而需要心理與精神醫療之協助，團體工作在考慮人力和成本等需要下，有較多的實務運用。而1930年代開始發展的自助團體型態，亦是一個重要的發展，例如美國匿名者戒酒會（Alcoholics Anonymous）的自助團體等。1940年重要的場地論學者Kurt Lewin探究團體動力與個人人際關係，開展訓練團體（T-Groups）的團體形式，且在美國緬因州成立國家訓練實驗室（NTL）等，對團體動力的理論建構和專業人員的訓練模式，建構且開創了嶄新的一頁。上述Wilfred Bion與Kurt Lewin兩位學者對團體動力的論述，間接的促進學術界對團體結構、氣氛和領導等議題的研究。同上1970年代美國在越戰後大量回國的退役士兵，使得團體諮商與治療需求增加。且此時其與會心團體的發展有關，連續且密集式的馬拉松團體型態也隨之出現等，均是促動團體諮商與心理治療發展的重要脈絡。隨著專業培育的多元化和團體實務的需要日增，如今心理工作團體實務之訓練和應用已廣泛的在精神醫療、臨床心理、諮商心理、學校諮商、學校心理、復健諮商、家庭與婚姻治療、社會工作，以及獨立的個人心理治療執業等場域，廣泛的應用。

（四）專業社群學會／研究之發展

團體研究與專業學會方面，與Moreno大約同時期的1920年代，幾位研究者開始致力於團體效益或對個人的影響，例如Trigant Burrow研究孤獨對精神健康之影響，也間接說明團體對個人健康的效益；Lewis Wender提出團體療效因子的大致概念，爲早期對團體有系統的研究與理論的建立。在1930年代Moreno組織團體治療師成立「美國團體心理治療

與心理劇學會」（ASGPP），為第一個與團體有關的專業學會，該學會也隨後出版與團體治療有關的刊物，名為「社會計量：人際關係期刊」（Sociometry, A Journal of Interpersonal Relations）。1942年一位名為S. R. Slavson的教育工作者、治療師，發起成立「美國團體心理治療學會」（AGPA）與出版期刊「國際團體心理治療學報」（International Journal for Group Psychotherapy），該學會為一個跨專業團體心理治療者的組織。

　　隨後在Rogers的會心團體實務的推展、團體研究更形確立其效益、更多元的團體工作型態，以及前述各取向的發展等匯集之力量，1973年美國另一個非常重要的專業社群「團體專業工作者學會」（ASGW）成立，該學會並於1989年開始出版期刊「團體專業工作者學報」（Journal for Specialist of Group Work），在定位上該學會目前為美國諮商學會（ACA）的一個分會。兩年後，美國心理學會第49分支「團體心理與團體治療學會」亦於1991年成立，該分會亦出版一重要的期刊為「團體動力：理論、研究與實務」（Group Dynamics: Theory, Research, and Practice）。另一個與諮商師培育有密切關聯的進展，為1994年「諮商與相關教育學程認證委員會」（CACREP）所提出的培育標準，亦將團體訓練納入實務訓練中。在二十一世紀開端的2000年，「團體專業工作者學會」（ASGW）更積極的提出團體工作者訓練專業標準，並且在2007年更進一步的提出團體工作的最佳實務指引，均為集結學術研究與專業實務共識，群策群力的開創對於培育和實務的理想和標竿。

表1-5　心理工作團體之發展脈絡與歷史事件摘要表

	精神醫療／學派發展	學校教育／諮商輔導	社區機構／歷史影響	專業社群／研究
1800	Joseph Pratt 精神病院的教育與支持性團體			
1900		Jesse Davis（1907）教育／職業／道德抉擇的技巧教導團體	第一次世界大戰後（1917）：PTSD退役軍人之團體工作	

	精神醫療／ 學派發展	學校教育／ 諮商輔導	社區機構／ 歷史影響	專業社群／ 研究
		Frank Parsons 生涯與職業發展團體		
1920	Edward Lazel 精神分裂症病患 精神分析導向的 心理教育團體 Alfred Adler 家庭的團體聚會 1930s Moreno 心理劇團體與自 發劇場的創設	1930s-1960s：中小 學學校班級輔導與 團體諮商的運用	1930s美國匿名者戒 酒會的自助團體開 始	Trigant Burrow研究 團體互動與孤獨對 精神健康之影響 Lewis Wender提出 團體療效因子的大 致概念 1930s Moreno組織 團體治療師成立 「美國團體心理治 療與心理劇學會」 （ASGPP）
1940	Wilfred Bion探 究個人家庭關係 動力與團體基本 假設 1950s家庭諮商 與治療理論融入 團體工作	美國國家防衛教育 行動（1958）通過 訓練與聘任學校諮 商施法案	Kurt Lewin（1940） 探究團體動力與關 係／進行訓練團體 （T Groups）／成 立國家訓練實驗室 （NTL）	S. R. Slavson（1942） 成立「美國團體 心理治療學會」 （AGPA）與出版 期刊 開啟對團體結構／ 氣氛／領導／設置 等議題的研究
1960	1960s-1970s各學 派團體工作與實 務的進展 Carl Rogers創構 會心團體／敏感 度訓練團體		1970s越戰後大量團 體諮商與治療需求 馬拉松團體型態的 出現	「團體專業工作者 學會」（ASGW） 成立（1973）並出 版期刊（1989）
1980				美國心理學會第49 分支「團體心理與 團體治療學會」成 立（1991） CACREP將團體訓 練納入實務訓練標 準（1994）

	精神醫療／ 學派發展	學校教育／ 諮商輔導	社區機構／ 歷史影響	專業社群／ 研究
2000		美國學校諮商師學會（ASCA）提出國家實務模式亦包含學校團體輔導與諮商之界定（2005）		ASGW提出團體工作者訓練專業標準（2000） ASGW提出團體工作的最佳實務指引（2000/2007新版）

◎問題延伸討論、省思或作業

1. 我曾經參加過的任務團體、心理教育團體、諮商團體，或心理治療性質的團體各有哪些？試舉例說明。

2. 我印象中最深刻的一個團體經驗為何？該團體的特性和型態為何（時間、理論取向、進行方式、目標功能與領導方式等）？可簡要分享。

3. 試著回想你曾經看過的團體心理工作招募廣告，舉例說明那些團體（名稱、屬性與做法）應是屬於訓練團體、成長團體、諮詢團體、輔導團體，或諮商與治療團體哪一種？可嘗試列舉三至五項。

4. 從閱讀與觀察團體心理工作的發展歷史，你個人有什麼感想或心得？或覺得對未來的團體諮商或治療實務有什麼啟發？

第二章

團體歷程與個人成長

本章綱要：

一、心理團體的功能與效益

　　自從團體諮商與治療等工作開展以來，團體工作是否比個別工作有
效？或是說團體工作是否能很有效的改變個人或帶給成員特定的幫助，就
一直是一個重要的課題。Erford（2011）對於一般團體工作的優勢提出幾
項重要的見解，認為包括：(1)團體有時間上的效能；(2)對個體來說所付
出的成本較低且節省；(3)團體能帶來大量的資源；(4)團體能讓人感受到
安全；(5)能夠讓成員感到歸屬；(6)團體像是微縮的真實世界，能讓人再
經歷與重新投入；(7)成員可在團體中嘗試運用新的技術並獲得回饋；(8)

團體促使人們能給予承諾；(9)團體同儕能帶來巨大的影響力量；(10)團體能提供人際互助的給予和接受。

　　歸納其觀點且放置於心理導向的團體工作，我們可發現團體對於個人的心理成長或發展，最核心的優勢可包含：(1)時效、成本或效益上的優勢；(2)能夠滿足個人的心理需要（例如：安全感、歸屬感、成就與自我價值等）；以及(3)能透過團體建立有意義的人際連結，且從中發展出互助、資源開放和回饋等，能夠幫助成員朝向貼近眞實世界情境的改變或成長去發展。

　　其一，相較於個別輔導、個別諮商或個別心理治療，團體確實能在同樣的時間，僅運用一兩位工作者，達成多位參與者成長或發展的任務，且透過訊息傳遞、觀摩、示範或討論，似乎也有效的能促進成員有所提升；但是，相對的要能有效的達成此任務，必須建立在有效且專業的領導工作上，才足以成立此一優勢。其二，成員個人心理需求的滿足，能讓個體在安全、信賴且相信自己能獲得幫助的氛圍下，願意朝向討論或探索自己個人關切主題的方向努力，亦是心理工作團體的優勢。其三，團體爲眞實生活情境的縮影且在團體內的經驗，有其優勢能夠帶到團體外的眞實生活中，例如包括在團體內重新獲得的不同體會、被接納與肯定的經驗、嘗試去改變人際互動方式、發展新的行爲等，皆有可能讓成員帶著這樣的改變，去修正與重新經營自己的外在生活；而在團體內複雜的人際互動、自我揭露或回饋，以及透過被幫助和幫助別人等過程漸漸產生的自尊或自信，也都一點一滴的能讓成員有實質的發展和改變。綜合上述，可發現心理工作性質的團體之優勢，與其團體是否能有效發揮息息相關，且實務上非常需要專業的領導和催化，也通常需要有個別的心理專業工作爲基礎，再發展出更多角度的團體和人際引導之專業能力。

二、團體衝擊與效益

　　從團體心理工作的性質來說，成員透過團體的過程獲得幫助是其最重要的目的；然而，團體爲什麼可以幫助人？爲什麼心理工作者可以透過團

體幫助案主？是一個需要先進行了解的課題。不單單只從個人衝擊和助益層面來看，相關學者有系統的從團體療癒因素的概念來探討「團體」之所以能帶給人療癒效益的契機，是本節討論的焦點。以下即先從幾個團體心理工作很重要的概念，來說明團體心理工作的助益和價值。

（一）團體是社會與人際的縮影

　　曉銘是一個退縮的孩子，在參加團體初期他總是帶著膽怯、有一點點擔心和疑慮的眼神，稍微退後遠離團體地坐著；很少回應領導者的詢問，也幾乎不發言，總是搖搖頭表示不知道……。

　　媄萍的老師在會談時表示，很擔心媄萍在國二的班上受到同學嚴重排擠；在第一次團體時媄萍幾乎都會在其他成員說話到一半，就搶著開始評論和數落別人的不是；有些成員公開的要求她閉嘴，也有人怒目瞪她，更有人表示覺得媄萍很討人厭，不想和她參加同一個團體……；媄萍繼續反脣相譏並批評這些成員……。

　　每個人與他人相處的模式，基本上存在一種內在心理運作的人際模式。活潑開朗又多話的孩子，通常來到團體也帶著他／她的個性，爽朗的發言和陳述自己的故事；常用干擾行為引起注意的孩童，來到團體後通常也明顯的表現出其習慣的干擾模式，插入別人話題或是作怪動作引人發笑。心理性質的團體第一個重要的概念，是接納並留心觀察每一個成員帶到團體來所呈現的人際樣貌，因為「人際模式」的呈現對一個諮商或心理治療性的團體來說是重要的；團體裡的互動因為牽涉到不同成員各形各色的人際模式，相互交織出非常複雜的人際互動，但透過專業的觀察、傾聽和理解，往往能明白此些互動模式與每個成員自己成長背景或環境的關聯。

（二）團體場境提供安全實驗的嘗試

　　小敏每次說話的時候總是斷斷續續的，其他小朋友有時候聽不懂就會

一直問或是打斷她講話；領導的老師邀請大家練習安靜聽，之後輪流猜猜和用完整的話嘗試幫忙小敏表達……。在鼓勵下小敏也嘗試用幾個剛剛聽到的文句來表達自己的想法，這次講得很清楚也成功的讓大家都了解她的意思。

與外界真實的人際互動不同，心理工作導向的團體其領導受過相關專業訓練，且其功能在於幫助個人能勇於嘗試改變，包括在團體內的人際互動和自我表達等立即性的嘗試，以及受到團體支持而勇於在真實生活去嘗試的力量；因此，領導者建構一個安全的團體環境，讓參與者願意投入其中且開放自己，在信賴和受到支持的氛圍下願意嘗試新的行為，是團體能夠幫助個人的重要契機和要素。

（三）團體支持與合作併發乘倍力量

國中的女同學團體裡，阿雯說到媽媽的誤解和不公平，以及每次講話都如何傷害她，邊說邊啜泣起來；大家七嘴八舌的也說大人有時候心情不好就情緒化……領導老師邀請大家分享相似經驗，阿雯專心的聽也漸漸的停止哭泣，有時候還點頭表示贊同……。領導老師邀請大家更進一步想想，怎麼做才能跟媽媽好好的溝通……；大家安靜了一下，開始分享非常多不同且有用的方法，並且也給阿雯很多的鼓勵，阿雯除了也聽到大家的經驗之外，更從中發現更多的想法與可行的做法，最重要的是大家的肯定，也讓她期許自己要鼓起勇氣，跟媽媽好好對話和溝通。

除了安全和信賴的讓成員願意投入與開放自己，團體所併發出來的力量是一個豐富的資源，可以幫助個別成員擴展自己的覺察、增進了解的多元觀點、讓自己對經驗和情緒能更加深刻的體會和接納，更能在團體中擴展豐富的解決良方，並勇於抉擇和去實踐相關的解決策略。團體成員像是源源不絕的泉水般，可讓個人透過分享和支持，併發出成倍的力量。

（四）優質團體經驗能內化爲個人正向資源

　　莎莎在最後一次團體告訴夥伴們她的想法：「我會很懷念這個團體，因爲平常同學聊天都會損人和挖苦，不像這裡大家會聽並且關心我的處境；我也看到大家很努力的去嘗試和完成自己設定的目標，改變自己的脾氣或勇敢的去交新朋友，將來假如遇到挫折，我會想到大家和老師的問話，就會有力量去想一想該怎麼辦。」

　　心理工作導向的團體建構於重要的人際新經驗上，透過矯正性的人際經驗，例如被接納、被鼓勵或甚至是通過面質與挑戰而擴展覺察，領導者和團體成員努力的幫助自己，以及自己曾經投入此一團體，認眞的參與其中共融和共感；此一經驗和歷程本身，在團體過程中逐漸內化到個人的參考世界中，漸漸形成一種正向的內在資源，此爲心理導向的團體之重要療癒理念，也爲其存在的重要價值。

三、團體發展歷程與階段

　　關於團體發展的階段已有許多學者提出不同的模式，其中早期的理解包括：Tuckman（1965）所提出的階段、階層發展觀點爲最廣泛被探討與引用的觀點，認爲團體的發展是經過序列的變化，從形成時期（forming）、風暴時期（storming）、規範時期（norming），以及工作時期（performing），稍後又增加了第五個階段爲結束時期（adjourning），其概念呈現了對團體發展階段次序性的了解（Tuckman & Jensen, 1977）。綜觀其他相關的團體發展觀點，與此類階序發展觀點（hierarchical）相近或想法相似的階段發展理論有許多，例如：Beck（1981）將團體發展界定爲九個階段（Lewis, Beck, Dugo, & Eng, 2000）；Bion（1961）從潛在的基本假設團體概念認爲團體存在依賴、對抗或走避以及配對等三種類別與階段；Bennis與Shepard（1956）界定團

體發展從依賴與反依賴、相互依賴以及有效共識的達成等三階段；又如
Lacoursiere（1980）以導向階段、衝突與不滿階段、紓解階段、生產與工
作階段以及結束階段來劃分團體的五個時期；Posthuma（1999）亦從領
導者與團體成員的關係，認為團體發展與權威的認定有關，是一種從依
賴、交互獨立、交互依賴、獨立以致於相互獨立的循環歷程；Agazarian
& Gantt（2003）從系統取向觀點將團體發展以權威導向、親密導向和相
互依賴等三個階段來了解。

　　階段的改念指的是團體歷程發展過程的重要變化現象或潛在的區分。
Yalom與Leszcz（2020）認為，團體發展的階段依序為初期的定位階段、
衝突階段，以及團體工作成熟期，即凝聚力發展階段，後續最終於結束階
段。在初期階段，成員面臨兩個主要任務：決定用何種方法達成參加團體
的目的（主要任務），以及在團體中發展社會關係，建立互動基礎（社會
任務）。在階段的發展上，可理解在團體發展歷程中，有一個風暴、磨
合、抗拒或信賴的轉換歷程，而逐漸更真實的面對當下的社會任務與個人
的主要任務。

　　Schutz（1983）也指出歷程發展的轉換，團體的核心焦點從「進與
出」轉向「高與低」，更朝向「近與遠」來發展，意即是否進入或投入團
體，轉變至置身於團體中真實的體驗當下真實的人際互動，更進一步的則
真實的在團體中抉擇自己與人際或自我議題遠近的拿捏和處理。從這樣的
一種漸進的切分點概念（從轉換逐漸過渡到凝聚與工作），整合上述對於
團體發展之思考觀點大致可從階段、階層等順序性的轉變為基礎，著重於
不同的階段特質和焦點來加以區分。Corey等學者（2014）亦將團體發展
歷程區分為開始階段（團體的形成、定位與探索）、轉換階段（處理阻
抗）、工作階段（凝聚力與生產力）以及結束階段（鞏固與終止、跟進與
評估）等四個時期。

　　綜合學者專家不同的階段劃分觀點可發現，團體有一個建構的過程，
且在建構到某一個狀態或氣氛之後，能夠容許個體在當中充分且安全的探
索自己，並且能夠讓團體成員間主動、積極的支持，也自然能深入的開發
出團體資源來彼此互助，而後則又必須退出團體，朝向分離和個體自我努

力的方向邁進。則整合各家學者所論述之階段理論，大致可簡要區分爲展開團體的「開始階段」、朝向逐漸磨合與凝聚的「轉換階段」、獲致整體感且能開啟空間讓成員在團體中自我探索和成長的「工作階段」，以及朝向退出、分離和個體化的「結束階段」。依據實務經驗與相關歷程的論述，本書整理此四個階段成員參與團體特徵之自我揭露型態和人際互動回饋模式，以及團體氣氛和動力等，從此三個層面來摘要說明可能不同的階段現象如下表2-1所示。

表2-1　團體各階段之分項特徵概述

	成員自我揭露	人際互動回饋	團體氣氛與動力
開始階段	1. 少量且是較爲表面、以社會訊息爲主的自我揭露 2. 個人背景資料的分享	1. 較爲社交性之互動 2. 避免衝突或不一致發生 3. 呈現彼此意見表面的一致性	1. 對領導者較少試探 2. 順從或依賴領導者
轉換階段	1. 開始嘗試有冒險性、試探性的自我揭露 2. 可能提出對團體進行方向或方式的疑問 3. 避開、不回應或忽略負向的回饋	1. 較常出現給予他人忠告和建議 2. 團體中的聯盟／次團體關係形成與呈現 3. 開始有少量的牽涉個人且具意義的回饋 4. 人際上嘗試更多實質連結與親密	1. 團體進行和操作的規則被提出來協商 2. 在團體中試探誰具有影響力或權力 3. 關於領導者的議題如挑戰或好奇等被公開的提出 4. 討論信任與否的議題
工作階段	1. 較爲深度且習慣於談論自己的自我揭露 2. 出現導向未來、議題解決或行動，或具希望的陳述 3. 個人獨立感和效能感漸漸形成，且能回觀與談論自我進展狀態 4. 主動的做更多的自我洞察並且從人際的互動中進行學習	1. 相互幫助與互助行為的產生 2. 能夠主動的尋找彼此的共同點 3. 對於成員能展現成熟的支持行為 4. 強調彼此關係的親密 5. 主動且持續地給予支持	1. 允許團體不一致的觀點存在 2. 能運用團體的衝突進行討論而獲益 3. 團體的衝突逐漸減少且能迅速的主動協調

	成員自我揭露	人際互動回饋	團體氣氛與動力
	5. 成員感受到必須自我負責的壓力		
結束階段	1. 表達必須獨自面對未來的焦慮感 2. 能對自己的改變有統整的論述 3. 提到對未來充滿期望的陳述	1. 在討論中環繞離別或分離的主題 2. 對於彼此的努力給予肯定和鼓勵	抗拒團體結束的進行

四、個體心理需求與團體經驗

　　「團體」由個體所組成，而心理工作的團體之所以能提供成員成長資源和幫助，根本原因在於人類本性中群居與重視彼此關係之特質，在意自己是否被接納、被了解，或是被看重等心理需求，且這些心理需求皆與他人和自己的互動有關；對兒童和青少年而言，發展中的自我概念更需要透過在群體中呈現自己，以及透過他人回饋的過程，來釐清自己對自我的認識，透過實質的在群體關係中加以嘗試和驗證，獲致對自己和世界穩定的看法，而能在情緒和社會能力上都能朝向建全的方向發展。而對參與團體的成人案主而言，團體也提供了一個重新理解自己、嘗試表達自己，或試圖改變自己。

　　而從時間和成長的角度來看，團體從開始進行到結束，有其發展歷程；成員們從彼此生疏到熟悉，又從熟悉到彼此相互真誠關懷和貼近，更透過自我分享和傾聽使大家有一體的凝聚感，之後對於彼此行動的鼓勵和改變的欣賞，也更帶來大家的支持和肯定。每個參與的成員，在團體歷程中都有一定程度的體悟和成長，最佳的狀況是每個成員能安全且自在的在團體中，獲得友伴的支持，漸漸朝向自我肯定或改變去嘗試。本節即從團體發展歷程和個人心理成長，兩個相互呼應的狀態，來探討團體歷程何以能有效協助個人成長，此一重要的概念和課題。

（一）個體的心理需求與團體發展階段

　　Maslow所提出之個人心理需求論，廣泛的被相關學者引用（Trotzer, 2005）且可作爲理解個人在團體環境中需求被滿足和朝向成長的基礎。其理論認爲有機體有其匱乏性的需求（如生理需求，若不能滿足即呈現匱乏狀態），以及成長性的需求兩類，其中成長性的需求大致有其階段和次序，低階層的需求滿足後有機體會朝向較高階層需求滿足之追尋和發展，其階序大致爲安全感、歸屬感、自尊與自我實現等需求。

　　對應上述四個團體的發展階段，個體身於團體中是否能夠滿足個人成長性的需要，顯得十分的重要。從Maslow個人心理需求之發展觀點，可探討個人置身於團體中逐漸獲致滿足的重要過程；統整其需求理論與團體發展歷程，可如下圖2-1所示。茲分爲下列四點說明：

　　1. 在團體開始階段，給予清楚而穩定的參與規範、固定的環境空間和時間，以及對團體的進行有所了解和依循，除了能滿足基本的生理舒適，更能讓人獲得「安全感」的心理需求。

　　2. 在團體的轉換階段，成員間逐漸發展較多的交流與相互認識，從漸漸豐富的自我揭露和分享，以及相互支持與關懷的回饋發展，團體中的人際互動逐漸緊密且有眞實的接觸，通過轉換階段的磨合，漸漸發展出凝聚感受和整體感，而在當中逐漸滿足了個人「愛與歸屬」的心理需求。

　　3. 在安全且能有凝聚和歸屬感的環境中，個體能更加融入這個團體，且更眞實得在團體中更信賴彼此且深入的分享眞正關切的議題，也能更具挑戰的回應彼此，促進他人覺察與改變，在此工作階段，每位成員扛起責任去面對自己的議題和困境，並且能在支持的氣氛中眞誠分享，在責任與支持中，獲致「自尊」（自我價值感）之心理需求。

　　4. 而當成員個人對自己的狀態和議題更加清晰的了解，也更努力的去改變自己或抉擇自己所想要追尋的目標，未來發展方向的探究變得十分重要，也透過這樣的歷程，漸漸嘗試自我調整和改變，朝向自我眞實改變和「自我實現」邁進。

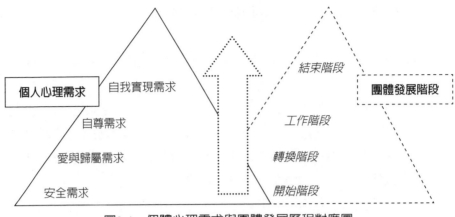

圖2-1　個體心理需求與團體發展歷程對應圖

（二）個體在團體中的經驗

　　團體諮商或心理治療是一個高度密集，且針對個人心理實質層次探討的工作，成員在團體中很直接的將會經驗到兩個層面的重要經驗：其一為「自我揭露」，對於過往經驗、自身狀態或當下感受的分享與陳述，其二則為接受「人際回饋」，從別人對自己的回應或分享當中，感受到認可或相對的發覺之前所沒有思考過的，也能發掘更多面向的決策與行動參考資源。相對的，成員在團體當中也同樣經驗到聆聽他人的自我揭露，以及對他人進行人際回饋。

　　著名的「周哈里窗（Johari Window）」理論，可以加以說明自我揭露和人際回饋的人我互動歷程，如何幫助成員在團體中擴展對於自己的了解，也包括讓其他成員更加了解自己。Johari，是從理論創始者Joe Luft和Harry Ingham兩人的名字中截取的，「窗」是指一個人的心理狀態就像一扇窗（如圖2-2），可以用四個格子來比喻個人的心理狀態。

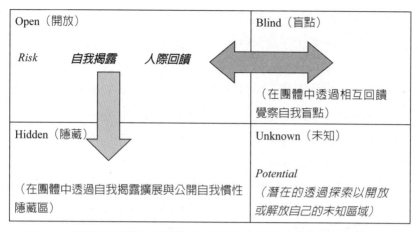

圖2-2　個體在團體中之經驗向度示意圖（周哈里窗概念的應用）

　　其中，第一個部分是開放的公眾我（open），是自由活動的領域，是自己和別人都知道的公開部分，像是：身高膚色、年齡、婚姻狀況、興趣或嗜好等；第二個部分是自己盲點所在的盲視我（blind），是自己不知道、看不見而別人卻知道、看見的部分，例如：自己的舉止和習慣常不加以自覺，但是很明顯的看在別人眼裡；第三個區域可被稱為隱藏我（hidden），是自己想要逃避或隱藏的領域，我們自己清楚知道而別人卻不知道的祕密，或是深藏不可告人之處，例如：過往的個人錯誤或某些讓自己懊悔的事情、放在心中不願意說出的志願或期待，或是自己清楚知道的自我弱點；而第四個區域為未知（unknown），是自己不自覺而別人也不知道的部分，像是為什麼總是矛盾的面對和處理關係議題、為什麼高度的在意別人的言語等，其雖然是未知與不明，但是卻也充滿了潛力與有待開發和探索。如上圖2-2，個別成員透過自我揭露的冒險（take risk）能公開自我隱藏，而經由人際回饋則擴展自己的未知區域，兩者可能進而解放自己的未知區域。

　　一個人的自由呈現與自在表達領域（公眾與開放我）越大，心理狀態越不需要花費能量去遮掩和壓抑、隱藏，則逃避和隱藏區域越小。另外，盲視區域在自己背後，別人知道自己卻不知道的部分，顯示一種別人了解

但自己卻不知道的盲點，盲點越大則顯示一個人不了解自己，呈現一種昧不自知的狀態。因此能夠擴展自己而去覺察盲點，縮小盲點區域，擴展更多的自我覺察（self awareness），以及擴展自己的開放度，讓自己消耗能量於壓抑和隱藏的狀態能夠釋放，降低防衛（less defense）；則一個人的開放度（openness）則會更大，相對的未知領域漸漸減小，像是冰山下看不見也觸不到的部分漸漸融化，而更多的自我了解和認識，能夠透過上述的開放而朝向有意義的探索（discovery）。

　　而連結這個概念到團體經驗中，成員藉由互動中因彼此關係信賴而更加願意深入的自我揭露，釋放自己的隱藏區域，相對的就擴展了開放的公眾領域；透過彼此互相給予回饋，從聆聽他人回饋了解他人對自己的認識，發覺盲點並加以澄清和探討，可幫助自己更認識自己。綜上所述，「自我揭露」和「人際回饋」是團體互動歷程中可幫助個體更加自我認識，朝向開放與健康的重要任務。

（三）成員的團體參與任務：自我揭露與人際回饋

　　從人我關係的發展，來看一個人的自我概念和行為之發展，可發現每個個體在關係中都某種程度的受到他人的影響，也同時因為自己的行為而影響了他人；這樣的歷程是一種循環的互動關聯，而非誰影響誰的線性因果，例如：「我覺得大家會看不起我所說的事情或說話的不順暢」，所以「我在團體中表現較為沉默」，而因為我表現得較為沉默，所以其他成員或領導者「比較少關注我或邀請我說話」，因此「我覺得自己好像不被重視」，也感覺到「大家確實因為我說話不順暢而比較看不起我」。從上述的例子可以發現，他人怎麼樣看待自己的行為，與自己的行為如何影響他人的感受，兩者在團體中可以是一組互動的循環，並且從人際關係的互動中可以觀察到，自己如何呈現自己（自我揭露）以及他人如何回應（人際回饋）等兩個向度的行為，因此對於個別成員來說，如何呈現自己，以及如何回應他人或接受他人的回應，可為參與團體最為重要的兩項任務，茲加以分別敘述如下：

1. 自我揭露

　　團體成員之自我揭露（self-disclosure）意指成員在團體中，對其他成員分享自己個人切身相關的訊息（Corey & Corey, 2006）；即成員在團體互動中向他人揭露或談論其個人隱私的資料或題材，此一敘述自身經驗且公開自己隱藏區域之釋放歷程，是一種藉由敘述自己去進行自我探究（self-exploration）的工作；在團體中可說是成員相當重要的任務，也是團體中最為重要的課題（Yalom, 2005）。吳秀碧、許育光、李俊良（2003）依據相關學者論述，將諮商團體成員自我揭露深度和品質的不同，分為四個不同的層次，分別為：彼地彼時（there-and-then）——團體外個人過去的事；此地彼時（here-and-then）——團體外個人目前的未竟事宜；此地此時（here-and-now）——直接與團體當下的人或事有關；以及宣洩和情緒釋放（catharsis）——不能控制情緒地流露或哭泣等，且其研究指出當團體朝向工作階段邁進時，成員的此地彼時和此地此時等自我揭露，均有逐漸提高之趨向。

　　自我揭露在團體中何以能有效的促進成員朝向自我成長與實現？此一課題應與個別諮商和心理治療相似，但是在意義上更牽涉在團體過程實質的公開性，和在團體中深刻感受到被傾聽、接納和理解等因素。當一個人能夠清楚的去敘說自己的經驗，呈現當中的感知與情緒，且在公開的場境方想自己可能的解決和處理方式，更從他人經驗與回饋中吸取與自己有關聯的資源，則對於擴展自我了解和行動，應有正面意義。

　　此外，值得附帶一提的為，Yalom（2005）針對團體領導者的自我揭露，依性質可分類為水平式和垂直式的自我揭露兩類，垂直式的自我揭露，是將過去自己的生活經驗和事件帶到團體當下來進行分享，而水平式的分享則主要為對於參與團體經驗當下所知覺到的個人經驗，加以分享和提出來說明；在概念上，垂直式的自我揭露較為接近「此地彼時」的分享，而水平式的自我揭露則接近「此地此時」的分享。然而，成員當下的自我揭露與其他成員先前的分享有關聯，則當中除了分享自己聆聽的經驗和感受外，此地此時的分享中可能也包含了人際回饋的成分在當中。

2. 人際回饋

團體成員的人際回饋（interpersonal feedback）是團體人際互動歷程中最為重要的一環，不同於一般社交場境表面性的互動或寒暄，人際回饋有其更為深入且針對個人或其所談論的事件素材，進行個人意見的實質的交換。相同於自我揭露中可能包含了想與對方分享自己經驗的回饋性互動，人際回饋中也包含了用自己的經驗進行自我揭露。然而，更純粹的界定「人際回饋」可從兩個層面來進行理解，其一為對於焦點成員「個人」的知覺、想法、感受或情緒之分享，其二為對於焦點成員所敘說的「經驗、事件或談論素材」，設身處地的分享自己的觀點，以及對該事件的想法、感受、情緒或可能採取的立場、抉擇或行動等。其中，對於「個人」的人際回饋，是較為整體印象和概括式的給予個人的觀感，則通常需要在團體中後期，彼此熟識且累積大量認識資訊和相處經驗後才較能回應，例如「優點大轟炸」的活動，較屬於此類；而對於「經驗或事件」的人際回饋，則是團體人際關係朝向心理工作發展的重要互動歷程，對於大家共同討論焦點成員的經驗或遭遇，除了讓成員發現他的問題不是獨特的，也讓團體大家感受到普遍性；而大家能針對焦點成員提供意見與觀點，除了讓成員發現個人資源，也讓團體其他參與者感受到自己不只來求助，也有能力助人；當大家針對特定議題或焦點成員進行回饋，不僅只展現談論的內容，此過程同時也顯示了每個成員的人際關係的模式；透過這種非表面性的互動關係，人際間實質的關懷和訊息交換之互動，可更明顯地覺察自我的人際互動模式，以及此一模式在人際間所產生的衝擊或效應，也透過調整和再次嘗試對話，而帶來相對的人際模式之改變。

五、團體經驗與個人改變歷程

綜合上述針對成員參與團體的任務，以及個人的心理需求和團體歷程發展，我們可探討成員從團體脈絡生發出來的個人改變與成長歷程；因為團體諮商之最終目的仍是要幫助個人，且擴大資源與脈絡的能從團體情境

中，開展個人的改變和成長，則團體對於個人的衝擊和受益的過程爲何？則相當值得了解和探討。

　　跟循團體發展的歷程可發現，在愛與歸屬的凝聚氣氛建立，且團體同時逐漸朝向深入的自我揭露和局部的人際回饋時，成員個人在團體出其透過自我揭露的敘說，體會當中所伴隨的意義和情感，是團體初期的重要經驗，亦即在「知」與「情」層面的自我言說、覺察、理解和整理等，且伴隨著敘述也常會又深入的情感釋放和整合；團體成員的回饋也同時擴展了成員個人對自己處境和情緒的理解、覺察。而到了團體中期，個人面對自我處境的掙扎和矛盾漸漸更清晰的呈現，對於無法抉擇的兩難也更形增加，團體在提供支持和透過腦力激盪的回饋，更進一步的給予成員在「情」與「意」等抉擇層面不同視野擴展。更進一步的朝向實質工作層面，個別成員透過團體討論和探索，逐漸確立自己的抉擇和可能採取的解決行動，且透過成員回饋與提供更多元多方的策略，實質的在眞實生活中付諸實行，不論改變多少，當回到團體支持與鼓勵再接再厲的氛圍中，個別成員均能再進一步的奮力向前，在「意」與「行」的層面，展現實質的改變與成長。

　　整合上述探討，個人在團體中若能經歷、擴展與實踐此一「知」（覺察與理解）、「情」（情緒釋放與統整）、「意」（面對與抉擇）、「行」（嘗試與實踐）爲主體的改變歷程；其中，逐漸朝向實踐與改變的歷程，可爲個人需求層次發展朝向獲得自尊與自我實現的過程，而在團體心理工作的過程中，同伴的支持和回饋與自己的努力，可說是一種沉浸於友伴關係且協同朝向自我實現的歷程。

六、團體療效因素

　　團體爲什麼能夠幫助成員，成員從團體歷程中經驗到些什麼，而能對她／他產生影響、衝擊、改變或是感覺到痊癒等幫助呢？更深入的我們需要加以探討團體歷程中相關因素對於個人的幫助，究竟有哪些團體療癒

因素？又這些療癒能夠幫助成員的哪些部分？這些療癒的效能在團體的哪些階段是重要的？如何能夠在實務中，把這些因素融入到團體歷程裡面？Yalom（1995）針對團體心理治療提出了十一項療效因子，包括灌輸希望、普同感、傳達資訊、利他主義、原生家庭的矯正性重現、發展社交技巧、行為模仿、人際學習、團體凝聚力、宣洩和存在性等因子。Johnson和Johnson（2003）也認為，團體經驗的獨特力量包括支持性社群、希望感、現實世界縮影、強烈感受、觀點取替、多重回饋與社會比較、替代學習、社交技巧、協助他人、自我洞察和認知學習等療效因素。

　　針對輔導與諮商導向的團體，國內學者王麗斐和林美珠（2000）曾提出八項重要療效因子，包括認知性的獲得、對團體的正向感覺、行動力的引發、自我坦露與分享、共通性、利他性、家庭關係的體驗與了解和建議的提供。國內外研究的主要差異在於國內團體更重視認知獲得和內在私密經驗感受的分享。這些療效因子多透過成員間的互動產生，因此，團體諮商要達到效果，需要重視互動，發揮團體的療效因子和獨特力量，以促進認知、情感和行為的變遷。相反的，對於沒有助益的因素，林美珠和王麗斐（1998）針對團體成員進行深度訪談，發現「干擾」團體療效的要素，包括與自身需求不符、成員缺席、負面感受、自我揭露抑制、缺乏凝聚力、領導者不當介入、團體卡住和不安全感。領導者不當介入的事件最多，可能與華人社會重視權威有關。王麗斐和林美珠（2000）在量表中修正了反治療因素，包括缺乏投入、自我揭露抑制、負面感受、成員缺席、與期望不符和不安。這些探究顯示，團體進展過程中，自我揭露、期待符合和安全感等療效因素是關鍵，若能在產生正向因素的同時抑制負向因素，將發揮最大的團體效果。

　　Yalom（2020）針對心理治療團體何以具有療效，提出下列幾類療效因素，依據對各因素重要性排序，分別包含下列幾項；其中所運用於療效因素Q Sort分類表之大類別共十二個療效因素，但經過分析後建議為十一個療效因素（人際學習之因素包含了內在歷程與「自我了解」因素），本書於介紹面仍以十二個因素為架構，說明相關療效因素之界定，以及後續探討其與團體歷程之關聯性，簡介如下：

1. 人際學習（內在歷程：認識自己如何影響他人）

人際學習（interpersonal learning）：擴展自己的人際知覺或敏感度，也更能認清自己在關係模式中所處的姿態和位置，例如：更加了解我給人的印象、面對他人指出我的特定習慣或行為，更清楚知道自己所逃避的人際壓力等。

2. 情緒宣洩

情緒宣洩（catharsis）：在團體歷程中情緒的釋放與內在情緒壓抑的紓解。

3. 團體凝聚力

團體凝聚力（group cohesiveness）具備凝聚感的團體能給予成員歸屬感與一體感。

4. 自我了解

自我了解（self understanding）：透過參與過程擴展對自己的認識和理解。

5. 發展社會技巧（外在人際學習：學習改變互動方式）

發展社交技巧（development of socializing techniques）：為人際互動模式的外顯改變和行為的轉化，例如：獲得技巧、感到信任、學到與人關聯的方法、更能夠接近他人等。

6. 存在因素

存在性因素（existential factors）：體認自我或團體整體與人生處境有關的意義和存在感。

7. 普同感

普同感／普及性／普遍性（universality）：能了解自己的處境具有普同性或一般性，而產生共同感的連結。

8. 灌注希望

希望重塑／希望灌注（installation of hope）：對於未來的努力和發展能注入希望和保持動能。

9. 利他主義

利他主義／利他互助（altruism）：在幫助他人的過程和互動中，提升自我價值感。

10. 原生家庭經驗的矯正性重現

家庭重現／原生家庭的矯正性重現（corrective recapitulation of the primary family group）：在團體中重新經歷原生家庭相似的人生課題，但能獲致不一樣的經驗，而能有矯正性的改變。

11. 指導／資訊獲取

傳達資訊／知識的傳遞與分享（imparting of information）：透過訊息與經驗的交換，得到觀點或意見的擴展。

12. 認同／行為模仿與楷模認同

行為模仿／模仿學習行為（imitative behavior）：是一種潛移默化的認同歷程，意指逐漸像團體中某人或採取他人的風格、羨慕或像領導者，或找到可以仿效者。

療效因素的啟動需考慮團體目標清晰度、目標與成員的關聯性、團體大小、團體性質、聚會時間和場所、領導者態度與經驗、協同領導協調度、成員自願與承諾程度以及團體中彼此的信任度（Jacobs et al., 2006/2008）。對於療效因子在團體歷程中的重要性，Kivlighan & Holmes（2004）對團體之治療因素進行後設分析，從融入歷程的觀點發現在團體形成階段，以認知性的支持（如人際學習、自我了解和替代學習等）最為重要；衝突階段則以情感性的支持（例如感覺被接納、灌注希望、普同感）至為重要；規範形成／朝向工作之前的階段則以認知的頓悟與洞察（訊息的獲得、自我揭露和替代學習等）最重要。

　　從團體治療因素與團體歷程的發展等角度來看，在團體初期教導、普同性與灌注希望是最重要的治療因素，隨後逐漸增強的因素則為情緒宣洩、人際學習、自我了解、凝聚力的發展以及資訊傳遞等因素（Yalom, 2005；簡文英，2001）；由此可發現人際互動的教導、普同性的聯結以及促進成員相互給予支持或分享自身經驗等，均能促使團體朝向有效的治療因素邁進，且焦點成員嘗試開始進入工作之後，團體也開始經驗情緒宣洩、人際學習、自我了解和訊息傳遞等治療因子，此越來越緊密的人際關聯、友伴關係（吳秀碧，2004），亦是漸進促使團體凝聚力發展的重要因素。以下則從團體歷程發展角度，著重此「團體療效因子」進行相關實務與概念之簡介：

（一）關注於團體整體層次的療效因素

　　從整體團體催化角度著手，希望灌注是團體工作中的重要元素，領導者在團體開始前增強成員的信心，使他們對團體充滿希望，並在過程中通過關心和鼓勵讓成員感受到希望的存在。普遍性則強調成員之間的經驗分享，使他們了解到自己並不孤單，藉此減少孤寂感。團體凝聚力是成員對團體認同感和歸屬感的體現，通過彼此接納、關心和支持，成員感受到團體的溫暖和價值。

1. 注入／灌注希望

　　在團體歷程中能時刻留意團體氣氛所散發的氛圍和感受，從言談中尋找正向焦點與力量之所在，是領導者的重要任務；再者，能夠秉持希望而不因負向的心境浸泡而墜入無望之中，是團體領導過程的重要任務，領導者可透過幾個重要的策略來協助團體「希望感受」的建構和擴展。例如：(1)澄清期待與點出集體目標（在這些困境中，其實我們都很努力的朝向尋找突破的方式）；(2)朝向灌注希望的詢問和邀請（在這樣的困難中，我們怎樣能找到一些突破的點或方法？我想邀請大家分享你覺得可以突破和有力量的地方）；(3)有效成員的優先邀請（例如可先邀請較具成長動

力與能朝向正向思考的成員進行分享）；(4)正向楷模的邀請與建立（對於能夠分享自己有所成長和實質改變並朝向目標前進的成員，邀請其多作簡短分享和回饋）；以及(5)正向楷模的強化（針對具有希望感和效能的分享，引導成員探討其意義和對自己的啟發，例如「聽完小美有力量的面對和克服困境，這樣的故事和過程對你自己的啟發是什麼？你有相同的故事嗎？或是剛才在心理其實想對自己或是小美說些什麼？」）

2. 普遍性與普同感

　　普遍性與普同感的工作可說是團體凝聚力與人際關係連結的重要基礎，對於成員彼此的相似性（故事中心情或事件的相似）、同質性（背景或處境的相近）、共感性（共同感受與想法）或一致性（價值觀或喜好的相似）等，領導者皆可在過程中細心的留意，且適時的點出其共同性。其心理效益在於，不再自怨自艾或只關注於自己的困境，或突顯自己的問題而過於個人化和災難化，且能從普同感中認識自己與他人的相同情況或差異性，進而獲得支持與對問題困境的一般化。領導者可透過：(1)共同感的聯結，例如在傾聽大家的分享後提及「我們在人生的這個階段都面臨了類似的生涯抉擇和兩難，這樣的考驗都讓我們有一些焦慮和對未來的不確定感。」(2)促進相同經驗的跟進分享，例如：「對於生涯的不確定感和迷惘，是否有人曾經和小華一樣有這樣的心情？」領導者也可以針對相近性質的經驗進行詢問(3)相異與分歧的區辨，例如摘要大家的分享指出：「在人生的生涯抉擇上，小華、小美和阿進同樣正面臨重要的抉擇（相似性組一），阿雲、小偉和雅因雖然已經有些決定（相似性組二），但是對自己未來的發展也有些不確定感（相似處境），大家其實也都希望能有更多機會相互討論和聽聽他人的意見或經驗（共同感）」。

3. 團體凝聚力與凝聚感

　　凝聚感和團體凝聚力是團體成員彼此關係能親近且相互融入團體的重要表徵，其中包含了關係的親密靠近（覺得大家感情很好）、情感上的喜歡（喜歡見到大家和在一起），以及認同團體的互動方式或目標等核心價值（共同的承諾與一體感）。如何促進和催化團體凝聚力是一個重要的課

題，領導者可以在促進成員實質關係的互動和真實接觸上，採用下列幾個重要的策略：

(1)去階級與去除頭銜稱謂之直接互動：在團體中假若成員用「張伯伯」、「王經理」或「薛老師」等社會角色等稱謂來進行稱呼，容易導致關係有階級性和隔閡，可能不利於大家情感的靠近，領導者可應在初次團體修正成員彼此以名字或喜好的綽號、暱稱等彼此稱呼。(2)直接溝通與「你—我」對話：在團體中成員可能帶來社會討論與互動的習性，而會用「她／他」來指稱對方，例如說「就好像剛剛他所講的那樣，我其實很能認同他所講的」，此時領導者應聚焦於促進成員彼此對話和直接溝通，邀請該位成員「小華，你可以直接對小美說，我很認同你剛剛所說的觀點」。(3)邀請成員跟進自我揭露：成員間的自我揭露（較深入的分享自己）與彼此關係的發展有關，就像是願意跟朋友談自己的事情，也因為彼此交換訊息，則關係更加靠近與親密。(4)創造人際回饋與互動的機會：引導成員相互給予回饋，例如：「剛才聽阿源分享的時候，大家是否想到些什麼？在聽完他說的事情之後，你自己有沒有一些想法想跟阿源分享」。(5)團體為一個整體的「我們」描述：領導者在語言上可適時運用「我們」的描述來指稱大家共有的經驗，例如：「今天我們都分享了一些關於自己關心的事情」、「我們在這邊用心的彼此聆聽，是一種很難得的經驗」，或「讓我們一起來想想如何去面對這類型的困境」等描述，以促進一體感和整體性的感受。

（二）著重於人際互動層次的療效因素

團體中所呈現的人際互動層次療效因素可包含下列幾項。利他主義的發揮讓成員感受到自我價值，並透過互助和支持獲得回報，這種回報比領導者的直接支持更為有效。發展社交技巧和模仿學習行為使成員在團體中學會適當的社交技巧，通過互動了解他人對自己的看法，進而增進自我了解和人際關係的學習。此外，行為模仿與認同之外在人際學習，以及如何透過人際互動知覺和理解自己內在狀態之內在人際學習，也是深植或浸泡

於人際互動經驗之重要體驗。

1. 利他性

　　成員從幫助他人的經驗中獲得成就感和自我價值感，也從相互扶持或給予一些回饋中，發現自己對他人的鼓勵，確實收到效益，此種存在於團體中的「成人之美」無形中也促發成員更正面的提升自我的感受，為利他性的重要理念。領導者可透過下列方式來協助成員展現利他性：(1)鼓勵相互支持與同理，因為情緒上的支持和肯定，有時往往比給予建議或理性的意見更為重要，例如詢問成員「想想假若你是阿明，你會有怎樣的感受或想法？」或是「有沒有人願意站在阿明的角度，為好像有些受傷害的阿明，講一兩句公道話？或者，假如你想要安慰一下阿明，你會說些什麼？」(2)邀請成員集思廣益的回饋：在擴展成員的覺察、理解、抉擇或行動上，邀請成員一起來想想，假如你是當事人，你會怎麼思考？會如何去想這些事情？會有什麼感受？會怎樣去做決定？以及，會用什麼方法去克服難關等，都可以是團體集思廣益回饋，也透過這些歷程更促使成員實踐幫助和互助的利他效能。(3)邀請協助者與獲益者的相互回饋：若能具體的點出協助者（給予幫助的其他成員）和獲益者（被幫助的焦點成員）之間的互助關係，成員能更加明白彼此互助的重要性，且更願意提供彼此的關懷，領導者可邀請焦點成員「小可，對於幾位關心你的夥伴剛剛給的一些支持和鼓勵，你有沒有想說些什麼？」而後，對於小可的回應亦可再詢問團體，「聽了小可的回應，大家在團體的尾聲有沒有什麼樣的分享或想表達的心情」；透過相互的回饋和再回應，協助成員對於協助和被協助的互助人際形態，有更明晰和深入的理解。

2. 發展社會技巧

　　發展社會技巧是團體中另一個相當重要，可透過當下互動直接的改變來協助個別成員的重要因子；一方面領導者可以修正不適切的人際模式，另一方面也可促進個別成員人際行為的改變。領導者可透過下列步驟或引導方式，來協助個別成員發展社會技巧。

　　(1)修正與阻斷不適切的人際互動：對於明顯的或直覺上感受到成員過於魯莽或不適切的互動，領導者應加以觀察且立即加以介入和處理，例如成員過度涉入或強力的給予他人建議、採評論或分析的角度論斷、迂迴的批評或指責他人，或者是在別人說話之間插入不相干，以及不斷提出過於枝微末節的問題等；領導者可鼓勵和肯定其關心和努力想分享一些事情給對方知道的用心，但卻未必有其合適性，且鼓勵該成員用較具同理和直接關懷的方式，來與他人互動。例如「大爲，我感受到你很急著想要幫助慧珊，但是因爲我們還不了解慧珊的處境，所以我想應當先不急著用自己的生活法則來衡量，或許你可以先表達說，慧珊，我覺得你的事情會有方法解決，我先聽完之後或許也希望能回應自己的經驗給你參考。」(2)引導適切的人際溝通技巧：承接上述修正與阻斷，領導者可邀請成員用更適切的方式來表達自己，而對於退縮或不敢表達自己，抑或是難以清楚表達自己的個案，領導者可採指導或邀請大家給予回饋的方式，進行人際互動與自我表達的訓練，促進社會技巧的發展。

3. 行爲模仿與認同

　　成員透過在團體中立即的互動經驗，嘗試新的參與行爲、新的表達方式或觀摩其他成員的行爲模式，以及面對問題困境的態度或策略等，而生發出兩個層次的行爲模仿效應，其一爲團體中當下立即的經驗和參與行爲之改變，其二爲團體外新行爲的模仿和展現，而實際的展現不同的行爲或行動。領導者可採取鼓勵的態度，邀請成員對新經驗進行嘗試與演練，也鼓勵成員能分享自己在團體中所觀察到的經驗和學習（團體當下），以及對於哪些學習願意帶到生活中應用或實踐改變後，返回團體進行分享和討論（團體外的情境遷移）。

4. 內在人際學習

　　團體的互動宛如一面鏡子，映照出一個人的不同面向和個人互動模式，透過團體重新去認識「我怎麼看別人」、「別人怎麼看我」，以及更深一層「什麼因素影響我去解讀或看待別人」、「什麼因素影響別人如何看待我」等，可能均是成員從團體中能夠逐漸獲取的重要經驗和學習；不

同於外在人際互動行為的改變，內在人際學習是一種重新檢視自我人際模式的內隱歷程，可說是對於人際知覺、人際敏感度、人際信賴感，以及人際親和度的學習和改變，也可說是一個人「關係模式」的轉變，是一個重要的團體療效因素。

（三）源於個人需求層次的療效因素

雖然所有的團體療效因素均來自團體與人際層面之經驗，但個人層面之內在省思也有其個人之改變歷程，包含下列幾個層面。知識的傳遞與分享也是關鍵，通過領導者的教導和成員之間的討論，成員可以獲得新的思考方式和應對困境的方法。家庭重現則讓成員通過角色扮演和心理劇重新經驗原生家庭的衝突，並學習新的行為模式。情緒宣洩則提供成員一個紓發情緒的管道，學習如何適當表達和處理情緒。而存在性因素深化成員探索生命的意義和價值，瞭悟生命無常，進而發現自我之存在價值與對生命省思之底蘊。

1. 提供資訊

訊息的提供是團體的重要過程，但對個人來說是相當直接且有效的收獲，成員透過聆聽和分享，能聽到許多不同的生活經驗、事件和處理事務的不同態度或方法，也對於和自己有關的情境與議題，能透過團體大家多元多方的提供訊息，而擴展相當豐富且多元的理解。從此一療癒因素看來，領導者在價值介入的倫理考量之下，可適時的提供與成員切身相關且有所助益的訊息；也可以邀請和促進成員腦力激盪，提供相關的經驗、觀點或相關聯的資訊，以協助成員從中獲益。

2. 矯正性經驗的療癒歷程

矯正性經驗的再現與轉變，是團體諮商師在領導過程中需留意、且銘記此於心中的重要概念，領導者必須對個別成員的個人狀態加以觀察和留意，且透過團體氛圍和人際互動過程，創造不同於成員原生家庭經驗的新經驗。舉例來說，對於呈現過度自卑、自貶或言談上常自我過度批評的成

員，團體的接納和鼓勵的氛圍是一種不同於其外在原生家庭或現在職場互動的經驗，而在工作階段，其他成員開始挑戰性的詢問該成員，為什麼總覺得自己不行？為什麼對自己如此苛求？反面上也透過一再的回饋，指出成員的努力和成就，領導者也持續的採鼓勵和支持態度協助其朝向自我肯定和接納；在這樣的過程中，團體和成員間，或領導者與該成員的互動過程，基本上可展現一種療癒和轉化過程於其中，可為原生家庭矯正性經驗再現與轉變的一個例子；此一療效因子實為諮商與心理治療團體歷程，內隱於人際歷程中相當重要的實務概念。

3. 宣洩

團體心理工作提供一個安全且包容的場境，讓成員個人的情緒釋放和宣洩，得以伴隨深度的自我揭露而呈現出來，此一療效因子與個別成員深層情緒與經驗的表達，以及表達後的再感受和統整有關。心理治療中的「情緒」釋放與該經驗的再統整，被視為是相當重要的一個治療環節，也是帶出案主真實關切焦點和實質動力的契機，能有效通過情緒宣洩和抒發的歷程，往往能帶來較佳的療效。許育光、吳秀碧（2010）針對團體中情緒工作段落聚焦探討領導者的介入發現，在個別工作層次領導者於轉換階段和工作前期運用「促進成員自我分享」、「支持與同理」、「促進自我覺察」、「深化與促進接納情緒」、「個人目標之連結與推進」等策略，於情緒工作段落協助成員，而在團體工作階段後期則加入了「促進當下覺察與自我表達」的策略，可作為實務團體領導中，協助成員情緒工作之重要參考。

4. 存在因素

存在因素的療效因子，是一個較難理解和執行的概念，從其重要的思考論題來說，「我是誰？」「我的存在價值為何？」「什麼對我而言是重要的？」「我的重要性為何？」「我該往哪裡去？」或「我如何能朝向最佳狀態或最終實踐發展？」以致於對整個團體來說「我們是誰？」等命題。「存在因素」常常建構於對團體經驗和個人成長過程的回應和反思，

也較常在團體中後階段被提及和討論；從團體整體的場境和個體的成長需求來看，團體若能適切且開放的提供一個能夠協助個體，追尋自己的存在價值、追尋方向和實踐方針之之場域，則個體在團體中投入的自我探索、獲致自我成長與改變，且更進一層次的觀照與反思自己的轉變，形成一種具力量和價值的內在動力，朝向存在終極意義和價值的追尋，則可能為存在之療癒因素的展現。

◎**問題延伸討論、省思或作業**

1. 就你的經驗來說，你認為團體經驗為什麼可以幫助人？從你參加過的團體而言，哪些經驗對你的衝擊和幫助很大？正面的助益和負面的影響各有哪些？請加以分享和討論。

2. 你認為一個團體要能夠進展與發展到工作階段，最重要的關鍵是什麼？請試著舉例說明。

3. 假如你是一個諮商團體的成員，你最希望從團體中獲得的幫助是什麼？這些幫助跟你最初參加團體的目的或理由，假若能夠對應的話，其中的關聯分別是什麼？

4. 針對團體的療效因素，你覺得自己假如是領導者，哪些療效因素的運用較為容易掌握？又哪些療效因素的運用和融入，對你來說是較為困難的？請加以說明。

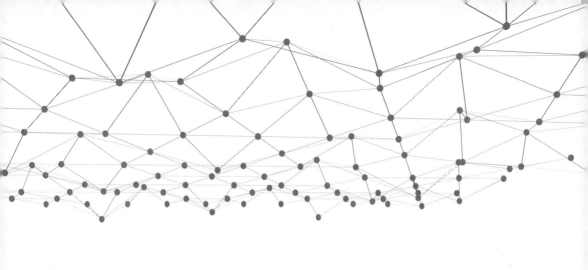

◆ Part II

團體的籌劃準備與實務考量

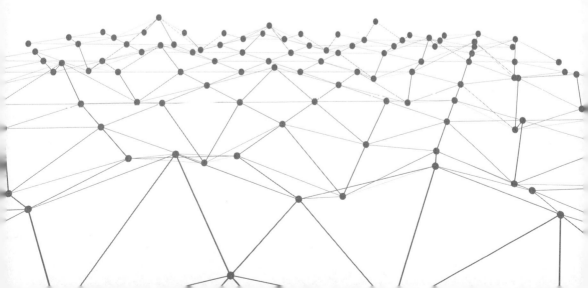

第三章

團體構思與規劃設計

本章綱要：

一、構思你的團體類型與屬性

二、建構心理工作團體的考量：團體功能與目標／結構的高低設定／領
　　導者角色／開放與封閉型態／成員人數的限定／時間與次數的安排

三、諮商與治療團體的規劃：取向或特定理念的規劃（Approach）／對
　　象與成員之心理需求（Person）／目標與工作內涵界定（Purpose）
　　／歷程規劃與推進（Process）／模式與架構採用（Model）／媒材
　　的選用與融入（Material）／評估測量（Measurement）

四、團體計畫建構與撰寫：團體計畫前的溝通與斡旋／簡要團體計畫書
　　撰寫

一、構思你的團體類型與屬性

　　由於團體工作的多樣性和開設團體時需要滿足成員受眾的多元需
求，在構思團體的第一個重要議題，是確認和思考您所要進行的團體之屬
性。若將心理工作團體大致分為「協助」與「訓練」兩類來大略理解；其
中，協助性質的主要為本章所提到的輔導團體、諮商團體或心理治療團體
等；而訓練性質為主的，則是主要提供專業人員參與，例如「訓練團體」
（T-Groups）或是以人際敏感度訓練為主要目標的會心團體（encounter
group）。

　　在構思你的團體之時，第一個需要關注的議題為：所要開設的是「訓

練團體」（訓練、成長型態的團體或研習會），還是以助人爲宗旨的「諮商與治療團體」（心理輔導、諮商與治療導向的團體或工作坊）；前者通常傾向於無結構之設定，領導者的角色爲催化員或顧問，後者領導者的角色則爲輔導者、諮商師、心理師或治療師。相關的時間規劃、人數設置、可否開放新成員加入等議題，都牽涉到此最開始的設定；原則上，「諮商與治療團體」在架構上爲心理專業工作，領導者負擔心理專業工作之倫理，需負擔對於成員心理狀態的評估、介入干預和照顧、保護，因此不適合「無結構」的工作方式，需考慮有架構的進行帶領。

　　進一步延伸，第二個需要考慮的議題則爲：所要開設的團體者要希望能讓成員獲得哪些幫助，一般而言則需要清楚定義或考量，所要進行的團體傾向於以成長和促進轉化爲主（會心或成長團體），抑或是以提升職能與角色功能爲焦點（諮詢團體）；或是以發展性輔導（心理教育導向的輔導團體），或介入性的導向改變、矯治或治療（諮商與治療團體）等。

　　第三個需要構思的則是依循上述兩個命題，逐漸開展和設計的團體運行方式。例如：團體的功能和目標、結構的高低、領導者的角色、團體是否加入新成員的封閉或開放、團體的人數與大小、團體的次數和長度等。由於本書在方向上以心理工作團體爲主且聚焦於輔導、諮商與治療導向的團體，因此將主要從些類型之團體心理工作來進行討論，分述如下列各段落。

二、建構心理工作團體的考量

（一）團體功能與目標

　　從團體功能來區分：團體可分爲預防性、發展性，以及治療性等三類，其中預防性可以針對一般學生或群體（例如心理教育課程、社區健康行爲衛生教育），也可以針對高風險群體（例如愛滋高危險群體的衛教團體、瀕臨中輟青少年之預防課程）；發展性則爲針對特定困境或議題，進

行討論或促進其解決（例如轉學生生活適應討論團體、社會新鮮人職涯百分百團體）；治療性的團體則牽涉到個人改變，較為接近諮商與心理治療導向的團體。一般而言，同時也需要考慮你所在的機構屬性和工作團隊對我們開展團體工作的期待，例如學校場域較多期待以諮商輔導為主、醫療場域則傾向以治療導向的團體為主，而社區則依據所推動的方案或機構理念來規劃相應的團體模式。

（二）結構的高低設定

從團體進行的方式，可分為高結構性（設定非常具體的方案或活動規劃）、半結構、低結構，以及非結構性（儘量或幾乎不運用具體方案和活動），或是無結構（完全沒有架構和領導者導引）；通常，心理教育與輔導取向的團體較接近高結構，因為負有既定須傳達或灌輸的心理概念於團體歷程中，而諮商或心理治療導向的團體則傾向於較少運用結構，無結構的團體通常較常運用於訓練團體等專業人員的成長領域。關於結構方案的運用，本書將於後續團體規劃和結構方案設計等章節，加以詳細說明。

然而，在籌劃團體的一開始，除了要清楚自己所要帶領的團體之屬性（諮商團體，或是治療導向的團體），以及確認對象、取向和方法，連帶的將目標和方向確認之後；結構的高低也是一個相當重要的考慮。相關參考如下表3-1摘要示意。

表3-1　結構高低與團體類型之示意

結構高低設定				
無結構	非結構	低結構	半結構	中高結構
訓練團體／（探究）學習團體				
成長團體				
諮詢團體（心理性質的學習／教練／諮詢／顧問）				
輔導／心理教育團體				
團體諮商與治療				

　　結構（structure）指的是一個團體受到領導者引導或介入其「內容」層面之主導性的高或低，亦即諮商師或治療師對於團體進行主題、討論話題或是大家在團體內作些什麼的主導程度有多高。值得澄清的是，在團體內進行「活動」（activity）是結構運用的一部分，但是一般學習者常會將運用活動視爲高結構，而少用活動視爲低結構，其實未必然如此，結構的高低常常最需要觀察或考慮的仍以領導者對團體進行主題的主導性爲準；例如A團體運用多個活動於彼此認識和凝聚力促進，之後活動僅設定爲決定分享的順序，但未設定談話主題，但是B團體少用活動，但是大多由領導者宣布現在團體該討論什麼，而由大家針對該話題或問題進行分享，則其實B團體的結構性和領導者的主導性很高，成員在當中自我探索的自由度較低，而A團體在不設定主題和話題的氛圍下，能給予成員空間提出自己的關切議題，其結構運用較低。依據結構高低，我們可將團體設定爲下列幾種進行方式，包括：高結構、半結構（semi-structured）或低結構、非結構（un-structured）、無結構（non-structured）等規劃方向，茲分述如下：

1. 高結構團體

　　高結構團體之領導者主導性強，其輔導與心理教育功能一般也較高，進行上通常會預先計畫內容與過程，選定預定實施的主題或材料，並對於時間分配進行預先規劃，對於團體過程也會計劃其進行步驟，實施上按照預定進行的程序進行。通常適用於較爲輔導性或心理衛生教育導向之團體。

2. 半結構（semi-structured）或低結構團體

　　依據結構和領導者主導性高低，可依據程度大略指稱爲半結構到低結構。其要點爲在團體歷程中運用相關既定的程序或設定某些主要進行方式，但仍維持某些開放空間讓成員能自由的探討個人切身相關的議題；若依據主導性和時間或程序規劃的比例來看，半結構團體大致規劃爲持平的同時兼顧領導者主導和成員的自由度，而低結構則在程度上儘量減少領導者的主導性。

3. 非結構（un-structured）

　　非結構相對於半結構或低結構，更導向於儘量不作主導和設定來進行團體諮商或心理治療，讓成員的自由度和能夠自我導引的程度提高到較大的空間，領導者之工作主要以回應性的心理工作爲主。但值得探討的一個概念爲非結構並非一種完全沒有主導性或是完全無架構（frame）的領導方式，其儘量降低對「內容」的主導性爲一個重要概念，但是對於「歷程」的催化或促進，僅在開啟團體與結束團體的程序上有所預設，過程領導中沒有預設的實施程序、步驟與技術，以成員自發性的陳述和互動爲內容，但對團體工作歷程，仍然有其推進性的架構運用。例如邀請繞圈發言後進行摘要和議題導出、引導回饋和跟進分享、運用角色扮演擴展覺察等治療導向的工作等，都是依據團體理論和歷程發展需要，或個人改變與成長需要，進行有架構的介入。

4. 無結構（non-structured）

　　無結構團體指的除了時間、出席參與、場地環境和基本規範外，領導者並未設定任何明確的主題或架構，對於開始、過程、衝突、解決和結束，領導者皆採取站在團體催化或歷程闡釋的立場，少主動介入處理和主導。此類無結構團體通常較少運用於眞實案主的諮商或治療團體，較常見的爲運用於專業工作者或學習者的訓練團體（T-Group）、歷程導向的團體（process orientation group）或是著重於人際敏感度訓練的學習團體。

（三）領導者角色

　　領導者角色所指的是帶領者在團體中所承擔的責任或被賦予的任務；是否有專業領導者帶領也可以是一項團體規劃與設計的要項，大多數的心理工作團體，均主要由專業領導者或受過訓練的心理人員帶領，但是有些設定上爲無領導者則也可以稱爲無領導的團體（leaderless group）或「自助團體」（self-help group）主要由成員自行籌組且自發的參與，團體僅設定既定的方向和參與規則，即在自行互動、分享和討論的架構下進行團

體；例如廣爲所知的「匿名者戒酒團體」（AA），可由召集人或贊助者
（sponsor）發起，過程中發起者少予以干預，或是全然由成員自行發起
組成，主要提供支持和經驗分享的團體。

（四）開放與封閉型態

　　團體的開放或封閉也是規劃上的一個要項，理念上依據成員參與的自
由度，以及是否容許成員自由進出團體的原則，團體可以分爲開放性和封
閉性兩類，前者容許團體成員來來去去、自由參加與自由出席，有時甚至
也不需要報名而可逕自加入；而後者則採取固定型態的要求成員穩定的、
規律的且應承諾能每次出席。一般輔導、諮商與心理治療導向的團體大多
爲封閉性團體，因爲需要較高的投入，且需要透過穩定參與來建立團體安
全與凝聚；開放性的團體則較常見於衛教或自助團體（無領導者的自我幫
助團體）。

　　團體的進行方式是否讓成員能夠自由的選擇進出團體，或是把成員
確定下來就不再加入新成員，這樣的考慮即是團體開放或是封閉的考量。
前者讓成員自由進出多半在目標上會以資訊給予和既定知識學習爲主，例
如：學期初針對高年級轉學生設定的四到六次團體，讓轉學進來的兒童能
有一個空間談談自己新環境的適應狀況，而在對談過程可引發同儕的相互
討論和分享；又如，九年級（國三）的生涯輔導與諮詢團體，可設定四到
六次開放性質的團體時段讓學生報名，而每週採邀請成員自我陳述其生涯
探索進展方式分享，也針對新加入的成員之關心課題加以討論。

　　然而，上述關於轉學適應議題或是生涯諮詢的團體，若期待要能更
深入的協助個別成員去解決其個人切身關切的困境或議題，例如：遭受新
班級同學的排擠或嘲笑、與老師的溝通有些困難或誤解；又如生涯抉擇上
呈現兩難困境、與父母親對生涯選擇的意見分歧且衝突等，則此類較切身
相關的議題則需要較爲穩定的空間、具支持性的環境和較爲親近的人際關
係，才能更深入的探索，因此在性質上，當需要較爲深度的處理個人困境
或議題時，開放性（成員自由進出）的團體是較不適合的；而以諮商、心

理治療或特定課題的輔導團體來說，一般因爲需要處理的問題較爲個人性且有其深度，則大多傾向用封閉式的團體進行，將成員組成、次數和時間、進行方式與目標等都能在團體初期就確定下來。反之，假若所要進行的較爲一般化的議題，且方式上用資訊提供就能達成其任務，比較不需要人際緊密的連結和凝聚力加以支持，且現實考慮上固定成員與時間、次數可能有其困難，則才採用和規劃開放式的團體。相關參考如下表3-2摘要示意。

表3-2　開放／封閉設定與團體類型之示意

開放與封閉設定	
嚴謹封閉──封閉／初期可加入	可開放／有原則加入──可開放隨時加入
訓練團體／（探究）學習團體 　　　　　　成長團體 　　　　　　　諮詢團體（心理性質的學習／教練／諮詢／顧問） 　　　　　　　　　　輔導／心理教育團體 　　　團體諮商與治療	

　　以封閉式的團體輔導或諮商治療實務來說，因爲融入團體和了解團體規範、獲致穩定性和安全感可能需要一段的時間，則若以解決問題、人際經驗或心理治療爲導向之封閉式的團體在執行上，實際有下列幾個要點，需要在規劃時就先作了解和設定。

1. 成員需要經過評估、說明和篩選

　　若爲採封閉性質進行諮商或心理治療團體，因考慮團體目標和成員的屬性不宜差距過大，避免無法融入的困境，且必須有議題關切的同質性較爲適合；另外，因爲個人心理工作性質的團體常牽涉到團體安全感、保密、支持與尊重等要素，若在個人困境或行爲模式上明顯會對團體造成過度干擾，則在該階段可能也不適合。相關的評估、篩選以及困難成員的議題，將於第五章和第十六章再作詳細討論。

2. 時間、次數和場地等均需明確訂定與穩定執行

　　為期待團體能具備充分安全感且允許成員於其中自在的探索，每次進行的長度和團體預計進行的次數，以及每次團體聚會的固定場地，都應加以訂定並穩定執行；與個別心理工作相同，此些時間、次數和場地等穩定性或一致性，均與諮商或治療的界限（boundary）有關，一方面能促進安全感，另一方面也設定實際層面的現實感（例如有限的時間和次數），對於成員有效且努力投入團體有所助益。

3. 需在一般基本規定之外討論和設定團體規範

　　在一般基本人際互動禮儀之外，若為封閉式的心理工作團體，則因為尊重、保密和投入等對於團體的建構，和個人是否願意持續參與團體，有很大的影響，因此，增加和強調團體規範的設定與討論，相形之下就非常重要。相較於開放性的團體，因成員的穩定性較低，領導者對新進成員的了解也有限，相對成員受團體規範的約束也低，實質的規範較難要求或落實，則規範在團體進行中有新成員加入時也需要重申，但其投入或遵守的效力無法如封閉式團體，需要特別考慮。

4. 團體領導者需於團體進行前即設定方向和基本運作方式

　　如本章前段所說明，封閉性質的團體通常因成員有共同關注之課題，且期望能從中獲得實質的幫助，則基本運作方式和方向需要加以規劃和設定；而開放性的團體雖然也需要設定方向，但對於成員能夠獲得哪些改變，通常因為成員來源和出席不固定，較無法明確設定，因此，通常開放式的團體在運作上以下列幾種方式為多；其一為訊息提供、心理教育或衛生推廣等方向為重要之主軸之團體，其二為同儕自發性參與或自助形態的團體，例如匿名戒酒之自助團體等成員同質性強，具有明確共同目標。

5. 促進團體成員支持與增進凝聚實屬必要

　　對於心理工作團體，實質的最終目的仍然為幫助個別成員。但在領導和催化團體或運用團體的深度上，封閉性質的團體有其更大的效益和能夠幫助個人的資源，相較於開放性團體成員較無法建構穩固的關係，形成較

強的心理連結或影響力，封閉性的團體因爲上述幾個要點的穩定性，而較能發展出一個我們同爲一體的凝聚感，成員的投入和彼此相互支持等強度也較強，人際經驗和影響力相對也較能促成心理上的改變。

（五）成員人數的限定

從團體大小來看，團體可以分爲大團體和小團體，其中，小團體通常用於特定對象或需求的輔導工作（如稱爲小團體輔導，對象在6-10人之間），以及諮商或心理治療團體；而大團體通常運用於心理教育導向的團體（例如班級活動、開放性的病友衛教團體），值得一提的，有些大團體也應用於專業人員訓練爲導向的無結構團體（例如大團體動力體驗的訓練團體），或是應用於某些特定的治療團體（例如心理劇團體），其人數可以較一般小團體爲多且團體在運作上也需要大團體形式進行。

在考慮團體的大小時，需要考慮多個因素。這些因素包括成員的年齡、領導者的經驗、團體的類別以及成員所呈現的問題。成員人數較多時，成員更趨向與領導者互動，但成員的產值、參與程度和凝聚力可能會下降。較大的團體可以容許更多的異質性，維持成員的興趣，並提供較多人際空間，使成員感到安全自在。研究表明，團體次數在12次以上，成員人數在5到9人之間，凝聚力最強。此外，機構的要求和限制、領導者的自信與技術等條件也是需要考慮的因素。對於新手領導者，較少人數的團體更爲適宜。

對於團體應該讓多少成員參加，最少或是最多能容納多少人，也是在規劃之初應該審愼評估的課題。團體大小（group size）與團體動力和氣氛息息相關，人數過多的團體因成員相互認識與交談機會相對較低，則要能熟識就較爲困難，團體的凝聚力相對也就較難建立；但人數過少的團體（例如僅有3人）有顯現團體互動和資源較不足，在交談和對話上較無法交織出豐富的討論，關係上也呈現較難促進或是有意義的發揮。因之，以諮商或治療導向的小團體而言，團體大小與人數應加以界定和限制，使其能夠適中。相關參考如下表3-3摘要示意。

表3-3　人數設定與團體類型之示意

人數設定			
小型		中型	大型
限定6-8	8-12	12-20	20人以上
訓練團體／（探究）學習團體：角色回顧應用團體～小型研究團體～大型研究團體			
成長團體			
諮詢團體（心理性質的學習／教練／諮詢／顧問）			
輔導／心理教育團體			
團體諮商與治療			

　　一般在考慮人數多寡的時候有幾個原則需要加以納入考慮，包括：團體的目標與任務、年齡與發展階段、團體進行的取向與方式、團體議題的深入性或特定性，以及行政評核的要求等。

1. 團體的目標與任務

　　從團體的目標和任務來看，若團體期望能較為廣泛的對於發展議題，進行輔導或心理教育性質導向的團體，則人數可以較為寬鬆的容納較多的成員，例如生涯諮商輔導性質的心理教育團體、病友家屬的衛教團體，但是以班級團體帶領的經驗來看，人數上仍然最好不要超過25位。但假若團體目標為個人議題解決的諮商團體或心理治療團體，則一般人數大約介於10位上下，例如8-12位之間。人數過多的團體在歷程催化和互動上困難度高，單純要促使大家均等分享就有其困難，因之，團體諮商或心理治療的人數一般應避免超過12位成員。然而，有時醫療院所病房之支持性質的心理治療團體，若考慮主要目標在於支持為主，部分住院病友的功能和表達，或是剛開始投入程度較低而需要較長期的觀望才能進入，且因為出入院之人數消長變動，其團體人數較多達到15人左右亦是適切的。

2. 年齡與發展階段

　　年齡和發展水平與能夠專注的時間、表達能力、參與團體的自發性和自我掌控程度有關係，小學階段的學童因為專注力有限，且因為在學校進行團體大多短於一節課45分鐘的時間，加上掌控力較不夠而人數過多干擾

訊息較強，因此人數上應較爲下降，大約以每個團體6位以下爲宜，最多不超過8位，且甚至若僅有3-5位成員，亦可進行小團體。中學以上的團體亦是，雖然自我獨立性和表達能力較佳，但是因爲青少年階段仍較需較多的陪伴和等待等醞釀過程，過多成員對於參與的秩序和心情穩定性也有影響，因之仍以8位左右爲宜，最多不超過10位爲佳。大專諮商中心與成人團體，則可依據其他原則設定人數約爲8-12位之間。

3. 團體進行的取向與方式

　　團體領導的取向、方式和時間，也與成員的數量限制有關。一般心理治療或諮商導向的團體雖然大約人數爲8-12位，但某些特定取向的團體可容納，或需要較多的成員，例如心理劇導向的團體，因爲成員異質性，以及擔任輔角、替身、配角或觀眾的需要，人數上常可在25人以上。團體動力體驗、歷程導向團體或塔維斯托克等，可採大團體經驗促發學習和訓練效果的團體，有時人數甚至沒有限制，可多達近百的成員共同參與。

　　方式上，若採特定媒材進行團體，例如藝術治療團體、沙遊（sandplay）治療團體或運用沙盤（sand tray）進行團體、冒險諮商的戶外高空冒險團體等，限於過程經驗需要時間進行醞釀、體驗或創作，或是單一位領導者無法照顧和協助過多的成員，則成員人數上必須再行下降，大約以一個團體或團隊約6位成員以內即可。時間上，特別當團體每次進行的時間受限而短於一個小時，則人數上就應更減少爲6-8位以內，讓每個人能夠分享的時間較爲充分。

4. 團體議題的深入性或特定性

　　團體議題的深入性或是探討特定個人經驗，則成員人數上就應考慮作局部的減少，例如喪親兒童之哀傷課題輔導團體，因爲探討時所需的深度和時間可能較長，具相同脈絡和經驗的同儕跟進分享後也需要時間處理，則人數應減少；又如大專院校同志議題（LGBTQ）之諮商或協助團體，因課題具特定性且招募較困難，對人數的限制或要求亦可降低。

5.行政評核的要求

有時候團體成員的人數亦與行政機構或單位政策，抑或是面對評鑑所需而進行團體人數的設定，在成本效益思維和專業考量相衝突的狀況下，團體領導者應於規劃和設計初期，即加以留意機構期待和溝通，始能在達成共識狀態下進行適當的成員人數規劃與招募。

（六）時間與次數的安排

規劃上關於要進行幾次？每次進行多久？多久進行一次？等長度與持續度，以及間隔進行與持續密集進行等，都有其應對團體功能與目標的設定。從團體進行的時間和次數來分，團體還可分為常態性分次進行的團體（例如每週一次），以及密集的持續性團體（例如連續四天三夜）。常態分次進行較常見的為隔週，每週進行一次；密集與持續性的團體較常見的方式即為工作坊形態，可能持續一天到數天，馬拉松團體採好幾個小時連續進行亦是。

團體每次該進行時間應該多長？該進行幾次？每次之間間隔多久？這些安排，是規劃之初相當重要的考慮。一方面，要考慮是否有開設較多次數之可能性或條件，例如機構是否允許、經費或場地是否可提供、領導者自身的時間，或成員招募的難易程度。但另一方面，仍需要回到團體規劃的目的、取向和理念來探討和規劃次數。相關參考如下表3-4摘要示意。

表3-4　次數安排與團體類型之示意

次數安排				
單次	極短	短程	中長期	長程
	6-8	8-12	12-24	
訓練團體／（探究）學習團體（密集／持續）				
	成長團體（密集／持續或每週）～可延續進行			
	諮詢團體（心理性質的學習／教練／諮詢／顧問）			
輔導／心理教育團體				
		團體諮商與治療		
				團體心理治療

1. 團體時間規劃

　　首先，團體時間的規劃需考慮各年齡層的專注程度和生理狀態，一般而言團體的一個單元大約為90分鐘，但在小學階段，因為校園一節課的時間為45分鐘，且兒童的專注力難以持續，因此在進行中高年級兒童團體時，衡量上應以此為準。而國中和高中可考慮以一個小時60分鐘為基準，若時間調配上可以有兩節課（各50分鐘加上下課10分鐘）共110分鐘的時間，仍建議團體應不超過90分鐘為宜，因為過長的團體常導致反而無法專注和閒散，無法集中於任務上，則在團體前和後可安排較為緩衝的活動或有限的自由時間。對大專以上或社區的成人案主，則以一個半小時（90分鐘）為基準，亦同時考慮專注力和人體休息的生理時鐘，不宜過度延長，若因團體取向之特殊需要（例如需要創作或完成特定任務等），可設定最長延伸為兩個小時（120分鐘）。值得一提的是時間架構的穩定性是重要的，若所規劃的團體為90分鐘，則應就以此為原則，不任意縮短或延長始能給與穩定的團體規則。不同年齡層之時間規劃摘要如表3-3所示。

2. 團體次數規劃

　　次數上值得先討論的是，團體的次數大約以幾次可以作為一個完整的歷程？或是說大約要進行多長才能對成員較有幫助？從團體發展階段來看，團體需要人際上關係熟識的增加、凝聚力的建構、相互互動模式的發展，和彼此關懷合作關係的建立，通常在獲致凝聚或達到較佳工作狀態，大約最快均需要4到5次的團體歷程經驗，較緩慢的則可能需要6到7次；則一個團體假若次數太少（例如團體諮商僅規劃進行8次），則在達到凝聚之後正可開始工作即宣告結束，其效果自然難以顯現。因此，若目標設定上希望能運用團體協助成員，增進了解、抉擇和行為改變，則次數上至少10次以上，應該是很重要的考慮。而假若採取心理教育導向，或輔導性質的團體，因所著重的較以心理教育導向為主，因此次數上可較短，但是仍建議應以8次以上為考慮。

　　再者，依據團體成員的年齡，各團體可依據團體屬性，參考招募和執行的難易程度，作不同規劃。在規劃心理教育導向的輔導團體上，兼顧歷

程和短期可達成具體功能，次數大約以8次至10次爲基礎，在高中生或功課繁忙的國三生，以及工商業社會較難穩定出席的成人個案，也可考慮用工作坊方式於週末間進行兩連續的兩三次團體聚會。

　　然而，若性質上主要爲問題解決導向的諮商團體，則仍建議採每週進行方式，因爲實際的改變行動若需於眞實生活情境進行，其每週持續的探討和追蹤、支持與鼓勵、修正和調整等成長過程，均需要時間，所以諮商的團體應仍考慮以每週進行爲宜；且因諮商導向的團體建立在短期（short term）的基礎上，在兼顧效能（太長則目標過於鬆散）和有效工作（不至於太短），一般而言可大約以12次左右（約爲10到14次）爲主。

　　而心理治療或性格模式改變爲導向的團體，則在次數上則比較需要較多次，期間一個團體的歷程大約可估量六個月，原則上仍以一週一次爲主，除非爲特定取向或學派有其特別的考慮，則大約次數爲20至24次較爲恰當；如精神科門診針對精神官能症個案開設的團體心理治療、監獄的犯罪受刑人團體或加害性質的受刑人團體，以及受刑人的刑後社區治療團體均是；然而，次數上必須考慮並不是越長越好，因爲心理治療性質的團體在治療核心上，著重於關係和經驗的重整與內化，因此需要一定的長度，但假若過長或無限度的延長，有時反而讓團體進展有些膠著而空耗時間。若爲兒童或學校學期限制則可預計約進行四個月，且有時爲了加強其效果或密集的處理特定行爲模式（例如高攻擊、霸凌、複雜性的哀傷、衝動控制異常等過強的心理趨力等），可考慮一週進行2次，如週一和週四，或週二和週五，衡量其間隔與介入的持續與密集性。相關參考如下表3-5摘要示意。

三、諮商與治療團體的規劃

　　對於專業心理工作者來說，當我們聚焦於諮商與治療導向的團體來進行規劃，實務工作的規劃上有三個層次需要於規劃前審愼考慮的，其一爲改變的觀點或理論（對應參與團體者的改變或成長之工作理念）：主要爲

表3-5　各年齡層之團體時間規劃與不同類型團體之次數考慮

	兒童時期（國小中低年級）	青少年初期（國小高年級至國二）	青少年中期（國三到高中）	青年／成人團體（大專階段／社區案主／臨床場域）
時間規劃	每次約45分鐘，不超過一小時	每次50～60分鐘	每次50～60分鐘，高中可延伸進行至90分鐘	每次90分鐘，視取向與方式可延伸至120分鐘
團體類型	團體進行的建議次數或形式			
心理教育導向的輔導團體	每週一次可持續8週以上共約8～10次	每週一次可持續8週以上共約8～10次	每週一次可持續8週以上共約8～10次／或工作坊方式進行	每週一次可持續8週以上共約8～10次／或採工作坊方式進行
諮商與人際問題解決團體	每週一～二次可持續12週共12至24次	每週一～二次可持續12週共12至24次	每週一次可持續12週共12次	每週一次可持續12週共12次
性格改變／治療性質之團體	每週一～二次可持續16週共16至32次	每週一次可持續18～24週共18～24次		每週一次可持續12～24週共12～24次

諮商與治療團體的取向（Approach）；其二為工作架構（考慮參加者需求等人事與時地等設定），分別為：對象（Person）、目標（Purpose）與歷程（Process）；其三則主要為執行方式的考慮，可包括：模式（Model）媒材（Material）與測量評估（Measurement）取向和方式。筆者從多年教學與實務督導和研究經驗，歸納此三個層次，共包含七個向度之規劃構思方向，提供諮商與治療團體工作者之參考；若汲取此七個向度之字首縮寫，可歸結為「AP³M³團體實務規劃」（相關的空白表格如附錄3-1，也可作為規劃思考上的練習），包含須考慮團體構成的七個重要向度，茲分述如下。

（一）取向或特定理念的規劃（Approach）

其中，取向（approach）指的則是學派或理論依據，通常需要考慮對象的需要性和實務介入時的預計目標，例如：心理動力導向的工作著重於情感轉移的詮釋與疏通，或能以團體歷程內化穩定一致的經驗。存在現象取向的工作則著重於浸泡於人無可逃避的存在焦慮或實際情境中，強調自由選擇與負責。個人中心觀點的團體則更著重於關懷與接納的團體氛圍，並積極傾聽個人與同理。認知導向工作則可能著重於認知內容的非理性，或是認知思考型態的偏誤，亦融入更多行為層面的介入和改變的促進。在團體進行上的取向和導向考慮是很重要的，通常牽涉到領導者個人的訓練背景，以及對問題的思考和信念。因為治療取向繁多，本書並不作一一列舉和探討，且因取向、學派理論與實務帶領方式有一定的關聯，例如心理動力取向的團體治療、完形學派導向的團體治療、塔維斯托克團體、存在心理治療團體、中心主題團體、認知行為取向團體等，都各有不同實務進行方式與理念。

依據不同的諮商與心理治療理論，團體亦分為各種不同取向的團體，例如精神分析心理動力導向的團體、存在治療取向的團體、完形取向的團體、認知型為取向團體，以及焦點解決導向的團體。各取向的團體均有其學派發展和理論依據的源流，也在團體工作上有其各自特定的理念和技術運用。而建立在此些取向之上的團體工作，未必全然是心理治療或諮商團體，有時若應用特定取向（例如阿德勒學派、現實治療理論，或溝通學派等），亦可進行輔導性質的心理教育團體。

（二）對象與成員之心理需求（Person）

對象在團體心理工作此處指的為參與團體的成員，例如兒童、青少年、大專青年、社區案主、精神醫療門診案主、精神科住院病人、司法矯治受刑人等；不同的對象在改變的需求，以及對應可改變的特性也不同，例如對於兒童群體，最為明顯直接可見的仍然為行為層面的介入，加上對

於認知思考型態或內容的導正等；而青少年因面臨生涯或個體發展與適應的抉擇，對於特定焦點或生涯議題加以抉擇或付諸行動，往往是重要的；大專青年階段面對學業／事業和情感關係／家庭的生命任務，勇於探索與抉擇成了極為重要的工作；社區案主因多元性高，在取向和方法的選擇上也必須考慮其多元性；而精神醫療體系的門診個案功能較高，亦能適合於較領悟與協助探索的導向，然而住院病人或為功能較為退化，則較為心理教育導向的介入反而較能具效果或符合其需求。

　　成員的參加動機也是一個區分型態標準：自願報名來參與的團體，通常大專生以上之社區成人按照自己的意願參加團體者屬之；而非自願的團體，例如兒童或青少年，抑或是受父母、導師轉介的大專生，有時候是出於一種邀請加上鼓勵等半自願狀態，則在團體型態上要考慮參與動機的增強。在精神醫療住院病房，以及司法矯治體系如監獄或收容所開設的團體，通常案主的參與是非自願性的，但因治療程序和司法判刑規範，案主則需要進入治療或矯治的團體情境，為非自願性的。

　　成員的背景有時也是類型區分的依據：例如在多元場境的不同團體如學校的兒童青少年團體、大專諮商中心的團體，社區的成人團體等；而同質性（成員的相似程度）高的團體表示大家以相同或類似的背景，而異質性（大家的差異程度）高的團體則代表大家的脈絡和背景不相同。本書在團體篩選的章節，將會再詳細說明。

（三）目標與工作內涵界定（Purpose）

1. 屬性與內涵的界定

　　在設定團體是否要預先訂定主題上，通常也一併考慮其功能、目標和屬性；以非結構的諮商或團體心理治療來說，一般可不預先設定主題，但在招募和宣傳上仍然可以思考最適宜招募成員群體之困境或探討議題類別，來形成團體的方向或目標。若為半結構或高結構的諮商或輔導團體，有時候預先設定主題且招募對特定議題感興趣或有需要的成員是重要的。

　　團體目標的設定上可分為：屬性與內涵兩個部分，屬性上指的是對於輔導／心理教育團體、諮商／治療／矯治、諮詢／成長團體，或是其他各種型態的團體。而內容則牽涉與生活領域或困境有關的主題方向，特別對於在規劃中高結構的團體時，可從評估參與對象群體的需求，形成對於主題的選擇和設定。

2. 常見的六類團體內涵（主題）

　　常見的主題設定，像是生涯抉擇、自我探索、人際關係、親子關係、親密情感關係、價值觀澄清、情緒管理等皆是。許育光（2017）從全人發展角度提出自我關係整合導向之諮商團體方案的建構，涵蓋六個整合的層面，這些向度包括了平軸橫面—自我處遇與他人關係，以及縱軸上下—對天與地的情懷發展和環境適應等，茲分述如下：

・自我層次：強調個人對自身的探索與理解，包括自我認識、自我價值觀和自我目標的澄清；其中分別包含：**S-自我探索、澄清與成長（外顯慧見）**，以及**E-情緒表達或管理（內在力量）**等兩個主軸的團體方向規劃。

・他人層次：涵蓋與他人的各種關係，包括親情、愛情、友情和工作關係等，重點在於建立和維持健康的人際關係，提升互動品質與關係層面的安適。分別包含**C-溝通與社交技巧（人際競合）**，以及**R-人際、家庭與愛情關係（核心關愛）**等兩個主軸的團體方向規劃。

・屬地與環境適應層次：關注當前面對的實踐困境和現實挑戰，幫助成員在現實情境中找到解決問題的方法和策略，提升應對困境的能力，界定為**E-問題解決／學習輔導與自我肯定（環境適創）**之方向。

・屬天與宇宙意義層次：呈現追尋較高層次的價值情懷，尤其是在工作或生涯願景追尋中的意義感和價值感，界定為**T-生涯探索／抉擇／定向與追尋（時間軸線）**之方向。

　　上述六類型的團體目標規劃：自我探索澄清（S）、情緒表達管理（E）、溝通人際社交（C）、關係親密議題（R）、環境適應創造（E）、時間軸線生涯探索（T）按順序組合可簡要記憶為SECRET（祕

密）六個大方向，簡稱爲「SECRET六類型團體主題內涵」；可分述其內涵如下；爲方便讀者了解，也依據各向度之目標列舉可能適合的團體主題或方向，表列如下表3-6依據不同目標與工作內涵來界定團體主題之規劃，加以列舉和說明如下：

表3-6　依據不同目標與工作內涵來界定團體主題之規劃列舉一覽表

S 自我探索、澄清與成長——外顯慧見：	
說明	團體目標／主題舉例
促進成員探索自我與認同、價值觀和目標的機會，透過自我反思、價值觀分享和個人成長計畫的省思或規劃，成員可以更深入地了解自己，並在自我探索的過程中獲得成長。所著重於促進的是成員對自身理解之智慧和個人內在對自身的接納或勇於突破。	・自我探索團體 ・自我成長團體 ・自我生命風格探索團體 ・自我接納與肯定團體 ・自我優勢與賦能團體 ・自我價值觀澄清團體

E 情緒表達或管理——內在力量：	
說明	團體目標／主題舉例
強調情緒層面的表達、識別和有效管理，成員通過情緒的體驗與分享、情緒調節技巧的練習或情境模擬等團體經驗，學習如何更好地理解和管理情緒，更深入的在不同年齡層能面對因情緒面真實經驗而來的宣洩獲釋放，從而增強與蘊蓄內在力量。	・情緒紓解與表達團體 ・情緒辨識與人際關係團體 ・自我情緒調節團體 ・情緒與壓力紓解團體 ・情緒管理團體

T 生涯探索／抉擇／定向與追尋——時間軸線：	
說明	團體目標／主題舉例
面對時間的遷移和推進，人群所處的自我意義和價值感，特別需要探究與追尋。此類別之目的是協助成員探索未來的生涯方向和前進的意義與價值，透過澄清與理解，朝向抉擇和面對，以至於制定具體的目標和計畫。	・生涯與意義追尋團體 ・生涯探索團體 ・生涯抉擇與定向團體 ・生涯追尋與實踐團體 ・自我願景與生涯實踐團體 ・職涯探索團體

E 問題解決／學習輔導與自我肯定──環境適創：

說明	團體目標／主題舉例
從賦能和終身學習的角度來思索面對環境與適應或創造機會的可能性，旨在發展成員的問題解決技能，提升學習能力和自我肯定感；團體之方向規劃可著重於問題解決、處境與資源分析、學習策略分享和自我肯定的實踐，這些團體經驗可幫助成員在面對問題時能夠尋得自信、有效地應對和朝向自我肯定。	・問題解決與賦能團體 ・壓力紓解與應對團體 ・生活適應團體 ・學習適應與學業促進團體 ・時間規劃與管理團體 ・生活議題面對與賦能團體 ・校園生活適應團體

C 溝通與社交技巧──人際競合：

說明	團體目標／主題舉例
為一般社會性的關係議題處理，強調能在社會場境與人際關係間，發展有效的人際溝通和社交技巧，尤其是處理人際間競爭與合作的判斷和推進能力。成員通過團體經驗與對話，面對人際溝通角色扮演和競合情境處理等思辯和能力培養，學會如何在社交場合中有效溝通和處理衝突。	・人際關係團體 ・人際互動與溝通團體 ・社交技巧與人際團體 ・職場人際溝通團體 ・友誼經營與人際團體

R 人際、家庭與愛情關係──核心關愛：

說明	團體目標／主題舉例
與社會關係不同，此領域著重於深度的親密關係和自我的分化，牽涉可能存在糾結或黏著的親情、愛情與友情，目標朝向建立具主觀幸福感受的和諧關係，提升互動品質，成員能夠透過團體經驗學習在所在乎的關係中，表達關愛和建立新的互動模式。	・家庭關係與自我成長團體 ・家庭重塑與自我探索團體 ・親子關係團體 ・家長親職團體 ・愛情價值觀團體 ・親密關係與自我成長團體

（四）歷程規劃與推進（Process）

　　諮商與治療團體的規劃上，主要要考慮以「時間」軸線對於團體整體、人際互動、個體改變與治療關係等所帶來的影響或衝擊，這其中則牽涉到對於次數、時間、頻率，以及結構化運用的高低和每次團體單元開放給予成員自發言談的時間多寡等規劃；而其中也牽涉對於團體發展階段與

深入度的掌握。

　　團體歷程規劃是各類團體諮商成功的關鍵因素，包括人數、開放—封閉、結構—非結構、次數、單元長度、場地設備和規範設定等方面的考量；這些因素決定了團體的動態和效果。各類團體諮商的歷程規劃皆因其目標和對象的不同而有所差異。下表3-7採舉例方式說明從團體屬性、次數來考慮歷程階段的一些觀點；例如，人際關係方程式輔導團體（中學，8次）旨在幫助中學生學習和改善人際關係，透過階段性的活動和討論，增進學生之間的互動與理解。會心成長團體（大學，兩天馬拉松）則集中在兩天內進行，促進大學生的自我成長與信賴建立。愛情心事諮商團體（大學，10次）專注於大學生的愛情問題，幫助成員建立團體信任並進行個人議題的深度探索。情緒管理團體（小學，12次）幫助小學生學習如何管理和表達情緒。人際取向諮商團體（社區，16次）針對社區成員，處理各種人際關係議題。家庭關係與自我探索（監獄矯治團體，24次）幫助監獄中的成員探討家庭關係和進行自我探索。日間留院心理復健支持團體（持續進行）則為日間留院的病人提供持續的心理支持和功能復健。這些團體透過對於歷程的規劃和考量，確保成員能夠在團體不同階段獲得最適切、也符合團體宗旨的幫助和支持。

表3-7　團體類型與歷程推進規劃案例列舉一覽表

團體類型與歷程推進規劃			
人際關係方程式輔導團體──中學（8次）			
開始階段	轉換階段	工作階段	結束階段
簡短引導　促進參與	各項人際議題學習與方案討論		鞏固學習
說明：短期心理教育團體，歷程上各單次逐步推展進行；旨在幫助中學生學習和改善人際關係，透過分階段的活動和討論，增進學生之間的互動與理解，最終達到鞏固所學的目標。			
會心成長團體──大學（兩天馬拉松）			
開始階段	轉換階段	工作階段	結束階段
暖身催化	信賴與自我開放議題	覺察與省思	體驗經驗回觀

說明：活動集中在兩天內進行，歷程目標集中於覺察和體會，以及關係的敞開與冒險，較無法追蹤於真實生活中的改變；旨在通過高強度的互動和深度討論，促進大學生的自我成長與信賴建立，並幫助成員進行深刻的自我覺察和省思。

愛情心事諮商團體──大學（10次）

開始階段	轉換階段	工作階段	結束階段
建構形成團體	嘗試揭露與融入	個人議題探索	回顧與前行

說明：諮商團體以解決問題為導向，期待工作階段的拉長以更深度探索個人議題；專注於大學生的愛情問題，通過階段性的活動幫助成員建立團體信任，進行個人議題的深度探索，並最終回顧整個過程，促進成員在未來的情感道路上前行。

情緒管理團體──小學（12次）

開始階段	轉換階段	工作階段	結束階段
建構形成團體	規範與議題討論	改變強化與執行	回顧與肯定

說明：屬於諮商為方向的小團體輔導，招募有待處理情緒議題的成員，幫助小學生學習如何管理和表達情緒，通過當下的情緒表達和工作階段的活動和練習，增強學生的情緒調節能力，並在結束階段進行回顧和肯定，鞏固所學。

人際取向諮商團體──社區（16次）

開始階段	轉換階段	工作階段	結束階段
認識與進入	人際磨合與議題處理		回顧與前行

說明：針對社區成員，通過較低結構、少做干預的型態來維持團體的動能；幫助成員在認識彼此的基礎上，更深度交談以處理各種人際關係議題，最終回顧整個過程並擴展改變至真實生活中。

家庭關係與自我探索──監獄矯治團體（24次）

開始階段	轉換階段	工作階段	結束階段
建構與規範	議題探討與對話反思		自我學習統整

說明：團體專為監獄中的預備更生人設計，幫助成員探討家庭關係和進行自我探索，通過階段性的議題探討和反思，促進成員的自我學習和統整，為他們重返社會和重新面對家庭關係做準備。由於介於輔導與敘事療癒的歷程上，轉換與工作之界線較模糊，主要規劃可分段進行議題討論與反思。

日間留院心理復健支持團體（持續進行）

開始階段	轉換階段	工作階段	結束階段
簡要規範	持續議題工作與功能復健導引		道別與肯定

說明：開放性質的團體且持續可加入新成員，歷程上簡短規範幫助新成員融入，也集中於生活與人際功能之探討；團體旨在為日間留院的病人提供心理支持和功能復健，通過持續的議題工作和復健導引，幫助病人提升生活品質，在團體的結束階段進行道別和肯定，鼓勵統整與鞏固過程中的所學。

（五）模式與架構採用（Model）

團體進行時所採用的方式，也是另一個要預先作規劃和設定的部分，此處的方式包含整體的架構或模式（model）、可能運用的特定技術（specific technique）、特定操作方式、領導協同和領導架構等方面的考量。這些因素決定了團體在內涵上的實際操作。例如從認知行為取向延伸的行為監測的ABC模式，或是運用動機式晤談來做為對話回應的基礎、抑或是採取12步驟的模式來導引成癮行為團體的介入、意義再建構的操作模式來進行哀傷諮商團體，或是以情緒引領表達的模式來進行男孩情緒與人際培養的團體。

值得注意的是模式的運用（實際操作方式或特定套裝策略），相對於取向的選擇（個人改變的理論和成長哲學觀），在精神上必須有所相符合而不彼此違背，但另一方面也不受限於取向或學派，能廣泛的運用不同的對話模式或技術來加以融入。

（六）媒材的選用與融入（Material）

多元媒材與多樣方式的介入，亦是當前心理工作團體常見的重要類型。例如從表達性治療團體的立場出發，其實務型態可以包含視覺藝術工作（visual art）、直覺導向的藝術工作（intuitive art）、語言敘說導向的藝術工作（language art）、創意活動與遊戲導向工作（playfulness art），以及表演或行動導向的藝術工作（performing art）等領域。其中，「視覺藝術工作」像是色彩的創造、各類型的繪畫、拼貼作品、立體藝術創作、

黏土或雕塑、裝配藝術（assemblage）、臉譜面具或玩偶製作，或街道建物藝術創作等多元方式；「直覺導向藝術工作」主要強調個人內在影像與直覺層面的工作，例如：引導式心像與冥想、夢境的探索工作、沙盤（sandtray）的應用、圖像或圖片等投射性媒材，以及其他運用藝術媒材進行靈性或心靈導向成長的工作；「敘說導向的語言藝術工作」則是透過表達性媒材的呈現，整合個人的敘說或詮釋的重新理解，像是：說故事、讀書、看電影，以及透過個人自傳日誌書寫、詩詞創作、象徵或隱喻探索等；「創意活動與遊戲導向的藝術工作」則包括遊戲治療、活動治療、牌卡運用、寓樂遊戲等應用；而「表演或身體導向的工作」則包含動作導向的諮商工作、舞蹈治療、身體感官工作、社會劇、心理劇、個人行動劇、應用布偶表達等，或是音樂、節律和詩歌的運用等。

　　此外，多樣方式和進行場地也是當前心理工作團體的重要發展趨向，例如「冒險諮商與治療」團體，透過戶外或進行方案設計的挑戰、體驗、經驗之動態實作，促進成員內在省思、對話和學。「冥想與舒壓團體」延伸與結合身心靈整合之相關理論，進行系列的體驗與學習，促進個人在自我調整和超越上的成長。「生命記憶手工書」團體則結合多元媒材表達，主要透過個人經驗梳理與意義再現的歷程，協助個體發展更具解放和自我再認定的力量。由上述兩段可知，多元方式與多元媒材的應用，亦可作為規劃設計和了解心理工作團體型態的參考。

（七）評估測量（Measurement）

　　長期以來，諮商與心理治療的實務工作雖從現象觀察上可看見案主或成員的改變，但實務操作上常缺乏有架構的評估，致使無法有系統地陳述相關的效益。從規劃與設計的角度，若能在形成團體或設計方案之開始階段，即考慮對於歷程或效能收集能予以考評或稽核的資料，將有助於帶領者或團體實務設計者，逐步累積相關的經驗並加以修正。美國團體專業工作者學會（ASGW）對於最佳實務指南之標準中也明訂，應對於團體實務工作加以評量和評估團體之效能；認為團體工作專家在評估團體工作時，

應制定符合法規、組織及第三方支持或付費者要求的評估計畫，使用各種工具或科技器材時需考量當前專業指南，並確保評估計畫和方法能夠敏感地處理公平、多樣性、包容性及可行性。評估包括形成性歷程評量和總結性評量方法，幫助團體促進者評估團體過程和結果。評估結果可符合倫理的應用於持續的計畫、改進和修訂當前及未來的團體活動，或用於專業研究文獻中。此外，團體專家需遵守所有適用的政策和標準，並在適當時與團體成員進行跟進聯絡，適切的使用評估結果來給予成員最佳的支持。

　　規劃設計階段的評估測量規劃有兩個層面的意涵，其一為能規劃對於成員個別狀態進行評估或評量的系統性程序，包含：收集與了解成員之個人狀態、身心健康、參與期待、先前經驗，或是性格型態等相關資訊，並能形成相關的假設或概念化，以能對應於團體歷程中的觀察加以更細緻的分析和形成可工作的方向。其二，則為界定團體重要的效標，加以界定與評量其效益或描述其帶來的助益；效標的選取應根據團體的特定目標和參與者的需求來確定，以確保評估能夠真實反映出團體的效果和價值。評量取向可分為歷程評量和成效評量。歷程評量側重於團體進行過程中的動態和互動，了解團體成員的參與度、互動品質和狀態的變化；成效評量則側重於團體結束後的結果，包括參與者的行為改變、心理健康改善和個人成長等。

　　評量的方法上未必一定以測驗工具為主，對於觀察、訪談、紀錄、檢核表、回饋表單、特定片段的回顧，或是設定回饋小組的研討等有系統的規劃，均可屬於評估與測量的一部分。其效益上統整來說，對於個別成員之狀態能有歷程上更具方向性的掌握，在領導團隊討論和精進團體領導實務上也能有明確的依據加以研議，對於實務成效或優勢也能提供後續實務或行政評核上的參考，且對於未來推展或促進專業實務的展現，也能有更具體的參照依據，非常值得於規劃設計階段即加以考慮和設定相關的程序來執行。

四、團體計畫建構與撰寫

在瀏覽與了解構思團體和規劃相關實務之後，如何彙整相關的訊息，符合機構行政期待且能依序呈現團體規劃之重要事項，促進專業間的溝通以及獲得行政資源的支持？團體計畫書的撰寫，可以是此部分規劃與設計重要的正式呈現，以下稍加說明其操作理念與撰寫要領。

（一）團體計畫前的溝通與斡旋

每一個團體實務進行的背後皆有一個依存或支持的機構或場域，例如：學校、社福機構、企業單位、精神醫療院所，或司法部門矯治單位。不論只是行政權責或是也包含經費挹注，團體展開前針對團體進行的目標、對象、進行方式如取向、方式、次數或場地，乃至於對於成效的看法或觀點，可能都與領導者有些不同，或是有待加以溝通和澄清；領導者不論專業度或資深程度，亦不論為專任或兼任，皆須面對在團體實務展開前，與開設團體之機構或場域充分的溝通，針對有違專業考慮的迷思或誤解，進行斡旋或詳加說明，尋求共識並爭取最大的支持後，才加以展開計畫書的策劃與撰寫。

（二）簡要團體計畫書撰寫

整合上述團體前的溝通，當取得行政或組織的了解、共識和支持之後，可先著手進行整體計畫書的撰寫。而值得先作討論的一個概念是，團體計畫書（或企劃書）並不等於各次團體結構方案設計或活動設計，因為對於低結構的諮商團體或長期心理治療團體，並不看重也不使用活動，自然並無設計方案的需要；而假若為高結構的諮商或輔導團體，活動方案設計之包含各次的活動目標、作法等設計，也可於團體計畫書先確認後，在依據對象、歷程和目標等去進一步規劃與設計。相關於結構性團體方案設計之課題，將在第四章作詳盡的討論。

　　承上，團體計畫書該包含哪些內容呢？團體計畫書的內容以呈現該實務團體核心主軸和整體實務規劃爲主，從筆者實務經驗整理可包含：團體目標與性質、理論基礎、團體組成、團體的實施、領導者簡介、招募宣傳方式、經費來源等，茲分別簡述如下：

1. 團體目標與性質

　　團體計畫書首先應點出團體的主題，並說明團體整體的目標、理念、性質和方向。其中包含團體目標的確認、團體參與者的條件與特質或需求、亦包含依據團體發展的歷程與主題理論訂定在工作階段的團體目標，也應加以說明團體對結構方案的運用與否，或是採低結構方式進行等議題。

2. 理論基礎（包括團體主題的相關理論、諮商理論取向等）

　　包括團體將探討議題的範疇或主題，團體將採用的理論取向，以及該取向與議題的適切性討論，很重要的尚包括依據此取向發展和延伸，可能在團體中使用之技術或是媒材等特定方式，也應加以說明。

3. 團體組成

　　主要爲說明團體組成的團體人數考慮，詳細的參加成員資格或包含篩選原則，預計成員特性與組成計畫，以及這樣的組成之優勢或是有待考慮、預防的議題。例如詳述規劃的年齡層、對象、性別組成和其他特定的考慮。

4. 團體的實施

　　爲實務團體進行之說明，包括：團體進行的次數和時間，進行方式與預計內容，進行的地點和器材的設備需求等。對於中高結構的團體工作，若已能具體陳述各階段或各次團體的引導方式或帶領的主題內容等，亦可於此一部分簡要說明，並將較爲詳細的結構活動方案放在計畫書的附錄3-2供作參考。而低結構或非結構團體若有特定的領導架構或模式，或是對每個單次的團體單元有特定的催化方式與流程，也可在此一段落加以描述。

5. 領導者簡介

　　領導者的受訓背景、經歷背景和專業度等要項與團體帶領實務息息相關，因此簡要的描述上述內容，呈現簡要的訊息並加以說明領導者取向、理論背景與方向等都是重要的。團體規劃上若為協同領導，則可先作說明後分別呈現兩位領導者的訊息。

6. 招募宣傳與報名

　　針對報名方式、招募條件說明、截止時間等，進行適當宣傳的方式加以說明，且在計畫書附件能加上招募宣傳單和報名表，能詳實的了解招募過程的安排和流暢性。

7. 行政資源與其他規劃

　　為對於團體進行之外部支援系統進行描述，包括經費來源、行政協助資源等，以及是否安排有實務督導、是否需要錄音錄影，以及其他機構或場域特殊的行政要求，或是結合某特定的研究計畫事務等。

◎問題延伸討論、省思或作業

1. 請試著對於你自己感興趣的群體（對象），設定一個你即將要去帶領的團體招募宣傳單，當中設想自己預定的目標（目的）和進行的方法（方式）。並嘗試把這些概念融入到你的傳單中。
2. 從「AP^3M^3團體實務規劃」架構，你覺得實務上要帶領這個團體，在規劃和籌設上應考慮哪些事項或議題？也請試著描述你對這些議題的抉擇（可參考運用附件3-1）。
3. 假如你是一個諮商團體的領導者，你會如何在機構的會議裡提出你自己想要帶領的團體類型和實務的說明？請試著想像和提出你的簡介，並能有力說服同事和主管能支持你的團體實務工作。

結構方案的設計與選用

一、運用結構方案或活動的理念和原則

　　長久以來，對於學習如何帶領小團體輔導或團體諮商，許多初學的諮
商輔導人員或是對於團體心理工作尚未全面了解的行政人員，普遍有一種
迷思，即認為團體諮商或輔導是一種小團體活動課程；因此，學習帶領團
體或是進行團體諮商，主要變成著力在蒐集資料、撰寫活動方案或製作相
關道具。

　　對於團體諮商工作來說，結構性方案或活動的使用並非必要，但在
考慮對象（person）、目標（purpose）和團體歷程（process）此三個要素

下，具原理和原則的選擇相關方案或設計結構性的活動是重要的；本章節即從結構方案的功能和設計原則，以及相關實務要領，來探討其在團體諮商工作上的應用。

（一）結構方案之功能

廣義的結構方案，指的是包含活動（activity）和遊戲（game），或預先設定主題（topic）和焦點（focus）的導引程序。其中活動和遊戲是一種具趣味性和動態性質的團體互動，例如蒙眼尋寶、傳球接物依序介紹自己、情緒狀態猜謎、價值觀大拍賣等等；有時活動和遊戲也帶有競賽性或運用某種計分，來突顯進行過程的團體張力和提高參與度。而預先設定的主題和焦點，指的則是有主題和焦點探討的對話導引過程，其形式可融合在活動之中或是活動體驗之後，採用領導者詢問、設定或是學習單的方式進行，例如自我人生盾牌、墓誌銘設想，或是困境百寶箱抽獎等。

從團體發展歷程階段（開始、轉換、工作與結束）和不同層面的需求（團體整體、人際互動關係和個人心理發展需求）等綜合角度來看，不同的階段和不同的層面對於結構活動方案的需求有所不同，則運用活動的功能也有所區別；例如，運用結構活動在「團體層面」的功能可能因歷程不同而包含了：融冰與規範設定、促進團體凝聚力、轉換／深化團體焦點，以及回顧與道別任務催化等；而在「人際層面」的功能亦因為歷程不同而包含：促進人際交流與熟悉、人際聯結與真實互動、回饋與資源的給予，以及人際回饋與正向肯定等；對於「個人層面」其功能則因歷程不同，包含：增加個人舒適感、促進個人自我揭露、促進個人覺察或改變，以及肯定與鞏固個人改變等。

（二）結構方案之運用原則

在是否運用結構化的考慮上，領導者應先清楚自己帶領團體的概念，意即澄清此一團體的理念與內涵：「希望成員改變什麼？」，並且對自己

所要帶領的方法與團體導向，有清楚的輪廓以回應：「如何能夠促使成員改變？」的議題，例如教育取向、輔導取向或是諮商取向，此三者在方法和概念上即很不一樣。再者，Trotzer（2000）對於是否應在團體中運用結構方案，提出應考慮「對象」（person）、「目標」（purpose）和「團體歷程」（process）此三個P要素，在這三個考量下若運用方案有其助益，則可依循此三個要素設計和運用相關活動方案。其中，對象與成員的需求與發展／成長程度有關，目標則和帶領團體的理念和內涵有關，而歷程則與成員在團體中的經驗等因時間而發展出的情境有關。以下分別加以說明：

1. 對象與發展需求的考慮

從年齡層來看，兒童與青少年限於口語表達較弱，且發展上需要較多實務操作和體驗，對結構化活動之運用有其較高的需求，例如較高結構的兒童團體在初期活動方案進行的時間可能占70%～80%，而青少年可能較少但仍適情況可加以輔助運用，一方面提高個人參與動機，另一方面也協助能快速的融入團體和從活動方案的操作上有所學習。相對的，青年與成年階段的成人則未必須仰賴結構化活動，而其方案的使用上通常較需考慮的是特定目標或團體歷程發展之需求。

其次，從特定對象的需求來看，例如：非志願性的案主因動機薄弱，需要一些導引和輔助，則可考慮難易適中的任務型活動提高其參與度；醫院慢性精神疾患病友則因功能退化，而較為動態的活動在團體初期，或是每次團體進行的開始，可以協助其融入該次的團體單元；又如表達能力較弱或難以依賴口語表達的發展障礙孩童，能透過藝術或音樂媒材活動進行暖化和表達，亦是關於對象的重要考慮。

2. 目標與團體方向的考慮

結構方案的使用也需要同時考慮團體的目標與方向，例如若是以社交技巧訓練為導向的團體，則設計相關情境與練習為焦點的方案以茲運用，能有效且貼近團體設定的目的；若為生涯輔導或諮商，則運用生涯幻遊或

個人模擬訪問等活動，可強化團體中自我探討和生涯想像之深度。此些團體方向和目標，基本上皆應考慮與成員改變歷程契合，是為了協助成員朝向改變而設計的，與促進成員朝向工作和成長有關，本書從「人與自己」和「人與他人」兩個方向列舉相關的團體工作方向，於下一段落之工作階段之結構方案運用再加以探討。

3. 團體歷程與方案之安排

　　從團體歷程來考慮結構活動的安排，首先應考慮團體歷程任務，例如在團體開始階段應可運用促進相互熟識或融入團體的活動，在轉換階段則可朝向增進安全感和強化信賴的方案，而工作階段的方案則應扣緊團體目標且朝向促進改變來設計，最後在結束階段，領導者則可設計與回顧和相互鼓勵或道別有關的活動，加以運用和促使成員從參與中鞏固所學和相互分離。

　　另外一方面，假若以低結構或半結構方式帶領團體，其意義絕不是每次團體單元均須應用一半的時間來進行方案，其活動設計和歷程安排上，應該考慮的是逐漸不需運用結構方案，特別在進行至團體中期以後，漸漸的釋放出空間和時間讓成員能提出自己關切的議題來分享和討論，對工作的深入性是很重要的前提；因此，結構活動安排的原則，依據歷程的時間性，似乎應該「由動而靜」、「由多而少」、「由易而難」、操作上則可「由協同朝向自我」且同時在轉換階段後朝向「更多回饋他人」等原則作安排。其中，因為團體逐漸朝向較深的個人工作，則漸漸的需要較為靜態或省思性質的活動方案，且深度和難度上應逐漸增加；而因為凝聚力促進的需要，初期鼓勵互動和協同的進行方式應較多，但漸漸的因朝向個人化的需求更高，人際回饋的深度和相互性連結也應更直接的在團體中出現，因之強化更加自我探索且方式上更強調人際回饋的方案，應被用在中後期的階段，突顯也符合團體工作之效能。

二、團體歷程與分項目標設定

　　若更聚焦以心理助人團體來考慮，諮商／治療／輔導的工作以團體進行型態來考慮，對象的需求、目標的設定和歷程的掌握，皆應是規劃階段需要更進一步考慮的重點；以下加以分述。

（一）對象、目的與方式的預設

　　團體的目標和方向是籌劃階段最重要，也最需要加以釐清的要項，因為整個團體實務運作的設計，都是以其目標和方向為基礎，若能設定清楚的目標和方向（為什麼要進行這個團體？），才能建構一個好的團體執行計畫並安排未來的實務。在思索團體目標與方向之過程，有下列幾個問題要先進行思考：

「我的團體是為誰而設立的？」
「我希望這些成員參與這個團體能獲得或是改變些什麼？」
「我認為團體能夠幫助他們的地方和要素是什麼？」

　　其中，第一個問題牽涉的是「對象」（Who）的問題，對兒童青少年來說則我們必須同時釐清和了解其發展階段、發展任務、面對的困境或挑戰、以及此類團體成員可能特有的屬性（例如：小學高年級的發展階段傾向朝獨立自主和嘗試自我選擇發展；而受創傷的孩子可能需要某種程度的情緒體驗和釋放等；又如伴隨有一些退縮或是情緒過於激動的兒童較為需要情緒協助和表達的方案；出院後回歸社區的精神科病友；需要的可能為社會功能的支持和生活穩定的促進等）。

　　第二個與目標和方向有關的則是「要改變什麼」（What）的問題，心理輔導與諮商、治療牽涉的核心要素為促使案主能夠改變或朝向成長，而此一期待從團體進行中能夠給予兒童青少年或成年案主，從某個原初狀態，變為另一個狀態的過程，則值得在設定目標和方向時加以考慮。例如：希望能促進哀傷或創傷的案主能表達自己的情緒，則會把改變焦點放在情緒上；若是團體的目標為協助過於衝動的青少年，能夠思考情境並

尋求更有彈性的處理行為；或者假若把目標放在生活功能和人際關係的促進，則能提高生活適應的實質和具體目標就應該先作一些設想。

　　建立在上述對象與目標都清楚之上，第三個考慮則是要思考「如何」（How）進行這個團體，對案主才能有長足的幫助；在取向（approach）和方法（methods）或是媒材（material）運用上，都應加以考慮；想想是否團體的屬性對於案主能有特定的、更有效益的幫助？透過團體人際的互動、探討和回饋，對於這些參與成員會有什麼幫助？此外，哪一種型態的團體特別能幫助這樣的案主？意即，在確認對象和改變方向之外，也要確認合適的團體帶領方式，才能完整的呈現有意義的團體計畫。例如：對於哀傷與沉默退縮的孩子，支持性的運用表達性藝術治療媒材，協助兒童透過藝術媒介表達深藏的情緒與經驗是重要的。又如，對於攻擊或外導性行為較嚴重的案主，社交情境與對於人際互動的認知，或是對於情緒高昂較為衝動情境的角色扮演、運用新的行為演練和回家功課進行形為塑造，可能是能夠回應目標的具體做法，則團體在思索目標和方向實則應朝向這樣的角度來思考。

（二）團體具體目標的設定

　　從心理發展需求來看，團體諮商之主要目的在於直接的能夠解決個體成員的問題或獲致改變，間接的則是帶來上述認知思考、情緒表達、行為表現或人際關係等能力的提升，或甚至是自我存在或生命意義的探究等；而心理治療團體亦然，在深度的體驗和關係模式的修正歷程中，案主隱含的逐漸覺察和體會自己的行為模式和背後的想法或慣有思維、情緒反應或人際互動型態，也透過當下的覺察、陳述或回饋去併發對自我的更深度了解，進而能有所選擇和行動。

　　因之，先從個人參與的改變方向來看團體諮商與治療的歷程，個別成員在團體中通常能透過團體歷程，逐漸的增進其自我概念與了解（知：知道、了解、領悟），在團體中期能透過自我分享和反思，協助其情緒的表達與發展（情：感受、體驗、抒發、表達），在中後期也漸漸能聚焦在其

待解決之議題或焦點，促進對特定情境的思辨與抉擇（意：決定、立志、期待、確認或意向），也更透過自我澄清或團體資源協助，培養對問題解決與改變能力（行：行動、行為、策略、處理、改變）。綜此，宋明理學所探究的「知」、「情」、「意」、「行」等義理，可清楚且精要的陳明團體諮商工作中的重要目標和要點。

　　此外，因為團體為一個多面向、多角度的真實場境，且在實務工作上更必須考慮團體內真實存在的人際關係，以及領導者的介入層面等改變層面；其中，人際關係的經驗部分，常常又可能有當下直接在團體中的覺察、溝通與改變，而領導者所設定的催化或介入方向，也可以區分為想法、感受或行為等層面。結合前段所述的向度，包含「認知／想法」、「情緒／表達」、「行為／行動」，以及「人際／關係」，可摘要出適切於團體介入與個體改變需求的可能目標，如下表4-1所整理並加以說明陳述。

表4-1　團體目標策劃與設定之向度與歷程參考摘要表

	認知／想法	情緒／表達	行為／行動	人際／關係
增進自我概念與了解（知）	概念想法澄清	自我情緒狀態體認	自我行為陳述與檢視	人際覺察
協助情緒表達與發展（情）	情緒辨識	情緒覺察與經驗	情緒管理與自我調節	人際溝通
促進情境思辨與抉擇（意）	情境辨識與認知	情緒經驗再檢視與面對	能力與習慣建構	關係改變意願
培養問題解決與改變能力（行）	思考彈性與想法替換的建立	情緒困境之面對與解決	朝向自我行為改變	關係改變行動

　　承上，團體整體目標的設定可有層次的從「知」（增進自我概念與了解）、「情」（協助情緒表達與發展）、「意」（促進情境思辨與抉擇）和「行」（培養問題解決與改變能力）的層面，選擇都加以涵蓋，或是受限於時間次數，而僅涵蓋其中三個層面（例如僅包含知、情、意）亦可，領導者也可加以擴充或著重於某一層面（例如在兒童團體特別強調「行」

等行爲改變和具體操作的部分），將之擴充爲兩到三個內涵，進行規劃或設定。在目標的設定上，領導者可先考慮團體的整體目標（例如主軸在於情緒的工作），並依據團體預計進行次數、成員組成、專業條件、環境或機構資源等，決定細部分項的目標或是自己在帶領這個團體預計能夠達到的效益。

舉例來說，假若在帶領一個處理情緒經驗且次數可進行約12次的大專諮商中心團體，整體目標可設定爲：(1)促進對於自我情緒的覺察與了解（「知」的層面）、(2)協助成員對自我情緒經驗之表達與整理（「情」的層面）、(3)促使成員能檢視與面對情緒困境（「意」的層面）、(4)協助成員能發展出有效的情緒表達方式並實踐於生活情境（「行」的層面）。

舉一個例子來說，進一步規劃此12次團體目標，領導者可考慮以情緒／表達爲主軸，在初次團體和凝聚力促進等目標或功能策劃之後，在轉換階段或促進成員漸漸融入團體的過程中（例如在第2到4次團體）先以「情緒辨識」或「自我情緒狀態體認」等「知」或「情」的層面進行目標設定；在朝向工作階段發展的過程中（例如第5到8次團體），逐漸探討較爲個人層面或較少碰觸的經驗，則將目標放在「情緒覺察與經驗」、「情緒經驗再檢視與面對」、「人際溝通經驗」，抑或是「情緒管理與自我調節」困境等「情」和「意」的層面進行細步目標的規劃；而在團體中後期（9到11次團體），則可以朝向較多的行動檢核與討論，增強成員的改變，例如將目標朝「情緒困境之面對與解決」或「朝向自我行爲改變」等方向促動和規劃，接著於第12次團體進行結束的目標設定。上述之舉例說明可參考如下表4-2，當中格線內所網底的部分，依據團體發展和個人改變歷程，大致可對自己所要進行的團體整體目標線作設定，選取與整體目標有關的項目，依循由左到右或上到下的路徑，參考其內涵，進行團體細步目標的規劃。

表4-2　「有效情緒表達」團體目標策劃案例之歷程分項目地設定示意一覽表

	認知／想法	情緒／表達	行為／行動	人際／關係
增進自我概念與了解（知）	概念想法澄清	自我情緒狀態體認	自我行為陳述與檢視	人際覺察
協助情緒表達與發展（情）	情緒辨識	情緒覺察與經驗	情緒管理與自我調節	人際溝通
促進情境思辨與抉擇（意）	情境辨識與認知	情緒經驗再檢視與面對	能力與習慣建構	關係改變意願
培養問題解決與改變能力（行）	思考彈性與想法替換的建立	情緒困境之面對與解決	朝向自我行為改變	關係改變行動

三、各階段結構方案之設計與運用

　　整合上段對於目標和歷程的探討，可知其效益和功能均須審慎的考慮和規劃，而非僅是在團體中帶領團康遊戲或進行教學方案。並且，因為團體存有不同的層面，結構方案的運用有時可從不同層面的，協助個人成長改變，同時也促進人際關係連結和團體凝聚；則以下從不同階段中，結構方案對團體、人際和個人層面的功能，加以說明結構方案與活動在不同階段的任務和需求，及其可能在團體諮商與心理治療中發揮的功能，摘要如下表4-3所示，並分段舉例探討。

表4-3　各階段與各層面團體結構方案活動運用之功能摘要表

	團體層面	人際層面	個人層面
開始階段	融冰與規範設定	促進人際交流與熟悉	增加個人舒適感
轉換階段	促進團體凝聚力	人際聯結與真實互動	促進個人自我揭露
工作階段	轉換／深化團體焦點	回饋與資源的給予	促進個人覺察或改變
結束階段	回顧與道別任務催化	人際回饋與正向肯定	肯定與鞏固個人改變

（一）開始階段之活動運用

　　開始階段的結構方案運用，通常其目標為團體層次的融冰，讓大家初次見面或能夠開始些接觸和融化剛開始的生疏，通常一些較為動態的活動可以在開始的時候進行；此外，開始階段的活動也可用於融冰，再加上規範設定，例如傳話與保密、比手劃腳與尊重傾聽和了解、支援前線與每個人的參與都很重要等。在人際的層次，開始階段所設計的活動要注意能夠著重於促進人際交流與熟悉，並且增加個人舒適感；因此，過於個人化或內省性、較少與他人連結或互動的活動可能較不適合，有些太過於高焦慮或高挑戰，讓個別成員會覺得很窘的活動、可能帶來有些競爭或造成個別成員隱約被團隊指責的也較不適合。

（二）轉換階段之活動運用

　　轉換階段之目標和歷程任務與促進團體凝聚、人際聯結與真實互動，以及促進個人自我揭露的朝向工作發展有關；其中，團體凝聚和人際連結在前（大約第二至三次），個人工作嘗試在後（大約第三至五次）。因此在規劃上若要規劃能促進凝聚力的活動，宜在前期一點（例如第二次團體）運用較為團隊性質的結構方案，著重所有成員共同參與、共建溝通、共同解決或創造，坊間相關團體活動方案設計之參考書籍所提供的如：眾志成城（大家共同逐步相互幫助支持擠進漸漸窄小的方格內）、同心協力（設定一定難度之任務例如每人單指共同運送小球，邀請團體努力達成）、集體渡河（僅一人可來回而運用團隊力量搬運所有人越過障礙）、團體創作（例如集體繪圖共同作畫）、解方程式（由領導者帶領大家纏繞在一起後邀請團體自行尋找解開之方式）等許多，皆可運用在促進凝聚力上面。

　　值得進一步思考的是，上述幾個活動類型中其實延伸的團體討論均可以帶到成員去留意自己參與團體任務的角色和人際互動型態，例如是主導者、跟隨者、解套人、幫助者或創意者，則在設計上可漸漸的隨著團體次

數，著重與加強朝向人際互動和自我模式的了解來進行一些發問的設定。
這些與個人參與模式、人際溝通等有關的活動，可放在促進凝聚力的活動
之後（大約第二次後半到第三次），有時也可融合個人較結構化的自我揭
露活動進行，舉例而言如：突圍闖關（單人在團體圈外試圖闖進或在圈內
試圖闖出）之後續討論分享，可以探索被他人或團體接納或排斥之感受，
以及自己想要融入團體的擔憂或期待，抑或在團體內的自我感受等；又例
如：兩兩自由配對的關係報導（即席2分鐘用生活中重要他人的角度來介
紹自己），在一輪一輪的更換同伴中，可促進人際近距離的溝通和自我脈
絡的分享，成員在換位思考和表達的過程中也進行了個人初層次的工作。

歷程上的考慮和各類型活動的穿插設計，對轉換階段的結構方案設
計安排尤為重要，在短短的二到三次團體單元，領導者應能掌握下列的要
旨，來進行順序和目的上的規劃：團體凝聚促進的活動在前，接著穿插人
際探索與溝通或對團體經驗反思之活動，接著為結合個人探索或促進自我
揭露之朝向工作發展之活動。

（三）工作階段之活動運用

工作階段的結構活動設計應該回歸到團體目標來看，假若團體設定
的主軸為情緒，則所設計的活動應依續由淺而深將主題融入方案中；其連
貫性的設計可從轉換階段中後期開始，延續至結束階段前，如果是中低結
構的團體，可逐漸減少結構方案運用的時間，增加開放討論和分享的時
段，也有低結構的團體領導者在轉換階段後就不再運用結構方案。然本段
落主要為說明工作階段之運用，則仍以高結構團體來作為舉例說明，暫以
情緒工作為主軸加以探討。讀者可參考前章表3-6所揭示的團體目標之處
理歷程的由「知」的層面（情緒辨識、情緒覺察、情緒認知）朝向「情」
的層面（情緒抒發、情緒表達或宣洩），更推進導向「意」和「行」的層
面（情緒議題解決、情緒表達新行為演練、生活情境具體改變）。則在歷
程上的方案漸次安排，有一個接續性和漸層性，不致於沒有系統的由既有
的方案拼湊出一個雜亂的團體方案；初學者在工作階段的方案設計上常面

臨沒有架構或方向的四處參考或照樣帶領，若能先捉穩漸進的團體各次目標，再開始設計或納入活動方案，必要時請督導或指導者給予修正意見，應可逐步掌握活動運用的要領。

另外，在方案內部設計引導和討論的歷程，領導者要注意兼顧下列的歷程任務，例如將討論的話題（topic）推進為議題（issue），以能轉換／深化團體焦點，在設定引導問題上可先問「對剛才活動內容的想法或感受」（連結活動），進到「自己相關的經驗和對該經驗的想法和感受」（連結個人話題），再推進到「自己對這些感受或想法的評價／或是想改變的部分／期待或重新思考可行的期待」（連結個人議題的工作）。同樣，方案設計的引導問題也應考慮工作階段的重要目標，增加成員回饋與資源的給予，以能促進個人覺察或改變，例如詢問大家「聽完彼此的分享，有沒有很相像，或是很不一樣的經驗或心情？」、「如果我是○○，我可能會怎麼想？怎麼做或怎麼說？會怎麼去處理這件事情？」。在工作階段的深化焦點上，結構方案帶領要考慮到問題的設定與團體的成效有很大的關聯性，因為討論的焦點和議題要有所深入，才能某種程度的處理到成員的議題，且在處理上也要兼顧和大量的運用團體資源，才能有效的支持成員（例如正向回饋、鼓勵與支持、經驗分享等）與提供經驗學習，協助成員朝向改變。

綜合上述從轉換階段到工作階段延續下來的結構方案設計理念，要能對應團體目標與促進個人朝向工作。這些方案類型雖然可能包含認知的、情緒的、抉擇的或行動的多元層面，但我們也可以從比較著重於哪一個層面來加以區分：例如「自我概念」、「價值觀澄清」為主的團體結構方案，比較強調的是對自己的想法和感受；「情緒管理」則是以情緒感受面為主；「生涯抉擇」則固然應強調其思辨和抉擇的層面；「人際溝通」、「問題解決」等團體則除了包含想法與感受的工作，更要推進和著重行動與行為層面的介入。

另外我們也可以從自我與他人的軸向，思考和規劃結構方案的類別與重點。某些團體在目標上是比較放在自我探索和自我了解的（例如自我概念、自我探索價值觀澄清、情緒管理、生涯抉擇、問題解決、環境適應和

自我肯定），而有些則主要著重於人際等和他人互動的狀態（人際關係、家庭關係、愛情價值觀、人際溝通或社交技巧等領域）；雖然兩者無法截然劃分也可以相互融合，但在重點上可有所不同，限於團體次數有時也無法雜亂的通通包括，則建議每個團體在規劃上僅採用一個主軸即可，例如能夠深入的以情緒管理爲軸，從淺到深的去構思團體十二週的方案。

　　因之，整合上述的層面和軸向，如表4-4，我們可依據認知與想法（認識／理解／分析）、情緒與感受（辨識／覺察／抒發／表達）、抉擇與意向（探討／思辨／決定），或是行動、行爲、策略（思考／演練／執行）等著重焦點，以及「人與自我」和「人與他人」兩個軸向，將常見的團體結構方案分爲六個範疇（基本上也反映了第三章團體規劃所提出的「目標與工作內涵界定」之六個常見的主題方向：「自我探索、澄清與成長」、「情緒表達或管理」、「生涯探索抉擇」、「問題解決、環境適應與自我肯定」、「人際、家庭與愛情關係」，以及「人際溝通與社交技巧」等六個範疇來討論如下：

表4-4　轉換與工作階段之不同著重焦點與軸向之方案規劃分類

	人與自我	人與他人
認知、想法： 認識／理解／分析	自我概念、自我探索 價值觀澄清	人際關係、家庭關係 愛情價值觀
情緒、感受： 辨識／覺察／抒發／表達	情緒表達與管理	
抉擇、意向： 探討／思辨／決定	生涯探索與抉擇	人際溝通 社交技巧
行動、行爲、策略： 思考／演練／執行	問題解決、環境適應 自我肯定	

1. 自我探索、澄清與成長

　　「自我」（self）是一個心理學中很重要的概念，但對個體心理成長

來說，認識和了解自己是心理健康的重要基礎；團體若將焦點放在自我探索、澄清與成長上，可牽涉的歷程規劃可從自我認識（各層面的如生理的、特質的、喜好的、社會性的等）較為平面和一般的主題開始，進而朝向較有焦點的自我覺察（理解和探索自己可能潛在的衝突、矛盾或困頓，抑或是資源、優勢或正向力量等）；在團體幾週的過程中，可持續工作在幾個不同的焦點上，且朝向自我接納（接受自己無法改變但是原本無法接納的覺察或認識），或是自我改變（決定去改變自己可以掌握和不一樣的部分，並付諸實行）。在方案的規劃上，宜先行釐清團體參與對象的需求，以及領導者所要著重的「自我」工作層面，使得方案彼此的關聯性和接續性能有其內聚力和實質效度。

2. 情緒表達或管理

情緒表達與管理牽涉的層面很廣泛，因為對於各形各色的生活事件或人際互動，我們都可能被激起不一樣的或是常常會有一樣的情感反應模式，例如：焦慮緊張、生氣憤怒，或是憂鬱沮喪。而在團體結構方案的規劃上，情緒向度的工作應考慮年齡階段和認知發展需求，有許多團體結構方案均齊一的從情緒辨識、覺察或理解（知的層面）開始進行數次後，設計與情緒體驗、衝突經驗或負向情緒經驗整理等活動（情的層面），接著則可能進行情緒管理或情緒衝突兩難情境的判斷或改變策略等設定（意與行的層面）。然而，假若參與團體之對象，在情緒辨識上並無特定需求，則規劃上應可直接朝向情緒表達等行動層面加以設定，且回過頭來再討論自己的成長和改變，以帶出更正向且新的自我理解和情緒；而假如參與對象為孩童或青少年，實有需要強化與情境有關的情緒覺察或辨識，則亦可深入的將焦點整合的放在「知、情、意」等層面，於團體中後期再強化「行」的改變層面之促動。

3. 生涯探索與抉擇

以生涯探索或抉擇為主題來設計團體結構方案，其歷程上也應考慮對自己生涯興趣的理解和探索，了解自己所喜歡的職志和性向，同時深入

的去了解與自己興趣相互對應的職業領域或求學內涵（知與情層面），進一步的在方案規劃上則可於團體中後階段，規劃能強化抉擇、加以面對和決策，並能實質與父母或家人溝通、付諸實踐或勇於追尋（意與行的層面）。在兒童青少年的生涯團體諮商，探索和強化了解可為主要目標，但對於高三，或是面臨生涯困境而需抉擇和面對的大專學生，則宜在團體設定上著重於抉擇和實行的層面，以能符合相關人生課題與處境。

4. 問題解決與自我肯定

從Bandura的自我效能理論來看，個體的自我效能與能夠自我肯定和建構自信息息相關，而自我效能則常仰賴於個體面對困境的解決問題能力，是否能夠有效的辨識問題和確認焦點，且運用有效策略加以處理，以適應環境或開創新的境地，是一個健康個體的重要能力。因此，若要以問題解決為諮商團體方案規劃之主軸，其隱含概念應與提升能力和自信有關；在方案設計上，可從個人關切的議題或生活困境著手，著重於情境辨識和了解、資源的掌握或多元策略之思考，也從中處理較無自信、缺乏動力或擔憂害怕的個人心境（知與情的工作層面），逐漸朝向更重要的實質問題探討、決定採取有效的解決方式，並在生活中實際去進行嘗試（意與行的工作層面）。

5. 人際、家庭與愛情關係

人際關係（學校人際適應、友誼關係的發展與經營，或人際互動模式等）、家庭關係（親子溝通、親子關係議題探討、親子衝突議題紓解、親職效能、手足議題探索等），以及愛情關係（愛情價值觀、情感經營、情感議題或困境探索，抑或是分手後的自我調適、療癒）等三個方面的課題，雖然是性質和內容相當不同的主題，但在處理的核心上皆與人與人之間的關係有關，在實務工作上均主要著重於探索個體在「關係」裡的期待、經驗、感受和想法，進而重新評價與回觀自己的關係模式，對於關係與互動模式作更自主的調整和改變。

6. 人際溝通與社交技巧

　　不同於上述關係的梳理和模式的覺察或反思，人際溝通與社交技巧團體的主軸，在工作階段較聚焦在人際關係的實質困境改變、溝通技能的習得，和社交與人際情境的融入（行的層面），著重於生活與環境適應的重要方向上，主要工作焦點應為學習心的行為、發展新的技能，以及實際的在生活中去嘗試和練習。以實際改善和訓練成員朝向良好人際溝通的「人際溝通高手團體」為例，強化成員在團體中的互動技能和直接溝通的練習，以及承諾於生活中付諸實行和改變人際困境，進而回到團體中再回應與討論，透過團體成員的支持、挑戰等回饋，更進一步的再次去嘗試，此一循環和促發成員朝向行動的工作可為工作階段方案設計的主軸。

（四）結束階段之活動運用

　　在設計結束階段活動上，領導者應考慮以結束階段的任務，如：回顧歷程或結束團體之活動、肯定與鞏固個人改變、人際回饋與正向肯定，以及道別與祝福等任務為主，來發展適切的結構活動方案。如下舉例說明：

1. 回顧歷程或結束團體之活動

　　與工作階段不同的概念在於結束階段已逐漸朝向統整，則漸漸的將焦點從細微而具體的事件經驗，轉移到對整體參與經驗的一個概觀，且已經不再是將團體外的事情帶進來談論（不再進行此時彼地的分享），而是聚焦於談團體內這幾週來發生的事情。例如：「探討印象深刻的團體經驗」、「一個深刻而難忘的畫面」、「覺得我們的團體像什麼？」或「故事接力的說說我們一同走過的路」等，都可以是一種將大家放置於同一個平面上共同回想的活動。

2. 肯定與鞏固個人改變

　　團體諮商最重要的仍是以團體來協助個人，在結束階段運用結構的活動幫助個體去想想自己一路走過來的成長，有助於成員對自己的成長作一

個錨定，畫龍點睛的更為具體的肯定和確認自己的成就。因之，方案設計上可運用如：「演出自己」、採雕塑方式演出「一件作品的完成」，或設計學習單分享「我的果實」，或者用「給自己的獎狀」、這段參加團體歷程中「送給自己的禮物」等象徵意涵，來點出每個人的成長與改變。

3. 人際回饋與正向肯定

引發團體成員相互回饋和支持，也是結束階段重要的任務，因為成員們經過十個多星期的對談和彼此傾聽，在相互認識和了解上有一定的基礎才是，此時對於彼此提出統整性的鼓勵和支持等肯定，也回饋自己在過程中看見彼此的努力和成長，是一個非常實質性且有助益的歷程；例如：「優點轟炸」、「給彼此的一個禮物」、「看見你的成長」，或是「成長路上你我他」（分享對方的成長和給自己在團體中和團體外的學習等），都適切合結束階段歷程發展的結構活動。

4. 道別與祝福

團體的結束過程之最後，領導者可採用一個具儀式性的活動來為團體進行收尾，一方面真確的宣告團體的結束，另一方面也從團體的層面來總結一個對於團體的整體感受，而能將這樣的團體感受封包帶回自己的日常生活和記憶中。例如：「送給團體一個禮物」（大家分享像是勇氣、懷念、動力等……）「最後的一張心靈相片」（共同描述我們團體像什麼的相片景緻）、「心靈溫度」（牽手共同感受溫度的凝聚和駐留此感）等。

四、結構方案設計與規劃撰寫

（一）結構方案活動設計與應用

從團體諮商與心理治療實務之角度來看待方案活動之設計，由於性質上相當不同於團體輔導和心理教育導向的團體，若逐次的把活動方案均限定、不可調整的訂定（例如第幾次團體的開始或中段，固定的進行某既定

的活動等），則所釋放的彈性和能處理個人議題的時間和空間變得相當受限；但是，假若不明確的設定方案，卻又擔心無所依據而在需要方案時毫無準備。若從折衷的角度，來看待諮商與心理治療團體的方案使用，領導者所能從歷程的角度，將結構方案規劃和設定其分屬於某一個階段（例如區分開始階段的方案，或工作階段的方案），且加以區分其難易程度而排列其順序（例如同為工作階段方案則依據目標由淺而深排列順序），如此採取有備而來，但也可能備而不用的彈性空間，應是實務上最理想的運用原則。

　　若此，領導者參考坊間相關團體諮商與輔導相關方案時，可秉持考量對象、目標和歷程的原則，加以挑選和重新修改其適切性，並在納入自己實務準備錦囊時，依據團體歷程加以區分，再依據目標深淺加以排序，待實際領導團體時可視需要加以應用。則在方案的撰寫和設計上，應不需要將整個團體單元的時間和流程非常一板一眼的限定，而所設計的整個團體各分項細部方案，應主要以數個「結構方案」為主，而不是逐一的「團體進行流程」。著重於這樣的觀點，我們可依序從下段落之說明了解方案撰寫之要項。

（二）結構方案活動之撰寫

1.對象、歷程與目標的設定

　　對於設計一個結構化的活動方案，一個新穎的方案名稱可以點出所要進行的主軸和明確的方向是最好的，而假如能稱上一個較為清楚釐清概念的副標，短而具體的指出方案的宗旨，則更為有其清晰度。例如：「時間大餅──創造三十六小時的生活效能」（時間規劃與生活效能管理為目標）、「愛情大拍賣──情感價值觀的澄清與追尋」（探討對於理想另一半特質的渴求和期待）。

　　再者，如表4-5所示，團體活動方案要能清楚的界定適用的對象（person），以點出其設計原理並方便參考人選用，限定上可複選的勾選

適切的年齡層和對象；也考慮方案的性質來界定其適用的團體歷程階段（process）。而在團體方案的目標上，則設計時需要考慮兩個層次的議題，其一是該方案的直接目的，通常是直接透過進行而能陳述出來或讓成員能夠了解的部分；而另一方面則是方案透過直接進行後，間接所產生的效果或可能在團體中醞釀出來的狀態。例如：以情緒的覺察辨識之方案爲例，其直接目的可能包含：(1)促進成員對所設定的情緒情境之理解和覺察、(2)透過對情緒類別的討論能更熟悉情緒表達所運用之詞彙、(3)透過分享自我相關情緒經驗而能體認重要經驗之相關情緒；其中前兩者爲「知」的覺察和認識層面，而第3個目標爲「情」的體驗層面。承上，透過這樣的分享活動，間接的因成員彼此進行活動和分享自己經驗，也同步可能促成下列幾個間接目的，例如：(1)透過活動促進成員互動和關係的親近、(2)藉由分享情緒經驗協助成員開始嘗試進行較爲深度的自我揭露。

表4-5　團體結構活動方案的對象、歷程與目標等三「P」描述撰寫表格

團體方案 / 活動名稱：	
適用對象：□兒童（6-10）　　□少年（11-14）　　□青少年（15-18） 　　　　　　□成人前期（19-25）　　□教師　　□家長　　□一般成人	
適用團體歷程：□開始階段　　□轉換階段　　□工作階段　　□結束階段　　□其他：	
直接目的：	
間接目的：	

2. 場地、器材設備的準備

　　領導者所設計的團體結構方案，在執行上因爲要考慮實際運作之流暢和事前準備，因此方案宜較爲具體明晰的交代場地的需求，例如有些建構凝聚力或較爲動態的活動，可能需要較爲寬廣的空間，而有些需要撰寫

或繪畫的方案，則需要桌面或可進行獨自工作的角落空間；器材準備上，方案也應針對要準備的工具、耗材或特殊道具加以敘明其款項和數量等資訊。

3. 執行歷程與介入要點的說明

在方案的執行上，一般可簡要的區分為「準備與說明」、「操作與執行」和「引發、練習或討論分享」等三個步驟，其中如何操作與執行可為方案的主體，後續的引發練習或討論則為重要的方案延伸，兩者均很重要，而準備和說明的指引則可為開始進行結構方案的基礎和開場執行。

如表4-6所示，執行歷程的活動實際執行（怎麼去做和怎麼去解釋和帶領），以及執行的介入要點（在實際帶領方案時要加強和記得觀察或視為重點，以加以介入和催化的要項），兩者都可以是活動執行欄位的設計和撰寫要點；其中，第二欄「介入要點」，為在過程中領導者要特別去點出來的執行重點（例如：特別註明「兩者配對後應分頭促進兩者相互分享」、「先進行示範可有效促使成員理解規則」，或是「領導者宜留意情境討論中的兩難訊息並加以指出」）。此外，方案執行的表格上檢附大致的時間，也可以讓帶領者在執行上較有所依據，而能夠順暢的掌握時間，強化效能。

表4-6　團體結構活動方案的執行與介入要點撰寫表格

執行歷程：			
階段	活動領導／執行	介入要點	時間
準備或說明			
操作與執行			
引發、練習或討論分享			

4.引發討論與可深化的延伸

上述的團體方案執行，在進行了體驗活動後，對於該體驗和經驗的再行思考與反思，可以是引發討論的重點，其層次上可以有兩個向度：第一個是該「活動」所衍生而來的思考，例如對故事情境和人物的感受，設身處地的思考假如自己是主角會如何進行抉擇等；第二個則是從活動衍生出來的討論，所再觸發與自己「個人經驗」等故事、感受或想法有關的分享；一般而言，若以諮商或心理治療為導向的團體，在朝向工作階段歷程發展的團體結構方案，均應包含此兩部分，而且其成分比重應漸漸著重於第二個層次，傾向於分享自己個人化的經驗為主。

對於以諮商與心理治療為導向的團體，有時候一個結構方案的討論可帶來很深入的延伸和分享，在時間進行上假若每次團體單元皆因為進行活動的時間較長，而致使討論時間被壓縮，則團體成員的工作深度，常會因為時間受限而分享的內涵變得很淺，或時間常常分配不均的集中於較早陳述的成員身上；為了克服此問題，在設計方案上若能增加對於深入化的探討更多議題的設定，則可增加領導者運用上的深入性，有時可選擇延伸此次團體的方案討論至下一次團體，意即一個方案可延續進行兩次團體單元，增加討論的深入性，也開放成員更深度的揭露自己的個人議題和困境，提高方案的運用效益和團體的效能；然而，延伸的深入討論與上述兩個討論層次（活動經驗的反思，以及因活動而促發的個人經驗分享）有什麼樣的不同？

舉例而言，若為自我價值和自尊建構的方案，第一個層次的分享可能是閱讀完繪本之後，對繪本故事情境的討論和反思。第二個層次則是從繪本的情境所促發與自己生命有關的經驗分享，例如：成長路上被評價而有些挫折的經驗、被人肯定的經驗，或是自己在逆境中肯定自己的經驗。而延伸討論的層面則是回應方案本身的目標，更切身相關的針對自身經驗，延伸更朝向深度分享和解決自身困境的問句，例如詢問成員：「在逆境中無法突破的那一年，哪些資源給予自己力量？」自己超越困境的最關鍵因素是什麼？在逆境中縱使沒有奮力去捍衛，但重新去看自己的那一段經

驗，自己的學習是什麼？最想對自己說的一句話是什麼？此一深化議題的段落，是一個方案可延伸其效益的設計，若僅進行單次團體可能較難進行到此一部分，但留註於方案中可增添其實務上的選擇和應用。

5. 錯誤控制與注意事項等考慮

對於一個方案的執行，設計者還要考慮到此一活動在進行上可能遭遇哪些困難、危險或實地運作上可能會產生的困境；例如，「信任跌倒」活動務必要注意到安全性和對成員的叮嚀，有些會造成推擠的體驗活動亦是。而在其他可能誤導成員或偏離主題的可能性上，例如有競賽的設計，對動作比較慢的孩子較為困難，以及成員可能較難理解活動進行的目標之活動等，設計時須於錯誤控制和注意事項等欄位，點出領導者運用本方案時，說明與描述該加以關注與考慮的要點。

6. 理論背景與方案理念的論證

對於團體方案之運用，何以能促發或是達成成員的改變？其背後所牽涉的教育原理或心理學理論，諸如發展心理學、認知心理學、性格心理學、社會心理學、諮商理論，以及教育心理學等其他應用概念；設計者可採文獻探討方式，簡約的撰寫其概念，並附註於參考資料中。領導者於閱讀此理論背景與理念後，可在實務上更為精準、有效的掌握活動本身的精髓，結合概念與實際運用。

（三）結構方案活動之範例應用

歸結上述團體結構方案之撰寫原則，附錄4-1提供一範例表格，作為實務設計上的運用，設計時可依據上段之建議和指引，在釐清團體性質與整體方向後，逐一的設計相關的團體方案群，而在實務團體領導上則可再次建構和排序各個方案，形成所要進行之團體的企劃書。

五、從結構活動引發分享與對話

結構的高與低，未必是一個截然劃分的不同規劃。舉例來說，高結構的團體因為有著既定的方案設計和流程規劃，致使成員在自我分享和揭露上所占的時間比例自然較低；而中低結構的團體雖然有方案設計，但在引用方案作為體驗和催化後，應能夠過方案或活動的催化，引發相關更深度的分享與對話。如何連結「方案活動」（有結構的方案設定）與後續自由的分享對話等「自我揭露」和「人際回饋」（較為非結構的對話歷程）？以下提出一個逐漸進入方案且深入體會（逐步進入），而後從方案焦點連結真實生活討論分享（聚焦連結外在）的實務規劃設計構想，幫助我們在研擬結構活動延伸討論問題之時的參考。

（一）從進入方案體會到反映真實連結

在執行團體方案後，進行體驗活動的反思和討論是引發深入思考和分享的重要階段；這個階段可以分為兩個層次：

第一層次（逐漸深入進入方案素材的體會與探究）可為對於活動的個人思考，包括對於方案或故事情境／人物的感受：參與者可以分享對活動中故事情境和人物的感受，這包括：感受、觀點和價值觀的關注與對話。若更進一步的深入討論，則呈現於設身處地的思考：參與者可以思考，如果自己置身於活動或方案中的主角位置，會做出什麼樣的抉擇，這反映了他們的價值觀和決策模式，也更真實的揭露自我與方案內涵有關的情感體會。

第二層次（反映性的從方案之觸發連結真實經驗）可為離開方案活動內容，但關注更真實自我狀態的群體討論和分享。主要為促進個人經驗的分享：成員可以分享與活動相關的個人經驗、故事或感受，這有助於建立共鳴和深化成員之間的連結。且透過對話與交流來促成更多的啟發：促進成員間的對話，讓他們能夠更深入地理解彼此的觀點，並探討方案的討論，以及後續的對話分享如何連結到他們的真實生活。

（二）RIOT四步驟的分享與對話引發

　　承上敘述，如何進入方案較為深度的體會（包含較回顧性的瀏覽，以及深度進入內涵加以體會），一直到延伸引發分享對話（包含觸發自我真實經驗的分享，以及依據對話而來的啟發和收穫之統合）；整體歷程上其實包含了四個逐漸開展的歷程步驟；本節依據此一理念，從作者多年的實務指導、教學和督導經驗，簡介近年所採用的瀏覽（Review）、進入體會（In）、連結外在（Out），以及統整反思（Take）等四個步驟（RIOT），作為從結構活動方案引發非結構歷程的操作指引和簡介。

　　若將團體歷程也視為一種生命經驗能彼此激盪和相互影響的歷程，則心理教育與諮商輔導／治療工作之間，可透過對外在活動的領會，漸漸凝鍊到內在的焦點並加以分享或梳理，進而呈現個別化的需要和釐清個人的改變方向；領導者於進行活動方案之後若要接續進行較為深度的分享，可採取此RIOT之四個步驟，且於團體中後期的工作段落，規劃要多的時間停留於「O」（促進真實生活經驗的分享）的段落，則在結合中低結構與非結構團體歷程上，則可有更深入的引導和催化。茲分述此四個步驟如下述：

1. Review瀏覽活動

　　回顧整個活動，確認成員對情節和主題的理解。Review（瀏覽活動）指的是能依序討論或要點回顧剛才經驗方案活動的歷程；通常在此階段也包含起承轉合的引導過程：起——開啟瀏覽，對於剛才活動的概略描述與鼓勵省思；承——分享個人深刻經驗，或是分段的對某個部分分享與活動體驗有關的感受或想法（暫時不太快連結到外在生活實景），可包含兩三個較為具體的提問；轉——省思一下對於活動體驗可能的其他考慮或不同的想法，例如：自評式的思考（覺得自己採用的好策略……）、假設性的思考（假如剛才……、如果……）等反向或批判性的探索等；合——總評或簡短摘要自己在活動中的表現或觀察。值得注意的是本階段所引發的討論和分享，原則上為站在外圍或較為觀察與客觀的角度去回顧方才的體驗經驗。

2. In進入活動與體會

接著，所探詢和分享的角度轉向進入較爲情感性與拋擲自己進入到方案活動中的個人化體驗，主要聚焦於探索成員在活動中所被帶動的喜好或特定的情緒，從實際體會內在情感和個人化的思考，來理解身涉其中的自己。In（進入活動與體會）：著重於連結自我與活動體驗，例如：置入式的詢問（覺得自己好像站在那裡？處於哪個位置？）回應式的詢問（彷彿在告訴你什麼？）模擬性的詢問（自己假若是主角會怎麼做？怎麼說？）反映性的詢問（在活動中被牽動較多的情緒？所浮現的內在矛盾？特別讓你不放心的幾個故事情節？）等。

3. Out外在眞實生活的連結

Out（外在眞實生活的連結）：延續每個成員漸漸聚焦的個人內在關切，領導者可促進活動體驗與眞實生活的聯結，提出開放性的提問如：「剛才所提到在意的情緒，是否讓我們想起生活裡的一些片段或經驗？」（較特定的提問）、「假如今天所選的位置，讓你想起眞實生活裡的角色，你是否能舉個例子來談自己的處境？」（指定焦點的提問）、「從今天的活動過程和剛才的討論，讓你想起什麼樣的經驗呢？」（模糊但具催化自發地詢問）、「今天的活動過程，是否讓你想起眞實人際互動裡的一些經驗？」（較爲開放的詢問）等。

這一階段的引發，主要是將活動中的體驗與現實生活連結，思考所浮現的實際情境中與此些議題相關聯的經驗。在諮商或治療導向的團體中，這樣的反思和討論逐漸接近非結構話自我探索的歷程，過程有助於深化成員的個人成長，並建立更緊密的群體連結。隨著時間的推移，討論的重心應逐漸轉向成員之間的分享和互動，以促進更深層次的理解和支持。

4. Take學習與啟發分享／對談

對於單次團體單元的結束，由於未必進入到較爲深度的自我或人際工作，留下一點時間運用繞圈的型態來了解每位成員的啟發，可幫助成員去統整自己，也幫助帶領者了解成員個別的狀態。Take（學習與啟發分享

／對談）：可詢問團體「從今天的整體討論中，覺得讓你自己有啟發的部分，可簡單扼要地說明一下」（啟發的反思詢問）、「覺得自己可以帶回去思考或想想的部分」（引發自我探索的詢問）、「覺得對自己有幫助或提醒的部分」（引發改變方向思考的詢問）等。這個統整的段落，將團體從較深度的工作漸漸拉回到較智識層面的提要，一方面統整與安放，另一方面也為該次團體結束做預備，從分享學到的知識、經驗和啟發，促進成員之間的交流和學習。

◎**問題延伸討論、省思或作業**

1. 請從你曾經參加過的一個輔導或諮商團體，或者為一個團體活動經驗，回顧一下該歷程，並分享該經驗給你的影響、衝擊與學習。
2. 承上，你覺得該團體活動對團體裡的成員彼此間的關係，以及團體整體氣氛或動力，有什麼樣的影響與衝擊？試著加以說明。
3. 請試著採用本章所提出的概念或表格，設想你自己正要帶領某一類型的諮商或治療團體，並依據對於對象群體、歷程階段和目標內涵等考慮，設計一個完整的結構方案單元。

第五章
成員篩選與組成團體

本章綱要：
一、成員適合度與篩選考量：成員適合度的考慮／成員篩選與評估／成員人際行為的分析與預測
二、團體成員的人際模式評估：成員人際問題的評估／成員人際互動循環模式的潛在磨合／人際潛在磨合與組成考慮
三、團體篩選面談評估或說明會：團體前的個別會談／團體前的全員說明會

　　成員的篩選與組成是團體籌備階段相當重要的一環，哪些類型的成員或個案適合進入團體？若能夠參與，他／她是否適合你的團體？哪些成員或特定議題者並不適合參加團體？又團體成員大家背景和關注的話題相似好，還是有差異比較好？意即，該如何去考慮團體的同質性和異質性呢？本章節主要為針對這些議題進行討論，來說明在團體開始前的籌備階段，掌握某些篩選原則和組成團體的考慮等之重要，以及實際進行篩選面談或展開團體前全員說明會等實務。

一、成員適合度與篩選考量

（一）成員適合度的考慮

　　成員的適合度需要考慮三個軸向的問題，其一，成員個別的自我狀態、自我的強度或目前的準備度，是否能夠承受心理工作或參與團體的壓

力；其二，因為團體主要為人際互動場域，因此能夠表達自己和具備基本人際能力顯得相當需要；其三，更積極的考慮點為成員是否能夠從你所開設的團體當中受益，獲得適切的幫助或成長。針對上述三點，茲加以分別敘述如下：

1. 自我狀態

成員自我狀態的了解牽涉兩個層面的評估：第一個層面為當下目前案主的心理能量和穩定度，意即自我強度（ego strength），是一種能夠處理自己與外在環境訊息的基本能力，且在面對壓力實具備忍受焦慮或能夠控制衝動的能力。以性格衡鑑的角度來看，需要評估、觀察和了解的包括：對於壓力或生活上的不適應通常都怎樣去處理（壓力與控制）？是否能夠對自己的外貌、職業、認同、家庭或生活狀態等，都能有穩定且清晰的陳述（自我知覺）？對於自己與他人如家人或朋友間的關係，是否能夠清楚的知覺和陳述（人際知覺）？情緒的表達和展現與情境的適切度，以及是否能對自己情緒有基本的掌握（情緒反應）？言談中是否所表達的內涵具備前後連貫性，具備現實感與實際性，且呈現一定的邏輯（認知型態）？諸如上述幾個向度，領導者可於會談評估時加以留意或詢問。

第二個值得關注的為發展因素，包含過去在生理、心理、社會各層面的發展史，是否有潛在需特別關注或不利的因素，例如在精神醫療上的相關診斷、發展上的特定不適應，或是有明顯的性格違常的潛在議題；此些因素例如過去有憂鬱症病史、曾經住院治療或就診等議題，除非評估案主當時其正處於急性發作或初發階段，否則在篩選上絕不能採刻板印象的將診斷用來作為篩選的既定條件。在此一面向上所要評估的是案主當前的「功能」，其自我和人際等功能是否足以應對團體情境所將給予的壓力。

2. 人際能力

在人際能力方面，領導者須評估兩個層次的人際能力，第一個是能夠適切的與人互動且發展人際基本關係，第二個是能夠朝向親密，且對近距離的人際關係並不排斥且過度害怕。

其中第一個「人際互動」能力，指的是社交性的自我表達、問候和互

動、較為自由或自在的交談，以及能夠傾聽和給予基本的回應；過度緊繃而拘謹、相當緊張且害怕人際互動的案主，在評估階段宜特別留意其是否能夠應對團體所帶來的高度人際壓力，特別如嚴重的社交恐懼或畏避型性格違常案主，若能先安排個別協助的資源提升其準備度，可能較有幫助；再者，表達能力若極端的受限，例如在大專院校某些伴隨語言表達困難的案主，應評估其心理準備度和基本功能，再邀請其進入團體。

　　第二個「人際親密」的能力與第一個人際互動有時候是獨立存在的，能夠侃侃而談的人不見得能與人形成緊密且有界限的人際關聯。從Maslow的心理需求觀點，能夠感受到安全感和信賴、能夠感覺歸屬團體並交付自己於團體的情境、能夠呈現自己的優勢與脆弱，且同時維持穩定的自我感，或是能夠給人幫助且願意接受他人幫助等，這些是在親密的人際互動中相當重要的能力，通常也是團體能夠帶給個體的重要經驗和學習；然而，過度害怕親密，害怕揭露自己或呈現真實的自己，或者對於要在團體中談論自己有很強的顧忌，領導者除了給予澄清之外，也必須評估案主對於親密和真實人際互動，是否存有很強烈的抗拒或限制。

3. 參與團體的可受益程度

　　第三個非常重要也與團體實務倫理相呼應的評估要項為，從成員本身的狀態來看，不只是適合，且是否能夠從參與團體當中獲得幫助和改變？此一面向為有能力朝向改變與成長的層次，其一要先能評估案主對自己現況的了解，並且能夠某種程度較為清晰的聽見其想要改變的部分，當中包含了能夠有改變的動機，並且有能力去陳述或稍加說明自己想要改變的具體目標，例如：「希望自己對生活的態度能夠更積極，像是……」或「覺得自己太暴躁了，常常沒聽清楚就反應」。其二，除了對自我改變和成長有動機，對於參加團體能有所預期，或是能期待參加團體，對於參加團體感到有點興奮和展現熱誠，態度上較為積極和正向，也是另一個重要的指標。

　　另一方面，要考慮案主是否能從參與團體受益，就必須要回到團體本身的特性和療效性來看；假若案主在上述幾個評估的條件上均顯示具備基

本準備度，而其個人議題或需求恰好符合下列幾個要素，例如：需要擴展自己對於環境或是他人的覺察、需要社會人際技能或是學習與人相處的能力、需要支持以及發展有意義的人際親密或連結，以需要人際回饋，理解別人看待自己的觀點與角度以擴展覺察。此外，另一個與個別諮商相對考慮的狀況為，案主若對於個別諮商情境感到威脅、過於抗拒或沉默，亦可參酌其在團體中有所幫助的可能性，邀請其參與團體。

（二）成員篩選與評估

從上述成員的適合度評估延伸，當領導者全面評估過報名者或潛在成員之前後，在整體考慮篩選和組成時，必須同步考慮下列幾個要項；不同於上述的適合度評估只考慮案主本身，此處成員的篩選和決定是否納入團體，或是予以轉介，均是站在團體領導和團體發展的角度，重點在於避免不利的因素和風險，並且創造較佳的團體素質，使你的團體能發揮較佳的效能。以下即從自我狀態與高風險、人際能力的缺乏，和對團體是否有過強的衝擊等團體層面的影響，探討團體篩選成員的排除和考慮。

1. 自我狀態或高風險危機

承接上段落對於自我狀態評估的描述，對於不同年齡層與不同對象的團體會有不同的考慮，但是其共同原則有二，其一為案主本身處於紊亂狀態，且團體情境可能更增加其程度，或是其紊亂狀態將無法遵守團體規範和結構；其二，案主目前狀態存在著自我傷害或他人可能受到傷害的潛在風險。以下分別從兒童青少年團體，以及成人團體（大專與社區團體，亦包含門診案主團體和刑後治療的司法矯治團體）等，兩個不同場域和考慮來加以說明：

(1) 兒童青少年團體

在學校場域的兒童與青少年團體篩選上，過於紊亂的行為或情緒模式，以及明顯無法遵守團體規範和結構者，一般而言並不適合參與團體，例如：仍處於高干擾和無法控制狀態的注意力缺陷過動症案主

（ADHD）、具有高攻擊性或高敵意的對立反抗障礙（ODD）或品性規範障礙（CD）、過強的衝動控制異常案主，特別是在自我情緒控制上常高度的干擾班級秩序者等。此外，除非所開設的團體特定的以認知促進或特定領域訓練爲主，否則一般智能程度在輕度智能遲緩以下、輕度以下的自閉症狀學童，或嚴重的語言發展障礙等，較不適合參與心理輔導與諮商性質的團體。而在社區或診所所進行的治療性兒童團體，亦須考慮上述篩選標準，若目標上確實爲上述幾類型兒童特別設立團體，則成員人數就要考慮大幅下降，例如只容納三、四個成員，以能降低干擾而提高團體運作的控制性。

(2) 大專與社區等成人團體

　　大專與社區團體（包含門診案主團體和刑後治療的司法矯治團體），由於所進行的場域可能都在學校和社區等非封閉和非監控的環境，且年齡層大約爲十八歲以上，因此可放在一起探討。對於此類社區和學校團體，案主的穩定性和風險要更加特別留意與考慮。第一，處於急性階段的嚴重精神疾患案主（如精神分裂症患者、伴隨妄想症狀者、仍處於未穩定狀態的躁鬱症患者、嚴重的憂鬱症病患等），或是在診斷上可能爲心理病理性極強的性格違常案主（例如過於嚴重的反社會或嚴重的人際病態特徵等），以及當前仍存在藥物濫用或上癮等狀況者，上述之個案皆需要較爲穩定的治療架構和有系統資源，是否已經運用精神醫療第一線的診療資源，以及是否已經獲得轉介？應成爲首要的考慮。此外，獨特的個別支持性心理治療或其他相似的服務應該優先於參加團體的考慮。第二，案主若有自我傷害、傷害他人或潛在的高風險等可能性，也應優先考慮危機處理程序，暫時不予考慮其參與團體之可能。

　　此外，精神醫療住院或日間留院團體，在具備監護性質的精神科病房或日間留院進行團體，成員的篩選上除了要考慮上述所論及的要點之外，必須更加強對於病人當前功能的詳細評估，並且依據團體的性質和目的進行篩選，例如支持性質的團體可納入功能較差的病患，但若較爲需要領悟和言談的心理治療團體則必須充分考量成員的功能，以及對衝擊和改變的

準備度。

2. 缺乏人際與社會能力

　　除上述的自我狀態和高風險的考慮，篩選成員時還需要特別考慮成員的社會能力與人際互動能力。在兒童青少年團體和成人團體兩者，同時都需要考慮基本表達能力、對他人有人際互動的基本興趣，以及能夠自我揭露等要素。

(1) 兒童青少年團體

　　在兒童與青少年團體，若案主對語言的掌握不足，特別如發展性語言障礙（language disorder）孩童在理解和表達上很受限制，則參與團體若很依賴表達，則相對的其參與壓力會很大；而如較為說話障礙（speech disorder）類型的孩子諸如口吃或是語言流暢等有表達上很大的落差，有時參與團體會對其自信反而有影響，若納入團體則需要一定程度的準備以及歷程上特別的關注；再者，對於自閉症光譜（從中重度自閉到高功能自閉，以及亞斯伯格症孩童），因其核心狀態有可能呈現對他人缺乏興趣，因此在納入此類型案主於團體時也要謹慎考慮，通常亞斯柏格症（Asperger syndrome）孩童對於人際互動仍能維持興趣，但是在團體中宜事先預防其固著於個人道德律（表現過度的告狀）、缺乏社會認知（插話或缺乏情境判斷能力），以及拙於情感表達等特徵，事先應加強對帶領此類案主之基本概念，若領導者並不熟悉則建議應暫緩納入亞斯伯格症類型的案主。另外，對於有過度害怕、焦慮和恐懼的兒童與青少年，或是極度害怕在眾人面前說話或自我揭露，甚至是選擇性緘默（selective mutism）案主，都應先考慮個別形式的介入，可能較符合其人際狀態而提高期準備度。

(2) 大專與社區等成人團體

　　在考慮成人團體成員的篩選時，基本表達能力、對他人有人際互動的基本興趣，以及能夠自我揭露等要素，同樣是關鍵與核心；特別如能夠自我揭露，領導者應於評估階段或說明時，詢問案主對於在團體內向大家分

享自己心事或故事的可能性，且在說明團體性質的時候提及此一狀況，若成員明白表示有困難則須詳加了解與澄清。

3. 預測會有過強的團體衝擊或難以獲益

在自我狀態和基本人際與表達無特殊關注的情況下，從團體的角度來考慮成員的篩選，有幾類型的行為或問題仍有待排除。其一為無法忍受團體情境，或是無法同意團體規範與方向，例如對於團體發言規則、次序或傾聽等缺乏耐心，呈現過度的衝動和干擾，另外亦有成員經過澄清與說明仍表示將不願意遵守保密，或是無法承諾將每次出席或守時；再者，如過度的需要關注或在評估階段發覺案主過度、且難以抑制的滔滔不絕的漫談，領導者應評估和考慮其參與團體的適切性；或者如對團體進行的結構、方式和領導者提出的規則，經過解釋後仍大力抨擊或議論，則領導者均應再加說明，並考慮其可能對團體結構和發展可能帶來的影響。

此外，案主在評估會談階段與領導者的關係互動，即平行的當下關係也應可成為了解和觀察的重點；對於過度僵化的防衛機轉，或過於異常且強烈的投射性認同。前者例如常常明顯的否認自己曾說過的或談過的事項、退縮的經常回應不知道或無反應、呈現過度退化或呈現過低於自己年齡的行為（例如無端哭泣、稚齡語氣或撒嬌等）、強烈的執著於自己的觀點且引發爭辯，以及對於不願意回答的議題則明顯的提出質疑或魯莽的轉移話題之迴避反應等；而後者則例如透過詢問引發會談者的情緒，而後又進行指責或討好等迂迴的人際模式，舉例而論，案主可能詢問你，是否認為他／她是否參與團體能讓心情或憂鬱改善，則對於是或否的答案，他／她皆可再加以挑戰或予以指責，讓互動者不知如何是好，又如一再的要求你給予保證，讓會談者感到厭煩或顯露出不耐，而後則可指責會談者的專業不足等，在人際模式的互動上顯然可觀察到其過度迂迴的型態。諸如上述兩類過度防衛或是潛在人際操控之案主，領導者皆須考慮對於團體可能引發的衝擊，以及此案主是否真的能從團體歷程中獲益，以進行適當的轉介和團體前的篩選。

（三）成員人際行為的分析與預測

　　延續對於自我狀態、人際能力和對團體衝擊等原則的討論，過度脆弱或困難參與團體、干擾性過強，以及對於其他成員或領導者有過強的壓迫，或高度的阻礙團體的發展等；於初步評估階段應對成員人際行為，加以觀察分析和預測。Trotzer（2006）具體的提到了一些團體成員可能在團體歷程出現的不適切行為模式，每種模式都可能影響團體的動力和效能，如下表5-1所表列。

　　例如：抗拒行為的成員可能拒絕參與活動或對團體目標表現出明顯的反對態度。操縱行為者利用團體中的情況或他人達到個人目的，常常試圖控制局面。過度話多的成員則傾向於壟斷討論時間，忽略他人的發言機會。具敵意的成員表現出攻擊性或挑釁行為，可能引發團體內部的衝突。沉默者選擇不發言，可能是因為害怕表達或對團體不信任。退縮行為者會避免參與活動或躲避團體互動，通常表現出高度的焦慮或不安。缺席者經常缺席會議或活動，對團體進程造成影響。干擾交談的成員經常打斷他人，影響溝通的連貫性。智識化的成員以理智或學術化的方式逃避情感交流。老道學或說教者喜歡給他人建議或教訓，忽略對方的感受。開玩笑的成員用幽默來掩蓋真實情感或避免深入交流。管家行為者會過度關心團體的運作細節，忽視情感層面的交流。拒絕幫助的抱怨者一方面抱怨問題，另一方面拒絕接受他人的幫助。自許為正義的道德衛士則以道德優越感評判他人行為。拯救者過度干預他人的問題，可能無意中削弱他人解決問題的能力。

表5-1　團體成員的不適切行為模式摘要條列

1. **抗拒**：成員對團體過程持懷疑態度，可能會抵制改變，不願意參與深層次的討論或活動，影響團體的進展。
2. **操縱行為**：試圖通過操縱他人或團體動態來達到個人目的，可能會利用情緒、權力或其他手段來影響團體決策。
3. **過度話多**：可能經常占據討論時間，無法讓其他成員有機會發言，導致團體溝通不平衡。

4. **具敵意**：表現出較多敵對或攻擊性的態度，可能會對其他成員或領導者發出負面評論或挑釁行為，破壞團體氛圍。

5. **沉默者**：很少參與討論，保持沉默，可能是因為害羞、缺乏信心或對討論內容不感興趣，阻礙團體的互動。

6. **退縮行為**：在面臨挑戰或困難時，選擇逃避或退出，無法面對問題，影響團體的解決能力。

7. **缺席者**：經常缺席團體會議或活動，導致團體人員不穩定，影響整體進程和團體動力。

8. **干擾交談**：傾向於經常打斷他人發言，無法讓討論順利進行，阻撓團體的溝通流暢度。

9. **智識化**：顯示以理性或智識的方式處理情感問題，避免深層次的情感交流，影響團體的情感連結。

10. **老道學／說教者**：喜歡給他人提供建議或指導，帶有說教意味，可能會讓其他成員感到不被尊重或控制。

11. **開玩笑**：經常以開玩笑的方式來應對嚴肅問題，逃避真實的情感交流，可能會分散團體注意力。

12. **管家**：關注於細節和管理工作，過度投入於維持秩序和流程，可能忽略了團體的情感需求。

13. **拒絕幫助的抱怨者**：呈現較頻繁的抱怨問題，但拒絕接受幫助或建議，讓其他成員感到無助和挫敗。

14. **自義的道德衛士**：以道德標準評判他人，表現出自義的態度，可能會引發團體內部的緊張和衝突。

15. **拯救者**：過度介入他人的問題，試圖拯救或幫助他人，可能會削弱他人的自主性和解決問題的能力。

　　這些行為模式雖有可能影響團體的運作，也可能對其他成員的心理和情感產生負面影響，但在組合上未必是一定要被排除或篩選的對象；不同角色的存在和互動，使得團體能夠更全面地處理各種問題和挑戰，促進個體成長和團體發展；每個角色都有其獨特的功能和價值，在不同情境下發揮著不同的作用。Yalom與Leszcz（2020）即認為角色的多樣性和適當的角色安排，是團體治療成功的重要因素；團體中需要多樣化的角色以促進其功能和互動。但是，在不適切的行為強度過高，或基本上已可預測對團體將造成嚴重且非預期的干擾，則對於相關的行為模式，則需要留意詢問

和觀察，考量先以個別協助方式來給予相關資源。

二、團體成員的人際模式評估

在團體開始前，篩選成員和準備成員是兩個重要的步驟。篩選評估（入組會談）中需要了解當事人對於團體的期待，領導者對報名成員的評估以及成員對參與團體的承諾程度。領導者也需了解成員被期待的事項，並確認成員對於改變的責任和協助其他成員的意願。成員應該能夠建設性地討論自己的問題，真誠分享和表達情緒。在這個過程中，團體領導者需評估成員對於參加團體的準備度，並獲取成員的基本資料，以評估成員對團體的相互影響。其中包含成員的人際問題與型態，以及可能潛在診斷或困境，需要在入組評估會談時加以觀察、評量與評估。

（一）成員人際問題的評估

在進行成員評估會談與篩選時，如何來理解成員的問題，除了一般初步會談的評估要項，以及對於心理與行為診斷的理解，在團體的互動歷程中最主要仍是人際關係面向的理解，對於人際問題的了解與形成假設觀點，能大幅幫助我們後續對於人際組合與組成團體，去做判斷和考慮。Trotzer（2006）所提出的人際問題矩陣（Interpersonal Problem Matrix）是一個有效工具，用於理解成員的人際問題本質和焦點，並為介入策略提供導引。其中，人際問題的本質包括四個層次：形成／建立關係的困難、維持關係的困難、改變關係的困難，以及受困於關係中的衝突。其二，這些問題可以呈現在不同的領域，如：人際關係、家庭關係、同儕關係和階層關係。其三，領導者的介入可以分為：預防與發展的介入、補救的介入，以及再重新建構的介入；預防與發展的介入著重於提供教育和技能培訓，幫助成員預防人際問題；補救的介入則針對已存在的問題，提供解決策略和支持；再重新建構的介入則在需要深度改變和重建人際關係時，提供全

面的支持和指導。若將此三個層次組合起來可形成一個4*4*3的矩陣架構
（如表5-2），這一矩陣爲團體領導者提供了一個系統性的框架，幫助我
們分析和思考成員的人際樣貌與問題需求。

表5-2　人際問題矩陣（Interpersonal Problem Matrix）層次與向度一覽表

	層次類別	向度
層次一	人際問題的本質	形成／建立關係的困難 維持關係的困難 改變關係的困難 受困於關係中的衝突
層次二	問題呈現焦點（可介入或著重的領域）	人際關係 家庭關係 同儕關係 階層關係
層次三	領導者介入的層次	預防與發展的介入 補救的介入 再重新建構的介入

　　例如成員A：受困於一段難以改變的關係，他也缺乏改變關係的能
力，在形態上傾向於順從和採被動攻擊方式回應對方；這是一段維持兩年
半的戀情，在家人反對的狀態下他顯得更孤立無援，此時他需要重建的可
能是自己在戀愛關係中，所需求或不斷失敗的自信心，也需要解決當前的
關係議題；而需要補救的是與家人的聯繫，進而發展更佳的親密溝通能
力。成員B：呈現的是難以與人建立關係的困境，高指責和貶低他人的誇
大言談模式，常常讓人拒絕與他／她互動，他／她所面對的是公司裡與上
司和同儕非常緊繃的關係，很清楚的介入方向在於能補救職場的人際且修
正和重建其人際溝通的型態。成員B對於A來說可能呈現一種居高臨下的
姿態，但因爲A的低自信和被動，他可能羨慕B的表達能力和人際上的氣
勢，而B面對溫吞且能專注傾聽自己的A似乎也形成一種言談上的配對聯
結。整體來說，單純辨識成員的行爲會讓人覺得兩者的納入團體均有些爲

難，但兩位溝通型態上的互補，有時是可以讓團體呈現相關的動力，也在人際互動的層面帶來一定程度的對話交流或模式的激盪。

　　人際問題矩陣（IPM）可幫助我們理解成員的人際問題本質和問題焦點，並對於介入方向形成暫時性的假設與輪廓。筆者依據相關實務經驗，發展如下之評估問題提綱，如表5-3可參考於入組評估會談時，進行相關的訪談問題如下：

表5-3　團體成員人際問題評估訪談提問綱要

訪談提問
層次一　人際問題的本質 ・形成／建立關係的困難：在人際關係與互動上，一般是如何與人建立關係？在新的環境如何與新的朋友或同學認識和交往呢？ ・維持關係的困難：如何與家人或朋友維繫關係與聯結？ ・改變關係的困難：在關係裡是否會為對方調整或改變？或是較多時候是家人或朋友為你而改變？ ・受困於關係中的衝突：在生命歷程中若有幾段有張力或受困、不滿意的關係，分析起來你覺得衝突或卡住的部分是什麼？ *對於回應可邀請受訪成員加以舉例或具體描述相關的關係互動事件。
層次二　問題呈現焦點（可介入或著重的領域） ・人際關係：在一般的人際關係上，你自己滿意或不滿意的部分為何？是否特定的與一些人有些緊張或是困難處理的關係？（可舉例說明） ・家庭關係：與家人或伴侶呢？包括與原生家庭的父母手足和子女。 ・同儕關係：與朋友、同學或同事呢？ ・階層關係：與公司的主管或領導，或是下屬呢？
領導者反思
層次三　領導介入的層次 ・預防與發展的介入：評估起來，這位成員在人際的發展上是否有讓你覺得有待開展與發展的向度？ ・補救的介入：是否有明確的人際衝突議題或問題缺失，是需要進一步處理和關注的？ ・再重新建構的介入：在人際模式方面是否隱含某些僵化的模式，是需要關注和加以催化轉變？ *總體來說，對於該位受訪者人際樣貌和人際問題的理解：

（二）成員人際互動循環模式的潛在磨合

　　從人際理論來看，人際互動存在兩人關係的相互誘發和循環之間，例如：高指責激起防衛，而防衛背後的恐懼聯結羞愧等產生更強的抵抗，間接誘發以沉默爲主導的被動攻擊，反彈回來又誘發高指責成員的更加暴怒。這樣的循環和潛在衝擊或磨合，都是領導者於評估階段可推測或思索的。

　　人際類型論所建構的軸線與向度，可運用於對成員人際模式的了解，例如運用「人際關係診斷模式」來評估與理解團體成員。基於Timothy Leary於1950年代所提出的人際型態，強調人格主要在兩人互動關係中展現，而非單純的性格特質或臨床症狀；其研究理念繼承了Murray和Morgan創建的主題統覺測驗（Thematic Aptitude Test）傳統，將的Murray心理需求分類重新組織並以圓周方式排列，使其相互關係更加明顯。類似於古代加倫（Galenic）學說中的四種氣質，Leary的人格模型包括八個主要分類，每個分類再分爲兩個次分類，形成一個具有十六個類別的圓餅圖形。這些類別描述了人際行爲模式，由兩條交叉軸線構成：支配—服從的縱軸和愛—恨（或親和—對抗）軸。這兩條軸線形成了四個象限（PEAI），及其相關人際型態的次分類依序如下：
・支配—對抗（P）：競爭性、虐待性、侵略性、叛逆
・順從—對抗（A）：不信任、自我貶低、受虐、自卑
・支配—親和（E）：自戀、管理型、專制
・順從—親和（I）：負責任、過度正常、合作、過度傳統、依賴
　　更細緻的對於團體成員行爲背後的內在狀態或動機進行分類，Trotzer（2006）區分成員之可能成因爲三類：(1)操弄行爲的展現，所觀察到的可能人際行爲或角色包括：高攻擊、指責挑剔、算計者、高支配、高社會化、代罪羔羊、母性壓制、順從，以及依賴。(2)幫助行爲的展現，所觀察到的可能人際行爲或角色包括：標籤者、自我揭露、給予建議回饋、催化者、領導行爲、個人化溝通者、傾聽者、保持自信者。(3)情緒行爲的

展現，所觀察到的可能人際行為或角色包括：肢體攻擊、行動外化、排放負向感受、情緒化、哭泣等。本書將人際診斷模式與人際外顯行為角色加以統整，如表5-4人際關係診斷模型呈現的四個象限，各象限左半邊呈現的為人際模式之類別，對應的右半邊則為呈現於團體中的人際行為或角色。其中，操弄行為類別的人際行為或角色，主要以靠左對齊的箭號標示來排列；幫助行為類別的人際行為或角色，在圖中則以 文字方框 置中來表示；情緒行為類別的人際行為或角色，則以四角星號且靠右對對齊來表示。

表5-4　人際關係模式與行為角色四象限類別區分表

支配—對抗（P）		支配—親合（E）	
・競爭性 ・虐待性 ・侵略性 ・叛逆	➢ 高攻擊 ➢ 指責挑剔 標籤者 ✧肢體攻擊 ✧行動外化	・自戀 ・管理型 ・專制	➢ 算計者 ➢ 高支配 ➢ 高社會化 自我揭露 給予建議回饋 催化者 領導行為
順從—對抗（A）		順從—親合（I）	
・不信任 ・自我貶低 ・受虐 ・自卑	➢ 代罪羔羊 ✧排放負向感受 ✧情緒化 ✧哭泣	・負責任 ・過度正常 ・合作 ・過度傳統 ・依賴	➢ 母性壓制 ➢ 順從 ➢ 依賴 個人化溝通者 傾聽者 保持自信者

（三）人際潛在磨合與組成考慮

團體成員應具備一些基本指標，不論是怎樣的人際模式或行為，人

際互動的複雜互動中，首先是能夠拿取和給予（Take & Give），這意味著成員能在團體中既能接受別人的幫助，也能提供幫助。其次是人際主動性，這表明成員願意積極參與和與他人互動。此外，成員應該具備覺察人際影響的能力，並且能夠不斷增加團體適應性，有助於成員在團體中更好地融入和發揮作用。

上述四象限各類型人際模式，以及在團體中可能呈現的人際行為與角色，在交織互動上，可能呈現極為複雜的人際組合和互動關係；在評估多組組合或加入新成員的人際磨合的可能性，領導者可考慮其相似性或互補性，能預想可能潛在的磨合歷程，並評估對團體可能造成的衝擊。舉例來說：「支配─對抗（P）」高攻擊與指責型的攻擊，在團體中與「順從─對抗（A）」較為自我貶低和自卑的成員，在互動上的循環容易引發後者因指責而開始哭泣，在哭泣或表現受傷的過程，也展現了指控攻擊者的力量；這樣的組合讓團體其他成員可能因自己的人際模式，而交織成多樣的三角互動。例如：「順從─親合（I）」可能因順從和擔心關係的張力，或感覺到恐懼而選擇迴避、沉默和不反應；而「支配─親合（E）」類型當中較為支配或自戀傾向的成員，可能覺得自己可以仲裁，採用給建議的方式對雙方進行指導，則此時循環上讓高指責的成員更加情緒化和憤怒，也讓自貶者因感受建議似乎代表一種要求和貶抑，而哭泣的更傷心。

三、團體篩選面談評估或說明會

在掌握團體的規劃、篩選和組成等原則後，實質的面談與評估該如何進行？若時間和資源不允許個別性的評估面談，需要用全員的說明會進行，該如何展開和進行哪些要項？以下即從此兩方面來說明篩選面談或團體前說明會的進行實務。

（一）團體前的個別會談

　　若能夠採個別評估團體成員，是實務上最佳也最好的方式，因為能夠有機會個別的且較為直接的與成員接觸，澄清相關的個人困惑和狀況，也能較直接的掌握個別狀況的評估。在實務上，於招募的傳單或報名表即可說明此一個別評估，且給予報名者提供適當或可行的時段，通常在與該位潛在成員預約和確認此個別會談時間的過程，就能感受到其穩定性（即能夠確認時間，也能夠準時赴約），且通常此穩定性也與未來參加團體的穩定出席有些關聯。

　　在與個別成員進行評估會談時，除了基本的彼此認識和建立關係之外，通常有下列幾類任務需要達成：

1. 說明團體性質與參與規範

　　在篩選評估階段，領導者可於簡單的自我介紹之後，對於團體的性質和需要自我分享等參與方式，加以說明且舉例採具體描述方式告知報名參與者，對於團體必須遵守的規範也應在說明階段簡要的告知，一方面了解團體實務上相關的運作方式，另一方面也能明瞭自己個人的責任。

2. 評估與了解參與動機和目標

　　領導者在評估時可先邀請報名者自我介紹，並談談之前曾參與團體的經驗（若曾參加過），以及此次報名參與的動機、想法或是期待有所改變和成長的目標。例如，可問報名參與者：「這次報名參加團體，最主要是希望能有哪些收獲？或是期待參加團體可以有哪些成長？」而對兒童或因為導師轉介而來的成員，則可簡要的摘述和說明你從導師或輔導處室所獲得的資訊，用較正向和關懷的角度分享你的看法，鼓勵兒童或青少年參與團體，並討論可能的效益或幫助。

3. 探討參與團體的適配性與澄清相關議題

　　從穩定且持續的參與（參與結構）、投入團體討論和互動（心理上的投注），以及發展親密的團體人際關係（人際投入），以及能從團體中

獲益（適切程度）等角度，來了解成員參與團體的適配度，領導者對於參與的穩定度，可詢問成員如：「對於十二次每週一次的團體，是否能夠準時參加？能夠全程都參加嗎？」而對於心理上的投入程度，可詢問成員：「對於要在團體中傾聽別人的經驗，也分享自己比較深入和關切的生活事件，你的想法是什麼？會不會有些擔心？」人際關係的親密與投入，以可詢問成員：「在十二週的分享和討論中，團體夥伴們感情會很好並且能夠互相關心和幫忙，對於認識這些心朋友，你會不會有些期待或擔憂？」最後一部分的評估是否能從團體中獲益，是領導者統整上述整體判斷後的綜合詢問，假若對於個案的情緒狀態、穩定度、個別的準備度，或是觀察到臨床上潛在的不適應行為或症狀，在此階段均應個別化的提出詢問和討論。

4. 人際關係與個人狀態的評估

銜接前述關於人際問題和模式的了解，評估上可採用人際問題矩陣（IPM）所衍生的訪談提綱，幫助評估者理解成員的人際問題本質和問題焦點，並思索介入方向和形成暫時性的假設與輪廓。相關評估問題提綱，參考如表5-3「團體成員人際問題評估訪談提問綱要」。

5. 邀請參與團體或告知後續程序

若評估上較明確的能確認成員的參與效益和穩定度，則可結構化的再次告知成員團體的時間、詳細地點、初次團體的程序、所需的準備等，若有教學督導或研究知相關需求，例如錄音、錄影或問卷填寫等需要必須徵得同意，也應在評估時加以提供訊息，和給予思考和決定的時間；領導者在成員離開前可再次熱誠的表明邀請成員參與團體。

（二）團體前的全員說明會

實務上假若無法個別的評估報名參與者，則領導者也可以採用電話方式進行個別的電話訪談；若並未採電話進行個別訪談，或因為報名人數過少而並無篩選的考慮，則也可以考慮在第一次團體開始前進行團體前的

說明會（或稱團體預備會議），在預備會議可邀請成員直接面對面相互見面、參觀機構和團體諮商空間，接著進行上述相關程序，共同提出問題和一起說明、討論。實務上假若領導者過濾報名資料後並無篩選成員的考慮，亦需在第一次團體進行上述相關的說明後，才開始實際進行初次團體。若考慮較結構化的逐項說明和討論，領導者也可依據上述的原則設計團體前會談的問題或問卷，逐一的進行討論和說明，也同時邀請成員分享經驗和提出困惑點，加以回應與澄清。

　　預備會議的功能在於能讓成員彼此初步認識、澄清團體的目標、了解團體的程序和進行方式，也透過說明團體的參與方式，學習如何從團體中獲益；對於提高成員的心理準備、了解團體可能的風險和困難，以及如何降低抗拒，有正面的效果。透過預備會議，領導者也可以處理成員的擔心、害怕，並回答成員的疑問，在釐清後也能提高成員參與團體之動機。

◎問題延伸討論、省思或作業

1. 從你自己以前的團體經驗來看，哪些團體組成與組合的問題，可能會對團體中的個人、相互的關係和整個團體動力等，造成一些影響和衝擊？請加以分析並歸納對該類型團體，可能較為適切的篩選或組成原則。

2. 試想一個你將要領導的團體，在界定團體開設機構場域、對象和目標後，你認為適切的組合可能是怎樣的組成？包括人數、基本背景變項、議題類型與人際模式、行為角色等描述，有你覺得這樣的組合最佳的幫助是什麼？請加以說明。

3. 假想你正報名參與一個團體，團體領導者對成員進行評估會談，試想模擬一段個別入組面談當中的成員人際問題的評估，對你來說大致會如何回答和評估自己的人際模式。

4. 假若你是將要參加團體前說明會的成員，你心裡的擔心或想了解的事項有哪些？請嘗試逐條列出。又假若你是一個領導者，將會如何回答或回應成員的這些提問與關切？請大略說明。

團體倫理議題與實務考量

本章綱要：

　　諮商與心理治療倫理是一個支撐專業助人工作的基礎，任何專業
心理介入都必須建構在充分考慮倫理的架構上，才有其意義；例如保密
（confidentiality）、知後同意（inform consent）、領導者能力等，假如沒
有事先考慮或告知，過程中則可能衍生的爭議或看法的分歧，對接受服務
的案主均可能帶來傷害或難以處理的狀況，而對助人者本身的專業發展也
將帶來很大的衝擊。同於個別諮商與心理治療工作，團體助人工作也必須
建立在充分考慮倫理的架構上。

　　對於實務倫理議題，常常不是一個標準答案或指南可以全然回答的；

在倫理議題的思考上，最終需要的仍然是實務工作者能具備對多元情境去獨立思考的能力，作成負責且堅守重要價值的決策和行動。相對的，多元文化的特性與議題，也同樣需要納入領導者的知識體系，了解自身與文化脈絡的位置，從而理解成員與其文化脈絡交融的限度或資源，延伸為考慮和思辨歷程的重要參考。因此，本章在陳述上，先進行團體實務倫理與價值之探討，接著探究多元文化團體工作之實務議題，再從團體多元場域議題，分述不同場域之倫理特定議題與多元文化觀點的融入。

一、團體實務倫理精神

　　縱覽相關學術團體所自律訂定的倫理守則或實務建議，可發現有兩個不同但卻相通的理念，其一為最基本「必須」（must）達到的最小要求（minimun），通常僅能用守則規範來表達；其二為理想（idea）的專業實務和訓練「應該」（ought）要展現為什麼樣貌；簡單來說，前者「必須如何，達到什麼能力水平」為及格的標準，後者「應當怎樣做到最好，發揮最佳的專業」為進階的、朝向滿分邁進的專業要求。

　　另外，當我們在探討林林總總的團體倫理規定或守則時，有時會感覺到條列式的描述顯得十分繁瑣與複雜；從更為貼近倫理核心的角度，相關學者Herlihy與Corey（2006）也提到領導者必須超越倫理標準和限定，朝向了解倫理背後的後設原則（meta-ethical principle），才能更貼近核心地實踐更完整的倫理精神和價值。這些後設的倫理價值和原則主要可包含：自主（autonomy）、受益（beneficence）、無害（non-maleficence）、誠信（fidelity）、公正（justice）等；其中「自主」，指的是團體成員或案主要有自由參與和退出等決定自己的去留，或是否接受服務的決定自主權；「受益」的最高原則，則是成員和案主要從服務中，能夠充分的得到幫助，因之在實務倫理考量上要秉記以個案最大的福祉和利益為考慮；「無害」是一個領導者必須堅守的重要原則，需主動避開或事先預防實務上可能對個案造成傷害的事情；「誠信」則是應對成員或案主進行充分的告知，凡是與成員進行抉擇有關的相關訊息均於事前充分說明，給予澄清

和了解的機會；「公正」則是領導者在處理各種事宜時應考慮公平、正義的對待每個不同背景或脈絡的團體成員。

　　相較於個別諮商情境，團體諮商師除了面對成員的狀況之外，又必須面對團體整體的狀況，且必要時要在團體成員面前直接進行個別成員的處理；如何才能在各種狀況下適度的尊重而又能促發成員朝向心理探索與改變？對於干擾、打岔、經常用語言傷害他人、敵意、刻意煽動等行為，如何導正而朝向尊重的狀態發展？如何堅守保密或是在例外的狀況緊急處理？對於成員遲到、早退、揚言退出、無故缺席，或是完全沉默，該如何介入處理或拿捏尺度？此外，成員彼此之間的意見相左、過去團體外的摩擦或嫌隙、團體內的爭鋒相對、次團體的講悄悄話、聯合排斥單一成員、外洩他人分享的內容且造成影響、無意中洩漏相關事情、集體語言攻擊或是聯盟抵制領導者等，諸如此些團體中可能發生的事件或人際互動衝突，領導者都必須先加以設想和思考，且對於倫理上堅守的原則有清楚的認識和思辨，如此才能在處理和介入上，能找到清晰且可依循的思考準則。

二、團體預備階段之倫理議題

　　綜上所述，從團體歷程來探討與實務過程中關係密切的倫理議題，依序有下列幾個課題，值得深入探討，包括：成員篩選、成員知後同意的參與、同時參與個別和團體等團體前的倫理實務議題；團體開始後的保密議題、分享程度與自由、成員彼此間的關係，以及退出團體的抉擇；也包括團體結束的時間考量、結束後的轉介和追蹤等課題。以下即從自主、受益、無害、誠信、公正等核心的倫理價值，探討如何落實和開展符合倫理與能充分發揮實務效能的領導。

（一）成員的篩選與定向

　　從兩方面的不同角度來看招募與篩選，一方面是領導者視角，希望能順利的招募和組合，但另一方面是成員，所期待和需要的應是一個能實

質幫助自己成長的團體。整合此兩個方向的觀點，團體諮商領導者在組織團體時應審慎甄選成員，確保其符合團體的性質、目的和成員需求，並維護其他成員的權益。這一過程具有兩個重要意義。首先，成員的篩選與定向是一個領導者與成員互相認定的雙向討論過程，包含訊息的透明化和給予，以及對於擔憂或疑慮的傾聽與澄清。領導者需要選擇適合的成員，而成員則需要充分了解後決定是否參加團體及接受領導者的帶領方式。這過程不僅能確保團體後續開始之後的整體協調和有效運作，還能讓成員在加入前了解團體目標和運作方式，做出負責且實在的決定。其次，這過程有助於完成團體的建構與發展，定向與說明的過程可澄清成員的誤解、疑慮或不正確的期望，必化解不必要的抗拒或猜測；從探討可能發生的問題，並確立個人期望與團體目標是否一致，對團體整體和後續人際互動而言，這過程可預防成員流失，避免資源浪費和成員受到傷害。

　　成員的篩選最大的決定權常常是握在領導者手中，因此受益和公正的價值，在這個決策過程必須重要的放在領導者心中。與受益最有關的議題就是「成員是否能夠從你所帶的團體獲得幫助？」或更具有比較性或排他性的考慮「誰比較能夠從這個團體中獲得幫助？」另一層面，公正與公平的價值更顯示領導者自我省思的重要性，例如詢問自己「是否有可能根據個人好惡，而刪除或拒絕此位成員的加入？」又如「是否因為對某位成員較具好感，而優先讓他／她加入？」更深入與背景層次有關的議題，如「是否因為其族群、年齡、身心狀況、情感取向或教育水平等背景，我作出了一個納入或排除的考慮？」回到成員最大利益和公平公正的角度來省思自己的判準，在團體成員的篩選過程中是很重要的。

（二）成員知後同意的參與

　　從自主、誠信與尊重的精神出發，知情同意的過程涉及成員的權利與義務，包括保密權、自主參與權和退出權。成員需被告知在團體中可能面臨的挑戰和風險。領導者應確保成員了解這些權利和義務，促進團體透明度和成員信任感，並準備好回應成員的問題，持續提供支持和指導，確保

成員在安全和知情的情況下加入團體。

　　成員知而後同意參與團體，這個考量裡的「知」到底需要知道什麼呢？依照團體本身、成員責任和義務、領導者資格和經歷、行政規範或收費等，或是該團體實務附帶的有觀察或訓練的目的，或是團體的資料有研究的運用等，都是需要加以在事前清楚說明的。實際的作法上，關於時間、次數、團體的性質、收費等議題，或是否附帶的有研究與課程的需要等，應都加以註明在團體廣告的招募宣傳單上，因為這些重要的資訊都和成員是否前來報名團體有密切關係，漏掉一個環節則將來在團體當中成員很有可能因為不同意某一個設定，而繞了一圈決定離開。相反的，若能在開始就給予清楚的訊息，將有助於成員去判斷是否加入團體。

　　對初學者來說，有幾個部分是常常會漏掉或是比較難以清楚掌握的。其一，團體的取向和性質的說明，在團體開始前的說明會或是第一次團體，要如何說明你的團體不是一種上課，且牽涉心理層次個人的分享，宜注意再次確認成員對團體進行方式的裡解。其二，自己的受訓背景和資歷，初學者若同時在課程訓練中，或是接受課程督導等，均應該清楚的說明自己研究生或實習的身分，不應擔心自己被看為較資淺而刻意等到成員詢問才回應，主動且簡要介紹一下自己踏入此專業的歷程，有時反而能在介紹中也拉近與成員的距離。其三，對於未成年的案主團體（高中以下兒童青少年團體），家長或監護人的同意是重要的，有時因為民眾對心理諮商與治療的觀念仍不夠清楚，而在溝通上用成長課程或遊戲時間等模糊的用詞，容易造成誤解，通常仍還是需要提及輔導或改變等重要的概念，讓家長或監護人知道小團體的性質和分享的進行方式。其四，團體可能對成員造成的衝擊和改變歷程的張力，也應白話且淺顯地在團體說明時加以陳述，因進入中後階段工作時期某些人際面質或促動改變之介入，很直接的需要成員有心理準備。最後，對於下幾段與篩選、保密和退出等議題有關的準則，也應該加以主動說明和澄清。

（三）成員知情同意書的內涵

　　團體知情同意的內容主要包括兩個方面：團體的相關資料和成員的權利與義務。這些資訊有助於成員了解他們參加團體的目的和過程，以便他們能夠做出知情的決定。知情同意應以契約書面簽署形式進行，明確成員對參與的理解和同意；相關資料應包含多方面的訊息，包括團體目標、成員特質與條件、團體型態、過程與規範、可能進行的方式與活動、時間、次數、費用、可能的收穫與冒險、保密規定與限制，以及領導者的訓練背景與專業資格等。這些詳細資料有助於成員了解參加團體的目的和過程，明白團體中的期望和規範，以便做出知情的決定。團體成員所應遵守相關守時全勤、彼此尊重和承諾保密等議題，也應加以敘明。成員在評估自己的權利與義務之後，擁有自由選擇參與或退出活動的權利，這體現了個人自主和尊嚴。成員也有權決定是否同意錄音或錄影等行為，以保障隱私和個人空間。為確保成員的知情同意，團體在篩選成員和設定期望行為時，應詳細說明團體目標、預期活動內容及可能風險。這過程應詳加說明與陳述，確保成員在參加團體前有充分了解和思考，以儘量避免誤會、後悔或產生後續不滿等狀況之產生。

　　此外，領導者也應告知成員相關社區資源，這些資源能長期支持成員處理在團體活動中可能引發的情感或問題，進一步促進成員積極參與。整體來說，知情同意程序是重要的倫理執行議題，對於預備團體和邀請成員、以致於後續團體進展的順暢和成員的投入等，都有相當大的助益。

（四）同時參與個別和團體介入

　　個別諮商與團體是否能夠同步進行？同時讓接受你個別諮商或治療的個案，加入你所帶領的治療或諮商團體，是一個需要好好考慮，且通常相當不建議的安排。從受益和公平的角度來說，雙邊參與對個案有其阻礙，因為在個別會談說過的未必願意於團體中再說，在其內在幻想或感覺上，比較領導者（亦是諮商師或治療師）是否比較關注自己或是對其他成員談

的內容更有興趣，心中所浮現的是受傷、生氣或自貶，抑或是指責而又有失望落空等複雜的感受，反而讓個案在團體和個別情境都交織了很大的衝突；並且，從團體經驗中自我對號入座的猜想領導者在暗示自己，把自己的事情好像舉例的時候說出一點點等等，這些模糊而曖昧的狀況常會讓原有的會談停滯，甚至造成個別和團體都無法進展的干擾。

相對的，假若是個案要加入其他工作者所帶領的團體，情況就比較沒有上述如此複雜，但在此刻則也必須考慮案主的利益，或是澄清其真正的期待。反過來，當你的團體成員詢問是否能同時成為你個別會談的案主，你也應當依循上述的考量，加以說明和抉擇。相同，假如在團體過程中，你發現案主可能有需要個別諮商或治療的資源，而個別的建議其尋求個別諮商或治療資源，此時是一種轉介的角度，但仍要記得審慎的加以說明和澄清其是否了解，避免誤解或其他模糊的個人解釋。

三、團體實務執行之倫理議題

（一）保密議題

在團體工作中，保密性是一個極具挑戰性的倫理問題，尤其在心理諮商或輔導等敏感領域更為顯著。諮商師應向成員強調保密的重要性和困難性，並提醒他們保持保密的責任，同時鼓勵設立個人的隱私界線；然而，成員之間的互相保密缺乏專業倫理規範指導，使得保密性更依賴成員間的承諾和自我約束，確保保密變得極具挑戰性。

保密規範的設定、例外處理的說明，以及後續促進保密規範實質的遵守和運作，加上牽涉保密規則被打破或相關的危機處理等，都是團體情境中須考慮或事先有所了解的重要面向。保密的規範設定為團體初次，領導者必須主動提出和建構的重要事項，因為此一規範和團體氛圍，基本上與成員的信賴和團體凝聚有極大的相關性；個體必須在有限度和能夠預測此界線的範圍中，才能安全的信賴團體而在當中探索自己，一旦信賴因為洩

密或保密失當而被打破，對主要當事人和整個團體都有很強的殺傷力，因此保密的倫理和規範是一個很重要的團體課題。

　　然而，由於團體成員並不是專業人員，也未能受到專業倫理規範或訓練，百分之百的守密對某些成員來說，是一件困難的事情，例如對兒童青少年來說，有時候不小心把別人的祕密說了出去，或是在不恰當的時刻又詢問當事人，是可以想像的事情；而成人個案也可能因為跟自己親密的伴侶分享團體經驗，而有未完全保密的可能性存在。實務執行上，為了降低團體保密問題可能帶來的傷害，首先在篩選成員時應清楚說明和討論保密問題，確保每位成員理解並同意遵守保密原則。其次，在開始團體時，應及時提醒成員保密的重要性和具體原則，並可以與成員訂立書面保密承諾契約，強化對保密責任的認知和承諾。在團體過程中，應詳細討論保密原則和細節，並確保成員有機會提出任何疑慮或問題。

　　因此，在團體初次設定保密規範的時候，仔細的去討論和談論保密規範可能被打破的個別狀況、情境，以及團體對於保密標準的準則或堅守保密的程度等，是領導者可進行的催化。另外，個別成員對於保密的擔心，或是存有一些不良的先前經驗、個別的考慮或是疑慮等，也需要加以釐清和給予澄清的機會。如果發現有人洩露保密信息，應立即採取適當措施，包括進一步教育和澄清，以及對於保密的再保證，或必要時進行相關的處分程序。有效的團體保密管理需要領導者的積極管理和監督，以及所有成員的認真理解與承諾，透過清晰的溝通、明確的保密原則討論和持續的教育，可以有效降低保密問題對團體和成員的潛在風險和傷害。

　　保密有例外情況，如當當事人的行為可能對本人或他人造成嚴重危險時，需向相關人員預警；另外，保密之例外性也包括：接受專業督導與諮詢、法律要求等狀況。關於無法保密的例外狀況，與個別諮商和治療相同，領導者需於初次團體有些說明和告知，在真正需要進行例外的通報或溝通前，也應再視情況告知當事人或進行相關的溝通。假若在團體進行過程中，發生保密倫理被打破或規範被破壞的洩密事件，領導者應停留於此一意外事件，進行當下的對質與檢核，並能透過協商和團體共識，再行要求洩密者再保證與確認，以能充分且完全的執行團體規範。

（二）分享程度與自由

　　成員到底要在團體中分享到多深入，同時團體所探討的議題到底要深入到什麼樣的程度；雖說，此一深度的拿捏是成員個人的自由抉擇，但是在團體中難免受到情境壓力所迫或團體的促動，而使個人有些壓力；相反的，成員也可能因為團體氛圍的害怕深入或尚未準備好要傾聽，而壓制了原本願意更深入分享的成員。在倫理的處理上，告知成員能決定自己分享的程度而不受團體所迫，是重要的價值，且必須在團體說明會或初次說明，同時也在領導和催化團體的過程中再作強調。而當面臨成員猶豫不決，不知道是否要揭露，或是團體成員採催迫或鼓動的方式欲促進當事人分享，領導者均要加以敏感的留意和進行當下的介入，且充分判斷成員的自我分享是否出於自己個人的意願，在需要的時候予以暫時中斷和保留；相反的，假若成員願意分享和探索，也務必留意團體是否因擔憂或抗拒進入工作而反其道的忽略焦點成員之分享意願。

（三）領導者與成員的關係

　　團體領導與成員之間的關係，也是倫理考量上非常重要的一環。領導者應特別注意幾項重要原則。首先，避免與成員有不相稱的雙重關係，如親密友誼或商業利益，這有助於領導者保持中立性和客觀性，避免利益衝突或偏袒，從而維護團體的公平和信賴。其次，領導者必須公平對待所有成員，在領導任務的執行和資源分配、處理衝突時均應審慎覺察，致力於公正和公平。此外，領導者應避免將個人價值觀強加於成員，應留意是否能尊重並鼓勵成員表達自己的看法和意見，促進開放包容的團體氛圍。這些原則不僅幫助領導者有效催化團體，還能創造充分信任、尊重和合作的工作環境。

（四）成員彼此間的關係

　　諮商團體成員彼此間的關係，是一種什麼樣的關係？學者吳秀碧（2005）提出諮商團體成員間的關係為一種友伴關係，從漸次進入凝聚的彼此關注和互助中，發展出近似真實友誼的實質關係，而在團體尾聲又漸漸的退出此深入的關係。從個別諮商的諮商師與案主的關係來說，「諮商關係」似也接近某種朝向忠於當事人工作議題的友伴關係，從個人中心學派的觀點來看，無條件積極關懷的態度是此種友伴關係的最佳形式；若此，在團體中領導者除了延續此種友伴關係於自己與成員之間外，觀點上也必須採取「教練」的角色或位置，嘗試訓練或催化成員彼此間的支持和互助關係，能朝向無條件積極關懷的相互態度發展。

　　而因為成員間的關係，是以無條件積極關懷的非條件性為基礎，與一般友誼中的有條件性或建立在真實生活中利益交換的性質不同，則成員彼此間的關係在團體結束時，帶有親密和正向情感關懷的層面在其中，卻不會有真實生活中利益交換不均的差異問題（例如：華人文化中人際關係的欠人情概念、抬不起頭的感覺，或一般工作場境同伴的競爭或依賴等），因之在分離階段也能傾向於能夠完全的分離而回到個體化的獨立。在實務上領導者應在末次團體妥善的處理成員間彼此未竟的事宜，加以設定成員間相互的關係並給予時間進行分離的對話，始之在心理上能充分的道別和分離，對於成員在團體結束後的關係聯繫，領導者應加以探討和說明其可能的議題或困難，使成員在充分了解後再作決定和共識的討論。

（五）技術使用的倫理

　　在團體諮商工作中，運用技術能有效促進成員的學習和團體成功，但也需注意避免潛在傷害。例如必須尊重成員的自由決定權，確保他們有選擇參與與否的權利。其次，需尊重團體自主權，使用技術前應充分加以說明和澄清疑慮，確保符合團體目標和價值觀。此外，應避免領導者或成員使用脅迫或不當壓力，迫使成員分享或強迫非自願的參與，意即技術運用

應建立在自願和合作的基礎上，是倫理上最重要的準則。

另一方面，對於某些技術的使用需特別小心，例如面質的技術運用歷程、身體接觸的技術，或是可能引發強烈情緒反應的技術；運用上領導者應注意執行的準則、安全性和個人界限，確保成員的信賴與安適。某些技術的執行程序，必須設定前置的安全措施，例如較深度的情緒宣洩催化、心理劇的導引或創傷敘事等歷程，包括事先評估風險和準備應對意外的情況，並提供必要的支持。整體而言，有效運用技術能豐富團體工作效果，但需重視成員自主性和安全，避免潛在負面影響，這些原則有助於保障團體工作的進展和成員福祉。

（六）退出團體的抉擇

成員選擇退出團體的因素相當多，個人方面的準備度不夠、穩定性不足、在團體中的適應困難、成員人際關係有所衝突或緊張，以及對領導者的觀感等因素，均有可能是成員不願意再參加團體的原因，加上成員個人生活上可能因為突發狀況或生活日程的安排改變，而無法再參加團體，則選擇退出團體或成員流失，實際上是一個非常複雜的議題。在團體初期進行規範的討論時，準時參與和全勤的投入是需要加以提出和說明其重要性的，也需要逐一確認每位成員的時間安排和規劃，再次承諾可全勤與準時。

然而，領導者也需要告知成員，假若因為重要的突發狀況或不可抗力的因素，自己無法再參加團體或決定離開，若是一個深思熟慮的決定，則擁有自主權可決定且能獲得領導者和團體的尊重，此一告知和成員的了解是倫理上與自主性有關的重要議題；且原則上，應把握請成員回到團體中主動告知團體其個人狀態，且儘量於考慮後再出席一次團體，不論是與成員道別或於討論後決定留下來，在過程上都能給予個人或團體成員較完整的空間去思考或接受。但是，從有效的領導來說，領導者宜用大力邀請成員參予的態度來經營團體，且當成員提出離開團體的想法時應給予協助，若為團體內議題或個人適應困難，應協助解決或鼓勵其提出來溝通，而若

為其他複雜的動力因素則應由領導者主動介入和處理，始能以個案的福祉和利益為最大考量。

四、團體結束與追蹤之倫理議題

（一）團體結束的時間考量

團體諮商與心理治療工作，與個別諮商或心理治療的工作相同，在每次團體開始的時間和結束的時間都需要準時；因為時間向度也是專業工作界線的一部分，有限的時間宛如人生的有限性，此一體認才能促使成員在團體中有效的運用此一時段，發揮最大的效益。然而，實務上常面臨一個難題為，當成員非常投入於工作中且言談敘事裡正好處於情緒釋放的工作段落，或好不容易團體才進展到有實質意義且非常熱絡的分享互動狀態，此時，是否有必要延長或增加一點點時間呢？又假若定為十次的團體在第九和十次，成員才有效且積極的開始展開工作，是否在考慮個案的獲益上，應該順應成員們的要求，在給予延長一兩次？對於上述兩個延長團體單元時間和延長單元次數的考慮，基本上都是不恰當的；實務上，延長時間或次數有可能影響了成員原本既定的生活日程安排，且在誠信上與原初的說明有所違背，領導者也可能因為無法切斷的無止盡延長而失去耐心，再者，整個團體的時間結構也陷入一種透過團體討論而決定的不穩定狀況。諸如上述總總因素，能穩定時間結構相當重要，必須由領導者負起此一責任。

（二）團體結束歷程的倫理考量

在團體工作中，結束階段常帶來特殊的倫理問題和挑戰。首先，成員和領導者可能會面臨離別情緒，如不安、憂慮或失落感，尤其在團體中建立了較為親密的言談歷程與關係之後；領導者需透過適當的結束歷程與儀

式，或充分的加以討論和對話，幫助成員理解和接受團體結束，並提供情緒支持和安撫，使成員能夠順利從團體經驗過渡到眞實生活的朝向獨立。此外，有些成員可能會對領導者產生依賴，難以面對團體結束。這種依賴的感覺源於領導者在團體中的支持角色和情緒安全感；領導者應提前準備，透過成員互相支持網絡、眞實生活的實際資源或轉介其他專業服務，幫助成員能朝向自主，減少依賴影響，以能確保成員在團體結束後持續發展並應對未來挑戰。

（三）團體結束後的轉介和追蹤

在團體結束階段，對於仍需要專業心理協助的案主，諸如可能因團體促發個人議題而在過程中尚未妥善處理、潛在有身心調適或生活適應上的問題需要進一步的資源協助，或需要相關醫療資源介入或學校輔導體系銜接等，皆需要領導者主動留意且加以進行轉介和建議，以能考慮到成員的最大福祉。由於團體諮商與治療的工作基本上仍是以協助個人爲基礎，則在專業工作上同時考慮個人與團體是必須同步的，並且，在專業上領導者必須對個別實務工作中各種情況或危機的處理相當的熟稔，才能在同時納入許多案主的團體情境中具效益的協助個別成員。

而在團體結束後的後續處理方面，有幾個重要的倫理指導原則。首先，需爲每位成員確立後續追蹤與輔導計畫，包括安排個別輔導時間或定期跟進會議，以確保成員在團體結束後繼續獲得必要的支持和指導。其次，統整團體過程並提供評鑑團體學習經驗的機會，結合成員的反饋和回顧，幫助成員和領導者了解團體經驗對個人和人際面的影響。最後，進行團體的後續追蹤是重要的，跟進團體聚會的效果或對單一成員進行後續輔導的狀況，確保成員在離開團體後，仍能持續發展和應對生活中的挑戰。綜上所述，有效處理團體結束階段的倫理問題需要領導者具備敏感性和專業性，通過適當的溝通、支持和後續追蹤，促進成員的持續發展和成長，確保團體工作過程中建立的關係和成就能長期持續，並實質上對成員產生正面的影響。

五、多元場域之倫理議題與實務考量

　　從多元場域不同的團體和不同文化脈絡成員的需求來看，涵蓋不同年齡層和場域可作為多元團體心理工作實務的大致分類依據，例如可分為：兒童青少年團體、大專諮商中心團體、社區諮商或門診團體、醫療院所住院團體、司法矯治團體等，提出下列幾個與特定或共同需要嚴謹考慮的實務議題，例如家長同意書、中止成員參與、高風險的處遇、非志願性的團體邀請、紀錄與報告的應用，以及督導與研究等錄音錄影議題，分別加以討論和提出建議如下。

（一）兒童青少年團體之家長同意議題

　　兒童與青少年團體工作因為尚未成年而需要家長同意，是一個實務上不可忽略的預先規劃要項，針對參與團體、需要錄音錄影、領導者的資格以及接受督導狀況，皆應列於家長同意書中。同意書最好能包含班級導師和兒童本身的簽名，讓老師（可能為轉介者，也可能有點不了解兒童參與團體的目的）也能同意並再確認兒童此一時段的團體參與，同時也對兒童進行相關的說明以徵詢其同意。而此先進行的溝通和同意參與，也能讓家長了解到老師的態度和兒童本身的意願。

　　然而，在取得家長同意的實務上有一個很大的困境是，通常需要參與團體的兒童，來自父母親功能較為薄弱的家庭，且此些父母親常並不覺得孩子參與團體或獲得資源是重要的，或是過於看重課業而給孩子高壓力的父母也會傾向於拒絕，而有家庭祕密而嚴密防備的更是，則孩子在這些狀況下，將因為父母拒絕而無法獲得協助的資源。從更加符合倫理的角度，若孩子真的能從團體工作中受益，則輔導諮商工作人員，則應該主動、積極的在發給同意書或通知單之前，先與家長有電話或直接面對面的懇談與溝通，盡力的澄清其疑點，且清楚的陳明你的理念，著重於學生的優勢和參與團體可獲益的部分，當然也必須誠實的用較為正面的描述來說明你的擔心，例如：「以小明這樣的資質，我擔心他的緊張和常常對細節

太在意，沒有辦法放鬆，反而讓他不能好好發揮，這個團體對孩子主要是情緒調適和表達的學習，其他孩子可以從小明這邊學到好好考慮和思考，小明也可以從討論和互動中發現如何調適緊張，讓他更快樂，更能發揮效能。」此外，也可對於團體進行方式、保密和安全性等，加以說明和確認。

（二）高干擾或不適成員的中止參與和處理

在兒童青少年團體成員篩選和團體開始後，若成員持續呈現高干擾行為、無法融入團體且嚴重不斷的干擾團體歷程；或是在大專、社區成人或非志願性的團體裡，有成員持續刻意或無自覺得嚴重干擾（例如持續高強度的攻擊、無法克制的干擾、嚴重的敵意和傷害等）。上述兩者在經過持續努力和重複的介入設限、人際對質與規範設定等，仍然無法改善時，是否可以主動的由領導者提出中止參與的處理？

這是一個非常嚴肅且慎重的議題，初學者在面對兒少團體高干擾成員或相當困難的成人個案，有時候在盛怒的自我情緒下可能作出某種過於衝動的決定；例如對兒童成員說：「你再……，我就……。」或是未經考慮就說出：「若無法……，那只好請你退出團體。」等可能具有傷害性或事後覺得不夠周到的處置。在中止成員參與的過程上，領導者應將以一種「過程導向」和「多層次兼顧」的角度來處理。

所謂過程指的是必須給予此成員心理上充分的認知，遵守規範和停止干擾的重要，且在多次努力後被充分告知，無法遵守和持續干擾將與自己暫停參與團體有關，且對於停止參與團體之後的處理和追蹤，或是對自己的影響（例如轉為學校個別輔導、轉為精神科病房個別的心理治療、中止後在收容監所管理上會有一個紀錄），需要有充分的認知和了解，而且在了解後仍需要給予機會確認是否能有所改變，則此一歷程實在可說是一個漫長、至少持續三到四次團體以上的歷程。在這個處理介入上，領導者必須重新回到倫理最高價值來看，無害（或將傷害減低到最小最少）、案主的最大利益、公平，和誠信等，都是最高的指導原則。

（三）大專或社區團體之高風險案主處理

在青少年或大專學生諮商中心所進行的團體中，案主若因爲下述幾個狀況而處於高風險狀態，領導者均必須以個案的資源獲得和需求爲最大考量，給予相關的危機介入或緊急的資源連結處理。例如：面對潛在有精神症狀或官能症狀表徵的案主，於團體後邀請進行個別會談與評估，或考慮嚴重度而透過機構聯繫家屬或重要照顧者，都是需要留意和處理的部分；而若爲有可能自我傷害或致使他人受害的狀況發生，風險評估和管理、個案的緊急會談、保密例外的告知和協商，以及重要關係人的聯繫等，也都是專業工作的要務。相關處理實務和原則可參考相關實務書籍，然而在團體場域中進行高風險或危機的處理，則同步需要考慮團體整體要素，例如：對於其他成員要告知和說明多少，以及說明的詳細程度之考慮，宜謹慎評估成員的接受度和對狀況的了解能力；同時考慮成員回到團體後，如何跟上團體進展，以及創建能夠支持和接納的氛圍也是重要的領導任務；而對於不可抗的危機事件或突發意外，例如成員發生人爲或災難的外力意外，或遭遇創傷事件而告假或無法再出席團體，領導著則必須給予團體討論空間，且容許團體採自主的方式通過一個歷程去處理相關的情緒。

（四）非自願案主之參與邀請

對於像是偏差行爲青少年案主、住院病人，或司法矯治受刑人之諮商或心理治療團體中的成員，「非自願」性質的心理狀態是一個不容忽視的既存事實，領導者假若明知道其無法選擇參加或不參加，卻又用一種好像給予空間選擇的態度來假裝開明，或避開此一話題不談，常常會讓非自願性的案主更加的拒絕參與且難以眞實的建構此一團體。因此，領導者開誠布公的介紹自己時，應清楚的提到自己的義務和責任，以及自己與要求或規定其參與之權威結構（例如教導處、病房管理者、監所等）之間的受僱關係；此外，陳述自己對成員非自願狀態的了解也是重要的，清楚的談論將有助於成員了解體制的限制和被期待的參與狀態。此外，若領導者同時

兼顧必須於團體結束後提出相關評估報告，其內容將影響成員是否獲得相關資源（例如：是否需要再進行其他輔導、是否能提報假釋等），則也必須在團體開始階段就明白的告知成員其被評價的現實狀況，和評估資料使用上的情況。

六、專業能力之倫理議題考量

（一）領導者的專業資格與訓練

團體諮商領導者必須具備扎實的理論和實務訓練。美國團體專業工作者學會（ASGW）對於專業能力之認證標準認為，領導者需要掌握團體動力的原則，包括團體歷程的要素、發展性的階段理論、團體成員的角色與行為，以及團體工作療效因素。此外，領導者還需了解不同團體領導者類型與風格的特質，並熟悉團體諮商的理論，從探究研究與文獻中汲取與實證相關的重要指引資訊。除了理論知識，領導者還需掌握團體諮商的方法，包括團體諮商師對於規劃團體、適切的篩選標準和方法，以及效果評鑑的方法；也需了解其他類型的團體工作取向，如任務團體、心理教育團體和治療團體等運作。這些培訓內容有助於領導者在實際操作中有彈性的運用不同團體諮商策略，滿足成員的多樣需求。當倫理議題干擾領導者的有效功能時，應尋求諮詢或督導，確保團體實務過程合乎倫理，並遵守相關規定。因此，團體領導者必須時刻覺察自身在專業能力上的限制，並適時尋求幫助，以維持高標準的專業表現和倫理操守。這種自我覺察和專業限制的認識，對於保障團體成員的福祉和團體實務的有效進行至關重要。

（二）多元文化能力的實務要求

美國團體專業工作者學會（ASGW）在其多元文化效能團體工作準則中，提出幾個重要指導原則，這些原則有助於團體領導者在多元文化環境中有效引導和管理團體。首先，團體領導者需增進對自身偏見、價值觀和

信念的覺察，了解自己的文化背景及潛在偏見，並理解這些因素如何影響其在團體中的角色和互動方式。這種自我覺察能幫助領導者更客觀地處理團體中的各種動態和挑戰。此外，團體領導者需增進自我與團體成員，尊重和理解成員的不同文化背景、價值觀和世界觀，並調整引導方式和溝通風格，以促進團體內的合作和共融。團體領導者應考慮不同文化背景成員的需求和偏好，採取適當方法促進包容和理解，創造安全、開放和支持性的團體環境，使每位成員感受到被尊重和接納；這些準則不僅是團體領導者的執業責任，也是建立健康和有效團隊的重要基礎。與多元文化團體有關的實務理念，也將於第十五章「團體多元文化議題與實務介入」進行更深入的探討。

（三）記錄與報告使用之嚴謹考量

與個別諮商和治療相同，團體成員同樣為專業服務上的案主，並不因為介入形式不同而有所差異，實務運用上的紀錄保密和保存等倫理考慮，也大致與個別實務工作相同。然而，在實務上團體諮商的紀錄為多位成員共組的群體之一份紀錄，在同一份紀錄中可能牽涉到許多位成員的相關事件或狀況，則領導者在因專業溝通、法務司法要求，或是實務督導等狀況下，需要提出相關紀錄佐證或進行相關探討時，應依據目的和檢閱者之專業狀況，考慮是否需要重新撰寫一份特定的摘要報告。例如面對司法體系要求，所提供的報告應針對關注的對象進行陳述說明即可，且提供專業的判斷；而對於學校輔導處室的個案研討會議，則也應另作撰寫和呈現；唯若是專業督導歷程，若非針對團體實務進行督導，而是對於特定成員進行討論，則其餘無關成員的基本資料也應充分保密，僅就專業部分作詳實的呈現即可。

（四）督導與研究等特別考慮

受訓過程中團體領導者若有接受督導，或是因為研究的需要而有攝

影與錄音需求，此些與督導或研究有關的事務都屬於事前告知之範疇，需要在招募階段就明白的說明，避免成員同意參加之後又因此議題陷入兩難的交戰中，或因為過程中不同意而又需退出而受影響。而對於錄影音資料的閱聽權限、可能接觸的人員（如督導或團體督導中之同儕），以及如何處理檔案和資料，和後續多久後將採何種方式銷毀等之處理，也需要在說明時一併告知，且讓成員有機會發問與對談、以澄清其疑慮。實務上也應給予成員考慮時間，且應進行同意函之簽訂；若為未成年案主則應徵詢同意後，也告知家長或監護人以取得同意函的確認。而若是邀請成員參與研究案，填寫相關團體評量表，也必須充分告知研究性質和資料處理方式，若參與者期待於結果發表後獲知相關訊息，亦可留下聯絡方式以寄送相關回饋資料。近期，相關研究倫理為實務研究至為看重之一環，在研究知後同意、充分說明和獲益等原則下，宜將相關細節更為嚴謹的加以考慮和進行。

◎問題延伸討論、省思或作業

1. 團體預備階段之倫理議題有哪些？試著想像如果你在協同領導團隊之間，對於要籌組和招募團體的實務，如何去提醒同伴能於執行中關注或處理好相關倫理議題？

2. 對於團體實務執行和結束與追蹤之倫理議題，你覺得自己較能掌握的倫理考量有哪些？哪幾個可能對你來說，要執行起來有些困難？請試著分析一下其中的兩難和可行的解決方式。

3. 多元場域之倫理議題與實務考量，縱觀對於兒童青少年、高干擾或不適成員的中止參與、高風險案主處理，以及非自願案主之參與邀請等倫理議題；如何對應倫理精神和準則？可請你試著加以分析和歸納。

4. 對於專業能力之倫理議題考量有哪些？若自評一下，你覺得自己在進入職場真實團體帶領的前三年，應要如何考慮這些準則來執行你的實務工作？

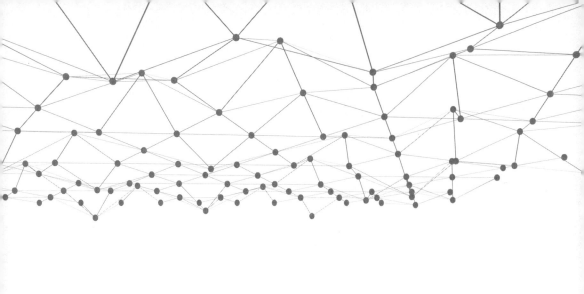

◆ Part III

團體階段領導實務

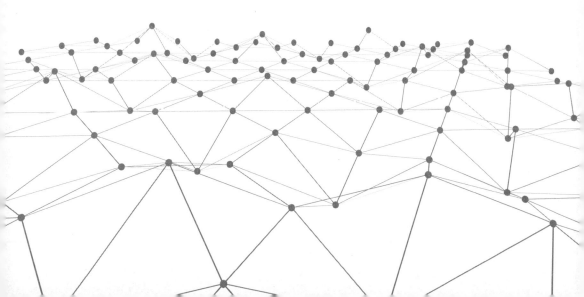

開始階段領導實務：
初次團體帶領

在經過規劃、宣傳、招募、會談和通知等流程後，一個團體終於迎來了初次啟動的時刻。然而，領導和催化團體需要一系列的程序和方向：例如建立安全環境、初始開啟團體、確立共同目標、介紹團體結構、話題的探討與歷程的平衡、引導有效互動、回饋和反思，以及建立持續支持，這些步驟都是在團體實務中值得關注的要素。從本章節開始，我們將依團體歷程探討開始階段、轉換階段、工作階段和結束階段等實務領導過程。

團體的開始階段最重要的任務是建立團體的安全感，讓成員有確認如何參與的穩定感，進而能討論與設定團體規範；從座位和物理環境的安排，到實際進行第一次的團體，領導者非常重要的是要能樹立清晰的領導架構，讓成員在彼此陌生且對於參加團體沒有概念的階段，知道如何參與團體，且不會因為過強的焦慮而離開團體。以下即從初次團體開始前的空間環境、座位安排等，以及初次團體的重要領導任務、領導方式和該次團體的進行，說明在兒童和青少年團體實務之領導介入，並針對重要的領導概念加以探討。

一、團體開始階段的領導任務

　　初次團體的重要領導任務可以從團體、人際和個別成員三個層次來加以界定和說明，在團體領導任務方面，了解團體性質與規範，讓整個團體有其進行目標和規則相當重要，能讓成員在初期的焦慮減至最低，也間接促進團體信任感的建立；而在人際互動層次方面，成員間的彼此認識與熟悉能帶來真實關係的建立，也促進相互了解和關懷，初次團體若能盡量讓充分相互認識，則能為後續團體進行之人際之間的互動最很好的準備和暖身；在個別成員的層次，初次團體除了讓成員安心且自在外，也要促進成員對於個人目標與狀態的初步了解，要點式的了解自己參與團體的重要理由或是對於未來的期待，以免團體失去焦點而流於社交性質的人際社團，另一方面，也從協助成員熟悉團體進行方式、對成員彼此加深認識和了解自己的責任和期望等，促進成員融入與提高參與動機。初期開始階段的領導任務可以整理其要點，如下表7-1所列：

表7-1　團體開始階段領導任務分類彙整表

	內容	歷程
團體層次	規範的設定—了解團體性質與規範	安全感的建立—團體信任感的建立
人際層次	人際初步接觸—認識與熟悉	提高人際互動的投入參與—互動的暖身
個別成員層次	個人目標與狀態的初步了解	促進成員融入與提高參與動機

　　從團體開展階段的發展任務來看，開始階段的初次接觸包含下列幾個要項。在成員的工作方面，需要處理個人在團體的人際不安與焦慮，並且能協助成員尋求團體文化和規範的明確感。帶領者的重要任務為建構與促進團體的形成，以及建立成員個人目標。領導者在這個階段的任務為運用過程結構技術來組建團體，特別重視的是能建立團體的基本規範與文化。

（一）整體團體規範與安全感的建構

1. 安全感的建構

　　諮商團體的初始階段，在整個團體的經營上最重要的就是安全感、穩定感的建構，讓成員不致於在團體過程中經驗到紊亂、模糊或不知所措的情況，並且非常重要的是要讓成員在認識上知道這個團體是為什麼而設立的？情感上覺得此一環境和氣氛非常的安適和舒坦，縱使有初期人際陌生所帶來的緊張和未知感受，但整體的感覺應該是非常舒適的。而在促使個人參與的指令上也應該非常清晰，明確的指出當下團體所要進行的事宜，而非處處徵詢成員，或太快讓成員去討論與團體架構有關的事情，因之像是時間、空間、環境、進行方式、保密原則等，領導者在原初的規劃或心中都應該先有計畫，才能很實際的將規則或概念指出，給予成員適當的參考和依歸。而在成員的參與行為上，領導者也要給予較多明確的指導，避免用暗示、探詢或猶疑的語氣來反覆探討相關規則，例如：該如何互動或是回應，領導者可以舉一些例子加以說明；對於突然有要緊的事情如何請假，領導者也可以用自己的經驗加以分享並陳述尊重的原則。

2. 規範的設定

　　因為團體成員來自各方，且未必有參加團體的經驗，更因為個人獨特的差異，因而會有非常多的不同和個人獨特的行事風格，在進行團體時，假若沒有一個講定的規範或是可依循的規則，常常團體會有很多無法磨合，或花了很多時間難以找到共識的窘境。設定與討論規範，在團體初始階段是非常重要的，從規範的性質和層面來說：守時、尊重、保密此三個精神大致可涵蓋相關的規範意涵，此三個精神都包含對參與團體承諾、人際間彼此互動方式的設定，以及自己如何參與團體的承諾等面向概念；茲於下面段落先作說明，在實際進行的實務段落，再詳細說明如何於初始階段進行規範的討論與共識達成的方法。

　　(1) 守時

　　廣義的守時，指的是成員參與團體的穩定性，包括每次準時參加、不遲到、不會無故缺席，也包含假如有突發狀況需要請假如何處理、假如有要事真的會耽擱而遲到，或是需要提早離開，該如何處理；有些狀況是需要事先告知整個團體，而有些情況是臨時才能通知領導者，或者其實在團體開始時就需要先提出。此外，也包括無法繼續參加團體或是選擇離開團體的議題。此一規範對團體的穩定和成員能充分了解自己的參與責任有關，在初始階段由成員提出疑慮，或是由領導者主動提出和澄清等都是重要的。

　　(2) 尊重

　　尊重（respect）指的是在團體中人際如何互動、如何發言和陳述、如何傾聽、如何掌握發言次序，或如何回應他人或給予回饋，或甚至是如何邀請他人發言分享等，與成員間彼此互動關係直接相關的重要議題。在個人分享上，「自發」、「真誠」、和「限度」是成員需要了解的；相對的在給予回饋上，「傾聽」、「同理」、和「互助」等學習和表現也是重要的。一般而言，領導者必須讓成員了解，他是可以自己決定要談論多少、分享到多深入，也能夠自主的選擇要揭露或隱藏哪些事情，但對於自己所談的事情也應負責的能盡力的去陳述清楚，讓聽眾能夠理解。而成員在聽的時候，專注的傾聽、不中斷或打岔、能徵詢團體同意後發言、在回饋時注意自己不要去分析或評價，也避免用給予建議來指導等，都是領導者需要去設定的。

　　(3) 保密

　　保密（confidential）是團體心理工作非常重要的基礎，團體成員之間必須要能在認知上知道為團體成員保密的重要，更要能透過充分的討論來確認如何執行保密，且能在團體發展中確認團體成員能夠為自己保密，這三重（有順序的逐步信賴）關於認知、執行和確信等，是構成團體歷程中成員能夠堅守保密承諾的重要任務。對於兒童和青少年來說，要能堅守和

執行保密有其困難性，特別是年紀較小的中低年級學童，但是仍必須運用較多的舉例和說明來要求成員遵守與執行，稍後在保密的規則討論實務中，將會再作更多詳細的說明。

（二）彼此認識與互動關係的設定

1. 人際初步接觸與認識

團體初期第一次接觸，其實是一個相當近似於一般人在社交場合或社團開始建立關係的歷程，彼此完全陌生的一群人要能在短時間之內就認識彼此，仰賴的是領導者能夠設定一個有效率的彼此介紹與認識之環境；因此在初次團體中運用一些結構化活動，或是設定彼此自我介紹的內涵和深度，讓相互資訊的交流能夠順暢且均等的進行等，初步接觸與增進認識的設定或促進，都是初次團體的重要任務。

2. 提高人際互動的投入參與

在歷程任務上，初次團體的自我分享和人際互動方式，都可說是未來團體運作的縮影，成員間彼此的詢問、關懷，或期待了解更多等互動，都是重要且值得鼓勵的；假如能在此一時期鼓勵與容許成員彼此進行簡短的回應和交流，將有助於後續團體人際互動模式的發展；唯必須注意到詢問方式、關懷的口語和涉入個人隱私的程度，以及個人價值觀過度堅持與強力推銷等，可能引發團體不安全的觀感。此部分的實務催化，將在下節領導實務中詳述。

（三）個人參與動機與目標的論述

1. 初步了解個人參與團體的期待或目標

成員參與團體必然有其個人基本上想改變或成長的關切議題，例如：期待自己在情緒上能更加自我控制或管理、生涯上能澄清自己的目標、班級人際互動上遭遇困境，抑或是面臨喪親或失落的哀傷課題等。在初次團

體讓成員談談自己爲何來參加團體？或是爲何老師推薦他／她來參加團體？或者是陳述一下轉介者的擔憂和想法等，都是能夠了解個人成長目標的焦點；此外，對團體的期待其實與自己的成長目標，可以是一體的兩面，例如與上述例子對應的：希望團體能幫助自己澄清情緒方面的管理或聽聽大家的經驗，在生涯上能聽聽大家的發展經驗或給他／她一些意見等。初次團體應能在團體結束前花一些時間讓成員能針對參加團體的動機和目標、期待，進行分享與聆聽。

2. 維持或提升個人參與動機

　　承接上述的個人期待與目標，礙於時間有限，初次團體一定是處於無法讓成員暢所欲言的狀態下，因之，能夠從成員的言談或描述中，摘要或是釐清哪些事後續在團體中很值得探討，哪些心情很重要值得將來再提出來，以及哪些事件是大家可能都很關切的，有共同的經驗與想法，值得進一步探討。此些回應基本上能夠更清晰的給予成員們指導，一方面知道未來團體進行的方式和主軸，也知道自己所關切的課題與團體進行的關聯性，另一方面也能促進個別成員初步理解自己的關切焦點，感到在團體中能有方向性，提升未來參與團體的動機。

二、初次團體進行之程序與領導實務

（一）初次團體開始前的準備

1. 團體空間環境之安排

　　團體進行的場地不論是在學校輔導室、教室或是社區心理衛生機構的團體室，應考量到隱密性，這對團體進行的安全感非常重要，若團體的進行時間和學校的下課時間有所重疊，也應該考慮是否會有其他同學經過團體進行的教室而向內窺看；公開場合、開放空間、隔音不良等沒有隱密性的空間，是非常不適合的，若空間上沒有好好考慮，則後續的團體發展將

大幅受限。

2. 領導者與成員座位安排

在座位上，成員及領導者應盡量圍成圓形，面向內並且以成員彼此可以看得到所有成員爲主。團體諮商空間若是鋪木地板，建議仍然能依據團體人數先行擺放坐墊；若是原本就有座椅，也可先放置好圍成圓形。對中低年級的兒童而言，初次團體若能在小朋友報到時爲他安排座位，可減少爭吵、排拒或缺乏安全感的發生；而對青少年則可告訴他／她自由入座，間接了解成員之間原本的人際關係和先前經驗。

領導者應該坐在正對時鐘的位置，因爲掌握團體時間和流程進度非常重要，假如領導者一直回頭看時鐘或是不斷低頭看手錶，對團體進行的流暢度和尊重度都有影響，所以爲了能夠自在的進行團體並監控時間，正對時鐘可以讓領導者較爲從容且順暢的進行。此外，假如爲兩人共同領導團體，協同領導者應該坐在哪裡呢？假若是領導者和協同領導者兩人坐在一起，則成員將會傾向一致的轉頭望向兩人座位的方向，則團體人際互動的動力很難推動，並且對於兩人身旁的成員因爲視角盲點的關係，將無法關注；又假如兩人對坐而遙遙對望，在團體動力上又容易將團體切成左右兩半，因此，領導者和協同領導者的相對位置，應該大約爲8點鐘（或是4點鐘）方向，以八個成員的團體爲例（加上兩位領導者共計十位），則領導者和協同領導者左右兩邊分別坐三位和五位成員爲宜。其相對位置和規劃如下圖7-1輔助說明。

若因爲學習、訓練和督導的需要而團體有觀察員，其位置應該在團體之外，且應該要固定下來，切莫在團體進行間走動或更換，以避免對於團體的進行產生干擾，影響成員對團體穩定性的需求；假若團體空間並沒有固定式的錄影設備，但是因爲督導或受訓需要而必須進行錄影，單機的錄影機也應該固定，避免過程中更換位置，因爲錄影形同對兒童和青少年進行觀察，若因爲率先發言而成爲攝影焦點，將會形成莫大的壓力和焦慮感，抑制成員願意表達和參與的動機，對團體的穩定和發展造成影響。

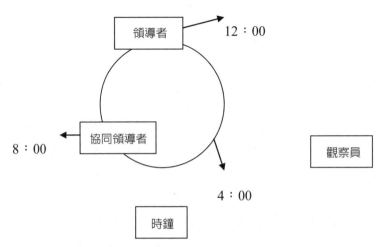

圖7-1　團體領導者、協同領導者與成員之座位安排示意圖

（二）初次團體領導任務之順序

　　承上所述，在領導諮商團體的第一次團體單元時，應考慮把上述重要的領導任務融入實務帶領的程序中。原則上應該有架構的從說明團體和領導者自我介紹開始，因為成員在團體一開始若不能清楚知道自己來參與的團體為何？帶領老師是誰？在缺乏訊息的狀況下，恐增加焦慮和不安全感。此外，因為諮商團體的性質為探討個人關切議題與解決，與任務團體、訓練團體和心理教育導向的輔導團體均有所不同，領導者界定團體性質，讓成員知道不是上課、也知道團體未來的規劃和互動方式等相對地十分重要。新手團體諮商工作者有時候沒能先行清楚界定團體進行的類型和性質，反倒採詢問方式問成員希望團體怎樣進行，這往往反而帶來不安和不確定感，且在團體初期把決定權放給成員，是非常不恰當的，若希望了解成員對團體的期待，可以在初次團體有系統的進行到較為尾聲時，在詢問成員或請其提出，並加以澄清和討論說明。

　　除了先讓成員認識團體性質和領導者外，成員的彼此認識和對於參與團體之規範設定，也是初次團體的兩個重要任務，然而，先進行規範設定

還是彼此認識，是有待考慮的一個議題。若是先進行規範的討論和設定，在團體經驗上會讓成員顯得有些突然，因為對人際互動的基本常態來說，先彼此初步認識之後再進行對於關係和互動方式的設定會是較為自然的；然而在未作規範設定之時，成員是否無法知悉保密或尊重等重要的倫理和參與議題？其實，以初步的彼此認識而言，因為並不牽涉較深入或需要保密之個人關切議題，應僅是個人基本資訊的交換（例如姓名、工作、職稱、學歷、家庭角色等），則在團體順暢度上，應可於領導者自我介紹之後先進行成員彼此的介紹和認識，為了增進兒童青少年的參與，運用有趣且能提供較多訊息的結構遊戲活動是常見且可行的；而在彼此認識後也能透過說明大家的互動和分享需要一些表達和傾聽的規範，則能銜接到下一個討論和設定規範之任務。

在進行完團體和人際互動層次的初次團體要務之後，若團體進行能夠充分具有效能，則在規範設定之後所預留的時間，可邀請成員分享自己對於參與團體的期待、目標或展望，這部分的重要焦點是對於「自己」參與團體的期待，希望自己會有什麼不同？有哪些成長？有什麼收獲？而不是對於團體或領導者和其他成員的期待。個人目標的設定是團體工作中很重要的一環，從個人參與團體的動機、老師推薦的理由、對自己的期待等，可以發現和聽見成員所處的困難或略為知道其相關議題，這一部分的工作也可以為成員參與團體的航行方向有一種「定錨」的作用。

初次團體因為是第一次進行團體，成員參與其中的感受很需要被檢視和提出，以作為領導者修正團體進行方式的參考依據，因此在團體最後的5到10分鐘，建議應能運用繞圈方式，邀請成員分享一下今天參與團體的想法或感覺，喜歡的部分或是不太適應的地方，可儘量邀請每個成員在最後簡短的時間中，都能切要的回應和分享當次團體的經驗，一方面提供領導者訊息，另一方面對於有難以適應或對團體進行方式有誤解的課題提出澄清和說明。例如：擔心是否要分享很深？覺得自己本來以為是來上課的？老師好像沒有想像中的嚴肅，或是和以前的團體經驗有所不同等；初次團體若能在尾聲有這樣的停留和歷程回顧，則對於領導者了解成員和修正自己的領導風格，有很大的幫助。

（三）初次團體實務要項之進行

1.團體架構說明與領導者自我介紹

(1)說明與簡介團體的性質

在團體開始的時候，讓成員了解團體本身屬於何種性質？此一團體的目標和方向為何？大家應該怎麼互動等議題都是重要的。舉例而言，領導者可以說：

> 大家好，我是這個人際成長團體的帶領老師○○○，大家今天會參加這個團體都是老師邀請大家的，每個星期三下午一點到兩點鐘，我們這個團體都會有一個小時的時間在這裡，大家一起聊聊天說說心事；大家可以把自己想要分享的事情帶來，一方面聊聊自己，另一方面也聽別人說，假如有一樣的心情或事情，也可以一起聊天。
>
> 我們這個團體跟上課比較不一樣，以前大家在教室上課都是認真聽老師講，但是在這邊，我們是大家一起聊天，有時候老師也會給大家做一些活動或遊戲，活動之後會有討論和聊天的時間，大家都可以說出自己的感覺和想法，然後大家一起討論要怎樣去解決困難或面對生活上的難題。所以大家一起聊天和講話是很重要的。

(2)領導者自我介紹

領導者本身的自我介紹在團體一開始能夠發揮安定成員心情的功能，一方面成員需要認識你，了解你的背景和專長，也透過你所分享的訊息知道與團體相關的工作內涵；因為你點出自己是一個心理助人工作者，則成員能理解在團體進行的層面將著重於心理議題的分享與探究；另一方面，領導者的自我介紹有其示範作用，成員也能從你的分享中，直接了解接下

去當他／她要介紹自己時的深度或廣度。

　　領導者的自我介紹有垂直和水平兩層面的自我揭露，垂直的部分指的是你個人背景與脈絡相關的訊息，例如畢業於哪裡？最高學歷和職稱、工作相關經驗、目前工作機構與職責等；另外，考慮到訊息與團體性質的相關性，假若你所帶領的為親職父母團體，則簡要說明自己的家庭婚姻與育兒狀態，可化解成員多方的猜測，又例如你帶領的是青少年的團體，則簡要的提一下你自己的青少年歲月和成長歷程，或是自己過往與青少年工作的大略經驗等，也都是有幫助的。而水平的分享則是提到自己與這個團體相關的個人訊息，例如：從你自己的經驗來說，為什麼想要帶這個團體？自己過去帶這類型團體的經驗如何，也可能誠實的說明自己是第一次帶這樣的團體，是一個嶄新的挑戰但也希望能從當中有些收穫；再者，分享自己如何籌組這個團體的歷程或故事，也可增加成員的了解和強化信賴感，談論自己對這個團體的情感或是今天看見大家能來參與的感受等，也都是很好的自我揭露和示範。

　　在稱謂方面，如果你是校內老師，可直接自我稱呼老師，假如是校外專業人員，則可告訴學生可以如何稱呼你，而假若是在社區帶領一般民眾的團體，則可引導成員直接稱呼你姓名或相關職稱，例如○○心理師、醫師、社工師或諮商師；然而，由於華人文化中的諮商關係常建構在師生概念上，因此稱呼○○老師也是合適且恰當的，除了能建立與成員間的關係，也能維持穩定的專業界線。

2. 引導成員自我介紹與彼此認識

　　為了促進彼此的認識和融冰，運用相關結構活動導入，讓成員透過自我介紹和聆聽他人的敘述等，對於增進關係的熟絡都有正面的意義。值得注意的是此類活動應考慮其性質主要為增進彼此認識，而非針對特定議題開始進行深度工作，因此，性質上應鼓勵成員能帶入自己在真實生活中較一般化的訊息（例如：社會職稱、家庭關係、興趣與嗜好、人生觀、職業與生涯發展、休閒生活等），而比較不適合在初次團體帶入過於沉重或特殊的議題（例如：創傷事件、困境經歷或過度激起須處理或求助的個人議

題）。

　　此外，在團體成員彼此開始進行介紹或互動的當下，人際間的交流與互動即已開始進行，社會文化中所隱含的人際互動關係也很自然的將在團體中漸次的影響成員間的人際關係（例如：長輩與晚輩、性別與權力、職業高低與社會位階、年齡層與價值觀、個人受訓背景與思考型態，或家庭關係與個人性格形態等）；領導者在初次團體，除了理解這些與外在環境和社會關係有關的人際互動外，在團體中應努力設定較為一般性，儘量創造較為平等、平權的互動空間，例如：避免統一稱呼某位成員「伯伯」、「老師」或「董事長」等社會位階既定的職稱或頭銜，以避免在未來團體中呈現明顯的權力失衡現象（例如大家都對高階者敢怒不敢言），或是因位階的稱呼而難以真誠的相互對話（例如可能產生採取假面的順從和虛應以對等），因此，讓成員在團體中採用直接稱呼對方名字，能更為適切的在團體一開始即設定大家的關係為合作和相互協助且平等的夥伴。

3. 規範提出、討論與訂定

　　在進行團體規範的設定上，因為守時與請假等原則與如何共同「維繫團體結構」，而尊重的原則則與成員如何「在團體內互動」有關，保密則較為深入的與設定成員間「彼此的界線」有關；因此在討論的順序上，建議可依序進行守時與全勤參與、尊重與分享準則，以及保密等規範之討論和設定。

(1) 守時、全勤與基本參與規範

　　對於守時等基本參與規範，從人、事、時、地、物等角度，有下列幾個要項需要加以界定或宣告。在態度上，青少年晚期到大專生和成年個案之團體，領導者可提出相關議題後，採徵詢方式尋得共識後定為規範；但兒童團體則可用宣布和說明的方式，舉實例說明其理由並要求兒童給予遵守的承諾，僅對無法遵守的狀況加以簡要的討論即可，以避免流於嬉鬧和訂出無法實際執行的規則來。相關的一些基本參與規範，如下分述：

a. 人員與組成

　　對於人員與組成，領導者可提到團體組成以現在的第一次團體成員為

主，若團體因人數不足或後續仍有新成員加入，假若已經知道，則需先當場告知並徵詢所有成員同意，而對於若又在後續團體有其他新成員加入，則須事先提出到團體中，由大家討論同意。

b. 守時、全勤、請假以及退出的處理

領導者可以直接開場說明守時和全勤的重要性，並且陳述若不得以而需要請假等的處理原則；例如：「我們團體在○點○幾分會準時開始，大家一定要準時，因為稍微慢了一些恐怕來的時候大家已經開始分享，會有無法銜接的感覺。另外，從頭到尾參加也是重要的，大家當初報名的時候知道我們團體要進行○次，從今天一直到○月○日，共○個星期，因為每一次的分享都是每個人關切的心事，你的傾聽和回饋很重要，並且漏掉一次可能有好多的重要經驗都沒參與，大家也會很在意你的沒有聽到，所以全勤是很重要的。假如真的有非常非常重要的事情，為了避免大家猜來猜去或擔心你的狀況，如果事先知道，我們就必須先在團體裡提出來說明一下，事先告知所有成員，讓大家不至於有些失落或擔心你。假如是不可抗力的突發事件，讓你不能出席，那就請先打電話給領導員，讓我來轉達你的狀況，使大家比較安心。」

「退出」是一個團體潛在的嚴肅議題，領導者在初次團體必須去說明此一潛在議題，但在說法上應考慮到採較為鼓勵和正向的概念來解釋與說明。例如應避免用「退出」團體的說法，而可說「無法繼續參加」；且實務執行上要充分明確的說明，若無法繼續參加則需要在團體中提出以告知團體成員的規範，其原因是避免不告而別而讓自己或成員有些遺憾，且假如是因為一些誤解而在情緒上衝動的感覺自己無法再參加，或缺乏繼續參加的信心，提出來和表達出來，可以有一個機會澄清，對自己和成員都非常重要。

在此段落結束前，領導者可逐一的確認成員是否能同意和承諾全勤，且是否有任何無法全勤的可能突發狀況發生，均可先提出相關的困惑來加以討論。

(2) 尊重與分享的準則

a. 尊重與傾聽的分享

尊重和傾聽的原則是團體中成員互動的最高準則，怎樣聽和怎樣輪到自己說或分享，不隨意插嘴、不要太快做反應，以及一次一個人說話等，都是領導者在說明此項規範的舉例。此外，傾聽的身體語言和姿勢也是一個要點，領導者可以詢問大家怎樣的肢體語言呈現，可以是讓別人感受到有在傾聽的尊重態度。在兒童團體，領導者可以樹立想要說話和分享需先舉手的規範，讓紛紛突發講話的可能狀況減少，較爲有其秩序。

b. 分享意願的尊重

自我揭露的分享意願和實際分享過程中，促進成員分享和同時保護其避免因過度坦露而受傷，是一體兩面且很難用一個尺規劃定清楚的界線；因此，尊重自主權很重要，在團體規範訂定時，強調此一準則且告知成員可以用自己的意願來衡量分享的深度，且團體不應用過度壓迫的態度要任何成員分享，若是有成員談到一半而傾向於保留，則就此打住都是可行的。在鼓勵大家眞誠分享的同時，重申分享意願的自由抉擇相當重要，領導者需要在此再作說明。

c. 給予回饋的原則

聽完別人所分享的議題，如何給別人一些回應，也是需要領導者在初次團體先進行說明的要項。以「不分析」、「不評論」和「不建議」等，抽離自己與他人的從指導角色去回應，是重要的準則。所謂不分析，指的是不要嘗試去用一些抽象概念或名詞去解釋別人的行爲或意圖，例如聽完別人的經驗分享，假如回應說認爲對方是「戀母情結」或「同年失愛」等，想要給對方一種抽離的解釋，是很不恰當的；而所謂不評論，則是不站在自己的價值觀或道德立場，去評斷別人的對錯或是非，例如說「你怎麼可以說想離開」、「你這樣眞不是一個好的女兒」或「數學很重要，你放棄的話就完蛋了」等，這樣的言談可能是自己的信念，然對當事人一點幫助都沒有，反而讓他更無力、更傷心，且感覺被誤解。再者，不建議指的是不要太快的給予別人「應該怎麼做」的指導，因爲我們不是他／她，

也不知道對方是否試過很多方法，要去指導別人怎麼想、怎麼做、怎麼說或怎麼解決，說起來很容易，但是要考慮對於成員對方是否真的有站在她的角度去設想，是否這樣的分享對他／她是有幫助的。

領導者在說明完上述概念，可以稍作停留問問大家的想法或問題，對於分析、評論和建議等說詞和用法，其實是日常生活中人際互動常常發生的，可鼓勵成員想想相關的經驗並分享感受，且確立對此些規範的認同或接受。

d. 其他相關的團體秩序

與團體其他秩序有關的規範，還包括下列幾項需要考慮：例如是否能夠在團體中吃東西？一般而言，這需要考慮機構場地的規定，並且團體的時間已經開始後，就不應該在團體中吃東西。另外，手機在團體開始後就應關震動，避免干擾和打斷團體，假如有非常要緊的電話需要處理和等待，應事先告知和徵求大家同意。

(3) 保密的討論

保密的倫理是團體規範訂定中最為複雜的一個議題，在初次團體需要停留多一點時間在這個課題上加以討論。在說明的時候，領導者可以舉例說明為什麼去傳了別人的事情會帶來嚴重的傷害，以及每個人都希望傾聽的人能為自己保留，確立保密的重要性。接著，領導者需指出保密的模糊地帶，例如每個人對保密的認知有些差異，像是哪些狀況和訊息是分享自己的學習而卻不能牽涉別人的經驗，例如分享自己在團體中成長的心情是可被接受的，其他成員個人隱私的部分不能與成員外的他人分享。

綜合相關實務經驗，保密有很多的模糊地帶，不論是領導者還是成員都需要有自覺的留意自己在日常生活中的展現。為了強化成員的保密意識，下列相關的問題或許可作為詢問團體成員的提問：

「哪些情況你會跟朋友或家人分享自己的團體經驗？怎樣分享或說明較不會有洩密或講到別人事情的可能性？」

「你能夠接受成員跟朋友或家人分享他／她自己的學習嗎？假如要分享，你覺得尺度和規範是什麼？講了哪些題材，你覺得是無法接受的？」

「對於保密，你有沒有一些擔心？自己可以做到嗎？哪些狀況下你認為自己可能會做不到保密？」

在充分探討可能的狀況後，領導者應逐一的取得共識，詢問每個成員關於保密，是否能同意且承諾自己能盡全力的遵守。在此確認的過程，假若出現無法承諾或有所懷疑等狀況，仍應加以澄清和對答；假若有成員相當堅持不願遵守承諾規範，則應加以再澄清或特別考慮暫且建議其退出團體，作其他安排與考慮。

4. 個人參與動機與期待討論

在進行了團體說明、人際彼此認識與規範的設定之後，初次團體也需要嘗試開始提供一個了解個人參與動機和期待的討論空間；此探討在團體層次可提供成員大家相互了解彼此的狀態和位置，對個人則可以透過此類的討論，將自己參加團體的想法和動機更具體化的陳述，從中領導者除了可加以澄清之外，也可提供和引導成員對未來如何在團體中談論自己，有更清楚的概念和符合實際的期待。不同於前述對於團體整體目標（大家參加團體的目的是為了自我了解和成長等改變），此處所談和分享的應該為個人參與團體的目標（自己參加團體過程中期待獲得，和參加之後可能產生的改變）。

領導者在開啟此一片段的領導上，可以如下引導：

「在大家已經彼此認識也大致了解我們進行團體的規範之後，接下來想邀請大家分享一下對於自己參加團體的期待和個人關切的目標；例如，當初報名的時候想要參加團體的原因？期待參加團體的過程能有哪些收穫？希望自己參加完這幾個星期的團體之後能有哪些不同？最希望自己有所成長的地方是什麼？」

在此一階段可依序邀請每一位成員簡要的陳述，但對於過於空泛的言談（例如：要自我成長，或增進自我等）應加以更具體化澄清，假若成員從自己的動機開始談到處境和故事，可加以同理和摘要後，鼓勵其在後續的團體單元中更進一步的加以分享。成員在此分享中可能會有下述幾個狀態，領導者可透過一些導正和詢問，加以協助其分享與自我成長或改變有

關的具體方向，例如：

(1)提到期待是希望整個團體「大家」如何進行的狀態（例如：希望大家能互相幫助和有好的分享），而非個人的；此時，領導者可摘要其期待，但仍再次詢問和邀請他分享自己所關切的方向。

(2)若是成員只說，希望能經驗和體驗團體；領導者可延伸的詢問他／她，在團體經驗中對自己可能最有幫助的體驗或方向可能為何？協助其更具體談談自己的想像和期待。

(3)成員可能在聆聽其他人的分享時就想要進一步探問和詢問細節，此時領導者可運用保護的技術，鼓勵成員後續再共同深入的討論，且仍必須完成此一循環分享的架構。

(4)對於成員過於空泛或想要立即深入分享，領導者均應拿捏於一個平衡，讓團體成員均等的分享，且不適宜在初次團體就冒然讓單一成員進行過於深入或仔細的分享；宜盡力調節與平衡團體溝通。

承上，在團體訂完規範後，領導者可以邀請成員為自己參與團體的目標，或是各自關切的焦點設定目標，朝向一個未來在團體中「期待自己的樣子」、「期望探討的議題」、「期望的改變」或「希望達成的成就」等，簡要但卻能較為具體的分享，此一分享也能幫助成員和領導者，在團體中覺察其進步和成長。

5. 初次團體經驗分享與溝通

在初次團體的最後10分鐘至5分鐘，領導者可考慮採繞圈方式，邀請成員談談今天參與團體的心情和想法，以及是否對於團體的進行方式，或是表達對於未來團體運作和參與的方式問題與想法。此一歷程主要是希望能了解個別成員的參與狀態，也同時對初次團體所進行的團體性質說明、彼此認識、規範設定和個人工作目標分享等片段，進行再檢核與個人參與經驗的確認。此一過程，領導者宜把握雙向溝通和澄清相關問題之要領，仍留意個別成員的疑難或參與狀況，且協助團體成員能透過互動和對話，更加融入團體。

三、初次團體領導要點

（一）時間的規劃與掌握

在掌握團體時間上，準時開始、預備進行結束和準時結束，以及有計畫的大致規劃各片段時間，均是一種示範和建構團體文化的重要任務，讓成員能認知團體時間和架構的時間性，茲分別敘述其要領如下：

1. 準時開始的重要性與實務要領

初次團體時領導者應在團體開始前5分鐘就安定坐好等待成員，見面的寒暄或問候也應有所限度，在預計時間到的時候，即應準備開始；假若此時團體人數尚未過半，協同領導者或行政人員可幫忙電話聯繫確認，領導者務必仍嘗試開始進行團體，若電話聯繫後在10至15分鐘內可到齊或決定再加等待，建議領導者仍應開始於團體中進行相關的談話或暖身活動，儘量不延後開始，避免成員習慣於晚到和延遲開始之狀態。

2. 預備團體結束的處理和準時結束團體

在團體即將結束時，領導者可於結束前10分鐘稍加預告提到：「我們距離結束還有10分鐘左右。」除了讓自己和成員都有心理上的預備，也無形在團體中點出團體必然遵行於時間有限的準則；此外，在團體時間到的時候，也可再次預告：「我們今天的團體要先暫時停在這邊，意猶未盡和沒有談完的部分，下週同樣的時間，我們可以暢所欲言的再做討論。」而進行團體的程序藉由預告和再預告的準備，適能有心理預期的結束該次團體，而不會突兀的戛然而止。若遇見成員期望延長時間或再度占用時間冗長的發言，領導者均應加以干預和有效的截斷，並鼓勵於下週再作提出。

3. 時間分配與先前規劃錨定

初次團體單元內部的各個任務，領導者應先依據人數、發展年齡層、團體性質和團體進行的方向，加以規劃與揣摩，避免某一片段過長而讓下一個段落沒有時間可談和進行；對於假若太快進行完全部，也要有些準備

和預測，事前進行一些其他的規劃或預備的方案。

　　以發展年齡來區分，對於兒童諮商團體初次單元的時間安排（以一般小學45分鐘為一個團體單元來考量），領導者對於團體性質的說明可簡短，因兒童的發展階段仍介於具體運思和抽象思考之間，給予多一些操作和具體體驗的方式將有助於其融入團體；而在規範的討論和訂定上，可由領導者主動提出一些規則並加以說明，確認參與的兒童案主能了解和同意。兒童團體初次單元的時間大致可舉例規劃如下表7-2所示：

表7-2　兒童諮商團體之初次領導實務程序規劃舉例

兒童諮商團體初次進行程序	領導進行原則	時間分配
一、團體性質說明與領導者自我介紹	簡短而運用淺白的語言	5
二、引導自我介紹與彼此認識	選用適合小朋友發展程度之結構活動進行，促進趣味性與參與度	15
三、規範提出、討論與訂定	領導者要主動提出且導引兒童形成適切的規範描述	15
四、個人參與動機與期待討論	分享領導者已知的訊息，讓兒童了解自己參與團體可能的改變和收穫	5
五、初次團體經驗分享與溝通	了解參與經驗，給予參與團體的導引	5

　　而若以大專生或社區成年案主為參與對象的團體，大約90分鐘的初次團體單元來說，其時間分配因加入更多的給予討論和互動的空間，每個程序和步驟的時間可更為增加，如下表所示。若時間許可，成員的彼此認識和介紹的活動可運用約半個小時，由淺而深的帶領一至兩個暖身兼具彼此認識的活動；在個人參與動機的分享和澄清上也可以用到約20分鐘以上，促進對彼此期望和工作狀態的了解。青少年／成人諮商團體之初次領導實務程序規劃，可如下表7-3列舉。而關於初次團體各個實務領導的要項如何進行，則於下一節中加以詳述。

表7-3 青少年／成人諮商團體初次領導實務程序規劃舉例

青少年／成人諮商團體初次進行程序	領導進行原則	時間分配
一、團體架構說明與領導者自我介紹	條列說明與舉例可幫助理解，自我介紹可配合團體主題或導向，包含自己的專業背景等	10
二、引導成員自我介紹與彼此認識	結構活動的運用上可選用兩個，其一為增進成員彼此熟識，其二為較深入的了解更多層面的訊息	30
三、規範提出、討論與訂定	應邀請成員針對規範和可能的例外進行討論，透過思辨形成可行的共識，運用摘要陳述共識	20
四、個人參與動機與期待討論	朝向個人目標的詢問和對話，盡可能的具體化	20
五、初次團體經驗分享與溝通	觀察、聆聽與澄清，可回應和導引其參與概念	10

（二）分享發言順序的架構

不同於訓練或人際敏感度訓練團體，諮商與治療導向的團體之初次單元，領導者應朝向建構安全感與應用有架構的領導方式，避免在彼此不熟悉又因為相互觀望的氛圍下，感受高度焦慮而更怯於發言分享；意即，在團體初期略為設定發言架構，可協助成員更快融入團體，設定發言順序和架構，也可更有效幫助成員知道如何參與團體，因此相關的鼓勵和邀請，以及徵詢和確認也都是重要的工作，如下說明。

1. 發言順序的架構設定與初期團體安全感

領導者在初次團體可以採繞圈方式，邀請成員大家分享和發言，而繞圈的方式可以平衡的有時順時鐘方向，有時逆時鐘方向；也可以設定請年紀稍長或與該議題經驗較有關的成員先發言，逐一輪流。但值得注意的是，隨著團體發展，漸漸的放手讓成員承擔自主發言的動力是重要的，則

此繞圈分享的方式，大致比較適合在初期或有需要逐一平均分享或確認時運用。

2. 發問後的主動邀請和鼓勵發表

對於目光掃視後感覺願意分享或舉手之成員，可率先請其分享，另外也須記得尚未分享的成員有哪幾個，適時的邀請分享。若是成員回答沒有或搖頭，記得要鼓勵她／他先想一想，等一下想到可以再補充或跟進。

3. 逐一徵詢或確認的運用

某些議題的徵詢或是議題的確認，牽涉到需要大家都共同表態和參與意見，例如：問問大家是否能共同同意保密的細節、詢問大家選擇先談哪一個議題，或是確認大家對規範均充分了解等，領導者可逐一的詢問每一個成員，繞一圈以確認每位成員對相關課題的意見進行表達或確認。相較於運用表決，徵詢和確認較能給予成員空間，也顯得尊重個人個別狀態。

（三）個別成員的參與邀請與平衡

在初次團體的邀請成員分享之實務上，建立楷模與典範的邀請有效成員率先分享，以及注意到平衡發言的品質，兩者均相當重要，以下加以說明。

1. 邀請有效能的成員先進行分享

對於較為個人的分享議題，邀請言談效能較佳，能清楚回應問題和表達自己的成員，可先邀請其分享；通常，領導者發問邀請後的第一個片段，是團體成員的觀望時段，在初期團體大家較為陌生而不熟悉，傾向於先看看別人怎麼談自己，因此第一個片段的分享假若較為清晰和能確認的回應主題，則後續成員較知道如何跟進分享。所以，在團體中觀察相關的楷模和較有效的成員先行分享，可有效的給予成員一些典範上的參照。

2. 平衡成員的分享量

在團體初期的工作中，務必要記得所催化的焦點應以團體為主，而非個人，因此，留在一個人身上工作的時間不應過度的延長或占用很大塊的時段，意即在團體初期切勿放任一位成員談自己的議題談很久，因為這樣的狀況形同在團體中進行個別諮商的示範或表演，且讓焦點成員過於暴露於不安的窘境，又讓其餘成員誤以為自己也必須同等的在不熟悉的人面前如此深入和長時的揭露。分享的品質若失去平衡，則焦點成員和傾聽者雙方的壓力都將會很大，且團體的不安全和不確定氛圍均會增加。領導者在實務上應特別留意。

（四）個人期待與團體經驗的澄清

有些成員因為過去參與心理工作團體的經驗，而可能對於此次參加團體有超乎可預期的期待，也或可能因為某些不良的經驗而對團體存有誤解，抑或是對於團體有過高的期待或不恰當的想像，均需要加以了解和澄清。以下分為釐清個人「團體期待」和「個人目標」的澄清、過往團體經驗了解，以及參與團體方式的指導三方面來說明。

1. 正向導引與澄清個人參與團體的期待和目標

在傾聽成員分享自我個人目標或參與團體的動機時，領導者要在聆聽過程區分成員所敘述的，是對於「團體」的期待（團體期待），還是「個人」參與團體的期待（個人目標）。例如：希望能和大家都相處的很好、從大家分享當中獲得很多、了解團體諮商的過程等，比較是希望獲得的團體經驗，以及對團體如何互動的展望，比較不是個人成長的面向；而如「希望自己可以處理跟子女相處的困境」、「找到自己生涯的定位和興趣」、「處理人際上面臨的壓力並突破」，則比較接近是個人成長的目標，領導者可朝更具體化的方向加以詢問。

2. 聆聽過往團體參與經驗與重新導向

　　因過去參與團體的經驗所包含的可能相當多元和廣泛，例如心理劇團體、高結構的輔導教育性質之團體、讀書會、冥想靜心導向的團體，或是家長親職效能團體等，均相當不同，因此參與者對團體的觀感和認知也可能相當分歧。因此，領導者需要留意成員個別的先前經驗，邀請其分享一下相關的感受和學習，假若此次諮商或心理治療導向團體，將跟成員的先前經驗相當不同，則應加以澄清和說明，使之有心理預期並提高準備度。

3. 參與團體方式的正向教導與指引

　　因成員於初次團體多數並不十分清楚參與團體的規則或方式，領導者宜避免常常採用「詢問」的不確定探問，例如：「你要不要……」、「有沒有想要……」，但是其實態度上又是一定必要分享，則領導者模糊性的言說，常會使團體成員反而經驗到不一致和矛盾；相對的，對於成員用模糊、迂迴或間接試探的方式溝通，抑或是不知道如何分享自己、回應別人等，領導者對上述兩種狀況均應採具體指引，並採用肯定陳述方式給與一些導引，例如：「讓我們先分享自己參與團體、想要報名那時候的想法」、「小明，你可以直接對小美說」、「因為是對大家分享，我們在談自己的時候可以直接看著團體大家」，或「我們的團體再3分鐘需要結束，我想停留在這邊邀請大家分享今天的參與心情和收獲」等，領導者從初次團體即應掌握言談的明確性，使用較為具體且適切的導引。

◎問題延伸討論、省思或作業

1. 你覺得在真正開始帶領團體的第一次之前，領導者個人可能存在的心情或個人認知可能有哪些？應該準備些什麼，才能讓自己調整到最好而開始進入團體的第一次？

2. 從初次團體實務要項之進行來看，你覺得假如你自己是領導者的話，最可能卡在哪一個步驟或要項上？其主要的困境或原因是什麼？你會如何努力的讓哪個步驟能執行或介入得更加順暢一點？

3. 第一次的團體對整個團體歷程發展是相當重要的，設想你自己是成員，當參加完第一次團體後，有哪些經驗有可能讓你覺得自己很有收穫？或者是高度的期待下次再參加團體。又有哪些經驗可能會讓你自己覺得較為負面？而會高度的讓你可能考慮不再參加這個團體。

第八章

轉換階段領導實務：
凝聚促進與議題呈現

本章綱要：
一、轉換階段的領導任務：投入、整合與凝聚建構／真實接觸、同盟與適切人際溝通形態建立／自我探索與改變責任促進
二、轉換階段團體單元之領導實務：單次非結構團體之領導程序／轉換階段之單次團體領導要項進行／結構活動的結合與進行
三、轉換階段團體之領導要領：主動領導與架構運用／人際聯結與關係促進／從人際檢核修正到擴展個人覺察／逐步來回於主題與議題之間／個人工作的深化

一、轉換階段的領導任務

　　轉換階段是諮商與治療團體發展的一個過渡階段，從成員彼此開始接觸和認識，過渡到彼此能信賴、願意分享和能互助的給予回饋的凝聚狀態。茲從團體、人際和個別成員等三個層次，以及內容和歷程兩個面向，共包括六個重要的任務，來探討團體轉換階段的領導核心議題，分述如下。領導任務可以整理其要點，如下表8-1所列：

表8-1　團體轉換階段領導任務分類彙整表

	內容	歷程
團體層次	促進投入與歧異整合	凝聚力建構
人際層次	同盟關係催化	溝通型態的建立
個別成員層次	促進自我揭露與探索	自我責任與改變動力促進

　　團體的轉換階段可分爲前期與後期兩個逐漸轉變的歷程，分別爲關係連結的漸漸緊密與加深，以及在凝聚力逐漸增強的架構下，朝向實質在意彼此的友誼與親密關係發展。其一，關係連結（前期）的過程任務包含：成員尋找團體中個人的角色與位置、區分個人與其他成員的相似或差異（個體特質與性格的呈現），並且面對差異仍然能對話與連結關係。此階段之重要任務爲發展工作同盟，例如對於諮商目標的共識、彼此對關係看法的磨合，以及對任務的一致性看法。領導者在介入上，應著重成員之間溝通的質與量平衡，執行團體規範與更深的建構與發展團體文化，例如示範與教導人際關係的重要技巧，鼓勵和增強成員能自動自發，扛起願意自我探索和改變的責任；另一方面，團體也能聯結個人與團體歷程，並對於次團體之間或與整個團體的關係有所聯結，這部分包括個人目標的更加明確、議題的覺察、更加投入團體經驗、對於自身情感情緒反應的更加敏銳，以及對於自己人際特質的理解或自我再評價。

　　其二，轉換階段之凝聚力更強時、友誼更趨穩固與親密（後期）的過程任務則包含：成員能更眞實且去角色，以個人更爲眞誠的自我來互動，團體可以作爲個體滿足歸屬感和關係需求的來源，成員也通過對團體的測試或可能對於領導者的挑戰，更加確認團體的可信賴程度；此階段最重要的任務爲建立互助的工作典範。領導者的介入工作，以聚焦當下的人際互動、強化體驗與覺察、增進成員對團體和互助歷程的責任分擔，以及協助成員學習對他人有幫助的行爲。

（一）投入、整合與凝聚建構

1. 促進投入與歧異整合

　　從團體整體的層次來探討轉換階段的特性，轉換階段此一風暴期，是由進入陌生情境的初級張力（primary tension）朝向試圖紓解團體內部衝突的次級張力（secondary tension）發展之歷程（Bormann, 1975）；成員和領導者在這個階段裡都努力試著釐清與界定團體的結構、方向與人際關係（Gladding, 2003）。在這個階段裡團體所呈現的歷程轉變包括人際互

動上由衝突到化解，成員心理上由依賴到負起責任、情緒上由不安全感朝向信任（Corey & Corey, 2002；Trotzer, 2005），態度上也由保留到嘗試深度的自我揭露，團體的焦點也由聚焦於團體更導向於聚焦於個別成員自己（Lewis et al., 2000；吳秀碧，2003）。而在團體整體氛圍方面，轉換階段亦呈現透過衝突與情緒的表達、理解和再確認後，朝向團體凝聚力的形成與發展邁進（Corey & Corey, 2002）。

　　Trotzer（2005）和Yalom（2005）均提到團體能提供足夠的安全感與成員能負起自我探索的工作責任，是至為重要的兩個歷程任務；而轉換階段此時期是諮商團體逐步營造安全環境的重要歷程，團體必須面對所呈現的衝突並有效的疏通相關課題，若無法成功的解決相關的議題則將使團體歷程停滯不前；反之，能成功的經歷此一轉換階段則團體將能向前邁進，提供成員在團體中工作的契機（Corey & Corey, 2002）。

2. 凝聚力建構

　　「凝聚力」是團體諮商與心理治療領域一個廣泛被探討的重要概念。學者極早期就注意到凝聚力對諮商團體的歷程發展，是一個關鍵的因素，因為成員強烈的感受到歸屬於同一個團體，與在團體中受到相關的影響與改變有高度的相關性（Ohlsen, 1970）。Yalom（2005）也將團體凝聚力界定為團體歷程中重要的療效因素。

　　然而，雖然團體凝聚力是一個相當重要的概念，卻也是一個難以清楚被界定和研究的團體概念。「凝聚力」的現象到底是什麼？其實很難用清楚的單一現象加以描述和定義。Davis、Budman和Soldz（2000）定義團體凝聚力為一個團體的連結度，表現於成員朝向同一的目標在一起工作、對於相同的議題有所共識，以及能夠有開放且信賴的態度容許成員分享個人題材。此一連結度的親密與承諾，對後續團體朝向個人工作可說是非常重要的基礎，為轉換階段的重要領導任務，領導者需注意到催化個人之間的人際連結，並促使團體形成為一個整體，並且又必須記得不單只是情感的靠近和接近，更應催化團體為朝向共同工作和互助的整體。

（二）眞實接觸、同盟與適切人際溝通形態建立

1. 眞實接觸與同盟關係催化

　　對於諮商團體而言，成員願意進行深度且有意義的自我揭露，以及人際間能夠提供相互的回饋與互動，此兩個向度是相當重要的，而此自我揭露與人際回饋兩者均有賴於團體能提供足夠的安全感與自我探索的責任感，讓成員能從中獲益而有所成長（Trotzer, 1999；Yalom, 1995）。而Gladding（2003）也認爲團體的轉換階段是在初期形成過程之後，以及工作階段開始之前的這一段時期，此一時期開始於成員願意進行更多的冒險與嘗試，拋去之前較爲表面的呈現而與其他成員眞實的互動，因此，「成員的情緒狀態」（朝向眞實的自我揭露）和「人際的互動」（發展人際回饋）是這個階段兩個最重要的歷程焦點。

　　在轉換階段初期，領導者以較具結構化的方式邀請與促進成員自我分享，在人際互動的處理上著重於聯結與修正人際互動模式，也因應團體發展之需要而經歷團體內事務與經驗探討之重要段落；此爲初次接觸後直到連結關係和朝向親密階段邁進之時期（吳秀碧，2004）。

2. 人際溝通形態建立

　　此外，從轉換階段的潛在的人際模式來看，成員個人未解決的衝突與議題，也會透過投射、曲解等內在歷程呈現於團體內的人際關係上（Heiter, 1990；Yalom, 1995）；例如：把自己的人際互動模式、價值觀、個人思考方式、應對態度等特質，帶到團體的互動當中。這部分也同時包括文化的刻板印象、個人對特定議題可能有的曲解等；成員們彼此不同的背景、族群、家庭經驗等建構了不同的喜好與價值觀，也連帶影響他們在團體內看待他人的角度，這所帶來的張力和衝突亦是轉換階段易呈現的人際互動現象（Chen & Rybak, 2004；Halverson & Cuellar, 1999）。吳秀碧（2004）也指出在諮商團體聯結關係的階段中，成員能夠區分個人特質與經驗是該階段重要的工作，而領導者在成員友誼與親密關係發展的階段聚焦於當下人際互動的介入，亦是該階段重要的領導任務。

（三）自我探索與改變責任促進

1. 促進自我揭露與探索

在成員個人的經驗層次，焦慮、防衛或抗拒是團體轉換階段中可發現和觀察到的重要現象（Chen & Rybak, 2004；Corey & Corey, 2002；Gladding, 2003；Higgs, 1992）。焦慮與防衛的來源源自於團體的信任感不足，以及經驗到彼此之間的差異；例如擔心失控、丟臉、被誤解、批判或是拒絕而有所保留，以及經驗到彼此在價值觀、信念、文化和溝通型態上的差異（Chen & Rybak, 2004；Corey & Corey, 2002）。在團體轉換階段成員可能呈現的參與行為或是較困難融入的行為，包括沉默與缺乏參與、理智化、長篇大論、發問、給予他人建議、給予協助、呈現敵意、依賴、超然的道德評價、社交化、情緒化、支配團體的進行以及對領導者攻擊等（Corey & Corey, 2002；Gladding, 2003）。這些行為某種程度源自於成員本身的特質與性格，另一方面也因為成員開始嘗試分享自己、投入團體，或是看見其他成員的表達方式，而受到團體歷程相關的因素誘發，而顯露出不適切或無法適應團體的行為，而需要領導者針對個別成員的狀況進行個別化的調整和應對，使成員能開始嘗試在團體中去談論自己，並從積極傾聽他人言談中，尋找自己的發言位置和敘述自己的表達方式。

成員在團體轉換階段的自我揭露深度縱使無法非常深入，但嘗試去分享自己個人真實且切身相關的議題或故事本身，都是此一階段非常重要的參與要項，領導者最重要的即是協助成員融入此一團體的分享氛圍，包括協助有效的成員分享自己、促進無法言談或不知如何參與的成員嘗試揭露，以及邀請焦點成員率先進行較深度的自我探索、情緒釋放或擴展覺察等工作。

2. 自我責任與改變動力促進

透過促進個別成員分享與揭露，領導者隱含的催化團體朝向塑造個人工作的氛圍，雖然許多成員的分享均是較為淺層或尚未全面的理解其個人核心議題，但是透過對於所揭露的故事、經驗、事件或感受等之摘要和回

應，領導者在團體層次潛在的塑造一種工作氛圍，鼓勵所有成員朝向負起自我責任，嘗試有效的去談論自己和探索相關議題；在個人層次則透過回應界定可能的改變方向，例如反映成員期待自我改變以能讓自己和父母親的溝通有些轉機，或對於自己所關心的生涯抉擇極希望能在團體過程中找到答案並且進行抉擇等。在歷程發展層次，領導者致力於推進個人參與分享、界定更具體的個人目標、鼓勵個人朝向工作的自我負責，或均等的回應每位成員的改變方向和賦予改變動力等，都是轉換階段的重要個人歷程工作。

二、轉換階段團體單元之領導實務

針對轉換階段的團體領導要務，國內學者吳秀碧（2004）提出對應諮商團體階段發展之領導方式理念，在初次接觸階段發展團體人際規範與建立團體文化之後，團體開始朝連結關係的階段發展，此時期的領導者介入包括(1)促進成員間溝通的質與量平衡，(2)示範與教導人際關係基本技巧，(3)聯結個人與團體過程或聯結小團體：包括目標、議題、經驗、情感情緒反應或人際特質等。許育光（2005）亦透過對轉換階段人際歷程與介入策略進行分析，認為建立團體安全、促進關係發展與推進個人工作，為領導者於轉換階段之重要任務；而領導者在團體層次之介入策略為「團體互動規範的建立」與「催化團體歷程」；人際與團體層次為「促進團體人際聯結」與「人際技巧訓練」；人際與個別層次為「促進相互了解與支持」與「人際互動模式的覺察」；個人層次則為「協助成員形成個別目標」和「推進個人朝向開放與工作」。

筆者統整上述相關概念與教學、督導實務，從單次非結構團體如何帶領的實務角度，融入諸如平衡成員溝通的質與量、推進團體工作氛圍，以及多向度的聯結等重要核心實務，對個人與人際之工作也包括促進個人分享、人際技巧教導和促進人際回饋等實務（等），茲從此些核心任務說明轉換階段之可行的團體領導催化實務如下分段敘述。

（一）單次非結構團體之領導程序

　　當初次團體的彼此認識、規範訂定和個人目標理解等任務均已進行之後，領導者在第二次或第三次團體，可朝向下述程序進行轉換階段之團體人際與個人工作催化；假若為中高結構之團體，亦可參考下述概念，於開放討論或結構活動進行後，參考相關程序來帶領成員進行團體討論與個人分享。

　　在單次團體的領導上，領導者可分辨三種不同的團體領導歷程，其一為初期的著重於團體分享和議題、焦點尋找；其二為嘗試進行個人工作之片段，包含個人分享與人際回饋，並回到焦點成員本身進行統整；其三為邀請所有成員對討論歷程進行回顧與個人狀態檢核之簡報、會報過程。

　　其中，團體開始時的分享和焦點尋找包含：(1)開啟團體或設定方向、(2)催化均衡的自我揭露分享，以及(3)人際連結與議題導出等工作。個人工作片段則視時間因素，在同一團體單元中可以進行幾個長短不一的工作段落，例如第一個段落若聚焦於成員A進行約20分鐘，第二個段落聚焦於成員B、C兩者，進行約25分鐘，且兩個段落均有傾聽個人分享並釐清焦點，開放團體進行成員跟進分享或人際回饋，以及回到該成員本身進行統整等經驗，包括：(4)邀請焦點成員深度分享、(5)邀請團體跟進：自我揭露或人際回饋，和(6)回到焦點成員回應等，三個重複循環的任務。而在團體即將結束前的10到15分鐘，領導者可進行該次團體歷程之回顧與個人狀態會報之歷程，包括：(7)邀請團體回應：團體歷程與個人學習，以及(8)單元統整與回饋、展望。

　　如下圖8-1所示，轉換階段之單次團體領導要項的進行依序包含上段所描述的可行工作，茲分別於下一段落加以詳述。

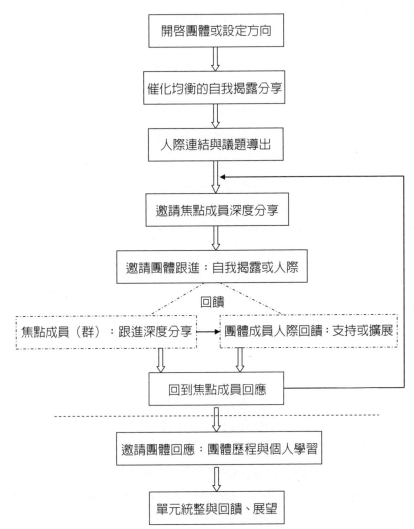

圖8-1　轉換階段之單次團體領導要項與程序流程圖

（二）轉換階段之單次團體領導要項進行

1. 開啟團體或設定方向

　　團體單元開始時領導者可宣布團體開始，且先歡迎大家參與團體，若

有設計相關的簡短暖身活動，領導者可邀請成員加入活動或分享近況；若是有安排促進凝聚力的一些催化活動，也可以加以帶領與引導成員體驗。

而在暖身活動或凝聚力促進的活動之後，假如是半結構或高結構團體，領導者可設定一較為明確的分享主軸，或是從已設計的方案中延伸一重要的討論議題，例如在自我探索團體當中，邀請大家談談「自己個性或特質上面最能接受和欣賞，以及最不能接受和欣賞的部分」，而在人際團體則開放的邀請大家談談「自己跟最好的朋友相處的美好愉快經驗，以及不愉快的經驗」等。在進行有結構方案的團體諮商時，值得注意的要領是儘量讓結構活動的方案能有效率的進行，才能留下較多的時間給予成員討論和對話。

假若為非結構或結構團體，在暖身或團體凝聚促進活動之後，領導者可依據團體的主軸，直接提出討論和對話的焦點，引導成員自發的分享。例如：自我探索團體可邀請成員「談談自己來參加團體，期望能探索跟自己有關的事情」；人際團體則可引導成員回顧自己的人際狀況「談談來參加團體最希望探討的人際互動事件或自己關切的人際話題」；若為親子或家庭關係團體，則可邀請成員「談談和介紹自己的家庭成員與談談自己最關切的家庭關係議題」；而若為生涯團體，則可邀請成員分享「在面對生涯道路的抉擇上，目前所思考和兩難的心情或困境」。總之，在開啟的過程中領導者應協助成員融入團體，透過具體的導引和詢問，讓成員知道自己能分享的主題或如何分享。

2. 催化均衡的自我揭露分享

在詢問團體並開啟分享主軸後，領導者宜運用架構讓成員能平衡分享與溝通的「質」與「量」，即在分享的深度和分享的時間或內容上，能儘量讓每位成員都有所談論或稍作分享。領導者可採用繞圈方式進行團體，或設定架構讓成員依序分享，且在這個段落裡要非常注意，切勿讓單一成員過度或過快的進行長時間（例如超過20分鐘或半小時以上）的分享或言談，若遇到較為深入或帶有情緒的敘述，可稍加協助其釋放情緒並陪伴，但不作更深入的探討，因為過度的聚焦於單一成員在團體轉換階段的初

期，容易導致團體失去平衡，而變得像是在一個不夠安全的舞台上進行個別諮商的展示與表演，對焦點成員或其他成員都會產生壓力和誤解，且難以得到有效的凝聚和互助的人際工作。

因此，領導者可逐一的邀請成員均等的分享，且注意到每位成員大致談到與分享主軸的議題有關後，即可加以摘要並邀請下一位成員分享。

3. 人際連結與議題導出

在所有成員均淺層的分享與敘述了自己關切的事件，或是針對討論主軸敘述自己的處境後，領導者可將焦點轉回團體層面，進行方才大家分享的相似點或相異點進行連結，且摘要出幾個大家共同關切的議題；例如：「剛才大家在一輪的分享中都談到了自己最近生活上滿意的部分、覺得自己需要珍惜的部分，而另一方面也都談到自己在最近的調適上，所遇到的一些瓶頸，例如小珍和名緯提到即將面臨的生涯抉擇壓力，當中有考試的焦慮和不確定性，也有需要更多的了解才能找到方向的期待（生涯議題），而娟娟、小蘇和嬿慈則提到和家人互動中有些無力或期望關係可以前進的部分，像是跟爸媽的溝通與期望他們的理解，以有對於弟弟或哥哥希望他們能獨立一點或成熟一點的期待（家庭關係議題），而大明和偉寶則是提到時間管理和分配的課題，很希望能重新建構自己的每日計畫表，並且希望能檢核和發現自己在日常上處事的效能（時間管理議題）」，如上述的例子，團體成員交織出來的核心議題可能為生涯、家庭關係和時間管理等，而領導者必須透過連結和對成員間相似的部分進行摘要並點出。

接著，領導者應透過徵詢和確認的方式，協助團體形成共識的將後續的團體焦點集中在某一課題上，例如詢問團體：「在接下去的4、50分鐘，我想邀請一兩位夥伴先來比較詳細和深入的談談他們的生活經驗或是關切的議題，從剛才我們大家所談到的生涯議題、家庭關係或是時間管理等，大家有沒有覺得想先探討哪一個？或者是想先關心一下誰，邀請對方跟我們多說一些，以幫助我們更了解？」在這個段落中，領導者可引發成員相互直接對話或詢問，也可以直接邀請大家對於所關注的議題加以簡述自己的看法，而過程中漸漸促成團體大家共同關注的議題浮現，或者是排

出其優先順序。

4. 邀請焦點成員深度分享

在上述邀請的指導語之後，環顧地掃視團體且以眼神徵詢幾位潛在的焦點成員是重要的，在具備安全感與凝聚的團體中，通常很快的即會有焦點成員率先進行分享，領導者可透過相關技術與策略，維持團體積極傾聽也同時協助其能有效的陳述和表達自己。

5. 邀請團體跟進：自我揭露或人際回饋

在傾聽與充分理解焦點成員的議題之後，一個完整的嘗試工作片段應充分考慮能針對適切的焦點，邀請團體成員給予回應；如同技術與策略章節所提到的人際回饋工作，可包含促進成員能跟進分享的自我揭露，或是進行具體的回饋。在此時的工作中應留意到每位成員的回饋，應能扣緊或聚焦的是針對焦點成員所進行的言談進行回應與提出自己的意見，若牽涉較為深入的個人經驗或議題梳理，則應稍加聆聽和處理後給予一些保留，並鼓勵在稍後的片段中提出，則可形成一個新的工作段落。

6. 回到焦點成員回應

承上述所進行的團體跟進分享與人際回饋，無論功能為支持或擴展其覺察、感受、抉擇或行動，一個工作段落的主體均應回到焦點成員身上，請其對於大家的回饋發表一些想法或回應；在轉換階段的進程上，對於每個成員的狀態和核心議題尚未十分了解，領導者應可先行採接納與陪伴的角度給予支持，不需要太過急於推進工作或相關的改變，適度的維持參與團體和探索自我的動力即可。

7. 邀請團體回應：團體歷程與個人學習

在焦點成員回應與說明自己的狀態後，領導者一般也可簡短的詢問團體成員從此一片段所經驗到的學習或是對團體歷程的觀察；前者與自己有關的學習，是個人層面的經驗統整或個別狀態（例如喜歡能這樣真誠的討論或是有些擔憂），而後者團體歷程的觀察，則能促使大家對團體互動與

此類溝通的體驗進行再次的回顧與澄清（例如問到是否都要談到很深入的事情，或是覺得大家今天可能談不完等），領導者從大家的自我狀態回應中能了解到每個成員，澄清相關的問題，也爲下一個段落進行暖身。

在此一簡要的回顧完成後，若團體仍然有時間則領導者可重新開啟一個新的工作片段（循環要點4, 5, 6和7），在第二或第三個團體片段中成員將會比之前更爲自在且了解團體對談的隱含架構；有時相同議題的兩三位成員，可能一同談論自己切身相關的主題，則可以（採用）以議題爲主進行第5要點的團體跟進分享或回饋，在第6要點工作時則同時請三位成員回應。

8.單元統整與回饋、展望

在該次團體時間接近尾聲時，領導者可提前約5分鐘進行單元的統整和歷程的精簡摘要，暫留一點點時間給成員發問或分享今天整體的感受，在最後也展望下次團體可接續深談的議題或主題，並且邀請成員再參加下週的團體。

（三）結構活動的結合與進行

在轉換階段的工作中有時因爲考慮運用結構活動，則如何與上述的非結構歷程相呼應的結合，是實務上的一個重要議題，茲簡述如下：

1.團體結構活動的運用或安插

一般而言，團體結構活動與方案的運用應可放在一個單元的開始或前段時間，則可以使一次的單元從開啟動機與興趣，進展到較具體實質的討論和對話，歷程上也可以從動態漸漸趨向靜態，有外在引導的活動深入到內在個人的分享。與促進凝聚力有關、較爲動態的活動應放在最前面，之後若有與團體工作目標相關的方案，也應注意到體驗活動的時間，預留時間給後續的討論。而假若考慮放進一個以上或兩個方案，則建議其相關性應充分規劃和設計，最好能將較深入的討論結合爲一段，在兩個方案都進行後，整合的進行對談與分享。

2. 結構活動後團體討論之進行：從主題到經驗

如何連結結構方案與活動到個人經驗的分享，也是結合方案與深入對談的重要規劃要件之一，領導者可考慮幾個相關的原則：其一，預設的提問方式應記得從與活動相關的主題，漸漸轉換焦點到與自己有關的個人經驗分享上，例如：討論「生氣湯」的繪本中各個人物的心情和角色後，也連到自己的生氣湯常常包含哪些元素？最近也有煮出生氣湯的生活經驗？其二，提問的焦點應記得從探討他者或特定主題，回到自己身上，例如討論媽媽和老師為何會生氣，回到自己為何會生氣上。其三，回到自身經驗後可從分享中帶出相關的議題，而此議題則可與相關更深入的生活事件或經驗分享接軌，然後從經驗到議題的探討中，進行上段落所敘述的團體回饋和互動等工作歷程。

三、轉換階段團體之領導要領

（一）主動領導與架構運用

不同於團體工作階段中後期凝聚已明確建構的階段，領導者可逐漸讓成員依據自身需求來參與或運用團體資源團體，前期轉換階段成員可能較依賴領導者，也仰賴團體能有清楚的參與架構或依循的準則，少許的引導或協助成員開展團體是必要的。在團體轉換階段因為團體的安全感和信賴度可能尚有所不足，主動領導和運用既定架構，例如與發言順序、分享的焦點、段落所要進行的核心課題等，均需要領導者加以界定和清楚的協助成員理解其架構。此外，由於團體的規範和互動仍處於建立階段，領導者對於當下的議題需要立即處理，像是成員的困惑或不滿、在團體中會經驗到對他人不信任、質疑領導者、對自己能夠改變產生自我懷疑等猶豫狀態，均可加以了解和澄清後給予清晰的說明和導引；而對於浮現有攻擊性的言詞、尋找代罪羔羊的把責任推給他人、長篇大論或是較誇大的舉止等行為在團體中出現時，領導者也應立即的阻斷和給與導正，採取溫暖而堅

定的立場主動的給予介入，始能逐漸樹立領導典範，一方面確實的建構團
體文化、執行規範，另一方面也提供安全感和信賴感。

（二）人際聯結與關係促進

　　由於轉換階段的重要任務一促進凝聚一需要從成員關係的熟識和親近
爲基礎，則成員的聯結和互動關係的促進，是此一階段需要銘記在心的主
要工作。促動成員彼此間的對話、溝通、分享和回饋等，都是重要的交織
和人際網絡建立工作，領導者應避面因爲緊張而忘記促動成員與成員之間
的互動，致使溝通似乎僅呈現單向的與領導者有連結。此外，適時的點出
大夥的相似處、共同點、相同感受或可共鳴的地方，也是能加深關係與凝
聚力的重要工作。

（三）從人際檢核修正到擴展個人覺察

　　在轉換階段的人際溝通模式領導介入上，當不適切的溝通模式出現
而需要修正時，一方面領導者著重於處理與修正在團體中所呈現不適切的
人際互動，另一方面也宜同步運用當下的人際互動、人際間的差異，來擴
展或促進成員的覺察。如許育光（2005）對於轉換階段領導介入的研究，
前者修正互動包括如「矯正與促使成員發展有效人際互動模式的策略」、
「阻斷其他個別成員不適切的插入」、「處理不適切的回饋」以及「中斷
並進行人際溝通教導的策略」；後者則可促進人際知覺包括如：「促使成
員對自我人際互動模式或回饋有效性的覺察」、「促進人際差異覺察的策
略」以及「人際互動的當下檢核策略」等。

　　更進一步思考，透過人際檢核、立即溝通型態的練習等，這些與人
際互動層次有關的介入目的，在於塑造團體中不具干擾性的言談與陳述氣
氛，以及促進成員發展有效的人際溝通模式，間接增進成員直接且實質的
人際接觸和團體安全感，也促使成員彼此能朝向關係更爲親密的人際型態
發展；此外，人際互動中眞實存在的人際差異與衝突，包括經驗、觀點、

角色、表達方式以及陳述議題上的差異，假若領導者於轉換階段能促使成員，透過人際互動覺察人我差異、檢核自我人際模式，或是擴展人際知覺等，亦是團體經驗能給予成員的重要覺察契機。

（四）逐步來回於主題與議題之間

對於轉換階段的言談工作，其重點應放在了解和探索上，則從成員帶進團體來談的「話題」等事件、經驗、成長過程等所帶來的主題，領導者可傾聽和思索後，將自己漸次形成的概念轉化為「議題」並能採取反映意義的角度，協助成員取逐步了解或予以澄清；例如：考試失利、辜負期待和現在的生涯嘗試等事件，所對應的是一個看似缺乏自信、對自己有期許，且積極尋找屬於自己的一片天空的圖像，其議題可能即為自信的建構、生涯的嘗試和資源掌握等，而這些議題其實對團體成員來說也都曾經經歷，或者有相似的議題和感受，則透過來回於經驗等主題的敘說，和呈現意義的議題之間，團體工作段落也可交織於個別成員的個人經驗，與共有的議題之共鳴此兩個狀態之間。

（五）個人工作的深化

雖然轉換階段的工作焦點和較大的比重會放在團體與人際層面，但是個別成員的認識和了解，以即逐漸朝向深化，也都是相當重要的任務。在初次團體所聆聽和所獲知的成員參加的目標、個人動機或方向，對領導者來說可作為一個錨定的基礎，就像是假若成員提到來參加團體是希望自己能情緒更好，則隱含了處理情緒或人際相處的議題，在後續的故事與經驗中仍應記得從此一初衷和主軸，來更富脈絡與彈性的了解成員個人。

此外，在面對成員的自我揭露時，領導者應注意到要能具體化當下的陳述，讓他個人的經驗真實而鮮活的透過敘述，能給團體成員加以了解；若是人際回饋或主動提出的問話，則也必須回到該為成員的脈絡來了解他的發問或回應，假若不甚了解，也應加以澄清或是詢問，舉例來說，例如

男性成員可能會較快的問其他成員「爲什麼不好好面對問題」或是問領導者「假如有人講話講到哭的時候，我們可不可以出去一下」等，諸如這類的問題其實皆有弦外之音，即問題的背後還有想法，應可加以澄清和鼓勵其表達。

◎問題延伸討論、省思或作業

1. 請從領導者的角度設想，在第二、三、四次團體可能需要面臨哪些「僵局」？又這些僵局在實務上應該如何去突破？請從團體發展階段、成員準備度、人際關係與互動，以及團體領導者技術與策略等向度，來思考其可行的實務做法。

2. 設想你自己分別是一個「話很多且很健談的成員」、「沉默且退縮的成員」、「有點敵意且看不起領導者的成員」，以及「常常岔題而後不知道自己在說什麼的成員」，以這四種成員來說，你覺得領導者在轉換階段怎麼協助自己是最好的？又這樣的協助或介入，對你自己、成員人際互動和團體整體氣氛的影響和幫助，分別可能是什麼？

3. 你如何判斷一個團體似乎已經通過轉換階段，而且漸漸發展出「凝聚力」？請試著把自己想成是一個導演或編劇，編寫一個大約5分鐘的團體互動對話，呈現一個有凝聚力的團體片段互動。

第九章

工作階段領導實務：
議題處理與行動促發

本章綱要：
一、工作階段的領導任務：團體焦點掌握與資源開發／促進互助與人際
　　效能／問題解決與個人賦能
二、工作階段團體單元之領導實務：團體工作段落之領導實務／各類型
　　工作段落之領導要項進行／結構活動的結合與進行／個人狀態檢核
　　與確認
三、工作階段團體之領導要領：援引團體資源與漸次催化個別改變／個
　　別成員工作深度的拿捏／成員互助形態的建立／時間結束與情緒工
　　作段落掌握／建議的給予和處理／人際矯正經驗的催化與工作／問
　　題解決歷程中「yes, but」的面對／賦能並獲致正向自我價值感的個
　　人工作

一、工作階段的領導任務

　　在諮商與治療團體的工作階段，團體整體氛圍已基本上建構得當，能
夠形成凝聚與較為親密的情誼，領導者在此時的任務主要為能協助個別成
員，善於在團體中進行自我狀態的覺察、面對與改變；以短期的12次團體
為例，若在第2至4次等磨合與促進凝聚等轉換階段準備妥當後，則可有第
5至第11次共計7次團體可進行較為深度的工作，而若是較中長期的24次團
體，則工作階段的時間則可延續到約15至20次左右。然而，假若因為團體
歷程催化或某些結構面的因素造成團體轉換階段之發展不順暢，則工作狀

態的延遲或難以推進到工作階段，也是常可發現的實務現象，應進一步檢討與分析主因，盡力的去突破和推進團體節奏，以能有效的進展至工作，在面對也可能出現的歷程倒退現象（交替於轉換和工作之間），領導者也應持續進行領導任務以著力於個別成員的議題處理與行動促發。

在團體層次的工作階段領導任務上，領導者主要應能扣緊團體焦點之尋找、確認與掌握，並著重於團體資源的開發和運用；在人際層次則是能致力於促動人際互助與利他，著重於提升團體中成員間的人際敏感度與有效溝通；而最核心的個別成員層次，為協助個別成員能善用團體資源，進行個人議題處理與問題解決，連帶的促進個人賦能與自信提升。下表9-1即針對不同的工作階段任務從內容和歷程分項角度進行摘要，並依序如下列段落說明。

表9-1　團體工作階段的領導任務分類彙整表

	內容	歷程
團體層次	團體焦點之尋找、確認與掌握	團體資源的開發和運用
人際層次	人際互助與利他	人際敏感度與有效溝通促進
個別成員層次	議題處理與問題解決	個人賦能與自信提升

工作階段的核心任務為互助，成員在體驗上以投入團體中發揮利他的工作為主體，並透過互助與被幫助的過程獲得完成、成就與自尊。此階段的個人任務應著重於理解、抉擇與行動，著重於學習去解決問題和建構、習得新的策略。領導者在介入上的核心工作包含：解決問題的模式或建構策略等歷程的推進、催化與善用團體成員的資源，以及鼓勵成員嘗試改變。

（一）團體焦點掌握與資源開發

1. 團體焦點之尋找、確認與掌握

在團體心理工作中，「關係」與「工作」應是最為重要的兩個實務進

行面向，在轉換階段的致力於關係建構和嘗試工作之基礎上，工作階段的核心任務為確保團體能持續的停留和聚焦在個別成員關切議題的工作上；有時候團體的主題若呈現過於發散、失去焦點、無頭緒或漫無目標，背後其實是顯示某種無法工作的困難，領導者在此階段應努力的協助團體能尋找、確認與掌握當下的焦點，致力於工作狀態上。

2. 團體資源的開發和運用

與個別諮商或心理治療之情境有所不同，成員在團體中進行個人心理議題處理時，應有極佳的資源和後盾可從團體的氛圍和人際的回饋中獲得，因此在團體中運用和開發相關資源來協助個別成員，是非常重要且必要的任務之一。

（二）促進互助與人際效能

1. 人際互助與利他

當個別成員呈現其重要議題和困境時，促進人際間的鼓勵、支持、分享與回饋等相互幫助是重要的，一方面促使成員真實的獲益，另一方面也促使幫助者建構自我價值感，為利他的重要療癒因子之展現；在人際層面則更促使成員彼此情感更為靠近，團體氛圍上更為緊密且呈現更深的一體感。因此，促進人際互助與利他是工作階段應強化和著力的領導任務。

2. 人際敏感度與有效溝通的促進

人際敏感度與溝通模式，是每個個體在人際關係上很重要的知覺與表現能力。從人際關係層面的「內在運作模式」來看，個體對於自己與他人在關係中的表徵與概念架構，影響個體對於人際互動中他人行為的預測，知覺、解釋、組織人際訊息與經驗；其發展往往是根據早期的人際互動經驗為基礎，並不斷的依個體的人際經驗進行修正，引導個體外顯的人際行為（Bilican, 2010）。在團體工作階段歷程中，透過團體人際真實的檢核、互動或矯正等經驗，若能有效且實質的衝擊案主原有的知覺和表現形態，而能修正自己的人際內在運作模式，則為實務工作中對個別參與者

極具有價值的效益。領導者在工作階段除致力於促進人際互動外，也應能掌握個別成員之人際模式，促進其對他人和人際互動現實面能有更貼近、更清晰且合於邏輯的知覺，間接的能發展適切的人際敏感度；另一方面也能透過真實與直接的互動，直接的促進新的人際溝通模式，建構與催化改變。

（三）問題解決與個人賦能

1. 議題處理與問題解決

　　由於團體諮商最終仍使為要能幫助個別成員，且是能夠運用團體資源來幫助個別成員能有所成長與改變，因此在議題處理和問題解決上，針對每一位成員的需求加以判斷、澄清和了解，以能在工作階段有效的幫助個別成員，為領導者相當重要的任務；而此一能力在基礎上與個別諮商相同，包含能夠評估個案狀態和透過對談的理解後能設定某些能夠處理和工作的焦點，例如擴展覺察等「知」的層面、情緒抒發與梳理等「情」的層面、面對難題與困境的抉擇等「意」的層面，以及實際問題解決或新行為、新行動等「行」的層面。

2. 個人賦能與自信提升

　　在個人歷程方面，一位成員假若在工作階段能經驗到議題的釐清或是問題的解決，且在嘗試新的態度和行為中體驗到自己的效能和價值，則這樣的個人成長歷程對於促進其自信提升、覺得自己有能力等感受，均有正面的助益，也從這樣的正向循環能帶出更高的改變動機。此一隱含的歷程在團體氛圍中可能來自於團體的支持、人際的肯定，以及個人正向價值感的建構等機制，相對也受到楷模的替代學習和催化，同時也能從扮演其他成員的楷模而強化。

二、工作階段團體單元之領導實務

（一）團體工作段落之領導實務

1. 開啟團體

(1)進展摘要：團體／個人

當團體進入以穩定的通過轉換階段，漸漸穩定的朝向工作狀態邁進（短期的諮商團體大約在第4、5次之後），領導者可開始系統性的去觀察和了解每個成員的工作狀態，相對的也勾勒出團體目前的整體工作狀態；例如團體中截至第5次團體結束，已經有五位成員較深入的探討過自身關切的議題，但尚有三位沒有進行工作但曾經淺層的提過自己的狀況，此時大致的了解這五位成員已經處理的議題和尚未處理的部分是重要的，有如需要帶領其更上一層樓似的，需要加以了解現在的基礎和未來的方向，此外，也需要鼓勵尚未深入分享的成員，給予空間和機會去嘗試進行個人的探索與成長。

(2)議題延續

除了上述的摘要團體或個人工作狀態外，領導者也可以點出團體已進行的議題，例如前幾週已經談過個人的生涯、父母親的期待、個人的規劃和願景，以及可能遇見的阻力等，領導者可加以點出，也藉此點出再延伸和鼓勵成員往下深入探索，例如面對家人意見衝突、面對困境與外在阻力的心情和現在能掌握的資源，以及生涯規劃的其他可能性，都是尚未探討的，則可鼓勵成員從此些談過的相關議題，進展到尚未談過的其他更深入的議題。

(3)平衡進展與均衡分享

平衡團體成員的工作狀態是一個相當重要的調節工作，特別是當團體呈現相當積極工作與顯少工作的兩個群體，則暫時的讓前幾次工作較多的同伴先靜聽，先邀請尚未工作或分享較少的成員率先分享，是領導者需要

去考慮到且主導的；因為在工作階段初期若沒有把握契機，拉進步調較慢或是難以融入的成員，在已經工作的成員越走越遠、越談越深的狀態下，兩方的工作狀態差距將大幅增加，恐形成更深的隔閡和不同步。因此，在工作狀態上能平衡進展與均衡分享，是相當重要的介入任務。

(4) 關切話題分享

與轉換階段的淺層分享個人關切話題，或是帶入今天所關注的議題來輪流分享，也是在團體單元開始的時間能充分掌握的工作片段，特別邀請前幾次團體較少分享的成員先說，並且能與前幾次已經分享的議題有所連結，也接續邀請其他成員簡短的分享後，摘要與連結團體共同關心的話題，而將焦點界定出來，並邀請成員能自發的更深入分享。

2. 邀請成員進入工作

(1) 宣告與邀請

承上，領導者可點出團體共同關注的議題，再次的宣告可自發的運用團體時間來探索自己，邀請成員能自發的分享和言談，以進入更深度的工作狀態，例如可導引：「從剛才大家的分享中可以感受到對於生活中的情緒事件，大家提到可能有時候都有一點點後悔，也對於別人和我們互動的時候容易讓自己生氣覺得有點挫折，另外就是也提到身邊的人會責備我們不夠忍耐，然後我們自己可能也有想要改變，或者別人會一直希望我們改變。接下來的時間，老師想邀請一兩位夥伴先談，特別是前幾週因為大家很熱絡的分享，一直沒有機會談到的話，都可以先分享。」

(2) 沉默的運用

團體轉換階段所呈現的沉默，可能是因為不熟悉和不知道如何參與的不安全感所導致的，此時已初具凝聚力而進入工作階段的沉默，在團體歷程上可能是一種醞釀、思考或觀望與等待，領導者應加以觀察此時的沉默，且嘗試將責任釋出，將如何深入進行分享和運用時間的抉擇拋給團體，嘗試去抉擇和扛起工作的責任；與此對應的是領導者需要有些能沉著和穩定等待之能力，且能處之泰然的容許沉默為一種氛圍，且同時積極的

觀察每一位成員，適時的邀請成員進行率先的自發分享。

(3) 催化與再邀請

假若上述的沉默延續一定的時間，且觀察起來團體成員顯然無法承接，則再次的議題統整、摘要和議題延續的回應，與再次的宣告和邀請是重要的，領導者可更加具體的舉些例子，或是以每位成員可以談的方向加以提出一些參考，也可開放的再加以邀請。同上，給予等待和容許沉默等团体自行消化此責任，是歷程中不可或缺的態度與介入之一，在工作階段漸漸的讓團體和成員能開展出自發的動能，顯得格外的重要。

3. 工作段落類型與團體實務程序

諮商與心理治療導向之團體，在工作階段的團體單元中可以依循下列幾個段落進行，分別為：「深化表達」、進行「焦點工作」、「運用團體資源」，以及「再回到焦點成員」進行確認和回應、統整，並推進團體成員回顧工作歷程，進行自我促發、覺察與收穫的回應和檢核。如下圖9-1所示，左邊虛線框格所代表的為工作段落之主要工作，而右邊則為領導者任務和可進行之工作焦點選擇；茲可對應分別敘述如下幾段落。

由下圖9-1可來進行說明，「深化表達」是在團體段落初期能促進成員分享自我經驗並朝向深化表達，以及框定焦點成員或兩三位與此議題相關之焦點成員群，例如率先分享親子衝突困境的成員，加上跟進分享與親子關係衝突有關的兩位成員，共計三位成員工作階段的焦點群，可針對單一成員或邀請三位成員，依序更進一步的分享，朝向焦點工作進行；「焦點工作」指的是能針對焦點成員的需求或議題進行評估，加以了解其需求，並嘗試了解其工作焦點是放在「知能擴展」、「情緒釋放」、「衝突抉擇」或「解決策略」等向度上擇一或二進行。

例如成員A在需求上是需要能了解自己的處境，以及看見自己的拒絕溝通與母親高控制互動之間的關聯，則為與了解和看見有關，是為知能上觀點的擴展，則可朝向此進行焦點工作。而在此焦點工作上，領導者能透過團體資源的開展，「運用團體資源」來協助個別成員是重要的團體工作要旨，因為能在傾聽和理解後給予不同焦點的回應或擴展各層面的觀點了

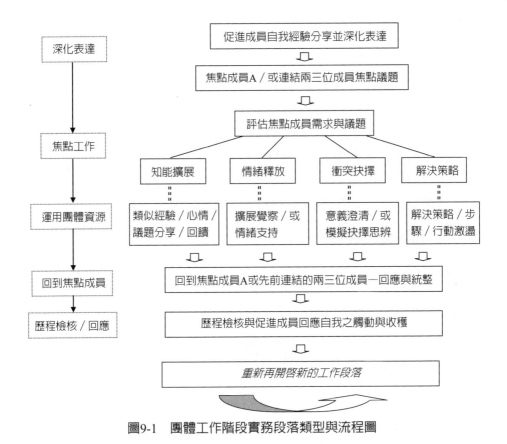

圖9-1　團體工作階段實務段落類型與流程圖

解、情緒抒發、抉擇思辨與行動激盪，亦才能有意義的連結團體與個人，有效的為個人注入豐厚、寬廣或具深度的團體資源。

　　在團體回饋與分享後，能「回到焦點成員」進行確認、澄清、回應或統整的工作，並具體明晰的錨定與個人觀點改變、情緒統整、抉擇確認，或發展新行動的承諾等有關的工作進展，例如透過成員的回饋和分享，成員更深入的探討自己與父母親的互動關係，也了解到自己在關係中的責任，對於一些童年所刻劃的情緒記憶事件，透過分享和釐清也宣洩了一部分的積壓和自己埋藏許久的怨懟，在抉擇上該焦點成員期待若放假回鄉，期望能跟父母親至少好好溝通不願意再升學的意向，但是在行動上卻還需要一點時間去思索，也可能在下一次團體才願意去談到該如何與父母親溝

通的策略和行動。在焦點成員個人工作告一段落之後，反射或邀請團體成員分別對自己在此一工作歷程中的學習和經驗，以「成員的歷程檢核與回應」作爲收尾，有助於成員從參與觀察的狀態中再次的公開自己並走到舞台前，說明與描述自身狀態與當前團體歷程工作的關聯，進而讓領導者了解每位成員的狀態、也促進人際間的關聯和靠近，進而對團體的親密、安全與凝聚等，都有一定程度的貢獻。

（二）各類型工作段落之領導要項進行

綜合上述對工作段落焦點選擇之介入層面，將工作焦點放在「知能擴展」、「情緒釋放」、「衝突抉擇」或「解決策略」等向度上擇一或二進行，基本上是從反映人類個體對於「知」、「情」、「意」、「行」等生命向度的需求進行概念化的建構；茲分別敘述如下，並說明其來回於個人、團體、又回到個人的歷程工作。

1. 擴展覺察

當我們評估該位個案不夠了解自己、對自己的經驗缺乏注意，或是對自己的處境難以形成清晰的了解、所感知的與現實環境有些距離，或較爲無法掌握所處的脈絡情境，則擴展其對於自己的狀態、情境或所處現實的認識，顯得十分重要；領導者可點出該議題後，邀請團體成員給予相關的回應或回饋，從兩個可行的角度進行催化回饋，第一個是「擴展經驗」的邀請跟進分享與支持，邀請成員能分享類似的經驗、心情或曾經對此議題進行的思考，例如詢問成員：「晏慈剛才提到的那種委屈和被誤解的狀況，不知道大家有沒有相似的經驗？（跟進分享）或相似的情形，但是卻有不一樣的心情和解讀？（擴展覺察）」；而第二個是「擴展觀點」，邀請成員對剛才的分享進行回饋，把不一樣的觀點、想法或參考架構、角度或價值觀突顯出來，例如詢問成員：「聽完剛才晏慈提到的那種委屈和被誤解的狀況，假如你也在她的同樣處境上，你可能會有什麼不一樣的想法（擴展想法與參照）？你會用什麼樣的觀點來看這個經驗？假如不是委屈

和忍受誤解，你會怎麼看待自己的處境？（開發可替換的觀點）」。

　　當成員分享完回到焦點成員時，應記得所要詢問的不是籠統的「感覺怎麼樣？」或是「有什麼想法？」而是能夠聚焦的詢問「哪些觀點對你是有幫助的？」「覺得哪些想法對自己來說是一個新的角度和提醒？」因為在籠統的感受回應中當事者可能沒有清楚的去區辨團體成員大家回饋的有效性，也沒有將大家的回饋和自己的狀態有意識的連結，因此，較為推進個人去經驗和思辨不同角度、不同觀點或不同參照點的工作，是領導者在引導個人省思時的工作重點。

2. 情緒工作

　　在團體工作階段，若觀察到成員自身狀態與積壓或潛抑於內在較深的情緒有關，而評估起來對於情緒的抒發和釋放有所助益，則在團體支持和安全的氛圍下，伴隨著故事與情節的言談而協助其情緒面的釋放，是領導者在深化表達上的重要工作。許育光、吳秀碧（2010）針對領導者在情緒介入層面的工作策略進行分析，發現除了團體層面的維持和調節、人際層面安全與信賴等互助氛圍的掌握，在個別層次則包括團體較為前段約從轉換到工作階段的「促進成員自我分享」、「支持與同理」、「促進自我覺察」、「深化與促進接納情緒」、「個人目標之連結與推進」，以及後段工作階段之「促進當下覺察與自我表達」。由此可略知，團體過程中的情緒介入工作有其架構且需要一些先前的準備，而後對於個別狀態的工作也需要一些時間和進程，使能夠透過陪伴與催化，協助個別成員於團體當下有效的表達。

　　在運用團體資源上，與擴展覺察的方向相同可能會有兩個不同層面的介入和導引，分別為支持與擴展等兩個不同的方向；其一，假若在成員情緒宣洩與釋放後，領導者感受到成員可能展現一種不安與孤單，期望也能了解大家的感受之狀態，例如對於自己的哭泣感覺很窘、覺得自己是不是太過多愁善感，或是很希望聽聽大家的意見，則領導者可鼓勵成員給予適度的支持，例如可邀請大家分享：「剛才大家在這裡聽晏慈分享她自己深刻的心情故事，你自己在聽的過程中是否也觸動了一些自己的情緒或經

驗？（跟進分享、共感連結）」，或詢問「我們自己剛才在聽的時候有沒有一些相同的感動，想要能跟晏慈分享（共感回饋）？我們可以直接對晏慈來說。」與此相對的是，假若觀察到成員明顯的有情緒的積壓，但是卻無法釋放、表達或覺察，而需要的是團體成員的協助擴展和更深度的去覺察情緒，則可鼓勵團體成員分享自己可能會衍生的情緒或感受，例如：「在晏慈的敘述裡我讀到了一些很深的感受和沒有辦法說出來的心情，像是那種被誤解和忽略的經驗，現在想起來可能會有一些很深刻的感覺；我們大家試著想想，假如你是晏慈在那時候七歲到十幾歲的階段，處於這樣的環境和事件裡，你自己可能會有什麼樣的心情？讓我們從這邊輪流一下依序說說你可能會有的心情。（擴展情緒覺察）」

3. 促進抉擇

　　促進抉擇、決定與定向也是個別成員工作的一個重點，是否希望自己某個部分有些改善？對於困境是否能夠去面對？對於生活的難題是否願意去取捨？對於浮現在前面的兩難是否能夠做一個選擇？或是像生涯多元的道路究竟如何去抉擇和定向？常常，人的困境與自己無法面對和作決定有關，因為無法抉擇而懸在半空中，心情尚無法定向或有一個清楚的度量、方位與準則，則就顯得十分矛盾、心虛、猶豫和搖擺，自然對自己缺乏信心也連帶的缺乏力量。因此，當我們觀察到成員似乎無法面對的狀態時，開啟此一促進抉擇與決定的焦點工作非常重要。

　　而因為無法抉擇的生命狀態常常與缺乏支持、低自信或逃避等抗拒有關，因此支持和肯定，以及擴展、強化其抉擇能力，兩者同等重要。在工作階段團體中進行抉擇工作的催化也同樣有支持與推進兩個層面：其一，能對於成員無法面對或抉擇的擔心、害怕等情緒有些了解和同理，對於促使其有能力去迎向抉擇是重要的，例如領導者在觀察到成員的逃避和膽怯時，可邀請團體成員給予相關的覺察分享和支持：「對晏慈來說，現階段要去決定是不是要選擇回家面對爸爸媽媽，似乎仍然有一些掛慮和擔心，讓我們來幫忙想一想，假如你是晏慈的話，你會有點害怕去面對或決定的理由可能是什麼（無法面對狀態的覺察）？當你要去面對的時候心情是怎

麼樣的？（抉擇心情的覺察）你覺得現在是不是該面對的時刻？（內在動力的澄清）有什麼樣的優勢或值得擔心的地方？（狀態的理性評估）」意圖能使成員對自己的無法面對，有更深一層的了解和認識。其二，如何去面對和如何抉擇也是另一個重要的議題，該怎樣去思考和作選擇，如何去取捨、決定和找出最好的一個選項，常是一個非常重要的思辨歷程，某種程度而言，能夠去為自己的生活選項作出抉擇且為自己的決定負責，常常就隱含了更適應的動能且與自身的心理健康有極大的關聯性；領導者在此時可擴展團體資源的詢問成員：「就大家對晏慈剛才所談的深入的去思考，站在她的立場來考慮，面對這樣的難題，你將會怎麼去做決定？」或者「如果你是晏慈的話，你會用怎麼樣去取捨和找到面對這個難題的決定？」

4. 問題解決

問題解決對個人來說，是一個牽涉到適應與開創的雙向歷程，當一個個體面臨到無法適應環境的衝突時，最需要的技能即是能夠重新獲得有幫助的資源或能力，去解決和突破衝突所帶來的不適應；而當一個個體期望有所轉變和改變她／他的環境，此一層面也牽涉到是否有能力能朝向改變與成長，間接的能朝向創造文化與建構環境的概念邁進。在團體諮商的工作中尤其強調對於個別成員切身相關的問題或議題，進行討論並且從當中尋找自身的能量和團體所挹注的資源，結合起來去實質的改變或成長。

在處理與協助成員能面對和解決其關切問題或狀態的基礎上，先能理解該問題，具體且明確的了解是先決條件，因此具體的加以澄清、完整的理解、確認可改變的焦點等工作，將是問題解決的第一個步驟；意即在嘗試要去解決任何事之前，先了解一下這個事情，特別要清楚的去分辨和聽見，哪些是現實層面的限制，似乎是無法改變？又哪些是能夠改變的部分，應可加以著力和努力去嘗試改變？舉例來說，「希望爸爸脾氣好一點」是一個在團體討論中無法動彈的命題，因著該成員的父親並不在現場也無從誘使其改變，則這樣的現狀應視為現實層面的狀態；又如「希望能夠通過推甄考試」的期待，也牽涉到許多無法控制的成分，假如要能分辨

可行的討論焦點，似乎要問的是：「在這個推甄考試上，哪些事情和準備是我可以掌握的」。因此，「現實檢測」雖然是一個較爲冷漠且理性的思考過程，但是去碰觸與現實的界限是相當重要的，有時在諮商範疇的問題解決上，審慎的思考哪些是不能改變的，又哪些是能夠改變的，其實是有效工作的基礎。若個別工作有時呈現難以聚焦和釐清的狀態，領導者在此一現實檢測上應可詢問團體如：「面對這樣的難題，讓我們跟著晏慈來好好思考一下，有哪些部分是無法改變的，看來我們只能接受現狀，可是有哪些是我們可以去改變的；請我們大家都發表一下意見。」若是也同時期待能透過團體有些支持，則領導者可以邀請大家：「聽到晏慈談到這個事件和狀況，不知道大家是否也有相類似的經驗，那時候你自己的心情是怎麼樣，以你的狀況來說，哪些是無法改變而需要接納？又哪些部分你有些努力而後來就改變了」。

　　另一方面，當我們知道哪些層面能夠去努力和改變時，下一步驟要問的就是「該如何去改變」，意即「可以怎麼做？」「可以怎麼去行動？」「怎麼去調整或努力？」以及「可以運用什麼策略去達成？」從問題的性質來說，過多的行爲或過度的模式或許需要朝向減低和修正，而不足的行爲卻需要努力去鍛鍊和練習等；而從時間的軸向來說，過去的事情若能夠彌補則可做些努力去改正，現在手邊的事情若能處理則需要找到策略，對於未來的事情則傾向於需要找到方法去預防或規劃；而在問題的層面上，與自己個人有關的較能掌握，而與環境結構、生涯機會或是人際關係有關的事情，常常自己只占某個比例的主導權，努力之餘仍需要接納現實。當領導者期望能運用團體資源來協助個別成員時，可邀請大家在充分的理解後，提出自己認爲適切且可行的具體方法，例如邀請大家說：「假若你是晏慈，面對這樣的難題是要能重新開啟跟爸爸媽媽的溝通，化解十多年來的誤解，你可能會怎麼開始？你可能會先做些什麼？或你可能會找哪些資源來幫忙自己？讓我們大家腦力激盪的來幫忙想一想。」在團體問題解決的立場上，爲了避免成員間的回饋流爲一種空泛的回應（例如說：我們應該光明積極的去面對），或是在互動過程變成一種高姿態的建議或說教（例如說：你應該要好好學習與人溝通的禮貌、你應該要堅強一點）等，

領導者在導引上應著重於「站在該成員的角度上」去思考其處境並以設身處地的方式來分享你的看法，例如鼓勵成員說：「因為我們大家都同樣會面臨各種不同的難題，假如我們用建議的方式來跟晏慈分享，有時會讓人聽起來好像我們是專家，那樣的建議或分析有時聽起來很有距離；因此，我邀請大家能設身處地的用『假如我是晏慈』我可能會……如何去改變或如何去努力等等，這樣來分享和發言，並且請大家也能儘量的具體去陳述自己的回饋意見，讓我們能聽得很明白，更感受到你的用心。」

（三）結構活動的結合與進行

對於高結構或仍運用結構方案於工作階段的團體，上述的工作段落亦可與結構方案結合，在結構活動帶領後，透過預設的問題研討和延伸，進到個別工作時段；所需注意的要點為：在延伸的問題設定上應從與活動有關的問題，轉換到與生活經驗有關的問題，例如詢問對於結構方案故事中人物的感受和情緒，在進行一段時間的討論後，轉變至成員自己本身與相似感受或情緒有關的經驗，透過經驗的分享進而引導至與覺察擴展、情緒梳理、抉擇面對或行動促發與策略採用的團體討論歷程。而假若原本所設定的結構方案，所帶出的話題和探討內容本身就與實際生活經驗有關，例如：分享一個生活中的難題並放入百寶箱、寫下一句最被刺傷的話等，則此類的活動在進行討論時則可以直接的進入上述的焦點工作片段。

如下圖9-2在延伸討論與分享的階段，所進行的結構活動本身所扮演的角色應視為如同一面鏡子，回頭來照見自己的實際經驗且能真實的處理實際生活層面關切的事情仍是最重要的，領導者在規劃工作階段的結構活動方案時也需要考慮這樣的方向。

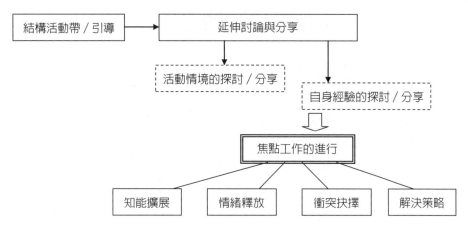

圖9-2 工作階段結構活動方案後延伸討論之推進方向示意圖

（四）個人狀態檢核與確認

　　領導者在工作階段的實務上應特別敏銳的去觀察到每一位成員的個人狀態，對於每個成員個體的言談均應加以傾聽和分辨，從所談的事件與經驗中理解其處境，並能聯結其幾次團體單元下來所談的主題，了解其需求和期待；例如：評估該成員是否當前所困住的較為是需要自我了解或覺察？是否有情緒或內在情感無法表達的困境？是否有需要面對的抉擇或決定？在現在的狀態是否具備朝向改變與實踐的動能？在團體中每一位成員的狀態均需要加以個別化的理解和加以概念化，始能確認在工作階段較為清楚的方向和推動目標，而對於彼此之間的進展和改變速率也才能清晰的加以對應和理解，進一步加以調節與平衡，對於進展較快的可以更為深入與細緻，對於進展較慢的則可加以促進其從覺察、情緒抒發朝向抉擇與行動。

三、工作階段團體之領導要領

（一）援引團體資源與漸次催化個別改變

在團體後期，成熟團體通常具有反思、眞實、自我揭露和回饋的特性，這些特性有助於成員在安全和支持的環境中進行深入的自我探索和改變。吳秀碧（2004）認爲在互助工作階段，成員的主要任務是努力達成個人參加團體的目的。領導者的主要任務從個人與人際兩個交織的工作來看，依層次可包括：協助成員改變及解決問題（直接的面對與改變）：對於存在發展或長期適應問題的成員，領導者需進行治療性改變，幫助成員形成較客觀的自我理解，也理解如何連結和影響他人，並學習更多可能的行爲模式。協助成員發展解決問題的能力與技巧（能力的獲得）：引導成員辨識、澄清和了解問題，產出多種解決方法，評估各種方法，並協助成員做出具體可行的計畫，進行練習和應用，最後進行自我評價與再建構。

整合上述兩層次的改變與自尊的提升，團體的領導與催化也應致力於：善用團體資源協助成員（團體與人際資源運用）：領導者應扮演催化而非指導角色，讓成員在團體中扮演助人者，以增進自尊。協助成員得到賦能（穩健的改變且開展人際的有效性）：具體指出成員可以利用的資源，重視過往的成功經驗，並邀請其他成員成爲助人者，增強團體凝聚力。

（二）個別成員工作深度的拿捏

在情緒工作的段落或是成員敘述相關故事與經驗的歷程中，領導者要注意的是團體個別成員工作的深度。在工作階段初期（例如第四、五或六次團體），假若已經有一半以上（例如四至五位）成員均曾經深入的分享自己的生命經驗和切身相關的議題，則團體已經呈現較佳的工作狀態並且氛圍上能夠帶動尚未工作的成員更加的融入；然而，假若團體的言談仍侷

限的落在這些參與度較高的成員身上，則領導者應留意先將焦點放在其他成員端，例如：「今天團體時間還有一些較完整的時段，讓我們留一點時間也聽聽小嬿、大惟和育峻談談這方面的經驗」，以能推進整體的融入。反之，假若團體成員工作均停留在某幾位成員身上，則領導者應引導成員停留一下檢視當下團體的動力，例如：「這一段時間幾次團體下來，我們聽到博翔、明均和美媛跟我們很深刻的探討自己的故事和經驗，老師再邀請其他人談談時，好像一下子又回到博翔、明均和美媛這邊更深入的談；我想停一下，討論看看是否我們應先將時間留給小嬿、大惟和育峻。大家請發表一下看法或也可相互邀請，表達你的關心。」承上，平衡的工作和儘量拉進所有成員進入工作是相當重要的，領導者在工作階段仍應敏感的覺察此一狀況。

　　此外，是否會有些時候不宜太過深入的工作在個別成員或單一議題上？從尊重個別當事人、時間、經驗事件屬性等原則來看，若當事人因為不願意更深度的自我揭露、情緒釋放非常強烈、難於在團體當下進行抉擇等狀態下，經領導者詢問或是主動提出想要暫停，領導者均應評估是否為有特定因素的抗拒或迴避，且能在充分尊重當事人和顧及其個人工作效能兩者之間，予以保留和暫停更深入的工作；再者，時間上以個別工作的時間不超過該次團體的一半為原則，若成員深入的探討自己而超過團體一半以上的時間，則應加以收尾和留待下次再作延續的探討；經驗屬性上，如果成員所談的話題是過於個別化或有特殊背景的事件，例如特定的創傷、久遠的往事、特異的關係經驗等事件，領導者均留意避免過度探問細節而陷入長談和解釋中，反而需要回應與點出相關的議題，請大家參與對談和工作。

（三）成員互助形態的建立

　　「互助」且是自發的利他和相互扶持與幫助，是團體工作階段至為重要的團體氛圍和運作，很需要領導者在帶領和催化中加以融入，因此適時的來回於個人工作與團體之間是相當重要的領導要訣。例如：邀請成員跟

進分享、促進相互的回饋和給予支持、發表相關的意見和真誠分享當下的感覺，且能學習用對方能夠了解和接受的方式來談論等，都是重要的工作要項。領導者在此階段可能有下列幾種角色和對話位置，其一為接近教練的教導和訓練，修正不適切的人際回饋和發言方式，透過教導或示範來改變個人的對話方式與溝通方式；其二則為催化者的角色，促進成員能直接溝通、直接詢問、直接對話、直接分享與回應，以及修正間接的回應或迂迴的言談模式。

（四）時間結束與情緒工作段落掌握

在成員情緒工作片段，因為時間的延續而無法掌握結束時間是工作階段常見的可能困難，亦即成員延續的談到自己較為深度的個人經驗並且伴隨著哭泣或難過時，通常領導者要即時打斷並且結束該次團體，有其時間掌握的壓力。然而，除非評估起來有立即的危機或危險，領導者仍應堅守時間結構，在時限到的時候結束團體。領導者可以在團體結束前10分鐘即協助個別成員暫告一段落的停止個人的言談，且將焦點轉換至團體討論與回應上，透過支持與分享談論與此一議題或當下心境的連結；之後再回到焦點成員進行確認，設定後續延續或下一次團體延伸討論的可能性、週間可行的自我安放、當下的自我狀態等，進而於時間到的時候結束團體。對於因為過度擔心成員而多次延長團體時間的心理工作者，有時會呈現過度同情或涉入成員個人狀態，此一部分應可嘗試透過同儕討論或專業督導加以釐清。

（五）建議的給予和處理

在團體進行的規則中，不評價、不分析與不建議等價值是重要的，但是在團體工作階段對於成員待解決的困境或議題，需要成員協助注入資源和訊息，其本質上是否相似於給建議？這樣一個到底要不要讓成員相互給建議（或意見）的疑慮，似乎是實務工作中常需面對的兩難與隱含的矛

盾。其實，相互給意見的回饋（feedback）若是站在自己的立場而未考慮對方處境，其脫離對方脈絡而不可行的狀態會比較貼近為「建議」，但假若是設身處地的希望能用當事者的角度來思考和回應，則此類有價值的意見交流和分享，可以是以當事者為主體而回應得「回饋」；例如：團體初期彼此認識不深而卻出現如「你當時為什麼沒有跟爸媽把話說清楚？」「或許你應該好好去面對這個難題」、「其實工程數學不會很難，就看你自己要不要努力」或是「其實爸媽的要求也不過分，你就是把大學讀完就好了，盡力即可也不要壓力太大」，此些有點類似說教、放炮、說空話和用一般社會準則未經思考的套用於當事者身上，雖說都是好意但是聽者可能均會承受了更多的壓力和不解，也可能會因為此類「建議」而感到憤怒或痛苦。

相對的，能夠深入的理解對方而後站在對方的立場去回應，是一種同理心與有效溝通的學習，當我們了解對方已經試過的努力、問題的困難點、有限的資源和個人卡住的困境，且試著用對方能夠了解和接受的方式回應出來，這樣的「回饋」對於擴展一個當事者的覺察、感受和抉擇與行動的資源，才是有效且對關係和團體都有其有效性；例如：「我剛才這樣聽你說，覺得每次回家你很煎熬，想把話說清楚但是卻又擔心爸媽根本不能接受，這幾年就這樣耗過去，讓你現在很心慌，但假如我是你，到現在都大三了，恐怕要趕緊找到機會去溝通和討論一個決定來。」在這樣的回饋中，於關係的層面有支持、同理和在意等關懷，而在個人處境的層面也有設身處地的意見回饋（如：假如我是你，或假如我站在你的位置上等）；領導者在工作階段可朝向促進成員有效回饋之工作催化，一方面能幫助焦點成員，另一方面也同步進行人際回饋與互動溝通的示範和訓練、強化團體成員彼此關係和互助，進而持續讓團體凝聚和工作的氛圍得以延展和深化。

（六）人際矯正經驗的催化與工作

每個成員來到團體都帶有自己個人從原生家庭所形塑的人際模式，

在外顯的人際模式上可能呈現某種獨特的人際姿態，例如退縮、敵意、干涉、逃開或控制等；在團體工作階段領導者需從交織在團體人際互動過程中的行為呈現，加以觀察和了解成員各自的人際模式，嘗試在實質互動經驗中協助當事者「經驗」與他人的關係模式；不同於日常生活人際之間的互動，團體中的人際「經驗」因為可以透過領導者的覺察和敏銳的聚焦，而成為一個立即且當下的關注焦點，加以切片和放大出來進行檢核和討論，並且不同於真實生活場境的以和為貴而隱藏不說，對造雙方的實質對話和溝通，也有助於相互的理解、調整和面對此鮮明的衝擊。

領導者在工作階段對於人際互動之評估工作，亦可從個別成員人際層面的「知」（是否知道自己的人際互動模式和樣貌？）「情」（是否已具備能力和準備度，能面對看見自我人際模式的衝擊或不堪？）「意」（是否需要現在當下就推進成員去面對和抉擇新的人際模式？）和「行」（成員是否能夠透過當下的推進發展出新的人際行為？）等向度加以衡鑑和理解成員當下的狀態，進而形成可工作的方向與推進成員在人際互動模式上的轉變。

（七）問題解決歷程中「yes, but」的面對

面對成員在談論與分享自我關切議題或困境的時候，慣以「我覺得大家的意見非常好，可是……」、「剛才曉瑋的想法和意見很好，但是……」、「很謝謝大家的意見，我真的學到很多，可是……」等「yes, but」的語言習慣來四兩撥千金的讓自己持續站立在一樣的位置，而不為所動，接著則是重複陷溺進一種無法改變、你們都不了解、沒有什麼用或其實也沒有辦法改變的黑洞或漩渦裡，從否定到絕望的陷溺，常會為團體帶來一種無助和無效的氛圍，而成員在無助的氛圍下也會經驗到「反正跟你回饋和表達意見對你也沒有幫助」、「幾次跟你講那麼多好像很浪費時間」，或「每次想要關心你卻都讓你推開或散發沒有用的論調，讓自己覺得很無力」等感受，接著則呈現大家一致的不想理會或不願回應的冷漠狀態，團體也陷入無助和負向無望的氛圍。

　　領導者應敏感的正視此類「yes, but」的言談，且在問題解決歷程時透過較有效能的引導和對話，預防與轉化成員「yes, but」所帶來的膠著與下沉；則在工作階段的問題解決歷程，領導者要注意到幾個引導的原則：第一，在引發成員給予回饋時，對於焦點成員應邀請其靜聽而非逐一回應，讓自己把所有人的回饋都聽完再一併回應，因為逐一回應將會引發所謂的「yes, but」一一反射，每個回饋和意見均被擋掉而引發整體成員的挫折與憤怒；第二，在聽完成員回應之後，切記應邀請焦點成員回顧和選取一兩個對自己比較有幫助的觀點或策略，而不是壟統的問她／他有什麼看法，因為壟統的看法適以讓成員再次用「yes, but」削減大家善意的回饋，但邀請排序和從眾多資源中找一兩個有效的資源，可以是一種為生命負責和練習有所抉擇的推進，領導者可再針對其選擇衍生更進一步的對話與實質的問題解決。

（八）賦能並獲致正向自我價值感的個人工作

　　尊重每個成員的自我價值並珍視其個人正向資源，是領導者在工作階段需要秉持的重要態度，相信每個成員在其個別文化中，一定程度的有能力抉擇、能夠運用一些策略去創造改變、進而開創新的文化等，均是重要且必要的實務領導價值觀。從個人需求發展層次來說，工作階段所牽涉的是個人的自尊滿足與朝向自我實現，進而建構自我價值感與自我存在定位；因之，促進成員能扛起自我了解、覺察、抉擇和改變的責任是重要的，但在文化、脈絡、背景和個人處境上，也同時必須考慮成員無法扛起責任的因素，適度的朝向有限度的自我責任辨識和評價。例如：面對新住民婦女可能受制於文化對弱勢的位置，困於無法擁有與一般媳婦相等的對話力量，則領導者應同時考量其文化脈絡與個人狀態，尋找最大的改變可能性並協助其有能量去調整和努力。

　　領導者在工作階段的個人工作宜依序注意到幾個重要的面向：第一，自我評價與評估的導引，促使成員發展能夠思考自我狀態和處境的過程，並且從中建構能思考和靜下心來反思自己的能力；第二，協助成員思辨自

己在自我脈絡中的位置，朝向確認與認識到自己的主導權，並逐步邁向抉擇和實踐，例如對於侷限於國中扭曲教育環境的中輟青少年，如何在課業之外思索與產出對自我存在的想像，並且某種程度的付諸實踐；最後，則是一個建立在自我效能回饋的循環，當成員某種程度已經朝向建構責任感和朝向改變與實踐，且帶出一些具體的成果，則回到團體中進行討論與分享時，透過成員或領導者的肯定、支持和再推進，則為相當重要且有助益的實務個人工作迴路。

◎**問題延伸討論、省思或作業**

1. 從個人心理工作的角度來看，你覺得假如自己是一個處於團體工作階段的成員，你期望從領導者、成員和團體整體等層面，獲得哪些幫助？你覺得自己假如完美的通過這個工作階段，自己將會有哪些改變與成長？試著真實的用自己的實際處境去加以設想和分析。

2. 「此時此刻」是團體諮商與治療工作中很重要的一個催化概念，請你試著設想工作階段最重要的幾個療效因子，舉兩三個例子，說明領導者在工作階段如何運用相關技術或策略，讓團體能停留於「此時此刻」，進而達到重要的療效因子。

3. 你認為成員在工作階段於團體內的各種改變或成長，會不會帶到團體外的真實生活當中？假如不會，可能是哪些原因造成的？假如會，那可能是哪些關鍵的因素促成的？領導者在工作階段的催化上應朝向哪些方向著力，以讓成員也能將改變帶到團體外？

第十章

結束階段領導實務：
回顧、道別與展望

本章綱要：

一、團體結束階段的領導任務：回顧團體歷程與結束／成員關係的分離
道別與祝福鼓勵／個人成長的回顧與展望統整

二、結束階段與末次團體前的評估與準備：結束的歷程準備／團體整體
效能與進展之評估／未竟事宜的敏覺和留意／個別成員進展與狀態
之評估

三、末次團體之領導實務：宣告末次團體並主動簡要回顧歷程／回顧團
體歷程並分享深刻經驗／回顧個人成就並展望未來／未竟事宜處理
／道別與珍重、祝福／結束團體

四、結束階段末次團體之領導要點：團體後期至結束階段的角色轉變／
結束階段的多層次任務關注／成員關係延續期待之處理／個人自我
評價與難於肯定的重新框視／團體拒絕結束與期待延續／團體後的
轉介或追蹤工作

一、團體結束階段的領導任務

　　結束階段的團體是一個回顧團體歷程，統整自我成長並加以展望未
來，且能給予人際透過一定的程序安頓彼此的關係，進而與團體和成員相
互道別與分離，其最重要的精神為協助成員能封包團體經驗，再次扛起行
囊邁向實際的新生活，而團體經驗假若能內化為一股正向的心靈力量，則

將給予每位成員的生命注入極大的能量。以十至十二次的諮商團體而言，工作狀態可持續進行至最後一次團體的前一次，但領導者可在團體剩下兩三次的時候即進行結束的預告；而若是二十四次的心理治療團體，則可在最後四至五次左右即預告並開始進入相關的結束團體歷程。

　　團體結束的歷程任務在整個團體層面為回顧團體歷程並分享深刻經驗，而在歷程上需協助解決未竟事宜或促進未了對話之探討；人際層次的結束階段任務主要為協助成員能夠相互道別，即宣告團體結束並確認彼此後續關係，以及歷程上促進成員能彼此祝福與鼓勵；個別成員層次則為協助個人回顧與能肯定自我成長或改變，且歷程上能透過領導者或成員的回饋，給予朝向自我展望，從中獲致統整與獨立的力量。如表10-1摘要整理，茲分述相關領導任務如下：

表10-1　團體結束階段領導任務分類彙整表

	內容	歷程
團體層次	回顧團體歷程並分享深刻經驗 （Review）	促進未竟事宜或未了對話之探討 （Closure）
人際層次	宣告團體結束並確認彼此後續關係 （Separation）	促進成員能彼此祝福與鼓勵 （Encouragement）
個別成員層次	協助個人回顧與肯定 （Attainment）	協助朝向展望與獨立 （Independent）

　　團體結束階段的核心任務為收穫與退出，其中成員的工作為處理分離焦慮，對於處理面臨失去的友誼關係，以及害怕單獨與獨立等狀態，嘗試從團體歷程、人際回饋與道別和個人梳理等經驗來達成。此階段對個別成員來說的重要任務包括：統整與鞏固團體經驗、形成願景或短中期的未來計畫，並且能正式與夥伴道別。領導者在團體結束之介入工作上，主要致力於協助成員處理失落團體中友誼的情緒、評估成長與獲得（包含自我評估與他人回饋）、肯定成長與收穫、未竟事宜的處理、計劃未來，以及正式宣告團體結束並道別。

（一）回顧團體歷程與結束

1. 回顧團體歷程並分享深刻經驗

回顧團體大家一同走過的經驗，對團體即將結束和成員將彼此分離，是相當重要的結束歷程任務；大家可透過分享深刻經驗、回憶點點滴滴或是回顧彼此曾相互感動或分享的深刻體會，凝聚在一起的把片段重新拼湊成爲一幅團體圖像，則可謂整個團體在心中勾勒出一個重要的影像，透過回顧而給團體整體經驗一個定位。

2. 促進未竟事宜或未了對話之探討

在歷程上因爲團體即將結束，回頭彌補或是處理過程中未竟的事宜、沒有做完的事情或重新去處理沒有充分對談的對話，讓團體的事務、彼此的關係、心中的疑慮或是個人在心中的猜疑等，能有一個空間和機會加以處理，使得對團體的缺憾、人際的猜測或心結等未竟感受，能有一個較爲圓滿的處理。而未竟事宜的內涵可能包含對於團體進行方式或歷程經驗的誤解、困惑和期待的落空，也可能爲人際之間未妥善處理的衝突，或是溝通上潛在的誤會或個人單方面的想像，也包括成員對個別成員的關心，對領導者的一些意見、困惑或是關心，以及在過程中想表達而未說的一些個人想法等。

（二）成員關係的分離道別與祝福鼓勵

1. 宣告團體結束並確認彼此後續關係

領導者在結束階段必須清楚且有架構的進行團體結束的宣告，並導引成員了解彼此於團體結束後的關係、界限和相關的自主權利，例如可自由決定去拒絕再相互聯絡、具有考慮是否留下通訊資料的決定權，以及分離後彼此關係的結束和相互關係的再設定等，接著並且能夠引導成員相互道別與珍重再會。

2. 促進成員能彼此回饋與鼓勵

　　而在隱含的人際關係層面，要面對緊密的心理親密與靠近在一夕之間即將確認的結束和終止，此一課題往往是團體結束階段最為核心且困難的人際議題。領導者需在結束的歷程中協助成員能彼此給予最後過程相互的鼓勵、支持和期勉等回饋，讓關係能在結束階段有一個整體印象和對談的互動歷程，使得對方對我自己的印象和肯定的支持力量，能透過彼此的交換有一個相互的人際對話；有如畢業典禮會場或鄰近畢業前，好同學彼此間真誠的分享和回應，更像是臨別送行友人去國留學般的給予祝福、支持和肯定，能將在團體中所累積的認識加以統整的回應，且協助對方透過聆聽而對彼此的關係有一個定位，是結束階段人際面向最重要的課題。

（三）個人成長的回顧與展望統整

1. 協助個人回顧與肯定

　　同於個別諮商與心理治療的歷程，團體在結束階段可透過成員與領導者的回饋，或是成員自身個人的經驗回顧和個人統整等言談，協助個別成員能整理自己在團體中的努力和成就，一方面對自己曾進行的努力有所回顧，另一方面也能透過回饋或自我評估，去更具體的標定自己在參與團體過程中的改變和收穫，並比較此一團體歷程經驗對自己的衝擊和影響，站在正面的角度來看待自己從這段歷程中所實際獲得的學習。

2. 透過領導者或成員的回饋協助其展望與朝向獨立

　　由於在歷程上處於結束與分離，個人內在歷程上必須逐漸清晰的意識到團體的終止、人際關係的結束和自己個人再形同必須獨自面對生命等處境，均有明顯的連結，意即此一團體結束後，面對自己再次的孤獨與回到現實生活中需要力量獨自面對的難題或困境，是一個必然要面對和處理的狀態，因之，團體結束階段能讓成員體認和擁有往前獨自邁進的力量，勇於面對未來且能展望未來，協助其握有獨立自主的能量，且能給予成員賦能和加給力量（empowerment），實為個人內在歷程中很重要的催化任務。

二、結束階段與末次團體前的評估與準備

在評估團體結束時需要掌握一些重要的訊息，以作為相關介入和導引的依據，一方面為協助團體能即早對於結束和分離有心理準備，另一方面為領導者要能掌握下列幾個訊息，包括：整個團體的進展和即將邁向結束前的效能、可能的未竟事宜，以及瀏覽每位成員在過程中的進展，以能回應成員相關的詢問並給予較具體的指引和回饋。茲分別說明如下：

（一）結束的歷程準備

提早預告結束是結束團體歷程中最重要的事務，領導者切勿忘記於團體結束前兩三週進行預告或說明，猶如飛機航行的降落需要一些準備且角度上為漸漸的下降，團體的航行在降落抵達前也需要一定的準備。領導者在預告時即可埋下對於末次團體將如何進行或進行些什麼主題作一些說明，讓成員有心理準備和事前作一些思考。此外，在接近團體結束前的工作段落，領導者須格外用心去協助進展較慢的成員，把握機會給予談論和工作，以避免到了結束時難有實質成長與學習的分享，領導者和協同領導者在團體結束前幾週可透過較密集的討論，探討可較為聚焦的工作焦點或是可以加強維繫的明確方向。

（二）團體整體效能與進展之評估

領導者協同領導者也應較具體和客觀的去評價自己此次團體整體工作的效能和進展，假若成員的工作狀態如解決問題或面對議題進行工作，平均來說很有進展，顯示團體的效能很不錯，則在面對結束階段時的個別成員肯定和回饋自然能夠較具體的進行；但假若團體成效差強人意，成員的工作進展不夠或有些成員甚至尚未工作就必須面對團體的結束，則領導者需要先審慎的檢討整體團體效能不彰的緣由，稍加釐清與團體或領導議題有關的因素，例如是否因為凝聚力不夠？或是因為初期較多時間處於觀

望和環繞於外圍的停滯？也可能或許與領導者較採取等待而催化不夠所致等，較爲持平的去評估團體的進展是爲了在團體結束階段，能將個案對專業心理工作的概念重新作一個架構較大的探究，意即雖然在此次的團體中工作和助益不足，但是檢討起來可了解我們這個團體的進展較慢的因素，但將來有機會參與別的團體則可能有不同的速率和進展。因此，領導者事先的評估和統整檢討猶爲重要。

（三）未竟事宜的敏覺和留意

領導者可自行在團體末次歷程進行前，先重新審視紀錄回顧一下存在於整個團體互動、人際關係或個別成員狀態間，可能存在的未竟事宜或未完成的事務、潛在未解決的衝突，或可能的遺憾或心結等，因爲當某些重要的事情若成員在結束時均不提出，而此些議題又實質上需要被處理或協助，則當成員沒有主動提出時，領導者可依據事前準備的清單，適切的把握時機關切一下相關的議題，或是直接的加以澄清。

（四）個別成員進展與狀態之評估

對於個別成員的改變和成長，領導者也需要加以重新回顧和澄清，透過比較當初來參加團體時所言說的個人目標和方向，統整與了解工作階段幾次下來的進展和改變，也同時思考每一位成員可能還潛在可於未來更加深化的工作方向，形成對成員的展望的建議或回饋方向；另一個層面，評估個別成員狀況也與追蹤和評估是否需要轉介等有關，領導者需要事先進行資訊的瀏覽和可行資源的尋找，以避免在末次團體時的回饋過於空泛，而無法給予較具體和有用的資訊。

三、末次團體之領導實務

以短期爲導向的團體諮商爲例，若爲第10次或第12次（最末一次）需

進行團體的結束歷程，可參考下述的程序和實務建議進行相關的團體結束
階段的領導，而假若是長期的心理治療團體則可預留3至5次的團體單元，
逐步進行與下述團體結束階段實務有關的團體結束領導和催化過程。如下
圖10-1所示：

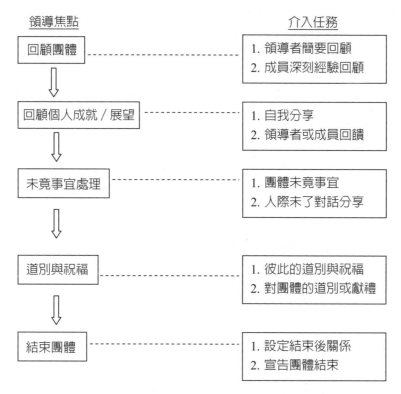

圖10-1　末次團體階段之主要任務與流程示意圖

　　若以青少年／成人諮商團體一小時半（90分鐘）爲基準設定末次團體
之進行實務，可區分該實務工作如下述六個不同的實務段落，分別精簡摘
要如下表10-2，並分別描述相關之實務進行考慮如下段分述：

表10-2　諮商團體之初次領導實務程序舉例

諮商團體末次進行程序	領導進行原則	時間分配
一、宣告末次團體並主動簡要回顧歷程	需要明確且簡單扼要的陳述末次團體的進行結構	5
二、邀請回顧團體歷程並分享深刻經驗	運用團體成員共同建構對團體歷程重要事件和觀點的回顧	20
三、回顧個別成就與展望	1. 自我改變與成長分享&未來展望 2. 透過領導者或成員的肯認與展望和彼此回饋，促進自我定位	30
四、末竟事宜／未了之言的處理或表達	處理未解決之團體、人際或個別議題，以及與領導者間的關係	15
五、道別與珍重、祝福	透過具儀式性或結構的歷程，給予成員和領導者相互道別與祝福的機會	15
六、關係設定&宣告團體結束	明確的結束團體並設定結束後的關係	5

（一）宣告末次團體並主動簡要回顧歷程

在開啟結束團體的程序時領導者可先進行宣告，並且簡單說明一下結束團體的過程和可能會加以進行的流程，例如：「時間過得很快，一下子團體在十二個星期過去就即將進入尾聲，在進入團體的真正結束前，我們還會邀請大家回顧一下團體過程和點點滴滴，也會邀請大家談談自己的成長或透過一些回饋、支持點出大家的改變，並且，有一些沒有機會說或是想要再表達的心情，或是困惑的地方，也會有些機會讓大家聊一聊，最後才相互道別和結束我們的團體。」

（二）回顧團體歷程並分享深刻經驗

邀請成員能回顧相關的團體片段或深刻印象，從大家的分享中拼湊出有意義的團體輪廓，是開啟結束對談的首要工作，因為經驗的回顧和統

整，與成員能內化整個團體的實質感受有很高的關聯性，如同對於自己參與這段團體的共同經驗有些看法與想法，且能透過大家交織的經驗分享共同對話出一個有力量的團體影像。例如領導者可詢問：「在團體接近尾聲的現在，讓我們回憶一下我們團體的點點滴滴，大家或許可以說一下自己覺得印象最深刻的事情或心情，或者分享對你自己很有意義的片段經驗，每個人記得的都不一樣，或許從大家分享的點點滴滴中，都能幫助大家去回憶一些重要的團體經驗。」假若從比較鳥瞰的方式整體來促進成員回憶和分享，也可以詢問較為整體性的問句如：「你覺得我們這十二個星期的團體像什麼，假如要舉一個象徵、畫面或故事來比喻，你會說我們團體的經驗、這整個過程好像什麼？哪些經驗讓你有這樣的感覺？」或者是運用計量性的方式，詢問成員說：「假如你是老師的話，你會給我們這個團體大家的努力和表現從0到100打幾分？這個分數的依據是哪些經驗或哪些事情？對於不到100的部分你覺得是什麼，你自己印象深刻或是有些遺憾的部分是什麼？分別有哪些經驗？」在分享上領導者可以觀察團體動力，看看成員是否能夠自發的分享，或者也能夠運用繞圈讓成員均等的有些分享和經驗的回應。

（三）回顧個人成就並展望未來

邀請成員回顧自己在這段參與團體過程的改變和成長，能給自己一個定位並展望未來，彷彿是繼往開來的站在現在這個點上去整理過去並望向未來。諮商與心理治療的工作中所觸及的個案內容，在時間軸向上牽涉了過去、現在和未來的題材，在工作階段中領導者可能傾向於協助個別成員去處理過往的情緒與感知，以及協助面對現在的困境並協助能去加以改變，而對於未來也能夠加以規劃或準備；但是到了團體即將結束時，能封包自己的努力和斬獲，重新提起自己的人生行囊且能邁開步伐向前進，成了結束階段最重要的個人工作任務。

在團體結束階段中要能協助成員肯定自己的成長並展望未來，領導者可透過三個重要的來源面向進行統整，分別為邀請成員自我回顧與展望、

透過成員彼此回饋進行回顧與展望，以及依據領導者的了解給予回饋、展望或專業上的相關意見等。而實務應用上可有效的整合上述三個不同的意見來源，例如邀請成員自己給予自己回顧或展望未來時，領導者可留意成員個人的言談與回應是否能切中個人在團體中實質的改變，若需要更為擴展其覺察和了解，在較為自謙或自信不足的狀態補足或增進其個人了解，則可同時邀請成員給予回饋或率先的給予一些領導者自己的觀察和分享；例如可回應說：「小明在這十個星期的團體過程中，除了剛才提到自己在班上有交到新朋友之外，老師也觀察到你努力的跟大家變成新朋友，並且在前面幾次團體大家一直鼓勵你能安靜傾聽之後，你也改變很多，老師覺得你在團體中和班上都有很大的進步，很希望你能夠保持下去，將來在班上能交到更多新朋友，也更專心參與班上老師的上課時間。其他小朋友是否也觀察到小明不同的進步和改變？或者是有一些話想祝福小明的？請大家都能直接對小明分享你的觀察。」

　　領導者在此結束階段的工作也可以針對人際的相互回饋、肯定和展望未來，設計相關的結構方案活動進行運用和實施。例如：在累積了大量的了解後，「優點轟炸」（讓大家輪流對焦點成員進行優點、成長或改變的分享與支持鼓勵）是一個適用結束階段的工作方案；「鼓勵小卡」（大家輪流在對方的卡片上留下一句鼓勵與祝福的話）的運用也是朝向展望未來的可行方案；「真心相映」（分內外圈的輪流相互給予回饋和展望祝福）也是一個很有效率能促進成員彼此回饋的活動。而在結構方案的人際回饋互動後，邀請成員對於自己的改變與展望加以統整與分享，在過程中適時的加入領導者的觀察與回饋，也是一個能整合成員人際回饋、自我理解和領導者觀點的進行方式。

　　值得一提的一個重要事項為團體結束後的轉介與資源提供，可以在此一探討個人成就與展望的同時，融入於對談之中；與提到未來展望有關，當領導者能肯定成員的進展，進而提出一些展望上的意見，同步也可從自己的專業角色和經驗提供一些後續發展或可運用的資源，例如對於成人或大專學生案主，可略提「……很高興你有這樣的成長和進步，後續假如有機會並且想要再朝……等方面多一點探索和了解自己、改變自己更多

一點，或許像是……諮商中心或學生輔導中心的老師，會有提供一些談話的機會，也可以主動去詢問和預約。」而對於兒童或青少年案主，也可提出「剛才同學和老師提到……，都証明你在這段團體參加期間的努力和認真，像你自己也提到其實可以交更多朋友也跟更多同學相處得更好，假如能繼續有一個幫助小朋友的課程，或許老師下學期也可以介紹你去參加，或是請那個很會聊天和幫助小朋友的老師邀請你看看，讓你能考慮一下並且優先參加。」對於臨床敏感上實在需要轉介銜接的個案，建議在此階段可略提之後，於團體結束後再給予實質的轉介和個別的說明，例如給予明確的轉介機構、專業人員訊息、聯繫電話和你會採取的轉介歷程與方式，或提供其他明確的資源訊息。

（四）未竟事宜處理

　　團體的未竟事宜可能包含了對團體（整體運作經驗或特定現象）、人際（成員彼此間的關係和對話）以及領導者（領導介入作風與過程中給成員的經驗）三個層面的困惑、誤解、遺憾或未處理完的議題等。領導者可以邀請成員談談：「在這幾個星期的團體經驗中，是否有一些對團體運作的困惑或放在心裡想説、想問的事情，一直沒有機會說」（團體層次未竟事宜），或是「和同伴相處與對話過程，有沒有一些想說但是一直沒有機會，或是隱約感覺有一些誤會和擔心、想問問對方或是想問問大家的」（人際層面的未竟事宜），以及「對於老師的一些作法或想對老師詢問、表達或想多一點了解的部分，想詢問的部分也都可以在這個時段表達出來」（諮商輔導與治療關係部分的未竟事宜）；在解釋和說明之後，可進一步再更具體化的說明，並詢問與引導團體如「有想到或想問一問的可以先説，或是對是否適合問的一些疑惑也可以，現在這幾分鐘開放大家就未竟、未解決或有些掛心的困惑，加以詢問和澄清」。若團體經驗到沉默與觀望，領導者可以再次催化與鼓勵成員：「大家可以想想剛才提到的對於團體、同伴相處互動，以及對於老師帶領團體等等，想提出來問或討論的事情；要把握機會，因為今天是最後一次，錯過這個時間恐怕就沒有機會

提出來澄清或討論。」

　　領導者若自己在團體過程中有觀察到一些與團體動力、人際互動困境與衝突，或是與諮商關係有關的議題，可以主動的在此階段提出；也可以採用繞圈邀請成員分享，若表示沒有也可以跳過並鼓勵其思考，之後在加以提出。於工作階段的工作不同，對於團體層面和領導方式、諮商關係的未竟事宜若領導者可作些平衡的回答，導正成員對團體心理工作的觀念，則可直接回應成員的問題，或簡要的請成員回應，不必在朝向深度的探討或釐清；對於人際的議題，也同樣的能朝向澄清、簡單對話和朝向釐清個人想像，而能釋懷與相互了解為主要目的，不再作人際對質或個人人際議題之探討。

（五）道別與珍重、祝福

　　宛如一段旅程的結束，旅人將各自回到自己的世界和空間，分道揚鑣之前的道別與祝福，像是對自己這一段團體的旅程，錨定一個別具意義的註腳。領導者在此階段可回到較具結構的運用簡單的方案，進行有效的彼此祝福和道別，在軸向上包含成員彼此之間的對話，以及領導者與成員間的對話。例如：若是使用文字媒介，可透過每人的道別祝福卡，讓所有其他成員和領導者在自己的卡片上留言與簽名；若是運用想像的圖像隱喻，可鼓勵成員想像送給三到五位成員各一個有意義的禮物，讓他能放入行囊往前邁進，則在10分鐘之間大家可自由的交談、互贈禮物、祝福與擁抱或道別，領導者從中也可給予成員個別的祝福和道別。

（六）結束團體

　　在團體結束前的最後5至10分鐘，領導者可簡要說明團體結束後彼此關係的重新設定，並透過一定的程序結束團體。針對成員彼此間的關係，依舊需回到與團體規範和接案倫理有關的層面來理解，第一，需尊重成員是否願意延續關係或留下個人通訊方式之自由選擇權，因此製作整體的通

訊錄並不適當，若經過個別詢問而願意留下聯絡資料則爲個別關係之間的情誼，需加以詢問與尊重個別選擇；第二，團體結束後的關係延續，或是在陌生場合相遇是否打招呼，也都屬於個人抉擇，未必期待對方或雙方熱烈的有所聯繫或見面時熱絡的招呼，讓成員能對於其他成員可能希望保留自己的隱私等需求，有些了解和認識；第三，則是重申保密與相互珍視此一段心靈旅程、成長過程和共同記憶，對於兒童青少年團體則必須更明確的重申保密的重要性和承諾。

　　在最後結束階段，領導者可運用小小的結構方案結束團體，例如十年後想起這個團體會想標示的一句話、牽起手想像的按下快門讓團體的珍貴影像停留在此刻，或是繞圈的各自送給團體一個最棒的禮物。領導者應了解到自己爲心理工作中的一個驛站和過程，可推薦成員有機會再參與團體或廣爲應用相關的心理協助資源，而後結束團體並起身與成員一一送別。

四、結束階段末次團體之領導要點

（一）團體後期至結束階段的角色轉變

　　在團體發展的不同階段中，領導者的角色和任務會隨著團體的進展而變化。尤其在團體的後期階段，成員間的互動和成長達到了一個新的水平，領導者在工作階段需要扮演催化者、參與者、觀察者和專家的多重角色，以促進成員的進一步成長和問題解決。然而，進入結束階段則更需要對於程序執行的架構之掌握，在個人回饋和統整與回應上有更爲清晰的表述，且對於時間與話題之焦點轉換也需要依據工作目標和團體進程來加以管理。

（二）結束階段的多層次任務關注

　　結束階段不僅是收穫和離別的時刻，也是新的開始，充滿期待和希

望。成員在這一階段的功課包括處理即將失去親密關係的分離焦慮，回顧和評鑑自己的收穫，並進行適當的道別。這當中包含個別、人際、團體等層次，也包含團體內經驗與外在真實生活情境的關注；領導者的任務除了協助成員處理分離焦慮，也應關注於統整及鞏固個人在團體中的學習經驗，鼓勵成員在團體外實踐所學，並協助成員計劃未來；協助個人從團體的成長經驗，賦能其過渡至真實生活中改變各樣的情境應對，也協助團體內的成員人際關係，漸漸過渡至未來真實世界或分離，同時如同飛航降落，幫助整體團體漸漸朝向結束與停步。

（三）成員關係延續期待之處理

　　成員於團體結束階段提出期待於結束後，延續彼此的關係，例如想要再繼續每週到對面的咖啡工坊舉行餐會、至某位成員家中辦慶生會，或舉行郊遊活動等；原則上領導者應很清楚自身角色而婉拒參與這樣的聚會，但是否要反對成員舉辦類似活動，則是一個實務上應加以思考的要點。對於成員自發的活動舉辦與聯誼，領導者不必主動去提出此一限制（因為成員未提議而自己說明則有反向作用），但是當成員提出這樣的提議時，領導者可藉機加以指出大家的感情很好、希望關係能延續等期待，但也加以重申尊重、自由抉擇、包容彼此不參加，以及保密等規範，另外也簡要說明自己感謝大家邀請，但是選擇不參加的重要理由，包括關係與角色單純化的重要性、結束後關係改變對彼此的衝擊，以及若要延續相關專業關係的可行管道等。對於青少年與兒童案主，若角色為學校輔導老師等專業人員，可給予學生成員較明確的限制，禁止類似活動之舉辦；但是對於大專或成人以上的成員則較難限制，僅可採充分說明和尊重的立場，重申成員各自的決定權和尊重。

（四）個人自我評價與難於肯定的重新框視

　　若遇到團體成員難以自我肯定和評價，領導者應盡力的給予一些重新

框視的回應，例如對於進步不多的國中團體青少年，仍能肯定其在團體後期的參與和投入，並且在最後幾次團體開始對自己的生活經驗有清楚的分享和整理，也鼓勵其之後再參加類似的團體。在時間軸向上，領導者應採正向角度重新框視成員的過去經驗，務實的思索並回應現在的優勢與不足等兩面性，並就自己的認識提出對於未來可更進步和發展的方向；在焦點成員或其餘團體成員均有困難給予評價或正向肯定時，領導者較具導引或框定的介入，可協助進展有限的成員重新再看見自我正向能量與價值，也朝向接觸另外的心理協助資源或自我成長邁進。

（五）團體拒絕結束與期待延續

團體成員在後期或末次團體，若積極的提出延續團體或不願意結束等提議，領導者應堅守原初的規劃次數，不宜延長或增加次數，若成員的反應和提議相當強烈且認真，則需要加以處理。領導者應在結束前兩週預告團體即將結束，並在最後一週之前提醒成員不要請假，以便進行正式的道別和結束團體的程序。領導者應有所準備或容許這樣的期待浮現，若成員提出類似的提議，領導者可採取：指出團體需要與集體期待、重申原則與提供情感相互回饋的空間，以及設定結束與後續關係界定說明等程序，加以澄清並說明，一方面能同理的了解成員想要延長的需求，鼓勵未來對新團體的加入和投入，另一方面仍須堅定的維持次數的架構，並在最後結束團體與相互珍重道別。

（六）團體後的轉介或追蹤工作

對於有特殊需求的成員，後續的轉介與追蹤是專業工作的一環，對學校輔導體系來說，協助學生能與其餘可能對其有幫助的導生會談、學業課程調整、導師專業諮詢，或是能與輔導諮商處室可提供的個別諮商、團體諮商，或心理評量等服務有所銜接和運用資源，都可以是後續重要的專業考量；相對的，對於社區的團體成員，則應思索相關可轉介或追蹤之社區

或醫療資源。領導者應在結束團體前即對所有成員有一系統的瀏覽，對於需求的嚴重度加以判斷和評估，若僅爲較屬成長性、未必有危機性和風險之案主，可僅停留與建議和提供資源層次即可，但若爲涉及潛在的風險與危機，則領導者應積極與開辦團體之所屬機構進行專業的溝通，有系統的安排相關轉介資源並設定明確的追蹤策略和時程，使能延續和有效提供個案最恰當的心理扶助資源。

◎問題延伸討論、省思或作業

1. 對你自己將成爲一個團體領導者來說，你覺得哪些心情或態度，可能會讓你自己無法順利的結束一個團體？又哪些心情或態度，應能讓你自己在結束團體上，較爲順利的掌握進程與完成？

2. 「未竟事宜」是團體諮商與治療工作結束階段需要加以提出和處理的要務。試想你自己所帶領的團體在結束階段沒有成員提出，而需要你率先提出一些可關注的未竟事宜，你會優先提出哪些？請舉例具體的列出三到五個，並加以說明其性質和處理方法。

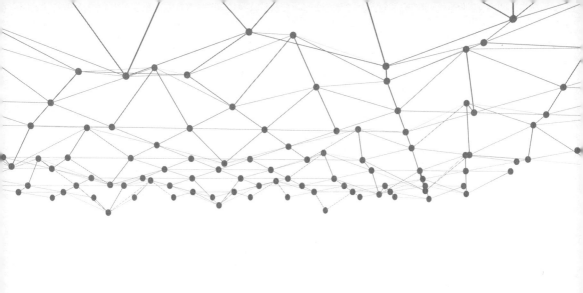

◆ Part IV

團體技術與策略

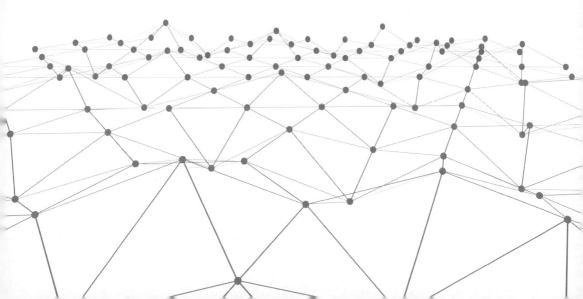

團體歷程介入意圖與技術

　　團體領導與歷程催化「策略」，指的是能夠有效協助團體建構為一個整體、朝向凝聚，以及有效催化人際實質互動和互助，並協助個人在團體中探索和處理自我議題等重要的介入作為和思維；其關注方向和處理的面向可為團體介入之「焦點」，為何如此進行之思考和理由為其介入之「意圖」，而外顯於領導層面之作為則為「技術」，本書從此三個角度建構團體諮商與心理治療之重要領導策略，並於本篇兩章節論述相關之重要技術與簡介其應用實務。

一、諮商與治療團體領導意圖

　　團體領導「介入意圖」（intention）指的是領導者透過觀察與對團體整體、人際互動和個別成員，形成概念化的認識和理解，而在實務當下決定與領導團體走向、促進人際互動或個別成員工作有關之處理焦點與介入意識；其內涵是一種被領導者意識到的、可清晰陳明且朝向改變的內在

思考歷程。單一的意圖指的是一個為何如此介入的理由或概念，例如：因為希望促進成員平均的分享而阻斷冗長的言談並邀請其他成員分享；而具備一組意圖概念的認知架構則為領導者的一個意圖網絡（intention network），此網絡可包含對團體情境判斷的概念化等認知思考、對該情境的假設，以及預先思考應可介入的焦點、預期的效果或可期待的介入後促動等，例如：面對團體沉默現象的覺察推估為成員過度依賴某位善於表達的成員，而為了平均發言的質與量並平衡溝通，促進步調較慢的成員也能嘗試有些工作，先邀請他們淺層的發言和分享應可嘗試推進其逐漸深入的自我揭露。比較上述觀點可發現，越為精熟的領導者可能在認知概念上更能有系統和具備網絡性質的去思考情境與自身的領導任務。

針對團體領導者的意圖運用，Berardi Clark（2001）曾從34位團體領導者任選其團體從第四次至最後一次聚會中的一次聚會，找出6個介入的背後意圖，從837個意圖中加以歸類成以下類別：引導團體、收集資料與評估成員、挑戰成員、專注於成員的經驗、引導自我，以及促進成員間的連結與互動。該研究並且分析這些類別中的關係，將其區分成兩個向度：其一為，「領悟」相對於「引導」；其二為，「專注」相對於「評估」。

（一）領導者介入意圖類別

更進一步能有系統且聚焦於諮商團體的特性，探索領導者所採用的意圖類別，吳秀碧、洪雅鳳與羅家玲（2003）也曾針對團體諮商師之工作意圖進行研究，探討團體諮商歷程中領導者個人主觀的意圖；以內容分析法予以區分意圖類別共得37細類，再次歸類成12個主要意圖類別，分別是：表達支持、處理情緒、增強與協助個人改變、促進洞察、形成與推進個人目標、獲取資訊與評估、訓練人際技巧、建立團體文化、促進團體凝聚力、催化團體歷程、滿足領導者的需求，以及其他。該研究相關分類的細項意圖分類系統與涵義如附錄11-1所示，以下詳加說明各類型意圖之分類與細項，為方便標示與對照，各意圖細項類別也保留加註英文代號縮寫，

例如（**sp**）support爲支持個別成員之議題。

1. 表達支持

　　支持和協助個別成員，可爲領導者重要的介入任務；通過確認和鼓勵成員分享經歷與感受，表達理解與支持。例如，當成員分享困難時，領導者可以提供資源和建議，並給予情緒支持，如陪伴和安慰，幫助成員應對焦慮或悲傷情緒。

- **支持個別成員（sp）**：支持並同理成員，增強成員的安全感和信任，讓他們在團體中感受到被理解和接納。

2. 處理情緒

　　處理情緒、工作於情緒段落是一個重要的介入議題。深化個人的情緒是指協助個人對情緒有更深刻的體驗、探索與覺察。透過這個過程，個人可以更好地理解自己的情緒，找到情緒背後的原因，從而更好地處理和應對情緒。另一方面，促進個人情緒宣洩則是指協助個人表達與宣洩情緒。

- **深化個人的情緒（de）**：協助個人深入體驗、探索與覺察情緒，讓成員能更深刻地理解自己的情感來源和表現方式。
- **促進個人情緒宣洩（ch）**：幫助個人表達與宣洩情緒，讓他們能釋放壓力，減少情緒積壓所帶來的負面影響。

3. 增強與協助個人改變

　　增強個人改變是指協助個人嘗試新行爲，鼓勵成員在團體中積極參與，以促進個人的成長和發展。在改變的過程，增強運用個人資源是指協助成員發現和運用自己的優點和正向經驗，以提升個人的自信心和能力。再者，增強自我開放是指增強與支持成員在團體中主動自我開放的行爲，鼓勵他們勇於表達自己的想法和感受，以促進團體互動和成員之間的理解。此外，協助問題解決是指協助成員面對和解決個人問題的過程，或要求他們承諾採取積極的行動來解決問題。

- **增強個人改變（rc）**：鼓勵個人嘗試新行爲，幫助成員突破舊有模式，建立新的行爲習慣。

- **增強運用個人資源（rd）**：增強並運用個人的優點及正向經驗，讓成員能充分發揮自身的潛力和優勢。
- **增強自我開放（ps）**：鼓勵成員在團體中主動自我開放，促進他們表達內心想法和感受。
- **協助問題解決（rs）**：協助成員面對及解決個人問題，或要求他們做出承諾，促進他們在生活中實現改變。

4. 促進洞察

促進洞察是幫助成員提高自我覺察和理解的重要意圖。領導者引導成員關注自己的想法、情感和行為，幫助理解行為影響，並鼓勵自我反思。領導者提供安全的探索空間，引導成員進行自我探索，並鼓勵分享、探索與發現。

- **促進自我覺察（fa）**：幫助成員對自己的想法、情感、行為、人際互動及人生觀有新的領會。
- **促進自我探索（fe）**：促進成員對問題或自己有新的發現與了解，提升他們的自我認識。
- **挑戰個人的不一致（cu）**：挑戰並面質成員的不一致，促進他們的自我覺察。
- **擴展觀點（ev）**：提供成員從不同觀點或正向觀點來看待自己、他人或問題，幫助他們更全面地理解情境。

5. 形成與推進個人目標

確立個別成員的目標是指具體確認與檢核個人目標的內容、可行性與達成程度，幫助成員明確自己想要達成的目標或期望。其次，聯結到個人目標是指幫助個人聯結當下經驗與個人目標的關聯性，讓成員意識到參與團體可以幫助他們實現個人目標。最後，檢核及推進個人目標是指評估個人目標達成程度以促進改變動機，在團體過程中評估成員的個人目標達成情況，並提供支持和鼓勵，推動成員朝著目標前進。

- **確立個別成員的目標（cg）**：具體確認與檢核個人目標的內容、可行性與達成程度，幫助成員制定清晰的目標。

- **聯結到個人目標（lg）**：幫助成員聯結當下經驗與個人目標的關聯性，讓他們看到努力的方向。
- **檢核及推進個人目標（pg）**：評估個人目標達成程度，促進成員改變的動機。

6. 獲取資訊與評估

獲取資訊並進行評估包括引導成員詳細描述個人問題，協助分析問題的根源與影響因素，並探索問題背後的情感和行為模式。此外，領導者也透過鼓勵成員分享自己的經歷和感受，更深入地理解自身問題。評估的過程透過收集、分析資訊，並提供反饋和建議，促進成員理解個人議題和處理問題。

- **澄清個人問題（cp）**：澄清成員的問題內容及對問題的思考、情感與行為，幫助他們釐清問題的根源。
- **了解個人現狀（uc）**：了解成員的動機、需求、情緒，以及隱含的訊息和個人收穫。
- **促進自我分享（fs）**：鼓勵成員分享自己及表達感受，促進團體中的交流和互動。
- **評估（as）**：評估問題的嚴重性與改變的動機強度，幫助成員認識問題的嚴重程度並激發改變動機。

7. 訓練人際技巧

訓練成員的人際技巧是另一個關鍵目標。這包括幫助成員學習如何有效表達自己，例如使用「我訊息」進行表達，並練習清晰、簡潔的語言。領導者也可引導成員學習同理心、積極傾聽和非語言溝通技巧。角色扮演活動也能讓成員在模擬情境中練習溝通技巧，並獲得反饋和建議。人際技巧的訓練有助於成員在人際交往中提高溝通效能，減少衝突並且更加自信。

- **學習有效表達自己（es）**：促使成員清楚、簡潔、具體地表達自己，或是以「我訊息」做表達，而不是詢問、分析、建議。
- **學習有效人際溝通技巧（ic）**：促使成員學習人際技巧，包含同理、支

持、直接、清楚、簡短地表達自己或回饋他人，並用「你我」溝通的技巧，而非建議、分析、問問題、玩笑、忠告、說教等。

- **檢核人際溝通（ci）**：透過人際互動的澄清與回饋，以了解成員的溝通型態與結果。

8. 建立團體文化

建立團體文化與規範是指形成成員互動方式的共識，包含明確與隱含的共識，這有助於確保團體成員之間的互動和諧。此外，調節團體基調是指調整成員互動的氣氛與團體的節奏，這有助於營造一個團體空間，適合成員朝向互助、成長和發展邁進。

- **建立團體規範（br）**：形成成員互動方式的共識，包括明確與隱含的共識，幫助團體建立穩定的互動模式。
- **調節團體基調（mg）**：調整成員互動的氣氛與團體的節奏，確保團體運作的和諧與有效性。

9. 促進團體凝聚力

凝聚力是指成員之間的相互吸引、聯結和支持的程度。領導者可以通過營造安全感、促進成員間的工作同盟、鼓勵相互接納與支持來增強團體凝聚力。這包括建立安全、支持的環境，引發成員的自發的參與意願，並鼓勵成員相互了解和幫助。有效的溝通與真誠的互動也是促進團體凝聚力的重要因素，領導者需平衡成員溝通的質與量，促進成員間與治療關係間的工作同盟。

- **增加安全感（is）**：減低成員的疑惑與焦慮，以增進安全感，促進成員間的信任。
- **促進成員間的工作同盟（wa）**：促進成員間的情感聯結，使他們感到不孤單。
- **促進相互接納與支持（bc）**：促進成員間相互了解與接納，並鼓勵相互支持與協助。
- **平衡溝通（ac）**：平衡成員溝通的質與量，以促進團體初期的安全感。

- **促進領導者與成員的工作同盟（la）**：建立成員與領導者間的情感與同盟，提升團體的凝聚力。

10. 催化團體歷程

催化團體歷程是指在團體諮商中，領導者通過各種技巧和方法，引導團體順利發展，促進成員成長的過程。其中，轉換與維持團體焦點是指維持團體正在進行的焦點，或轉換不同的焦點以使個人或團體能有效工作。確立團體焦點是指探尋團體主要人物或主要議題，並鼓勵成員處理個人議題。在以團體為一整體的工作上，反映團體是指評論成員間的互動關係與團體現象以促進覺察。而結構化是指使團體順利進行與結束，包含說明團體性質、進行方式、時間控制，及統整團體經驗。整體歷程的催化，推進團體工作是指暖化及順利展開團體，促進成員的自發與責任，以協助團體歷程向前推進。

- **轉換與維持團體焦點（sf）**：維持團體正在進行的焦點，或轉換不同的焦點，以使個人或團體能有效工作。
- **確立團體焦點（cf）**：探尋團體主要人物或主要議題，並鼓勵成員處理個人議題。
- **反映團體（rg）**：評論成員間的互動關係與團體現象，以促進覺察。
- **結構化（st）**：使團體順利進行與結束，包含說明團體性質、進行方式、時間控制，及統整團體經驗。
- **推進團體工作（fw）**：暖化及順利展開團體，促進成員的自發與責任，以協助團體向前推進。

11. 滿足領導者的需求

領導者之需求如處理自己內在的焦慮，或是實務上聯合協同領導搭配的需要，也是領導者內在和團隊合作重要的意圖向度；知覺上領導者若能清楚自我內在狀態，加以面對、釐清或處理，則能增進個人狀態與處理內在需求，強化個人與協同合作領導之效能。

- **協助協同領導者（hl）**：協助與支持協同領導者，增強領導者間的合作。

‧**處理領導者個人需求（hs）**：減低領導者個人焦慮，幫助他們思考與選
擇諮商介入的方式。

（二）團體諮商與治療意圖之歷程變化

　　針對多個博士層級非結構團體領導者實務人際歷程回顧之報告，研究
團隊（Hsu Y. K. & Woo S., 2004；Woo, S., Hsu, Y. K., Hung, Y. F., & Lo, C. L.,
2005）接續針對上述各類團體介入意圖之比例在歷程中的分布，將各類型
意圖於歷程之變化，區分為四個類別來做討論。

　　其一，著重於團體整體層次的意圖類別（可參見下圖11-1），在「建
立文化」、「促進凝聚」、「催化歷程」上呈現大致隨著團體歷程而下降
的趨向；其中「建立文化」呈現於初期有較高的比例，「促進凝聚」則於
轉換階段進入工作的狀態有稍高的推動，但整體的意圖使用比例逐漸下
降，而「催化歷程」的意圖則在第4、6和8等次數上呈現較多的推進。此
意圖之運用顯示在歷程中，初期團體的文化建立和凝聚力促進工作，為諮
商師需要著重和考慮之重點，但隨著團體各階段之阻礙或需要突破之處，
催化歷程有其不同的需要加以關注。

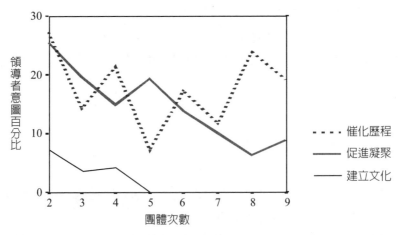

圖11-1　著重於團體整體層次的意圖類別運用比例於團體歷程之變化

　　其二，從成員於團體歷程中朝向改變之「知」、「情」、「意」、「行」的向度來看，與「知」的向度有關的促進揭露與覺察層次的意圖類別（可參見下圖11-2），在「獲取資訊」、「促進洞察」上呈現維持一定比例，但在工作上有兩階段高峰的狀態。其中「獲取資訊」在3到5和7到9次團體單元有兩次的高峰，可能顯示於轉換階段獲取了解問題背景與脈絡描述之介入意圖，和在工作階段獲取朝向改變或行動可能性的訊息有所不同；另一方面，「促進洞察」的第一個小高峰在第2至4次團體，可能顯示對於參與團體和嘗試去自我揭露或面對進入團體之衝擊等覺察，第二個持平的高原期則發生在第5到9次，顯示帶領者在工作意圖上持續的推進成員的覺察和深度理解工作，有助於維持工作階段的實務焦點。

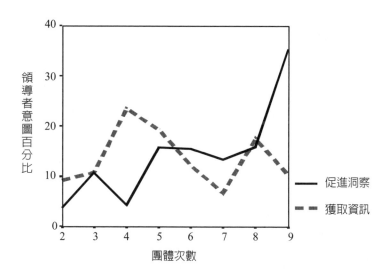

圖11-2　著重於促進揭露與覺察層次的意圖運用比例於團體歷程之變化

　　其三，從成員於團體歷程中朝向「知」、「情」、「意」、「行」改變向度中的情緒層面（「情」的向度）有關的情緒工作層次的意圖類別（可參見下圖11-3），在「支持同理」、「處理情緒」和「訓練技巧」（人際技巧訓練）上呈現一個鐘形的曲線，顯示在團體轉換階段後期進入工作階段，領導者持續維持一定比例在此意圖類別的實務介入工作。其

中「支持同理」逐步上升，直至第8次團體之工作階段後期才陡然下降；
「處理情緒」的介入意圖也伴隨著支持同理緩步上升，在支持的氛圍映襯
下維持團體情緒工作的實務執行；而「訓練技巧」雖呈現鐘形曲線，帶在
高峰上呈現兩個不同階段的高點，其一為第2至4次的轉換初期，顯示帶入
外在人際互動型態的修正，也對應與建立團體文化和規範落實有關，能建
構團體之安全感與凝聚，另一個於第6到8次的高點，則反映工作階段培養
與促進新型態的人際溝通有關，當下的人際互動與對話訓練與擴展個人人
際基模等有關，兩階段之工作意圖有其本質上的不同，值得加以留意。

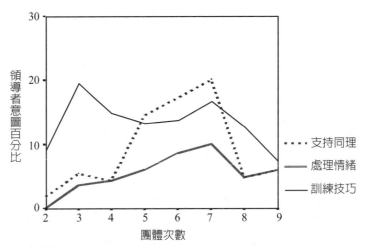

圖11-3　著重於情緒工作層次的意圖運用比例於團體歷程之變化

　　其四，在成員於團體歷程中朝向改變的「意」和「行」向度，意即
面對、探究目標和朝向改變等工作上，有關的個體改變工作層次的意圖類
別（可參見下圖11-4），在「推進目標」和「協助改變」上呈現一個倒鐘
形（倒U）曲線，顯示在團體轉換階段之初期和進入工作階段後期，此兩
類領導者介入意圖在使用上，存在不同的方向與內涵。其中第4到7次團體
的波谷低峰現象，對應情緒工作方面之意圖，可了解團體於工作階段初期
應以聚焦於情緒和覺察理解之工作為主；而在轉換階段之初期，「推進目
標」和「協助改變」的意圖應以了解成員參與團體之個人期待和對於自己

改變方向之初步了解，通常略爲模糊但能維持一定的探索動能，朝向後續的探索推進；直至轉換階進入工作階段後期，「推進目標」和「協助改變」的意圖使用應以聚焦個別成員面對抉擇和探究改變方向爲主，且更進一步以推動個人眞實改變討論和朝向行動加以促成，此兩個介於初期和晚期之工作意圖在內涵與具體性等實務應用上也有所不同。

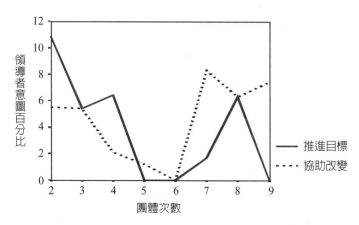

圖11-4　著重於促進朝向改變層次的意圖運用比例於團體歷程之變化

二、諮商與治療團體領導技術

團體過程中的「介入技術」指的是領導者可觀察到的領導作爲；在個別成員的工作層面上可能與個別諮商或心理治療的介入技術相似，但在團體工作和人際互動層次的介入，團體工作有其特別的介入技術，需加以了解和認識其運用理念。有別於個別諮商工作，團體領導者所使用的特定技術，以及依其目的和功能在團體過程中運用這些技術的狀況，一直是學者所看重的，論述尙稱豐富，諸如下表11-2所列的幾位學者分別從自己的實務經驗加以統整論述，可參考其不同概念如下表11-1所示。

表11-1　相關學者對團體諮商技術之分類摘要表

提出學者	對團體諮商技術之分類與區分
Pearson（1981）	（一）團體管理技術：協商、探問事實、開闢或傳遞、設定限制、保護 （二）教導技術： 　　1. 明顯的教導：訊息的給予、技能的訓練、簡短的講解 　　2. 隱含的教導：示範和過程中的經驗 （三）對團體過程的觀察
Osborne（1982）	（一）探索階段： 詢問（Question）、未完語句（incomplete sentences）、澄清（clarification）、反映內容／重述／語意簡述（reflection of content/ restatement/paraphrase）、探詢（probes）、反映情感（reflection of feeling）、解釋（interpretation）、聯結（linking）、摘要（summary）、支持（support :verbal / non-verbal） （二）行動階段： 行為預演（behavior rehearsal）、角色扮演（role playing）、示範（modeling）、塑造（shaping）、給作業（homework）、面質（confrontation）
Harvill, Masson & Jacobs（1983）	六個團體領導的技術： 中斷（cutting off）、引出話題（drawing out）、維持焦點（holding the focus）、轉換焦點（shifting the focus）、目光的運用（use of eyes）、連結相關議題（tying things together）
Jacobs, Harvill & Masson（1988）	團體領導者的基本技術： 主動傾聽、反映、澄清與詢問、摘要、簡短說明和訊息給予、鼓勵與支持、基調設定、示範與自我揭露、目光運用（包含掃描、對成員的評論作再導向、引出成員發言、中斷成員發言）、聲調運用、領導者能量的運用，以及同盟成員的認定等技術
Posthuma（1996）	有效的催化並推進團體歷程的技術 重述（restatement）、反映（reflection）、語意檢述（paraphrasing）、澄清（clarifying）、支持（support）、適時性（timing）、詢問、說明和探詢（question, statement, and probing）、區辨內容與歷程（content v.s process）、中斷／促進自我克制（biting your tongue）、回饋（feedback）、面質（confrontation）、分析與解釋（analysis and interpretation）、對團體過程作摘要（summarizing for the group）

提出學者	對團體諮商技術之分類與區分
Trotzer（1999）	（一）基本的反應技術： 主動的傾聽（active listening）、重述（restatement）、反映（reflection）、澄清（clarifying）、摘要（summarizing）、跟循（tracking）、檢視（scanning） （二）人際互動技術 調節（moderating）、解釋（interpreting）、連結（linking）、阻斷（blocking）、支持（supporting）、設定限制（limiting）、保護（protecting）、取得共識（consensus taking） （三）行動化的介入性技術 詢問（questioning）、探測（probing）、基調設定（tone setting）、面質（confronting）、個人分享（personal sharing）、示範（modeling）
Ivey, Pederson & Ivey（2001）	（一）參與和觀察技術： 參與（attending）、觀察（observation） （二）促進團體工作之技術： 聚焦（focusing）、跟隨（pacing）、主導（leading）、連結（linking） （三）基本傾聽技術： 詢問（open and closed questions）、鼓勵與重述（encourage and restatement）、語意簡述（paraphrase）、反映情感（reflection of feeling）、摘要（summarization）、檢核（checkout） （四）人際影響的技術策略： 傾聽（listening）、重新框架或詮釋（reframing/interpreting）、自我揭露（self-disclosure）、回饋（feedback）、結構化（structuring strategies）、運用邏輯結果（logical consequences）、反映意義（reflection of meaning）、探問（eliciting）、面質（confrontation）
Posthuma（2002）	提出十五項技術，分別為： 重述（restatement），語意簡述（paraphrasing），反映（reflection），澄清（clarifying），支持（support），適時性（timing），詢問、說明與探索（question, statements, and probing），內容或歷程（content vs. process），為團體摘要（summarizing for the group），中斷／促進自我克制（biting your tongue），回饋（feedback），面質（confrontation），分析與解釋（analysis and interpretation）

提出學者	對團體諮商技術之分類與區分
Morran、Stockton 和Whittingham（2004）	強調了保護和支持成員的重要性，同時也強調了成員學習使用技巧的重要性，針對有效能領導者影響團體的介入方式，選出十項且分為兩類：（一）保護及促進安全感（保護、阻斷、支持）（二）催化及讓成員投入（引出、示範、連結、歷程、解釋、自我揭露、回饋）
Jacobs等人（2006/2008）	提出了多種基本技巧，並對建立、保持、轉移和深入焦點等方面進行了探討。基本技巧部分：積極傾聽、反映、澄清與發問、摘要、連結、小型演說與訊息提供、鼓勵與支持、團體基調設定、示範與自我揭露、眼神運用、聲音運用、領導者能量運用、辨識盟友、了解多元文化；也針對「焦點（成員、主題或活動）的建立、保持、轉移與深入」、「切斷與引出」、「繞圈與配對」三項加以延伸介紹

從上表整體彙整可發現，團體諮商和個別諮商的技巧有相似之處，但在帶領過程中需要運用獨特的技術或策略，來做出相關調整以促進團體的凝聚或前進，強化人際間的關係與成員間的互動。

（一）團體領導之介入技術類別

從有系統地針對團體諮商師的技術運用進行實務探究之觀點，吳秀碧、許育光、洪雅鳳及羅家玲（2004）採發現式的方法，收集領導者帶領團體的技術運用資料。研究結果發現，團體領導歷程出現的技術共計五十三類，依其使用功能可將之分為四大類，包括：基本溝通技術、深化與探索技術、團體過程催化技術和行動化介入技術等。相關的技術分類列表，以及各類別技術之定義如表11-2所示。

表11-2　團體技術類別與細項技術摘要表

基本溝通技術
主動傾聽（active listening）、澄清（clarifying）、摘要（summarizing）、具體化（concrete）、檢核（checking）、邀請（inviting）、詢問（questioning）、支持（supporting）、非語言之運用（non-verbal）

深化與探索技術
探詢（probing）、同理（empathizing）、詮釋（interpreting）、再導向（redirecting）、挑戰（challenging）、評估（含量尺化）（assessment）、面質（confronting）、個人分享（personal sharing）、個人評論（comment）、回饋（feedback）、反映（reflection）、肢體碰觸（touching）
團體過程催化技術
掃描（scanning）、調節（moderating）、連結（linking）、阻斷（blocking）、設限（limiting）、保護（protecting）、取得共識（consensus taking）、設定基調（tone setting）、聚焦（含維持焦點與轉換焦點）（focusing）、說明（explaining）、此時此刻（here-and-now）、團體摘要（group summarizing）、團體歷程評論、（process comment）、忽略（neglecting）、沉默（silent）、場面架構（structuring）、開啟團體（opening group）、結束團體（terminating group）、引出話題（drawing out）、團體具體化（substantiate with group）
行動化介入技術
示範（modeling）、角色扮演（role play）、空椅法（empty chairs）、教導（teaching）、結構性活動（含繞圈方式）（activity）、運用團體資源（group resource）、雕塑（sculpturing）、具象化或視覺化（visualize）、隱喻（metaphor）、問題解決（problem solving）、幻遊（fantasy）、要求口頭承諾（asking for oral commitment）

引自：吳秀碧、許育光、洪雅鳳及羅家玲（2004）

　　其中，各類技術分別為：基本溝通技術九種（主動傾聽、澄清、摘要、具體化、檢核、邀請、詢問、支持、非語言之運用等），深化與探索技術十二種（探詢、同理、詮釋、再導向、挑戰、評估、面質、個人分享、個人評論、回饋、反映、肢體碰觸），團體過程催化技術二十種（掃描、調節、連結、阻斷、設限、保護、取得共識、設定基調、聚焦（含維持焦點與轉換焦點）、說明、此時此刻、團體摘要、團體歷程評論、忽略、沉默、場面架構、開啟團體、結束團體、引出話題、團體具體化），以及行動化介入技術十二種（示範、角色扮演、空椅、教導、結構性活動（含繞圈方式）、運用團體資源、雕塑、具象化或視覺化、隱喻、問題解決、幻遊、要求口頭承諾）等。由於技術類別繁多，對於各細項技術之定義和列舉，讀者可參閱附錄11-1：團體技術類別與細項技術定義列舉。

（二）團體諮商與治療技術之歷程變化

　　對於博士層級團體領導者於團體實務之人際歷程回顧所報告之技術運用類別，進行彙整和分析；吳秀碧、許育光、洪雅鳳、羅家玲（2004）發現運用頻率最高的技巧：澄清、摘要、面質、反映、探詢、同理、聚焦、連結、此時此地、團體歷程評論；前二項（澄清、摘要）屬於基本溝通技術，中間四項（面質、反映、探詢、同理）屬於深化探索技術，末四項（聚焦、連結、此時此地、團體歷程評論）則為團體過程催化技術。研究亦顯示團體初期著重過程催化，後期便加強深化探索，基本溝通隨著成員對團體熟悉而降低，行動化介入因為後期進入行動階段而逐漸增加。研究顯示，基本溝通技巧能促進成員們熟識且順利進入團體和互動，以便於之後的探索，而過程催化技術則有助於團體加溫，讓參與者之投入度加以提升，邁入具有產能的工作階段，之後則是深入探索、行動介入等技術類別之應用，主要能催化更多的洞察與強化改變。

　　研究對於領導技術運用類別之比例進行分析（可參見下圖11-5），可歸納相關發現：「基本溝通」技術類別之比例隨著團體歷程從初期開始逐漸下降，直至靠近結束階段之第8和9次才又逐漸上升，顯示人際互動間的基本社交關係之掌握，於團體開始和趨近結束之階段有其自然之需要性；聚焦於團體歷程介入之「團體過程催化」技術類別，從團體開始階段也漸次的下降，但值得關注的於第3至5次和第6至8次，有兩個使用比例較高的高峰，顯示在推進轉換階段與工作階段兩階段之架構上，領導者仍須較為主動且有所作為的推進團體過程；「深化探索」的技術類別也顯示了兩階平台的樣貌，分別為第2至4次的少量使用和第5至9次團體的最高比例使用，顯示於工作階段聚焦深化成員議題與探索和跟進較深度工作的需要性；跟循於深化探索之成員與人際工作，「行動介入」技術類別之運用也具一定比例的於團體中後階段有所應用和展現，但由於行動介入技術之使用上所占之整體介入時間可能較長，或可能包含多樣的執行程序，且依存於帶領者對於學派和取向的掌握，有其實務執行之複雜度，值得後續進一步延伸探究。

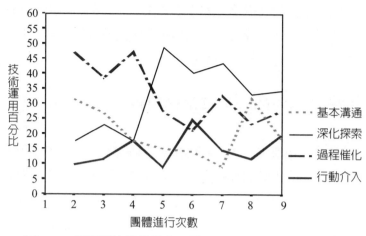

圖11-5　各類型技術於各次團體單元中運用百分比折線圖

三、諮商與治療團體領導焦點

（一）團體領導之焦點類別與轉換

團體領導工作中的焦點指的是領導者在實務中的聚焦和關注的現象，區分上可包含：個人（關注於個別成員）、人際（聚焦於一組關係的互動或促發彼此的對話），以及團體（對整個團體進行發言、邀請或工作）等三個向度。而從團體的功能看來，領導者需要在團體初期協助整個團體建構凝聚力和能夠工作的互助關係，因此團體初期，領導者大部分的工作焦點和介入層面將放在催化團體，促進團體為一個整體；在建構團體之後，則漸漸在轉換階段後期和工作階段，漸漸把焦點朝向個人，著重於促進團體能作為資源，幫助個別成員。

在團體中的焦點轉移向度，大致可從個別成員、人際互動和團體三個向度來區分，其焦點轉換可能包括六個不同的狀態，如將焦點從個人轉到團體、從團體轉至個人、從團體轉至人際（如對焦於人際溝通模式的檢

核）、從人際轉到團體（從兩人的互動關係轉回到整個團體）、從個人轉至人際（例如邀請與焦點成員相似或相異之成員進行對話）、從人際轉回個人（例如從人際知覺檢核回到個別工作）。

（二）團體諮商與治療領導焦點轉變

　　針對團體諮商領導者介入意圖與焦點之研究顯示（可參見圖11-6），領導在團體歷程中的焦點隨團體進展逐漸改變，聚焦於團體和個人的焦點報告，在轉換階段明顯的呈現交錯，逐漸將焦點從團體朝向個別成員（吳秀碧、洪雅鳳、羅家玲，2004）。此一歷程現象顯示，初期領導者應著力於對整個團體或人際層次加以經營和建構，但隨著團體次數延伸，對於團體整體進行之內容或議題等則逐漸轉移至個別成員焦點的關注；相對的，初期對於個別成員的聚焦則應避免過度關切或集中於過深或過長的成員工作，隨著次數增加，領導者能更加信賴團體且支持團體與成員間相互互動來形成對於個別成員的幫助。

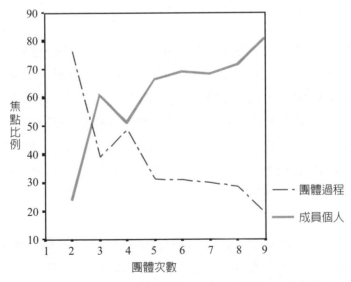

圖11-6　團體領導者焦點運用比例於團體歷程之變化

在團體諮商歷程中，何時將焦點放在團體和何時放在個人，是領導者需要掌握的重要技巧。雖然難以簡單概述，但有幾個原則可供參考：在團體初期，雖然重點是整個團體，但領導者應在整體框架內給予個別成員空間。例如，在30分鐘的團體繞圈分享中，應儘量平均地邀請每個成員分享，以達到聚焦於個人的效果。當領導者開啟一個以個別成員為焦點的工作階段時，應在適當時機將焦點轉回團體。例如，邀請其他成員跟進並分享相關議題或給予回饋，這樣可以使個人工作延伸至團體層面，直到開啟下一個個人工作階段。

當焦點放在人際互動上時（如兩人的互動模式、對話或人際知覺檢核），仍應記得最終目標是處理個人困境，工作片段結束後應再回到個人層面。在工作階段中，領導者應注意在個人和團體之間來回轉換焦點。雖然聚焦於個別成員的時間會逐漸增加，但在需要其他成員注入資源或回饋時，應及時將焦點轉向團體。

當工作階段將焦點轉向團體並邀請成員分享或回饋後，應記得再將焦點放回個別成員身上，檢核團體資源的注入對該成員的幫助和個人收穫。焦點的轉換不單是一個技術或策略，也需要依據團體當下的歷程和聚焦，如轉換階段之領導歷程所說明，來回轉換焦點於個人、團體與人際等層面，在工作階段的推進中也能適時在個人深化的工作同時，引發人際回饋與揭露之歷程工作，促進團體資源與個人需求的連結；各個層面的策略運用，則可如下一章節延續加以說明。

◎問題延伸討論、省思或作業

1. 諮商與治療團體領導意圖有哪些呢？對你來說哪些意圖是最印象深刻，或是感覺最難以理解的呢？又哪些意圖可能是你熟悉的，或是對該類意圖感覺到很陌生？從意圖的歷程分析，對應先前與轉換階段和工作階段有關的學習，對你有些新的啟發？

2. 諮商與治療團體領導介入技術有哪些呢？對你來說哪些技術是最印象深刻，或是感覺最難以理解的呢？又哪些意圖可能是你熟

悉、感覺能掌握的，或是對該類技術感覺到陌生、感覺無法掌握？從技術運用的歷程分析，對應先前與轉換階段和工作階段有關的學習，對你有些新的啟發？

3. 從領導焦點變化的歷程分析，對應先前與轉換階段和工作階段有關的學習，對你有些新的啟發？

第十二章

團體系統化介入策略

本章綱要：

一、團體介入策略之向度與歷程考量

二、團體與人際層面之介入策略：建構團體架構的領導策略／催化與促進團體前進之介入

三、團體與個人層面之介入策略：基本溝通與諮商技術之應用／促進個別成員深化或朝向改變之技術

四、人際與個人層面之介入策略：人際支持與關係促進之介入策略／人際資源擴展之介入策略

一、團體介入策略之向度與歷程考量

　　整合前一章節與焦點、意圖和技術有關的探討可發現，諮商與心理治療導向之團體領導介入，因所涉及的主要目的為運用團體和人際資源來協助個別成員，因此，在領導者的介入工作層面上，可以從個人工作、人際工作和團體整體工作等三個焦點進行區分；然而，也因為焦點的主體和脈絡在團體情境中常常無法清楚的切割（例如個人對團體分享、同儕對個別成員給予回饋，或團體對於個別成員明顯的支持和非常熱絡的情感交流等），因此整合的從幾個層面進行介入是相當重要的。

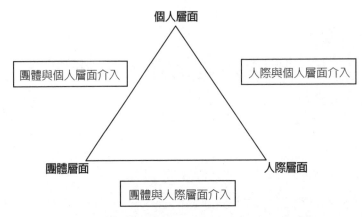

圖12-1　團體領導者介入策略之不同面向與焦點

　　若有系統的從個人、人際和團體三個焦點擴充其交織，團體領導的介入層面大致可分為「團體與人際層面」、「團體與個人工作層面」，以及「人際與個人工作層面」；如上圖12-1所示，若以三角形三個頂點來說明領導者在團體歷程中的工作焦點變換，則所交織的三個邊長，則可為此團體歷程的三個層面。值得注意的要領是，「團體與人際層面」的領導工作是團體初期最為重要的建構團體為一整體之工作，而「團體與個人工作層面」和「人際與個人工作層面」則似乎為團體從轉換階段進入工作階段，逐漸聚焦於個人工作且將焦點來回於個人和人際或整個團體的工作。

　　再者，各層面的工作其實可從維持與建構，以及促進和深化等兩個角度，來加以區分。Douglas（1991）曾針對團體領導者策略本質與應用提出幾個與策略導向有關的建議，可分為阻止與中斷（arrestive）、減少與降低（reductive）、維持與支持（maintaining）、鼓勵與促進（enhancing）、矯正與改變（modifying）、重新開啟／轉換方向（countervailing）等六種分類。其中前三者，(1)阻止或中斷即將發生的行動或可能發生的情況、(2)減少與降低行為或是互動的持續性，以及(3)支持但是並未有主動的鼓勵，較接近為一種穩定和建構的領導介入工作；而後三者，(4)鼓勵與促進以刺激或產生相同的行為或反應；(5)改變行為或是互動的方向、焦點或是強調的重點；(6)開啟一個新的過程、主題或是

活動等，則顯示較爲一種促進、開創和深化的介入方向。

　　若有系統的將「團體與人際層面」、「團體與個人工作層面」，以及「人際與個人工作層面」等三個層面，與「維持與建構」，以及「促進和深化」等兩個角度加以整合；則團體領導介入之面向則可在每個層面下，再區分爲穩定的維持和建構，以及積極的促進與深化等兩個不同方向的工作。如下表12-1所示，我們大致可以分別從六個不同層面與角度的技術運用，來討論領導團體的介入策略應用，分別爲：團體與人際層面的建構團體架構、催化與促進團體前進，團體與個人工作層面的基本溝通與個別諮商技術、促進個別成員深化或朝向改變，以及人際與個人工作層面的人際支持與關係促進、人際資源擴展等介入策略；分別於下列各章節段落加以說明和探討。

表12-1　團體領導者不同層面之六類領導技術運用

	維持與建構	促進和深化
團體與人際層面	建構團體架構	催化與促進團體前進
團體與個人工作層面	基本溝通與個別諮商技術	促進個別成員深化或朝向改變
人際與個人工作層面	人際支持與關係促進	人際資源擴展

二、團體與人際層面之介入策略

（一）建構團體架構的領導策略

1. 開啓團體

　　初始狀態的導引和開啓一個團體單元（initiating）是一個相當重要的領導任務，在團體單元一開始，成員剛坐定且觀望著團體領導者，在諮商與治療性質團體期望較少導引，而能給成員空間的同時，要能給予架構可運用場面架構，或開啓團體之陳述。

(1)開啟團體（opening group）：能夠清晰的為團體的開始進行明確的宣告，例如在團體時間到了之後即導引成員入座並即時宣布團體的開始；此一開啟團體亦包含非常順暢的招呼成員且自然的讓團體進入架構內的進行時間。

(2)場面架構（structuring）：又稱為結構化，指說明團體時間的分配或團體進行程序，或重申保密的重要性等團體進行的基本架構。場面架構為能夠簡要的為當次所要進行團體框架出一個輪廓，包括對於該次團體進行方式的說明、時間和段落分配的提示、說明成員如何參與團體的方式，以及在團體初期摘要或提醒相關的規範。在過程中的架構運用，也包括有計畫的引導成員進行分享和互動，循序漸進的建構團體成員對於參與團體的穩定感與安全感。

2. 說明與導引團體

(1)說明（explaining）：說明指的是領導者陳述有關團體的行政庶務或有關某一技巧的介紹。在團體進行中，例如要進行某個特定程序或活動，像是輪流給予焦點成員回饋、相互分享自己的特定事件和經驗，或是參與暖身活動；領導者可對於即將進行的內容或程序，給予清楚的說明。在說明的技術運用上，領導者要注意儘量言簡意賅，留意成員聆聽的表情與確認是否理解，可運用舉例的方式讓自己的陳述和說明更為清晰、具體。

(2)示範（Modeling）：指的是領導者直接示範成員需學習的技巧與作法，對於開啟某個結構或活動，邀請成員展開某種特定的談話結構或分享某個主題（例如：用爸媽的角度來對別人進行自我介紹、分享一個青少年時期青澀而難忘的經驗，或是進行一暖身性質的活動等），領導者可舉例和用自己的經驗進行示範，例如：

「用爸媽的角度來介紹我自己，例如我會說，這是我的兒子維允，他現在是一個學校的輔導老師，我覺得他……。」

「接下來這個活動，需要兩人一組用肢體來表達一件最近兩個月以來，掛在心上的煩惱事情，讓我來示範一下，（直接簡短的示範）……，

可以看出我所表達的嗎？相互用肢體表達之後，我們可以有些時間進行相互的分享。」

（3）繞圈（go-around）的運用：繞圈是一個為了設定團體言談分享順序的結構性活動，為了減低團體初期因為過於不確定或不安所帶來的矛盾與衝擊，領導者可藉由繞圈設定言談順序，例如從自己的左手邊的成員開始依序分享，下次則可從右手邊反轉輪流分享。繞圈的方式雖然可提高團體的結構和安全感，但在凝聚力已建構的工作階段若領導者仍過度依賴繞圈，也可能會使團體人際的自由互動失去發展的空間，在歷程催化上應謹慎的運用。

3. 關注團體成員

在團體分享進行的過程中，領導者需要專注和留意團體成員的狀況，關注其在言談或傾聽過程的反應，不同於個別諮商的僅專注於一位案主，對成員的關注必須有其平均性和深入性；對團體成員的掃視和個別成員的跟循，是兩個很重要的技術。

（1）掃視（scanning）：掃視為非語言地關注非說話者，尤其以目光的運用為多，掃視有不同的運用程度，當領導者為了同步關注團體成員，在團體進行中用目光環視所有成員，為最基本的關注；當領導者邀請團體，而運用目光環視成員，則為徵詢願意率先發表者或關注具較高度表達意願的成員；此外，當領導者針對某議題想徵詢成員的贊同，而環視成員以了解大家是否有不同的意見或贊許，亦可透過掃視來達成。

（2）跟循（tracking）：與掃視的關注於團體多數成員不同，跟循指的是對於個別焦點成員的關注，包括目光的接觸、表達認可、鼓勵其接續發言，或是在其他成員接續分享或回饋時，回頭關注焦點成員，評估與了解其當下狀態。

4. 團體步調管理

團體的進行速度和深度，與其發展歷程有很大的關聯；在初期，平衡成員溝通的質與量，避免個別成員過於深度的工作而忽略其他人，或是避免特定幾位成員缺乏分享而逐漸遠離等都是重要的，而在後期，成員有

更深度分享的需要，則調節團體進行速度，能將多一些時間放在個別成員工作，並運用團體來協助個人亦是團體進行步調的重要考慮。領導者可用「調節」、「取得共識」或「設定基調」等技術來進行團體步調的管理，分述如下。

(1)調節（moderating）：調節最主要的目標為掌管團體互動，以確保各種情感與思考可被表達。因為團體歷程和不同階段任務的需求，領導者需要對於團體進行的速度、深度、話題的廣度，以及大家的參與度等進行調整或管理，以能調節團體在當時的進展速度或程序。領導者可如下列幾個例子來進行陳述：

「其他人的經驗呢？在小明和大華都跟大家分享了一些最近的生活適應狀況後，也請大家能簡短的談一下自己目前生活中所關切的事情。」（較淺且能平均得讓成員加以分享）

「佳琪跟我們分享了剛上大學那一年非常奮力的適應過程，當中確實是一段很辛苦的掙扎，也克服了難關，有誰在生命的某個階段，也有這種用力破繭而出的心情或感受？」（期望較深入且朝向工作的分享）

領導者在調節團體進行速度和深度上，宜考慮團體歷程和當下的狀態，適當的對整個團體的進行步驟加以介入和主動的進行管理。

(2)取得共識（consensus taking）：找出成員在不同主題和問題時的立場，使彼此知道差異與關聯，進而能透過一對話歷程尋找最大的共同點並均予以同意。在團體的某些討論與對話時刻，成員所分享的話題或所呈現的議題可能呈現分歧和多元的狀況，在領導者加以統整後，能夠促使團體回到一個焦點或面向上，朝向同一個議題進行探討和工作，是相當重要的領導任務；領導者可透過對相關的議題進行整理後，回應幾個可能性給團體做決定，以確認大家都在同一個面向上；也可以運用個人對團體的觀察，選定一個焦點而提出讓團體成員決定，是否共同同意將接下去的時間放在該議題上去發展。舉例如下：

「從剛才大家的分享聽到團體中所關注的話題，有親子互動裡的困惑、跟同學或同事的相處難題，以及面臨生涯和轉換跑道的兩難抉擇等三個可能性；接下來的時間，不知道大家會比較希望先談哪一個？是否我們

先花一點點時間來確認一下團體的方向？」（從多個焦點去尋求共識）

　　「延續芸芳對於親子關係裡面那種深深感受到父母的關愛，卻又無法接受爸爸的表達方式，一種想靠近又不知道如何親近的兩難，是很深的感覺；我們是否留一些時間來分享大家跟爸媽溝通的心情，也能有機會讓芸芳聽聽大家的經驗，看看有什麼不同和啟發？」（取得深入某一焦點的共識）

　　讓團體成員能達成共識（on the same page）地發展和工作是團體進行中相當重要的任務，徵詢共同去抉擇或確認大家的目標方向一致，是取得共識中很重要的一環。

　　(3)設定基調（tone setting）：「基調」指的是一種節奏或旋律，以及整個樂章的曲調音高或樂章的特性。設定團體的基調若團體的運作就像一曲悠揚的樂章，怎樣在開始合奏的當下，設定整個樂團的發展和調性，顯得十分重要。在團體過程中，領導者設定基調指的是為團體進行中朝向營造最佳的團體氣氛、互動、深度與參與態度，含領導者安排物理環境、表達個人心情、維持領導特色等方式。例如：

　　「在剛才大家很熱絡的七嘴八舌的想給阿寧最好的意見，可感覺到大家都非常的關心阿寧，我有點擔心大家太過熱情的關心反而讓阿寧有點緊張，讓我們接下來可以這樣討論：先讓阿寧把她的心情和期望大家分享的意見先說明，接著我們就從阿寧的右手邊輪一圈，大家分享自己的觀察或感受等意見；最後老師會再邀請阿寧分享她聽完之後的心情。過程中假如我們當中其他人也有一些深刻的事情願意分享，則可以在之後也跟大家來談。」（設定團體進行焦點議題、分享流程、回饋順序與後續焦點的產生等基調）

5. 統整團體內容與結束團體

　　(1)團體摘要（group summarizing）：為對於團體討論的內容及想法做摘要，整合不同時段中成員對某一話題、現象的看法或意見；對團體內容進行摘要是一個非常普遍使用的團體介入工作，經常也同時與其他的介入策略相互搭配，在於協助成員了解到團體成員剛才所共同討論的議題，且

爲此一議題作一明確的定位和精要的了解。

　　(2)結束團體（terminating group）：爲領導者宣布該次團體結束，可於結束前3至5分鐘預告，而後在時間到之前作一簡要的總結或整理，之後則宣布團體結束並預告下次團體的再見。

（二）催化與促進團體前進之介入

1. 焦點導出與轉換

　　(1)聚焦（含維持焦點與轉換焦點）（focusing）：聚焦是指領導者努力去維持或轉換團體進行之主軸焦點，包括清晰的去協助團體界定探討的主要議題、將焦點放在主要人物或當下進行活動等，特定標的或對象上。實務上聚焦包含兩個面向，一個是維持或捉緊當下團體焦點，更清楚的去界定與設定，不作轉移和改變；另一個爲轉換焦點，將焦點從原本進行的層面、狀態或主題，轉換到另外一個，例如在聚焦層面的轉換上：將在團體分享後將焦點界定於單一成員進行深入探索（由團體到個人）、個人探討告一段落後轉出至團體進行腦力激盪（由個人轉至團體）；在個人分享後聚焦於所關聯的人際互動進行檢核（由個人到人際），由兩人的溝通狀態聚焦回單一成員之個人狀態進行深入（人際到個人）；或是在探索個別成員的段落中由原初的成員轉到另一位（個人到個人）。而在話題焦點的轉變，或工作焦點的轉變上，則領導者可依據自己的預設去轉換所期望進行的焦點。

　　(2)引出話題（drawing out）：引出話題是一個常用於團體單元開始的技術與概念，有時也單指特定的應用在團體初期協助成員形成與表達其參加團體的個人目標。在概念上，當一群人尚不知道如何深入的相互彼此分享，能較爲淺層的先行揭露與待會想深談的主題或話題，有助於言談者稍微整理和預備，也有助於聽者去思考與自己關切議題的相近性，對領導者也能有一個預備階段的去了解和編織團體可共同探索的話題。實務上引出話題可透過邀請團體依序成員發言，或更進一步協助成員表達更多內在資料，以使被了解更多，在漸漸的深入核心而能尋找出可工作的焦點來。

2. 當下釋出責任與增進團體動能

團體動力與發展有時如「逆水行舟，不進則退」或常有「不進則滯」的現象，並且十分特別的是，領導者有時候奮力往前推卻難有進展，釋出責任採賦予團體自行面對與抉擇的狀態，反倒有時候讓成員扛起責任，讓團體能在此擁有動能。在團體「當下」將焦點放回到團體成員本身，並促使成員去直接浸泡與體驗，有時是增進個人或團體動能的重要介入。以下從運用沉默和此時此刻兩個焦點來進行探討：

(1)沉默（silent）：沉默的運用，指的是領導者刻意不使用任何技術或作為，保持沉默，以使成員自發的經驗當下團體歷程並嘗試處理沉默。例如在團體開始一段時間後，領導者已經透過多次引導，成員卻仍然有一搭沒一搭的大家各說各話、難有交集且似乎心不在焉，則領導者此時暫且「放手」容許「空白」自然的發生和浮現，可視為是一種沉默的運用。在這樣的沉默中，成員必須嘗試去學習某種面對真實焦慮的情境，且認真的學習面對自己來參與團體的切身關心為何，從「團體現在怎麼了？」的了解，進而發展出探索「我剛才怎麼了？」「我來這裡到底是想要幹什麼？」的動力；從面對於真實情境相似的「自己必須引導自己」之體現，從而增進團體的動能。當沉默作為一個被使用的技術或策略時，可看成是領導者有意識的提供這樣的場域經驗；但是沉默也同時是團體既存的可能現象，有些時候團體的沉默有其因素，在責任上屬於領導者，應加以介入、修正或突破，這一部分將在第十七章團體困境突破的沉默處理段落，進一步加以說明。

(2)此時此刻（here-and-now）：「此時此刻」相對於「彼時彼地」，是把焦點放在當下立即發生的情境上，而非過去或團體外的個人經驗上；領導者以團體當下所發生的素材作為協助成員的材料，請成員將所談的焦點放在當下的團體情境或經驗。例如領導者可能會說：「讓我們先停留一下，觀察一下現在發生了什麼事情。」也可能說：「現在經驗到什麼？有什麼感受或想法？」「此時此刻」就像是一個切片，在介入上希望從這樣的切片能窺看見一些與團體歷程、人際模式或個別成員有關的訊息，進而

從中引發與此經驗有關的探索與討論，因爲該經驗就在眼前，無法迴避與遁形，而能眞實的被檢核與討論。

3. 澄清團體議題與歷程

　　(1)團體具體化（substantiate with group）：是一個協助團體成員談論或互動的內容能更加具體的歷程，並透過此具體化更能細緻且豐富的分享。領導者一般可透過對團體分歧或模糊的狀態進行反映、摘要或澄清，整合共識或點出相異的經驗，進而朝向更爲清晰的整理出團體的共識，或大家當下確實想延續發展的方向。

　　(2)團體歷程評論（process comment）：是一個期望催化或推進團體前進的策略，領導者透過表達在團體過程中個人所看到，或所感受到的團體之動力、氣氛情緒、工作或投入情形等團體過程的素材，意圖促使團體爲一個整體的知覺到當下團體的狀態。

三、團體與個人層面之介入策略

　　領導者在團體中所運用之基本溝通技術或與個別諮商相關之技術，以及深化成員改變之技術等，大致上與個別工作之實務相似，本章節僅略爲提出和簡要說明其團體應用概況，更深入與進一步的理解，可參考相關的諮商實務技術專業書籍。茲分爲基本溝通與個別諮商技術，和促進個別成員深化或朝向改變，如下說明。

（一）基本溝通與諮商技術之應用

1. 邀請成員分享

　　邀請（inviting）：在團體中進行邀請，可分爲幾個層次來理解此一實務工作，包括邀請團體自發的分享，或是針對某一特定主題進行分享，也可能是邀請特定的幾位成員分享，抑或是邀請個別成員分享；領導者可視團體段落之工作主軸，進行此一抉擇和邀請。

2. 傾聽與回應

(1)主動傾聽（active listening）：專注傾聽對方所表達內容，確定了解，並表達接納、尊重、關心。

(2)詢問（questioning）：以詢問或發問協助成員表達與評量其問題。

(3)非語言之運用（non-verbal）：以點頭、眼神、表情等方式傳遞訊息或邀請發言。

3. 澄清與協助有效言談

(1)澄清（clarifying）：要求重述、透過發問或運用其他成員來協助成員澄清及了解。

(2)摘要（summarizing）：摘述重點以促進進一步反應，本項也包含要成員摘要個人參與團體之目標。

(3)具體化（concrete）：以具體的詞彙協助成員討論所表達的感覺、經驗或行為，本項也包含具體化個人目標，即協助成員以具體詞彙表達其個人目標。

(4)檢核（checking）：確認成員的內在狀態或溝通情形。

4. 領導者自我揭露

個人分享（personal sharing）：領導者的分享自己個人的資料，包含與成員相類似的經驗、問題或個人情感與因應方式等。Yalom（2005）將領導者的自我揭露區分為垂直的和水平的自我揭露兩類，垂直的自我揭露指的是分享自己與當時成員或團體有關的個人經驗，可能是自己的成長經歷或相關人生經驗；而不同於垂直的揭露，水平的自我揭露指的是去分享自己當下在團體中的感覺、經驗、想法或啟發等，是採取一種同步為參與者的角度來分享與團體有關的當下經驗，此一水平的分享有時能很貼近且直接的對於團體歷程有很大的助益。

（二）促進個別成員深化或朝向改變之技術

1. 評估個別成員狀態

(1) 評估（evaluating）：藉由問問題或觀察來評量成員的內在狀態，性質上與個別工作中的個案觀察與評估相同，基礎上仍奠基於專業人員對心理學基礎、診斷知識與思維，以及評估會談方式、訊息整合判斷與推論的實務能力有關。

(2) 自我評量（量尺化）（assessment / scaling）：自我評量是一個在團體中可運用公開的詢問，鼓勵成員能自我評量或呈現其自我狀態，例如評估自己今天在團體中的參與度、評估這五週下來自己已經談到自己關切議題的程度、評估自己最近兩三天的心情，或是面對生活特定壓力的準備度等；在團體中進行時，除了運用言談與分享外，也可採用量尺化技巧（scaling）進行較為清晰與快速的標定，例如詢問：「假如從灰暗到明亮是1～10分，你今天來參加團體時大概是幾分？」在冒險諮商的攀岩活動體驗後詢問：「剛才攀爬快到頂端時，你的心情假如有害怕，大概是0～10是幾分？」

2. 同理與支持

(1) 支持（supporting）：支持特定成員的介入，指的是提供增強、鼓勵或支持成員在團體中積極的互動行為。

(2) 同理心的運用（empathizing）：「同理心」是諮商與心理治療專業中相當核心的重要概念，若暫且較狹義的以技術層面來理解或框定，可指領導者在傾聽過程中，真實的了解成員之後，幫成員說出隱含的情緒，使成員覺得被了解與支持。

(3) 反映（reflection）：為對成員所談內容或情緒（口語、非口語訊息）的反映，以協助成員了解自己的情緒狀態及所談意義及知道領導者了解自己的感受，可能包含了反映情緒或反映意義等不同層面的運用。

3. 擴展覺察與了解

(1)給予回饋（providing feedback）：指的是領導者綜合對成員的理解和判斷，嘗試加以統整且具體的提供個人具建設性的看法，期望供該位成員參考。

(2)探詢（probing）：試探性地使當事人可深入自己的問題，以獲自省及了解。

(3)詮釋（interpreting）：以相關的心理諮商理論之概念或架構來解釋或分析團體或個人的素材和情感

(4)再導向（redirecting）：連結成員個人在團體過程前後所提出的訊息，以提供作爲自我探索的參考；是一個連貫團體時間軸向的整合觀察與回應。

(5)挑戰（challenging）：提出與成員個人主觀想法不同的參考架構，刺激其以不同觀點思考。

(6)面質（confrontating）：對於個人言行或表達矛盾或逃避之處、個人在團體中行爲不一致處予以提出，以協助自我探索。承上，面質與挑戰最大的不同在於其焦點放在個人內在或行爲上的不一致，而挑戰較爲個人與他者的參考架構或價值之不一致。

(7)個人評論（comment）：針對個別成員參與團體的方式或談論的內容，給予評價或定位。

(8)視覺化（visualizing）或隱喻（metaphor）的應用：團體領導者亦可運用具象化或視覺化（visualizing），有效的引導成員將內在經驗中所呈現的景象，以具體象徵物比擬或表達出來；或透過隱喻（metaphor）的探問和敘述方式，以故事或鮮活事例回應成員的問題，以引導成員不同的意識層面，活絡思考及誘發不同反應。

(9)肢體碰觸（touching）：以肢體接觸成員，表達情感支持、強化表達內容。

4. 鼓勵成員嘗試新行爲

教導與訓練（couching）：教導與訓練，爲領導者以直接或間接指導

方式使成員學習適當的人際溝通技巧，包含：教導你我溝通、教導使用我敘述、教導以分享代替建議或說教、教導同理心、教導簡述、教導回饋、教導正向觀點、教導具體化等。在涉入的程度上可能包含直接的教導、建議、給予說明或指引，以及鼓勵其嘗試等方式進行。

四、人際與個人層面之介入策略

（一）人際支持與關係促進之介入策略

1.維持互動規範與建構文化

在人際互動層次的介入中，因成員個人將原有人際模式帶到團體中，常常是一種自然呈現的模式與反應，例如：插話、過快的給予建議、暗喻的指責或過度的直接分析等不適宜的互動型態，有時容易造成人際的誤解與團體的安全感受到威脅；因此，調節人際互動之介入很重要的能夠促進互動規範，並從修正中建構較佳的團體文化。下列幾個介入為維持團體互動規範可運用的技術：

(1)阻斷（blocking）：對於不適切的人際回應，特別為明顯有所曲解或過為偏頗的評價、缺乏同理與了解的建議，以及理智層面的分析等，領導者必須留意成員此些人際互動行為，在出現此類言談之第一時間即給予阻斷。然而，要能有效且不顯得魯莽的中斷成員的談話或發言，需要一些較為圓融的考慮；在華人的社交習慣中，有技巧的去中斷此類不適切的發言而不傷害其顏面，尤其重要且必要。因此，領導者可運用較為同理、點出其背後善意的方式，加以摘要和採取明確設定焦點的方式，來阻斷成員不適切的發言。例如：

「強偉，你很急著跟美欣分享自己的經驗和生活哲學，我們可以看見你的用心，但是我們自己的方法未必全然適合美欣的情況，我們可以先聽美欣說完，再聽聽美欣需要大家如何幫忙。」

在阻斷的技術運用上，領導者務必切記適時的介入成員的言談，且態

度上要溫暖而堅定，採肯定語氣而非詢問的切斷不適切的言談。

(2)設限（limiting）：對於個別成員在團體中的參與行為或人際互動行為，若該行為明顯的影響了團體其他成員的觀感、干擾團體進行，或是在人際互動上可能進一步製造爭端等行為問題，領導者適時的給予一個框架和範圍，予以設定限制是相當重要的。例如：成員持續且重複的插嘴（特別常見於兒童青少年團體）、多次的過度探問他人細節或隱私，或是重複的批評與語帶貶抑的質疑其他成員等。通常，領導者須觀察個別成員或某幾位成員之既定行為與模式之後，在適當的時機進行設限，公開的說明與陳述團體內需要設定限制的原則和理由。通常，設限的處理可以包含：現象觀察描述、說明原因和理由，以及設定合理和有規則的限制。例如：

「明芳，我留意到妳很關心小偉、佳琪和怡如所談的情況，也很急著想知道他們的經驗當中的一些事情（現象觀察描述），但是這樣仔細的關心和詢問，讓我覺得有些擔心，因為分享的夥伴未必希望談到那些細節（說明原因和理由）；我想，我們可以成員分享完之後，主要以談談自己聽完的心情和感受，或是以分享類似經驗為主，而不作細節的發問。」

(3)保護（protecting）：與上述「設限」相對應的一個介入技術，這要為保護個別成員，避免受到團體壓力或其他成員過於帶有壓力的詢問、評價或分析等；在實務上，領導者可運用「設限」來限制成員出現的干擾或逾越界限的行為，但當團體有幾位成員同時採取不適切的態度或過當的行為，而導致某位成員有壓力。例如：大家共同鼓動某位成員作更多揭露、輪番上陣給予建議和分析，或是一致性的表達某種不以為然或批評。則在介入上阻斷團體和成員的回應，領導者需要進一步點出焦點成員的需求或處境，對團體成員進行設限，且設定團體成員對待該焦點成員之規則。例如：

「我們有幾位夥伴似乎為了佳琪的狀況感到很心急，但我想佳琪你自己也一定很為難和還有些困惑，也有些事情想要暫時保留（對當事人表達了解其需求與處境）；大家應先給佳琪一點點空間去思考，不再對佳琪提出這些關心的詢問（對團體設限）；假如有相似的心情，大家可以談談自

己的經驗（替代的可行規則）。」

(4)忽略（neglecting）：面對互動規範與團體文化的建構，若成員個別或在人際互動上有些輕微的干擾舉止，或隱微的期望引起注意、激起他人情緒，或表現能力不足而過於退縮等，領導者於團體初期可採取「評估」的態度，暫時予以「忽略」，或是在確認該成員已經知道其行為的不適當，而透過「忽略」的方式，自然的削弱相關的干擾行為。例如下列幾個例子：

a. 小明常常聽完別人的分享，就連聲叫好，拍手鼓掌並且大笑幾聲；在領導者已經提過「我們在團體中大家的經驗分享很可貴和真實，也不是什麼表演，大家相互傾聽即可，不需要拍手或鼓掌。」數次，而小明仍然如此行，則領導者採取「忽略」（可面無表情，不予理會或再回應）的方式，自然團體其他成員不會拍手也不再理會小明的帶頭鼓掌行為。

b. 大華有插話和打斷別人言談的習慣，領導者於提醒後大華仍有時會不斷的舉手，或是又直接打斷別人發言；領導者於提醒幾次後，運用「忽略」的態度與技術，對於大華的舉手並不反應，對他插話打斷別人的發言也不予回應，漸漸的，大華覺得不被關注而減少再插話和搶著發言的模式。

2.成員關聯性的建構

在團體初期與轉換階段，抑或是針對特定議題進行工作的中後期，點出成員的相似性、相異性等，而促使成員能產生有意義的關聯，為團體催化領導中相當重要的連結（linking）技術。連結能促進成員在關係上和感受上的親近性，增強凝聚力；也能透過彼此間相似性或差異性的了解，更理解自我狀態和人我差距，增進自我了解的工作。

「連結」（linking）：為聯結成員間問題與議題的相似性、同一向度的差異性，或彼此之間的相關性，以使成員間能彼此親近以發展團體凝聚力。在運用連結的技術上可分為同質性（點出成員間的相同與相似）與異質性（點出在同一個向度上的不同想法或感受）兩個方向，而以連結的內容層次來說也包含話題（成員所談的內容）與議題（成員所呈現的個人狀

態）。例如，以點出同質性爲例，領導者可以適時的陳述：

「佳媛和明仁都提到和爸爸媽媽溝通的不夠順暢，在當中都好像期待能和他們好好的談清楚，那種親子關係上的緊張和有些挫折，你們兩位非常的相似。」

而若是異質性的連結，領導者可陳述：

「佳媛和明仁都很想和爸媽花時間做良好的溝通，不過佳媛會希望是爸媽要先有意願和主動，但明仁在這部分卻是屢次的嘗試和主動卻好像有些碰壁，兩個人有不一樣的感受。」

3. 直接對話習慣之建立

「我—你」對話（I-Thou）：在團體中領導者有時可以觀察到，成員將眞實生活中的對話習慣帶到團體的人際互動中，例如：說話的時候空泛的指涉「他」而並不明確的對話，或原意是要對某一個成員進行回饋，卻隱含的用間接與模糊的方式對其他成員說話。在處理人際的支持與互動上，領導者需要非常敏銳的去覺察成員的言談方式，且在團體初期就必須完全百分之百的糾正成員的溝通對話型態。

（二）人際資源擴展之介入策略

1. 人際對質或檢核

人際對質／檢核（interpersonal confrontation/ checking）：人際檢核是爲了協助成員對其當下的人際互動進行更貼近現實狀況的核對，例如對成員做回饋的有效性與否，可透過人際對質和檢核加以確認。當團體成員彼此間的互動似乎有些關係上的阻礙，或呈現不良的溝通型態，領導者可運用下列幾個策略進行：其一爲重新框視彼此的互動，特別能點出彼此溝通背後的正向意圖（例如接受回饋後兩者有些爭執，回饋者的意見雖然不恰當但仍是出於好意）；其二爲引導對話，需要將對話的焦點設定得很細，例如先詢問焦點成員其實想聽的回饋意見爲何，也接著詢問回饋者是否能從當事人的角度去給回饋，而非建議或分析；其三，應加以雙方面均給予

鼓勵並且嘗試當下於團體內能重新再次溝通，展現實質的新人際互動。

2. 人際回饋與團體資源擴展

　　促進人際回饋（facilitating interpersonal feedback）：是團體實務相當重要的介入要領，特別於焦點成員深入工作後，引發成員能從當事者的角度來設想和回應，對於協助某位成員探索或解決個人問題，將能開展出極大的效益。人際回饋的催化可以有兩個不同的方向，第一個為引發成員運用自己的經驗來回饋當事者，較屬於跟進分享的自我揭露，但其目的主要在於支持而非同步進行工作，例如領導者可能詢問團體成員：「聽完阿香所談的心事，有沒有觸發到自己成長過程中相同的心情，可以提出來給阿香一些回應」；而第二個為邀請成員對於當事者的處境給予一些當下的感受或想法之回應，可以從下列擴展覺察與觀點、擴展情緒覺察、擴展抉擇的思考與應對，以及擴展新行為或行動等，四個角度來進行引導：

　　(1) 擴展覺察與觀點：促發成員能給予回饋，站在當事者的角度去思考對這樣的處境會有什麼樣的想法，或者是生活中的相關人會有什麼樣的想法。例如詢問團體：「大家剛才很投入的聽到芳明離家到現在六年的心情，想回去探望父母但卻又無法面對的感覺很深；假如你是芳明，在現在第六年了，你覺得什麼想法或信念很重要，有沒有一些不一樣的觀點？」而相對的擴展當事者對生活相關人的觀點覺察，則可後續詢問：「我們大家猜猜看，芳明的爸爸媽媽這六年來的心情和想法可能是什麼？」在功能上觀點和想法的多元化討論與聆聽，是團體很重要的資源且能透過聚焦點的回饋，對當事者有極大的助益。

　　(2) 擴展情緒覺察：當焦點成員較難去經驗情緒，領導者亦可主導對情緒更深入的了解和對談，以協助當事者能更被支持的去面對和接納自我狀態。例如：「假如我們大家是芳明，這六年來你自己除了擔心、後悔外，可能心底最深處的感受是什麼？讓我們大家回應一下。」

　　(3) 擴展抉擇的思考與應對：面對困境、難題和必須抉擇的路口，若當事者顯現具備面對的意願但是對如何去思考和評估有些困難，領導者亦可同步促使成員給予面對抉擇的討論和回應，例如：「剛才芳明其實一直

提到想回家或是和爸媽打電話的想法，但是其實又有一些心裡的擔心，站在彼此關心的角度，假若我們是芳明，我們會怎麼去下一個決定，該考慮哪些事情？」

(4) 擴展新行為或行動：問題的解決策略、新的行為與表現或主動的採取某些行動，亦可透過團體成員分享和回饋的資源注入，有效的協助成員，例如對於解決策略詢問團體：「假如大家能站在芳明的角度來思考現在的僵局和希望，哪些資源大家覺得是比較能把握的？假如是你的話，你可能會掌握哪些資源或請誰幫忙？」或者對於新的預想行動可詢問：「話筒拿起來那一霎那，假如你是芳明的話，你會怎麼跟爸爸或媽媽說話？感覺上好難，但是剛剛芳明提到邁開這一步很重要，大家幫忙想一想，開頭的第一段話該怎麼說？」

◎**問題延伸討論、省思或作業**

1. 從團體歷程與階段發展的角度來看，哪些團體諮商與治療介入策略，分別適合於開始階段、轉換階段、工作階段或結束階段來應用，請試著加以設想和大略的思考其運用的意義與效能。

2. 從療效因子的角度來看，有哪些介入策略，特別與某些療效因子有關且在運用上能較有效的促進相關療效因子？請試著統整與思考技術、策略應用與療效因素之間的關聯性。

3. 對你自己的實務能力之自我了解和評估，你覺得哪些團體諮商與治療之介入策略在應用上是較能掌握的？又哪些在應用上對你來說較為困難？其困難點在哪裡，請試著加以分析和說明。

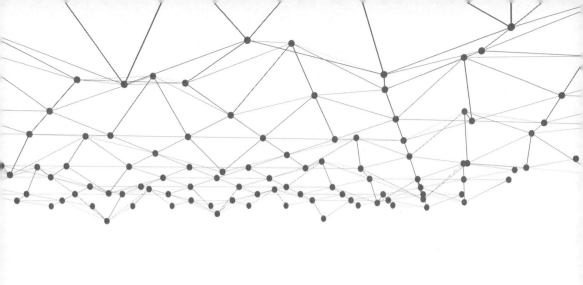

◆ Part V

跨場域／多元文化團體
實務開展

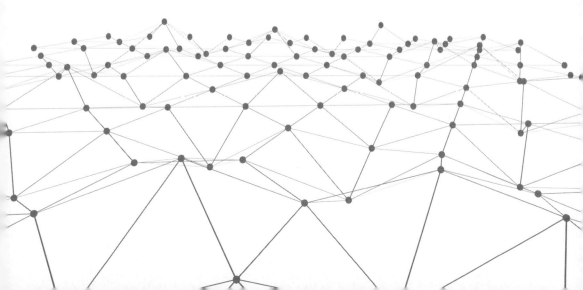

第十三章

成人團體實務開展：醫療／社區

本章綱要：

一、多元專業場域之團體規劃：團體實務運用的多元場域／社區與醫療
多樣形式之團體心理工作

二、任務團體與研習營：工作討論小組／巴林特小組／團體關係研習會
／訓練團體研習營

三、成長與發展團體：會心團體與馬拉松型態團體／成長團體

四、諮詢與教練團體：諮詢團體／教練團體

五、心理教育與輔導團體：特定議題心理教育團體／家屬衛教與支持團
體

六、危機介入與減壓團體：危機介入團體／心理減壓會報團體

七、自助型態團體：12步驟方案團體／自助團體

八、諮商與治療團體：支持導向的諮商團體／治療導向的諮商團體／生
命全距發展相關議題之社區諮商團體

九、精神醫療場域團體：門診案主之心理治療團體／住院病人之支持性
心理治療團體／日間留院病人之功能復健導向支持團體

十、監所矯治場域團體：監所矯治性或治療性的團體／監所支持性與提
高適應的諮商團體／成癮戒治團體

　　團體諮商與治療的實務工作，有其運用上的效能和特殊的功能，在跨
領域和場域中有其高度的實用性；本書從多元場域應用的角度，簡介諮商
與心理治療團體在學校、社區、醫療院所，和司法矯治等體系的運用。第
十三章為成人心理團體之工作（以醫療與各類型社區場域為主），以及第

十四章兒童青少年與大專學生之團體工作（以學校與社區場域為主）。後續第十五章，則聚焦在多元文化樣貌之諮商與心理治療團體領導實務等議題，進行探討與說明。

一、多元專業場域之團體規劃

（一）團體實務運用的多元場域

　　自從助人相關專業法案如社工師法、心理師法、學生輔導法等法案通過，相關心理專業助人工作於各樣場域均逐漸有更完善的建置和發揮，專業實務上的應用模式也對應所服務之民眾需要，有不同的規劃與發展，團體工作因其專業性和服務的廣度，可為各個場域均重點發展的實務服務模式。而對於各種不同的多元場域，大致可區分為醫療、社區和學校三個大類，且因服務群體的不同，可再細分為不同的心理服務場域和單位，如下表13-1所示，可界定為八個類別。

表13-1　醫療／社區／學校多元場域與單位機構分類摘要一覽表

向度	場域
醫療	精神專科／門診醫療（如：各科醫療諮商實務或院所中心）
	心理腫瘤／緩和醫療（如：腫瘤病房、安寧病房、緩和醫療相關單位）
社區	社區諮商／心理衛生（如：公私立社區心理健康、心理諮商所／中心）
	企業組織／員工協助（如：企業員工協助方案／員工輔導執行單位）
	危機介入／自殺處遇（如：自殺／自我傷害通報／防治／處遇單位／中心）
	司法犯防／侵害保護（如：家庭暴力／性侵害／犯罪被害／加害或監所相關心理諮商服務單位／機構）
學校	K-12學校心理與諮商（如：各縣市學生諮商輔導駐校／駐區中心）
	大專學務輔導與諮商（如：各大專院校學生諮商輔導中心）

　　從不同場域性質來區分：團體在「**醫療場域**」的應用，可以從下列兩類型的機構來探討：在精神專科／門診醫療中，團體諮商與治療常被用於幫助患者處理情緒困擾和心理疾病，包括病房或門診各種療育模式的團體工作。在心理腫瘤／緩和醫療或安寧照護體系／緩和醫療中，團體治療可以幫助病人和其家人共同應對病痛和死亡的挑戰，提供情感支持和相應的心理協助。而在「**社區場域**」，社區諮商／心理衛生中，團體諮商與治療被用來幫助社區成員處理壓力、焦慮和人際關係問題。在企業組織／員工協助中，團體治療可以改善員工的工作滿意度和團隊合作能力。在危機介入／自殺處遇中，團體諮商可以提供支持和幫助危機中的個人找到正面的生活方式。接續於下一章探討的「**學校場域**」心理工作，從K-12（幼兒園到小學／國中／高中12年級）各級學校輔導室或縣市政府的學生心理諮商中心，團體心理輔導與諮商能有系統且聚焦的幫助學生處理各類型的壓力和問題，小團體輔導的形式也能促進對心理議題的預防和正向展的促進。在大專學務輔導與諮商中，團體治療則能幫助大學生適應當前生活的挑戰，並積極地朝向未來生涯發展追尋。

（二）社區與醫療多樣形式之團體心理工作

　　承本書於第一章節對於心理團體工作型態的五個分類，其中前三類：「訓練團體／探究學習團體」—聚焦於內在經驗探究的反映思考與學習；「成長與發展導向的團體」—旨在促進個人內在的統整與成長；「諮詢團體」—提供職能的提升、顧問導向專業諮詢和教練服務，此三類型團體在社區場域均有其跨場域的應用性，本章二至四節依序加以簡介相關模式應用。

　　而「輔導／心理教育團體」—著重發展性心理健康教育和輔導，以及「諮商與治療團體」—則提供心理治療和支持，幫助成員應對適應困難、心理議題、成癮問題和情緒困擾等兩類型團體，於社區和醫療場域運用時有其重疊性，一般採衛教、心理輔導或支持團體的形式為名，實質上也包含情緒疏導、心理支持、訊息交換和適應功能提升等目的；差異上以團體

預設的深度和開放成員探索與改變的程度，可加以區分，其中牽涉與創傷／哀傷議題、社區集體災難和心理救助，以及危機介入和減壓等亦包含其中，也包括熟知的各類型自助類型團體；因此，本章五至七節依序討論心理教育與危機減壓、諮商與治療團體，以及自助團體於社區和醫療場域的應用。

　　鑑於社區場域的開放性，以及精神醫療體系、監所矯治體系有其開展團體之特殊脈絡性，在工作方法、成員組成、應用的實際場所和團體實務帶領有所不同，於第八至十節則探討於社區、醫療、監所之團體實務應用。依上述分別簡介多樣團體心理工作如下分節敘述。

二、任務團體與研習營

（一）工作討論小組

　　工作討論小組（Work Discussion Groups）是一種結合對工作環境及其動態進行仔細觀察，並透過對話與詮釋來重新理解個人和人際反應模式的方法。這種方法與培訓及工作情境的內在穩定度和外顯的實務執行力高度相關。討論小組起源於嬰兒觀察法，最初在1948年於倫敦的塔維斯托克診療中心（Tavistock Clinic）進行，用於培訓嬰兒治療師。後來被倫敦精神分析學院於1960年採用，並逐漸在英國及國外的各種環境中應用，包括學校、醫院、住宅設施、監獄及難民社區，展現了其廣泛的適用性。例如，在學校中工作討論小組可以幫助教育工作者反思和改進教學實踐，提高與學生的互動品質；在醫療領域，尤其是精神健康和家庭支持工作中，提供了反思和討論的空間，幫助實務者更深層地理解自身處境，以應對工作中的挑戰和壓力，從而提高服務品質。這種方法適用於心理健康和社會工作領域，如社工、護士和醫生等，對教師和輔導教師的實踐與反思也有顯著效力，對受壓迫者轉化內在運作模式具有促進作用。

（二）巴林特小組

巴林特小組（Balint Groups）是一種源自精神分析理論的經驗性團體，起源於1950年代塔維斯托克診所的研究。透過討論臨床案例中的醫病互動，增進醫師對情勢的掌握與自我的了解，重點在於提升醫師與患者之間的連接和關懷能力。1949年至1954年間，Michael Balint在塔維斯托克診所創建了這種方法，改爲口頭表達，讓醫生能自由展現反移情。小組會議不提供具體教學或病歷記錄，而是強調專業工作中的相互探索，促進自由聯想和情感變化的觀察。小組會議由成員提出案例，小組成員了解患者情況及其與臨床醫師的關係，通過引導的討論過程，發現和探索不同情感和新觀點。會議通常有兩名領導者協助過程進行，成員需眞誠參與、尊重信賴、保密並支持不同意見。巴林特小組可持續數月或數年，隨著時間進展，小組凝聚力和信任感逐漸發展，成員能更深入了解專業實踐中的人際關係，提升對患者和自身的同理心和接納度。

巴林特小組的核心效益在於應對慈悲疲乏與耗竭（compassion fatigue & burnout），改善醫患溝通和臨床效果，增加實務工作者的滿意度，減少孤立感。這種方法在英國國民健康服務（NHS）中已非常普遍，並納入某些歐美國家的住院醫師和培訓課程，用於解決專業精神、醫患溝通和臨床倫理問題。巴林特小組的應用範圍也擴展至獸醫、心理治療師、神職人員、教育工作者和律師等專業人士。

（三）團體關係研習會

團體關係研習會（Group Relation Conference, GRC）通過團體動力體驗來提升領導力和內在運作模式的覺察與轉化。這理論基於比昂（Bion）的心理分析和系統理論，最初在倫敦塔維斯托克診療中心發展，後來擴展到全球。此理論視團體爲一個整體，而非個別成員的組合。理解團體動力至關重要，因爲這些動力會影響組織和個人的運作。團體動力潛藏於潛意識中，難以察覺，成員常被無意識牽引，成爲團體動力的工

具。GRC訓練幫助成員認識在團體中的角色及與權威的關係，透過顧問（consultant）的詮釋、對於多重經驗的假設形成與虛假意識的揭露，促進當下多層次（個體內／間、團體內／間、階層內／間與組織等動力）的覺察、反思與學習。所提供體驗式學習，在歐美國家行之有年，深受團體帶領者及企業管理者的高度評價。這類培訓提升參與者對團體權威、個人角色、團體互動界線、任務和焦慮的辨識能力，顯著促進人際覺察和領導力。研習會通常為期數天，交替進行各種團體體驗形式，讓參與者了解並體驗團體關係模式。一般包含兩類型團體活動：經驗性的和回顧性的。

經驗性活動：

- **大團體**（Large Study Group, LSG）：所有成員與多位顧問一起學習大型團體中的動態，模擬社會系統面對變化時的過程。
- **小團體**（Small Study Group, SSG）：8到12人組成的小組，在顧問帶領下學習團隊動態及領導與追隨關係。
- **組織機構活動**（Institutional Event, IE）：所有成員和工作人員集中探討小組關係、機構動態和權力管理。

回顧性活動：

- **整體集會**（Plenaries, P）：全體會議介紹內容並回顧，協助成員從外界過渡至研習會的空間。
- **回顧與應用團體**（Review & Application Groups, RAG）：5到7人組成的小組，探討會議經驗與外部角色和系統的關聯性。

值得注意的是GRC採「無結構」（non-structured）團體形式，以既定的設置作為邊界來框架整個研習會之界線／權威／角色和任務；其工作方式不適合移植運用於諮商與治療導向的「非結構」（un-structured）團體；但從訓練的角度，GRC對於團體諮商師與治療師在開展團體動力視域和敏感度等，有深層且明顯的效益。參與GRC最顯著的效益在於提升對團體動力、權威、領導及自我角色、任務等的覺察，更幫助成員清楚地理解自己在團體中的角色及與權威的關係；學習者能面對人際盲點，提升工作、家庭及友伴關係；在領導力層面，學習者對權威、角色和任務的覺察有助於提升領導力及團體組織效能。企業經營者、心理工作者、學校教

師、政府機構主管、宗教組織領袖及非營利組織管理者等，都是常見參與和透過團體關係研習會進行學習的專業人士。

（四）訓練團體研習營

T-Group（訓練團體）爲心理學家和社會科學家勒溫（Kurt Lewin, 1890-1947）通過嚴謹的研究方法所建立的一種實用的方法，T-Group有許多種類型，每種類型都有其特定的目標和方法，大致上可分爲三類：訓練團體、集會的講座，以及團體間活動。訓練團體的目標包含：學習如何學（Learn how to learn）、增進覺察與自我知識、學習做一個有效的成員、在實驗場境學習做一個好的領導者，且相對的能透過行動對組織產生衝擊；訓練團體聚焦與當下的此時此刻，有時也可設置評估或觀察小組，加以分析團體、人際與個人層面的技能、行爲、需求和功能；講座的過程主要爲對於團體歷程與動力、溝通與行爲觀察等，進行解說以了解當下或回顧呈現的重要動力，幫助更完整的認識。團體間活動則可能具任務性、主題性或競賽性，對此些任務可設定平行工作的小組、專案執行的小組或合作型態的小組，對於團體間活動也能設置觀察小組，進行回顧的分析與討論。

T-Group有多種變化，從最初專注於團體動力學的小組，到更明確發展自我理解和人際溝通的小組形式，在1960年代和1970年代，工商業界也廣泛使用，且驅動成爲現代團隊建設和企業文化倡議的前瞻運動。訓練團體已被證明在提高個人和團隊績效以及士氣，有助於改變個人行爲和驅動個人內在信念與行爲。Kurt Lewin的工作成爲我們今天所知的群體動力學、行動學習、行動研究、促進、團隊發展、基本規則、觀察和反饋、評估、觀察與反映性實踐等許多核心概念的基石。

三、成長與發展團體

（一）會心團體與馬拉松型態團體

　　會心團體（encounter group）提供密集的團體經驗，旨在促使正常但疏離的個人能與自己、他人和世界產生較親密的交往。團體的目標包含了接近治療團體中的理性治療層面，以及成長發展團體中的教育和學習功能；團體經驗使人們相互關心，獲得現代社會不易得到的人際親密關係，並從中找回自己、了解自己和改變自己。而馬拉松團體（marathon group）是一種會心團體的形式，其成員在隱蔽的環境中進行單次長時間的會議，通常時間範圍從6小時到數天不等，理念上認為長時間的團體單元可以引發更為激烈的互動，促進更深層的親密和分享，並鼓勵隨著時間的推移更自由地表達感情；馬拉松團體通常圍繞一個單一議題，或一組相關探索方向來招募和建構。由於其進行方式的持續性，馬拉松團體也稱為「時間延長治療」（time-extended therapy），是一種持續處理（intensive treatment）的模式。

　　會心團體的歷史可以追溯到1946年，Carl Rogers開始訓練他的主修諮商心理學的研究生，並應用這種團體經驗來幫助常態群體加強人際溝通技巧。其基本規則強調坦誠、此時此地和強調感覺，並提醒成員要對自己的收穫負主要責任。團體中完全守密，成員之間能直接對話與真誠溝通。這些團體使用的技術是訓練同理心和非指導學派的反映技術，發展出各種人際經驗的深度交會過程。會心團體的種類繁多且目標略有不同，每一類型的會心團體都有自己的特色。例如：

・人本的會心團體目的在於促進個人成長與發展，以及增進人際溝通與關係。

・巴哈和史脫樂的馬拉松會心模式，採取延長時間的方式，強調促使自發成長，並避免對於時限的擔心。參加者在無退路的情況下面對團體，促使對於危機的面對。

‧隱名團體或攻擊治療，針對成癮患者的住宿型團體治療模式。這種模式創造自助團體，引用獨裁式的管理型態，進行團體盤問、嘲弄和指責。

‧舒茲的坦誠會心模式，吸收了其他心理學的方法，如非口語技巧、心理劇、按摩、靜坐、瑜珈及完形治療等；團體形成親密又可信賴的氣氛，讓內心深處的情感問題透過肢體表達，並鼓勵成員分享現時的問題和擔心的事情。

‧米茲的馬拉松會心團體，通過週末的12人小組，促進感情的釋放，達到淨化、補償性退化和認知統整的效果。

　　會心團體不是治療團體，不同於治療團體，其領導者不需要扮演治療師的角色，成員也不應期望在團體內接受治療。會心團體與治療團體在三個重要方面有所不同：會心團體則更注重自我認識和個人成長，沒有預定的焦點或話題；會心團體在領導責任上，所有成員均分擔團體的安全和運作責任，領導者負擔催化員的角色。舉辦的時程上，會心團體的聚會時段可以是獨立的，成員可能會變動，各次之間未必有連續性。

（二）成長團體

　　當前坊間一般團體專業工作者或民眾所俗稱的「成長團體」，其實為一個模糊且複雜的概念，可能與強調潛能發展或具療癒性有關，但理念上卻無法非常明確的界定。晚近訓練團體（T-Group）在脈絡上與會心團體、中心主題互動團體（CTI），以及結構化活動、體驗性的催化活動之發展和融合有關。例如原本以組織為架構的培訓，於人本思潮興起後，更強調個人的成長與發展；會心團體的非口語技術、身心感官體驗活動等地融入和應用；特定的訓練團體開始設定主題，則方法和理念上也開始與中心主題互動團體有所重疊。以個體改變歷程的「知、情、意、行」的向度以及團體焦點層面的「內容、歷程」來看，成長團體的內容可以本書於規劃團體目標所推薦的六個面向（SECRET：自我探索、情緒梳理、人際溝通、關係議題、環境適應、生涯發展）來加以設定主題，與相近團體模式

之借用或相關性，有以下幾個特點：

1.雖然設有主題（內容），但團體的運作上仍包含對於自我模式、人際互動與團體動力的覺察（歷程）。較為表層僅關注內容與主題的帶領方式，將較為接近心理教育輔導團體；而在催化上傾向關注歷程者，則屬性上則接近會心團體，例如：雖然主題為生涯探索，但透過團體動力覺察自我怠惰與逃避的模式，此為個人歷程的深度覺察，也在團體中宣洩和重新面對。

2.在納入催化活動運用之結構時，若過多的停留於活動方案執行本身，或限制與掌控較多的話題主導，則屬性上接近心理教育輔導團體；若採取較為開放探索的角度，則屬性上實為一種會心團體。

3.以常態群體為主，不同於諮商與治療團體在招募上有明顯的困擾，兩者區別上應分屬於兩群不同的功能；所謂的「成長團體」以「知、情、意」的自我探索覺察、情緒釋放與梳理和自我議題面對為主。而諮商與治療團體，除了包含上述三者，在「行」的層面更延伸能著重於解決問題、提高適應和自我內在模式重建等。

4.承上，若成長團體本身以工作坊形式進行，與諮商團體最大的差異在於無法將所獲得的理解或意圖解決的事項，實際於週間投入真實生活當中去實踐和改變；但假若為每週進行，在逐漸覺察自我議題後也著重於真實生活議題面對、人際模式的修正和自我內在轉化，屬性上則接近諮商團體。

整合上述，「成長團體」在屬性上應為一種會心團體，但概念與形式上則可能遊走於訓練團體、會心團體、中心主題團體、心理教育與輔導團體，以及諮商與治療團體等之間，端賴領導者對於自己受訓背景或開展團體的理念；特別於社區或企業員工協助進行成長團體時，應加以評估需求和依據適切的理念來規劃所要執行和帶領的團體。

四、諮詢與教練團體

（一）諮詢團體

團體諮詢（group consultation）的主要目標為協助來詢者（成員）能探討自身於特定角色上（如：父母、教師、主管等）所面臨的困局，且能夠過討論與資訊的提供，探究相關議題與重新理解所需面對的任務，也探討方向與解決策略；團體通過互相支持和分享經驗來賦能與增強自信。心理健康團體（Mental Health Consultation Group）可由行政領導，並由適當的醫療或心理專家提供專業諮詢；或是由心理專業人員直接帶領，進行方式可為單次（僅進行一次）或定期舉行；持續時間可依由機構設定，依據參與者人數與議題進行規劃。

諮詢團體與教練團體之差異，在於未必如教練有明確清晰之目標或方向，參與諮詢團體的成員所面對的處境或議題有待釐清，且未及承諾進入一段穩定的教練關係。雖然督導的內涵本身也包括諮詢，但諮詢團體與督導團體不同，前者未必肩負必備程度檢核之專業發展，參與成員彼此間未必有專業學習的承諾，與帶領者也不是督導關係。與工商導向之團體顧問比較，除了所探討的主題和旨趣不同，心理健康諮詢團體更加重視對團體人際支持與互動的催化，以及運用專業知能促進來詢者朝向有能力解決生活或職涯困境的賦能狀態發展。

（二）教練團體

不同於團隊教練，目標以提升團隊績效或完成任務，團體教練的參與者通常為學習或成長而聚集，目標著重於個人成長（Thornton, 2010）；教練心理學（coaching psychology）的運用範圍包含企業組織與社區學校各層面。心理教練（psychological coaching）旨在幫助客戶實現具體目標、識別並克服障礙，朝向期待表現水平與幸福感邁進，並培養成功執行

所需策略，獲致技能與領導力的提升。團體心理教練模式具有明確的目標導向，側重於個人或團體的優勢和能力，並探討如何以新的方式運用這些優勢來提升表現、增強自我覺察、應對挑戰、加強人際關係、克服難關、實現目標，以及改善個人和職業生活的整體品質。

　　一般而言，教練不會廣泛去處理生活中的負面、非理性或病理方面議題，注重現在和未來，而不是過去；這些特點使得教練與治療有所不同。雖然教練之受訓背景不若治療之高，但一般的教練不論受訓或學歷背景，均高度仰賴心理學知識作為實踐的基礎，從人才評鑑與發展的角度來看，專業的心理教練團體（著重於人才發展精進培育面向）應由具備心理專業訓練的教練帶領，旨在提升成員的個人經驗擴展與優勢開發，並實現組織或個人目標，終極貢獻於領導力的培植和發展潛能。

　　另一方面在社區場域，教練團體也可廣泛的運用於期待自我成長與改變的常態群體與民眾，例如減重、戒菸、人際溝通、運動、作息調整等朝向明確行為改善的內涵。對於有明確改變方向和動機，但卻缺乏行動執行力的議題，「教練導向的支持團體」是一種常見的運用形式，通過專業指導者與團體同儕支持，幫助參與者達成他們的目標，在企業組織、社區機構、學校教育或醫療院所等場域，均具高度的實用性；此類型團體的特點在於評估參與者動機和目標的明確性，從「知、情、意、行」的個人改變層次來說，更聚焦於意（抉擇、面對）與行（策略、行動）等層面。常見的類型如：減肥與健康生活團體致力於幫助成員通過健康飲食和運動達到理想的體重和生活方式，團體提供專業的營養和健身指導，並通過團體活動和支持來激勵成員持之以恆地追求健康目標。在成癮康復團體中，參與者可以獲得專業教練的支持，通常提供結構化的計畫和持續的支持，確保參與者在康復過程中透過團體的支持鼓勵和彼此互助，穩健的規劃正向生活、作息或求職型態。出院的精神病患者訓練團體，能幫助剛出院的精神病患者重新融入社會，提供專業的心理支持和生活技能訓練，幫助患者應對日常挑戰，並建立一個支持性的社交網絡，促進逐步邁向社會的長期康復。

五、心理教育與輔導團體

（一）特定議題心理教育團體

　　心理教育與輔導團體之範圍非常廣泛，本章節與後續危機與減壓團體、自助團體與較為教育導向的支持團體，均同屬與此類型。對於特定議題、具主題性的心理教育團體，也常稱為輔導團體或進行小組輔導；在企業組織、社區民眾活動、學校班級教育或醫療衛教場域，若採人數較多的大型集會或班級輔導形式進行，有時也可採用。此類團體若採用每週進行方式運作，可為具歷程發展的輔導團體，若限於經費、機構政策或其他考量，僅進行單一次或是非常短期的兩三次，則可視為單次特定議題心理教育的授課團體或俗稱的沙龍聚會，操作上雖然也牽涉體驗和小組動力，但功能與方向上應界定以心理教育、增進覺知和啟發興趣為主。

　　在議題的設定或輔導團體的規劃上，可參考本書於團體規劃章節所提出的「SECRET六類型團體主題內涵」，依據對機構或參與者需求的評估，進行更細部方向的選擇，包括：自我探索澄清（S）、情緒表達管理（E）、溝通人際社交（C）、關係親密議題（R）、環境適應創造（E）、時間軸線生涯探索（T）等方向的相關議題。

（二）家屬衛教與支持團體

　　從生態系統工作切入，家庭心理教育與支持工作是非常重要的工作，通常團體形式的專業介入也能帶來成倍的效益。家庭支持團體（Family Support Group, FSG）旨在為各類家庭提供全面支持，幫助他們應對教育、童年創傷、離婚、疾病、死亡、行為問題、特殊教育需求等挑戰。不同於專注於特定問題或家庭類型的支持網絡如家長會或聯誼會，FSG更著重不同類型家庭內外在需求的共同點，重視同儕支持與互助的重要性，提供聆聽與理解和支持，並適時提供專業建議與指導。以特定類型孩童（例如罕見疾病、住院病童、智能障礙孩童）之家長或主要照顧者而推展的團

體，可致力於促進互相理解和發現優勢與賦能；此外如非傳統家庭、單親家庭、繼親家庭、寄養家庭或收養家庭，也可朝向建立一個提供所需支持的系統，促進親子、親職與家庭整體良好經營。

在精神醫療的家屬衛教與支持層面，家庭支持團體通過情感宣洩、經驗交流、知識學習和資訊分享等形式，幫助家庭應對精神疾病的影響，積極的恢復或是經營新的家庭生活關係；其團體內含通常包括：學習精神疾病的知識、與患者的溝通技巧和壓力處理，並提供心理衛生教育、情緒支持和喘息服務等。這些團體在維持家庭成員康復、防止復發及增強解決問題技能，以及提高應對機制上具有重要意義。家屬支持團體在精神醫療與心理健康工作中扮演重要角色，幫助病患家屬在支持病友、緩衝社會衝擊及促進功能復健等方面提供有力協助。

承平時期（並未發生突發或高壓力之創傷事件），軍警、消防員和救難人員家屬的支持團體也是值得推展的，在缺乏應有的訊息或長期處於擔憂的狀態，家屬的心理狀態和整體家庭親子與夫妻關係經營等，極易處於過度警覺或緊繃狀態；良好的心理衛教與發展支持互助關係，有助於自我調適、人際連結與學習，進而發展良好的社會支持網絡。

六、危機介入與減壓團體

（一）危機介入團體

團體危機介入（Group Crisis Interventions, GCI）是由受創事件影響的個人參與的討論，旨在提供一個安全的空間讓參與者談論事件、事件中的經歷以及未來可能發生的情況。GCI特別重要，因為它允許有共同經歷的人提供同伴支持和肯定。透過討論使參與者能夠處理他們目前的感受，並預測在事件背景下他們未來可能會經歷的情況。GCI團體屬性上仍為心理教育與預防導向的團體，不是治療或諮商團體，功能也不是為了療癒或修復，僅是一個災難或創傷歷程的經驗檢視、提升支持，以及協助社區或學

校組織的因應團隊的建構。適用於犯罪被害、社區集體災難、意外創傷或高危機事件等緊急應變；適用於社區危機事件、犯罪被害保護、軍隊動員與警務危機事件、企業與各類型組織高危機壓力事件。

　　在實務運用上，臨時應變的危機介入，可與團體諮詢（行政團隊諮詢、危機相關人團體諮詢等）和下述的減壓會報團體（協助直接面對危機的受眾）整合為多面向介入的處遇計畫；而後才延伸考慮其他支持團體或諮商團體之設置；其應用範圍很廣，如商業與工業危機介入、災難應對、校園危機、社區緊急服務、員工協助、醫療保健、國家安全、心理健康、軍事或警務、靈性護理和創傷壓力領域等，均應納入危機心理處遇之規劃；居安思危得時，臨危應變得當。

（二）心理減壓會報團體

　　社區集體創傷災難現場心理援助之團體模式中，心理減壓會報團體（心理教育團體／非治療性質的團體）可為社區集體創傷和災難現場提供心理援助。國內學者如黃龍杰曾綜合美國紅十字會（American Red Cross）的減壓模式（debriefing model），以及美國國家受難者援助組織使用的危機事故減壓團體（Critical Incident Stress Debriefing, CISD），提出語言模式減壓團體和危機處理之安心服務模式（黃龍杰，2008），賴念華也曾提出藝術模式減壓團體（賴念華，2003）；皆可適用於危機介入和災難創傷場域。

　　然而，從整體災難救助的時間軸向（較長時間的持續關懷和心理服務的延續）、人際支持促進（促進相同社區民眾的彼此支持）、實質的高風險個案關注和評估（人際的直接接觸），以及助人關係建立（直接實質的關係與促使災民與資源體系聯結）等角度，許育光（2009）整合九二一地震、八八風災期間的災區團隊心理協助經驗，並參考國內外相關團體領導者訓練的經驗與文獻，提出一套簡潔可行的「災難現場PSCO減壓會報團體實務模式」（許育光，2015），適用於社區災難心理救助。

　　該模式由六個步驟組成：開啟團體（Purpose/Privacy/Facts）、故事

分享（Sharing Stories）、感受與反應（Feeling & Reaction）、因應策略（Coping Strategies）、賦能解困（Resolution & Empowerment），以及結束與追蹤（Offering assistance/Feedback & Follow）；各步驟之階段任務與工作內涵，可參考附錄13-1摘要統整表。六步驟又可簡化爲四個領導任務（P-SF-CR-O），其中開啟團體（P）爲團體架構的設定與基本信賴感的形成；故事分享與感受反應（SF）爲成員個人之敘述歷程和團體支持、回饋，漸次朝向淺層覺察和情緒釋放的過程；因應策略和賦能解困（CR）則是肯認成員個人的能力並透過團體腦力激盪，朝向更具目標和資源的實質行動力量；而結束和追蹤（O）則是團體結束的重要架構和關注個別成員需求的專業協助或實質資源尋找的延續服務。其中，個人情緒涉入深度隨著「SF」階段的故事分享與感受反應而漸漸深入，而隨著「CR」階段因應策略和賦能解困的探討又漸漸朝向現實情況之面對和解決。

通過團體互動和個人歷程，提供有效的心理援助和支持；主要目標是幫助受災民眾應對災難，提供心理支持和專業服務，並通過人際互動傳遞相關概念。這種模式強調個人能力的肯定和實質行動的賦能，同時關注成員的需求和持續的資源支援。模式考慮到實務團體現場觀察、轉介與扶助之指標，也同時建議團隊內部減壓、救災團隊之間領導者協同討論與減壓等模式，維繫災區心理急救各團隊之共同合作。該模式亦於疫情期間，採線上模式進行醫護人員減壓團體；也本於居安思危，也陸續於各區域進行公益講座與工作坊，培訓社區災難應變減壓團體領導者。

七、自助型態團體

（一）12步驟方案團體

12步驟方案（12-step programs）源自於匿名戒酒團體（Alcoholics Anonymous，AA），該組織於1935年由William Griffith Wilson和Robert Holbrook Smith共同創立。兩位創辦人以自身在酒癮治療期間的靈性經驗

為基礎，發展出一套包含12個步驟的康復計畫，模式主要包括四大目標：與靈性連結、與自我連結、與他人連結，以及維持這些連結。在團體開始之初，參與者必須承認自身情況的失控，並學習信任和依靠一個超越自我原先行為模式的參考體系。最初12步驟團體主要針對酒精成癮者，但隨著時間的推移，其應用範圍已擴展至包括藥物成癮者在內的各類成癮者。方案運用12步驟原則，重新翻譯提要並檢附如附錄13-2參考。

原初的12步驟團體體系多以基督教信仰為基礎，但在實務中，這個體系可以融合於其他信仰、科學或社會學理論。這種交託幫助參與者擺脫陷入迴圈的行為模式和不切實際的自我效能感，進而朝向康復的實踐。研究也指出，12步驟團體在認知重建上的效果顯著，並且在一些研究中，其效果甚至優於認知行為取向的戒癮團體（Steigerwald & Stone, 1999; Ouimette, Finney, & Moos, 1997）。

（二）自助團體

自助指的是個人採取行動來實現目標或改變生活，而不依賴專業人員的幫助。自助團體（Self Help Groups, SHGs）通過互助來實現目標，運用的範疇涵蓋心理健康、悲傷和失落、育兒、物質使用、減重、照顧者支持等多種關注議題與群體。不同於由專業人士主持的團體治療，自助團體通常由同伴或成員運行，團體進行的單元是開放的，成員可以自由進出。

自助團體有多種形式，涵蓋各種生活經驗和狀況，團體旨在創造一個互助社群，如專注於物質濫用康復的匿名戒酒會（AA）、圍繞共同生活挑戰議題的團體、個人面對困境的成長團體、線上的支持社群和家屬支持團體等。在社區發展領域，自助團體也運用於減貧、人群關係發展和社會賦能的有關推動，通常可推展於醫療、復健、教育、社區營造和宣傳等各種活動。在團體中，成員可以分享應對策略，並從其他成員獲得回饋。集體的互相支持、建立支持網絡，帶來提高自尊和注入希望等效益，對於剛開始康復、朝向轉變的成員，同時參加自助團體和接受專業的治療是很有幫助的複合模式與選項。

八、諮商與治療團體

　　社區與醫療等場域的諮商團體，在規劃上可從支持性的團體（supportive group）和治療性的團體（therapeutic group）兩大類別來理解，其中支持團體帶有心理教育與情緒支持和紓解之功能，也附加問題解決與適應功能提升等功能；而治療性的團體則以問題解決與促進改變為主，也推進個人內在運作模式之轉化，其中也包含三個不同的屬性：領悟性（insightful）能夠促進深層覺察與模式轉化等領悟、療育性（curative）促進認知行為與情緒各面向之發展和更加成熟與完備，或是矯治性（corrective）能修正與轉變而導向更符合社會法律常規生活之適應功能與狀態。

　　綜合諮商跨場域的發展群體與特定議題之服務，以下從五個發展階段議題（兒童青少年、青年心理／生涯諮商、伴侶婚姻家庭、成人身心諮商、高齡長照心理等），以及特定議題（創傷治療／哀傷、憂鬱及自殺防治、成癮行為心理、職場心理健康、司法心理與矯治等），探討不同群體需求的團體諮商與治療實務，可能的規劃。相關的舉例如下表13-2（p.288）：針對不同發展群體與特定議題可規劃之諮商團體一覽與參考。

（一）支持導向的諮商團體

　　支持性團體涵蓋多種不同領域，旨在為需要幫助的個體提供情感、心理和實際支持。例如待業青年支持團體為待業青年提供職業規劃和求職技能增進，幫助他們重返職場。離婚與分居支持團體，或是多元文化群體支持團體，則針對特定社會狀況提供支持，幫助成員應對相關挑戰。退役軍人支持團體、身心健康支持團體、肢體障礙者支持團體及銀髮生活適應支持團體，分別為退役軍人、心理健康需求者、肢體障礙者及高齡者提供專門的支持和資源。此外，失能高齡長者照護家屬支持團體和失智患者家屬支持團體為照護者提供支持。而面對特定健康問題的團體，如顏面燒燙傷

者、癌症切除乳房或子宮的婦女，亦有專門的支持團體提供情感和實際幫助。同樣，創傷受災受害者支持團體、悲慟與哀傷支持團體、自殺憂鬱高風險案主支持團體，以及自殺遺族支持團體，為面臨重大心理挑戰的人提供支持。成癮行為家屬支持團體、壓力紓解團體及初入監所支持團體則針對成癮、壓力及監所適應問題，提供專業的支持和資源。

值得注意的是，一般坊間於開設團體時常使用「支持團體」這樣的名稱，除了強調團體互助與依據成員需求可提供心理教育功能外，團體推進的深度，例如更多的覺察或情緒釋放，以至於情境和困境的應對與解決等，都屬於諮商介入的範疇，帶領者在團體說明與開始階段，均可加以清楚說明並協助成員了解團體屬性。另一方面，由於社區推廣層面若過快的專注「治療」或採用長程、深度的心理工作模式，有時很難立即接觸或招募到合適的案主，於「支持團體」的工作時宜評估個別成員需求，適時延伸轉介個別協助或推薦參與更為深入性以治療或領悟覺察、內在模式轉化導向為主的諮商團體。

（二）治療導向的諮商團體

治療性的諮商團體涵蓋多個領域，旨在通過專業的心理和行為介入，促進個體的康復和適應，包含療育、治療或矯治等多重概念。例如：兒童發展療育團體針對兒童的發展需求，提供專業的療育支持；長期中輟生諮商團體則幫助中輟學生重新融入學校和社會。治療性親職教育團體專注於改善父母的教養技能，促進家庭和諧。生涯探索與轉換諮商團體、發展與適應困境諮商團體，則幫助個體在職業和個人成長中找到方向和解決困難。伴侶關係諮商團體、家庭與親密關係諮商團體，可規劃於改善人際和家庭關係。各類型身心適應議題諮商團體和各階段生命特定議題諮商團體，則可針對不同身心健康問題和生命階段，提供專業的支持。

此外，中老齡再就業生涯諮商和高齡終身議題之諮商團體，幫助中老年人應對職業轉型和晚年生活的挑戰。喪親者複雜性哀傷治療團體、性侵受害者的復原團體和家暴受害者諮商團體，為經歷重大創傷的人提供心理

支持。災難倖存者諮商團體、自殺高風險個案的諮商團體和成癮行為治療團體，針對特定危機提供專業介入。酒癮與毒癮者的諮商團體、虞犯少年諮商團體、性侵加害者諮商團體和家暴加害者諮商團體，通過行為矯治和心理支持，促進個體改變和社會適應。強制親職教育團體則專注於法律要求下的親職教育，提升受裁定的父母親能重塑其親能與家庭功能。相關延伸於醫療場域和監所場域的團體規劃，可接續參考本章第九至十節所提出之簡介說明。

表13-2　不同發展群體與特定議題可規劃之諮商團體舉例一覽表

序號	向度	支持性團體	領悟性／療育性／矯治性團體
	發展群體		
1	兒童青少年諮商	・課業與身心壓力適應團體 ・校園適應支持團體 ・家長支持團體	・兒童發展療育團體 ・長期中輟生諮商團體 ・治療性親職教育團體
2	青年心理／生涯諮商	・待業青年支持團體 ・繭居青年家屬支持團體	・生涯探索與轉換諮商團體 ・發展與適應困境諮商團體
3	伴侶婚姻家庭諮商	・離婚與分居心理支持團體	・伴侶關係諮商團體 ・家庭與親密關係諮商團體
4	成人身心諮商治療	・多元文化群體支持團體 ・退役軍人支持團體 ・身心健康支持團體 ・肢體障礙者的支持團體	・各類型身心適應議題諮商團體 ・各階段生命特定議題諮商團體
5	高齡長照心理諮商	・銀髮生活適應之支持團體 ・失能高齡者家屬支持團體 ・失智患者家屬支持團體	・中老齡再就業生涯諮商 ・高齡終身議題之諮商團體
	特定議題		
6	創傷治療／哀傷諮商	・顏面燒燙傷或顏面損傷者的支持團體 ・因癌症切除乳房或子宮的婦女的支持團體 ・創傷受災受害者支持團體 ・悲慟與哀傷支持團體	・喪親者複雜性哀傷治療團體 ・性侵受害者的復原團體 ・家暴受害者諮商團體 ・災難（自然或人為災難）倖存者的諮商團體

序號	向度	支持性團體	領悟性／療育性／矯治性團體
7	憂鬱及自殺防治	·自殺憂鬱高風險案主支持團體 ·自殺遺族之支持團體	·自殺高風險個案的諮商團體
8	成癮行為心理諮商	·成癮行為家屬之支持團體	·成癮行為治療團體 ·酒癮與毒癮者的諮商團體
9	職場心理健康諮商	·壓力紓解團體	·特定議題／或特定生命階段議題之諮商團體
10	司法心理與矯治諮商	·初入監所之支持團體 ·即將出獄再適應之支持團體	·虞犯少年諮商團體 ·受刑人生命歷程探索團體 ·性侵加害者諮商團體 ·家暴加害者諮商團體 ·強制親職教育團體

（三）生命全距發展相關議題之社區諮商團體

　　不同於各類型社區與醫療機構，社區諮商所或以服務一般民眾為主的社區諮商機構，推展團體心理工作也是社區心理衛生場域相當重要的一項服務。從問題解決與短期、非醫療導向的需求為主體，社區機構可開設以人際議題處理與諮商為核心導向的團體，來提供相關的社區心理服務；社區的案主多半在人生階段和發展上約為成年時期以上，所面對的議題呈現一定程度的多元化和複雜度，例如同時包含：自我認同、人際議題、工作適應、生涯抉擇、婚姻關係、親子互動、父母奉養、家族關係等多重議題，因此在團體主軸上較難以限定主題方式進行，則建議在社區機構開設類似之諮商團體，在招募上可採較寬廣的概念（例如自我成長探索，或人際關係等），但實質進行團體上應開放的容許多元議題相互呈現和探討。

　　社區成人團體在規劃上可從生命全距（life-span）的發展階段來理解，聚焦於成人性格發展階段，且從不同背景脈絡和需求來規劃推展相關的團體。除了從前段落之支持性／治療性的分野，以及不同發展群體和特

定議題，來界定社區場域的團體，更特定針對社區諮商中心，以一般民眾發展議題爲規劃的團體，可從人生發展階段區分和舉例如下：

- 青年階段（社會新鮮人）：面對將近三十歲前後的社會青年，生涯、愛情、自我探索與再認定等，都是重要的需求；可對青年階段之社區民眾，開設相關的諮商團體。
- 新婚與迎接新生子女階段（成家時期）：新手爸媽團體、學齡前父母教養面面觀、親職賦能團體，或相關之支持團體。
- 社會中堅（夾心時期）：職場與家庭平衡、與青少年溝通、夫妻關係議題、女性／男性成長團體等。
- 秋收中年（天命之年）：跨世代溝通、中年危機與轉機等。
- 銀髮長青（退休後老齡階段）：退休生活規劃、銀髮心理健康、生命統整與展望等主題。

九、精神醫療場域團體

　　醫療場域之團體工作，在理念上應考慮下列兩項工作架構：(1)互助／賦權團體：團體強調個體之間的聯盟，成員相互支持，透過幫助他人來幫助自己，從而獲得賦權。這些團體有助於成員體驗問題的普遍性，減少孤立感和汙名，並從其他成員處獲得不同的觀點和解決方案。(2)生物心理社會模式的多層因素思考：生物心理社會模式強調健康和福祉受到生物、心理和社會等多重因素的影響。在醫療場域中，團體工作歷程中能夠綜合考慮多種因素，提供思考與理解，並促發全面的支持與跨層次的應對方案。

（一）門診案主之心理治療團體

　　不同於嚴重精神疾病或相關需住院處遇的病人，門診案主如精神官能症或適應障礙症等案主，若於生理層面藥物治療介入狀況穩定後，特別在

人際功能或人際互動模式方面，能夠不過度害怕團體情境，且從團體情境能獲得效益，則推薦與邀請參與類似的團體心理治療，是相當適合的。醫院精神醫療單位或臨床心理科，可定期開設此類團體，採每週一次進行，在模式上可依據心理師或精神科醫師所熟悉之取向或曾有之訓練進行，例如：心理劇團體、藝術治療團體、心理動力導向之團體、認知治療導向的團體治療，或採用Yalom之團體心理治療理念進行較為中長期的團體。

　　門診團體因通常為醫師或心理師推薦參與，因此基本上可能有其就診經驗的共同性，然而因為彼此所面臨的壓力、症狀和適應議題都不同，因此仍然顯現出其不同來。與病房團體可能較多為嚴重精神疾病或器質性精神疾病，門診團體的成員多為功能尚可的精神官能症、性格違常或適應障礙之案主，在組成上領導者仍應首要考慮較為詳盡的評估與衡鑑，且審慎的進行篩選。其次，在組成上領導者應比一般的社區團體，考慮到更多差異平衡的可能性，且避免納入過多相同類型或症狀的案主，例如輕度憂鬱、社交恐懼傾向、適應障礙等案主，可能呈現較為被動、安靜的模式，而輕微的焦慮症狀、緩解的輕躁症、自戀型性格違常等類型的案主，則可能呈現較為主動表達的狀況，前後兩者若過於傾向某一類型，則團體的平衡和相互觀摩的機制就明顯較難催化。

　　此外，精神醫療門診團體的個案，在基本背景和關注議題可納入多元的異質性之外，有幾個部分仍要考慮其同質性；例如在就診背景和療程上的相似性是重要的，通常參與團體心理治療的狀態為門診處遇已經進行到一段落，且案主的整體功能恢復到一定的水平，情緒的調適上也較為平緩且穩定，則在回顧或探討自我狀態時較不會有成員處於不穩定的位置，而成為大家共同的關注或代罪羔羊；另外，雖然成員各自關注的困難不同，但在團體探討議題上較能有共同性的朝向現實課題解決，或自我與環境改變等同質性是重要的（相似的動機和方向），領導者可以在評估階段著重探討成員對參與團體的期待，來了解這個部分，則在組成的考慮上能預先設定此一共同性。

（二）住院病人之支持性心理治療團體

　　精神專科／住院病人團體主要以各類型精神疾病患者為主體，受限於疾病本身所造成的功能退化或下降，成員的自我控制（例如滔滔不絕、無法專注、坐立難安、情緒激動或攻擊）可能較弱，在參與動機上也可能呈現較弱的狀況（例如緘默退縮、拒絕抗拒等），而受限於不同的內在脆弱性，成員的人際模式也可能傾向於較為複雜而矛盾（例如被動攻擊、迂迴的指則和控制，或是原始而衝動的憤怒和敵意等），若案主的領悟力和功能水平並不是很高，則給予清楚的教導或指引，在介入處遇上是非常重要的，從修正與矯正人際互動行為著手，一方面維持團體架構，另一方面也針對個人行為改變、人際互動或功能促進具備正面的意義。

　　在精神醫療場域住院之案主大略可簡單分為三類：處於急性發作階段或處於高風險狀態、急性階段緩和且風險減低後漸趨穩定的狀態，以及日間留院或功能漸恢復的慢性精神疾病等。前兩類之病友，因主要仍處於急性發作和漸趨穩定的階段，在生活功能上暫時仍以穩定為主；則在進行心理治療團體時的目標上，宜以支持性和穩定生活節奏和情緒等功能為主，在帶領上可給予較多的指導、訊息提供和鼓勵等引導，也需視個案狀況給予自我表達和人際溝通方面的促進和練習，維持其朝向穩定的復原歷程邁進。

（三）日間留院病人之功能復健導向支持團體

　　功能復健導向的諮商團體主要著重於個人病程與病識感或自我認識的統整、自我了解與評估，以及賦能予面對外在社會情境與人際關係之功能，強化其適應力與面對真實情境解決問題之能力。針對上述第三類於日間留院或功能漸趨恢復的病友，在評估應朝向促進其社會適應、家庭互動和職業等方向，積極的推進其功能水平等考量下，採取以諮商為主體和目標是較為適合的團體工作模式。心理師可邀請其他專業同仁搭配，於日間留院共同進行此類型之諮商團體，團體性質可為半開放式的定期加入少量

的新成員，而過程中的主題則以成員關注的人際、家庭和職業或生涯等議題爲主，透過團體方式促進成員更直接的探討自己與生活實際的問題，並嘗試加以解決。

十、監所矯治場域團體

　　司法矯治團體內的成員通常伴隨著非志願性和潛在的行爲或性格議題，因之在組成上除了符合監所或法規的要求，領導者仍需要考慮團體成員平衡的問題。在性別上，因爲分別管理或刑事案件屬性，通常此類團體均爲單一性別，且大多爲男性成員團體，且因爲通常相類似的罪名與刑犯監所均放置在一起，出獄或假釋後的刑後社區治療（例如強暴或家暴受刑人）規定，亦將同類刑者共同處理，則判罪類型、性別等因素通常爲此類團體的必然相似性。在給予監所或獄方組成團體的專業建議上，刑期或可假釋的年限，通常爲必須優先考慮的要點；刑期差異過大，在團體討論上會明顯的感受到不同步或無法共通的感覺，尚有十年刑期和下個月即可出獄的成員，顯然很難在同樣的步調上工作；但假如都是剛剛進入監獄，可集中於自我經驗的梳理或省思進行探究；相對的，都是即將出獄，則新生活適應和預防再犯等議題，則可顯著的共鳴且深入。再者，犯案情節差距過大（例如多項嚴重罪名與輕微初犯竊盜同一團體），或是在犯罪結構體系內的權力差距過於懸殊（例如幫派老大與菜鳥小弟同一團體），以及語言使用差異過大（例如僅熟悉與慣用閩南語者與多數僅使用華語者同一團體）等，都將造成團體在催化上有其困難；因之，除了背景與脈絡的異質之外，上述的刑期、犯案情節、結構身分和語言等因素，在組成上也都須充分考慮。

　　而在司法矯治團體入組篩選方面，個別成員的刑期、入獄罪名、累犯或再犯、是否能辦理假釋，以及是否仍有家庭支持、對未來出獄後之生活是否具備既有的期待等問題，都是於評估和篩選時應考慮的要件；因爲上述相關因素，與參與治療團體是否具有個人意義，以及是否仍帶有希望和期待均有直接關係，也間接的可幫助領者理解其在團體中的不適切行爲、

負向態度或其他特殊需求。一般而言，領導者在介入如監獄內矯治團體的特殊成員時，除了考慮個別的認知、行為、情緒等功能水準外，還必須對應了解在監所內真實服刑情境與其在此一團體內的動力（例如在監所內的潛在領導地位，與目前在矯治團體內握有權力的對應）、個人參與治療的動力和期待（外部家庭社會資源，和對離開監所後的期望內涵），以及敏銳的覺察其對領導者的觀感和關係，是否有條件和機會能發展出較佳的工作同盟，在上述幾個基礎之上，避免治療者個人過於片面的理想化，而能思考可行的介入處遇目標。

（一）監所矯治性或治療性的團體

　　監獄與司法體系所收容的犯罪收容人其心理介入工作有兩個層面，在社會層面因有被認定危害社會之過往事實，而需要給予矯正、修正、矯治或預防再犯，而另一層面則為此類犯罪收容人，常常也高度的與相關心理診斷重疊（例如潛在的反社會性格、青少年時期的行為規範障礙等），也常常來自環境不利因素（例如家庭或學校等疏忽、虐待、貧困、不當管教，或不適切的親職教養型態等），而有高度的個人心理治療需求。此差異其實顯示了對於處理優先順序的不同看法，後者主要仍以關注受刑人為獨特個人之需求，聚焦於受刑人個人非犯罪刑責需求（non-criminogenic needs）的介入處理；前者則以社會期待和司法矯治目的為主要考慮，強調個人犯罪刑責需求（criminogenic needs）的介入為主體（例如：侵害行為的加害者聚焦於去除或減低其再犯行為之可能性、藥物濫用或成癮者聚焦於去除或降低其成癮行為等），其餘個人整體的需求為次要或附帶性的，或者僅只是為了帶出犯罪刑責重點處理的療效，才加以進行或關注。上述不同的論述和看法，為近期受刑人心理介入的重要爭議焦點（Harvey & Smedley, 2010）；然而，在這兩個面向上，雖然矯治與治療性質的輔導兩者在效益上可能相同，同為促進個體能服膺社會規範且提高社會適應與適切的行為，然而兩者所採取的介入哲學或取向可能會有根基上的差異，領導者在規劃類似團體時應加以釐清自己的介入方向或核心的工作目標。

　　再者，對於受刑人個別狀態和需求應加以評估後，才能考慮針對其矯治需求或重點，進行適切的團體工作。例如，假如為認知上明顯缺乏社會認知、法律常識，或欠缺對犯罪刑責或受害者境遇的了解，某種教育或知識傳遞為主要目標的教育導向的團體，應優先考慮並進行；而受刑人在監所中狀態穩定，則為進入較為治療導向、需要較深層次探討自己之團體的考慮。

（二）監所支持性與提高適應的諮商團體

　　有別於上述矯治或是治療性質的團體，監獄司法機關若採取管束收容方式，受刑人必然會經歷進入監獄，以及離開監獄等轉銜歷程。初入監獄的生活適應與心境調適若出現問題與困難，需要短期的心理活行為上的協助，可考慮提高其問題解決和適應之輔導或諮商性質的團體，有時也較為接近心理教育導向，可直接提供訊息和有助益的重要策略。相對的，在能夠出獄或假釋之前的一段準備期間，受刑人面對未來生活的規劃或心情上的矛盾或畏懼等，亦是此階段心理和行為介入的重點，諮商與問題解決等朝向未來生活規劃與適應的團體，較能有效且短期的幫助受刑人，面對即將重新踏入社會的生活，有個人省思和展望的空間。

　　此外，受刑人於監所內若因個人狀態而有特殊的危機或心情上的衝擊，例如：體檢後得知因毒品注射而感染愛滋，或遭遇喪親或家庭等情感變故，專業工作者亦可規劃支持導向的諮商團體，提供一個探討自身處境，朝向接納或改變的新方向作自我的調整。

（三）成癮戒治團體

　　在非藥物治療服務中，團體治療是幫助成癮者戒除物質依賴的重要方法之一。戒治監所或社區實務工作者若能妥善運用團體治療，不僅能提升團體的動力，還能達到灌輸希望、資訊傳遞和人際學習的療效（潘國仁，2012）。在美國，常見的物質濫用團體包括由專業心理諮商或社會工作背

景的帶領者所主持的心理治療團體，以及由戒癮者組成的自助團體，如以
12步驟和靈性爲基礎的戒酒匿名會（AA）和戒癮匿名會（NA）（丁耕原
等人譯，2019；游以安、游翼慈、游錦玉，2022）。

　　對於由專業人員規劃和領導的團體多元模式，能對戒治者產生多角
度、不同面向的幫助和效益。以高雄戒治所推行的戒癮團體計畫爲例，涵
蓋多方面的輔導與支持，助受戒治者重返正常生活。從個體改變的「知
（覺察／理解）、情（釋放／梳理）、意（面對／抉擇）、行（策略／行
動）」與「生態系統」的賦能、社會支持與希望灌注等角度，大致可區分
爲三類型。

　　其一，協助受戒治者於認知情緒和內在狀態之轉化，也包含靈性傳統
或超個人典範的身心靈導向模式（統整過去與現在的知／情／意層面）；
例如包括：內觀處遇的「內觀人際因應成長團體」教導成員人際應對技巧
和挫折忍受力，學習有效的人際互動方式，減少人際衝突。宗教心靈的
「恩典小組輔導團體」通過信仰淨化心靈，提高戒治成效。人文與藝術教
育的「創作中平靜一藝術治療團體」讓成員體驗正念，通過創作覺察和接
納自己的狀態。認知重構部分，包括「內在英雄一情緒紓壓團體」幫助成
員覺察自我並學習新的紓壓方式，以及「故事看自己一敘事團體」讓成員
通過重新定義自我視野，發掘內在優點與力量，重新整理生命故事。

　　其二，在家庭支持方面（生態系統的賦能層面），「雙人圓舞曲親
密關係成長團體」幫助成員覺察自己對親密關係的期待與需求，爲幸福的
家庭生活做準備；「幸福家庭關係探索團體」通過討論，促使成員重視家
庭並從中學習自我認知；「魔法家庭日」提供三方交流機會，推廣正確藥
癮觀念並處理家庭特殊議題；「接見室家屬衛教講座」和「接見室專業諮
詢」增進家屬對戒癮政策的了解和支持。

　　其三，在生涯規劃與技能訓練方面（朝向未來自我賦能的意與行層
面），「社會賦歸準備輔導團體」幫助成員了解自我能力與目標，規劃未
來生涯，察覺情緒及壓力變化。復發預防的「出所前準備預防復發團體」
激發成員戒毒動機及意志，教導健康壓力調適方法，幫助其成功復歸社
會。

◎問題延伸討論、省思或作業

1. 想像你有十年的時間，逐步地在社區／醫療或學校開展多元專業場域之團體實務，你會希望自己在哪兩三個場域，去規劃哪些類型的團體呢？試分別舉一兩個例子（共三到五種類型的團體樣式）來加以想像和說明。

2. 關於任務團體與研習營，以及成長與發展團體，你是否曾參加過類似的體驗或研習？試想若你要報名參加某類型團體，哪些預期的效益或學習，是你可以跟同儕或好友加以分享的？請提點加以說明。

3. 瀏覽《諮詢團體／教練團體／特定議題心理教育團體／家屬衛教與支持團體／危機介入團體／心理減壓會報團體／支持性的諮商團體／治療性的諮商團體》等類型團體，試想若你被邀請至下列各個場域進行團體模式的演講，你會分別推薦哪一種或兩種給相關的主責人員呢？(1)縣市自殺防治中心(2)區域醫院安寧療護病房(3)中型電子公司人力資源部門(4)精神障礙病友服務協會(5)全國公益偏鄉課程輔導中心團隊(6)正遭逢同儕意外傷亡的警局管理部門。

4. 自助型態團體也有其效益和價值，身為專業人員，你是否支持自助團體的長遠發展呢？試著想像你參與辯論且選一邊站，論述具體論點以及對方可能會提出的詰問，加以比較雙方的看法或尋找差異的平衡點。

5. 從生命全距發展相關議題團體，預想你自己在人生的軌跡上，可能處於幾歲時也許會是最需要支持和心理扶助的階段，設想一、兩個該階段很有趣、且能合乎時代變革與人心需求的團體，加以創意規劃其主題名稱與實施簡要規劃。

第十四章

兒童青少年團體實務開展：學校

本章綱要：

一、兒童青少年發展與團體工作：兒童與青少年發展／學校兒少團體實務／社區／醫療兒少團體實務／年齡階段與團體實務工作

二、K-12中小學之團體諮商輔導：中小學團體工作常見類型／幼兒園所團體推展／小學學齡兒童團體／國中階段青少年團體／高中階段青少年團體

三、大專院校之團體諮商輔導：初級預防導向之心理教育／輔導團體／招募自願參與之諮商團體／危機諮商或支持團體／成長性質與訓練導向的團體／導師心理健康概念推廣或諮詢團體

四、社區／醫療場域兒少團體實務：兒童發展療育團體／團體遊戲治療／青少年團體諮商與治療／活動治療與桌遊／牌卡的融入

五、兒童青少年團體特殊需求成員的協助與介入：發展障礙／遲緩之兒童青少年協助／行為干擾類型兒童青少年之協助／亞斯伯格與人際敏感度較弱兒童青少年之協助／遭逢創傷經驗後之康復歷程協助／內導性／憂鬱傾向兒童青少年之協助

六、大專院校青年團體特殊需求成員的協助與介入：參與穩定度不足之成員介入考量／開玩笑／嘻哈／難得正經的狀態／被動／猶豫／模糊的狀態／精神症狀／高風險案主的危機處遇

一、兒童青少年發展與團體工作

（一）兒童與青少年發展

　　兒童的發展可追溯從生命誕生至青少年前期，本書以團體諮商與治療等心理工作為主，著重於幼兒階段後的生命發展階段，包括於學校、醫療和社區場域的各型態團體心理工作之討論。青少年的定義源自拉丁語「adolescere」，意指成長或達到成熟期，青少年從兒童期到成人期之間的成長過渡階段，隨著教育程度提升與在學年限增加，不論各向度的早熟或晚熟，大致可界定青少年涵蓋十二至二十歲出頭，其中二十一歲左右的大學生（十九到二十二歲）和研究生（二十三到三十歲左右）於生活情境，同屬於一個大專院校校園或社會新鮮人群體。十五歲左右至三十歲前，反映孔子於論語對人生自我敘說的「十又五而志於學，三十而立」此一志學至而立之年，正值自我探索與生涯發展的關鍵時期；本書採取較寬廣的定義，將青少年的範圍設為十二歲至學業完成階段或最遲至三十歲，也就是同時包含國中、高中至大專院校大學部與研究所層級的在學青年。

（二）學校兒少團體實務

　　在學校輔導工作中，團體諮商輔導在心理協助工作上有其效益和特定的優勢，對於學校輔導工作而言更是不可或缺的重要模式，因為兼顧學生群體常有發展性的需要，以及在發展階段更需要人際層面的經驗與環境等，團體諮商與心理協助工作在學校的實際效能與實用性上，甚至優於一對一的個別介入（吳秀碧，2005）。在當前國中小輔導教師朝向專業聘任與專任化、心理師與社工師亦專職協助學校之輔導工作；同時，大專院校諮商中心之心理師和相關專業也實質於三級預防輔導工作中，提供大學生相關的協助，團體諮商實務工作在中小學學校場域和大專院校的多樣化與多元面貌將更為明確，也因此對於團體工作之專業精進也更有其高度需要。

（三）社區／醫療兒少團體實務

　　除了學校場域，兒童和青少年在醫療、社區等相關的團體工作也可加以關注。例如醫療場域，在兒童心智科專科／門診醫療中，發展療育導向的團體諮商與治療被廣泛應用來幫助兒童處理情緒與行為困擾和心理疾病，包括門診各種療育模式中的團體工作。在兒童醫院的各部門，以及兒童癌症醫療單位或緩和醫療中，團體心理協助則能幫助兒童及其家人共同應對病痛和死亡的挑戰，增進對於醫療介入的接受度，也提供情感支持和心理協助。而在社區場域，社區諮商／心理衛生中心也提供兒童與家庭相關的心理服務，兒童團體諮商或遊戲治療團體、活動治療團體可直接協助兒童與青少年，相關的團體諮詢工作也協助父母成員處理壓力、和提升親職效能。

（四）年齡階段與團體實務工作

　　本章節在討論學校之團體工作上著重於學校場域團體之開展，但在應用理念上仍可提供延伸至社區或醫療場域兒少團體之參考。從年齡段來加以區分，兒童青少年團體依據年齡層，大約可以區分為幼兒與學齡初期兒童（三至八歲）、學齡期少年階段（九至十二歲）、青少年前期（十三至十五歲／國中），以及青少年中期（十六至十八／高中）；但若考慮發展階段之能力水平與年級區分，可簡要分為幼兒、小學、國中與高中四個階段來探討兒童青少年團體之實務。因著場域的不同也可區分為K-12（幼兒園至高中12年級）學校，以及社區兩類團體籌辦場域；意即，學校場域有依據發展和需求開展各種類型的團體，而社區機構也可依據創立的宗旨和服務對象，開辦與推展社區兒童青少年或家長團體。

　　由於兒童青少年處於身心發展急劇成長階段，對於各項心理與社會能力發展需連結教育措施來加以促進，在團體運用的模式上包含實質的輔導和心理教育團體，以及針對特定議題而設定的諮商團體，此兩者在學校場域均是非常重要的。相對的，青年前期滿十八歲而進入大學求學的階段，

處於成人初顯期的青年前期階段之大學生，在自我探索、關係追尋、生涯定向或學習生活適應等議題上，常需要於離家自主的階段嘗試去面對議題與解決問題，因之，在大學學生諮商輔導中心能評估學生需求，定期於專業之諮商輔導中心開設以問題解決和人際關係導向的諮商團體，實為工作規劃中不可或缺的要項。延續上述探討，本章節後續區分K-12中小學以及大專院校兩個區塊，來加以簡介和說明相關的團體工作。

二、K-12中小學之團體諮商輔導

（一）中小學團體工作常見類型

團體形式的介入是學校輔導諮商體系中非常重要的工作，因為兼顧學生群體常有發展性的需要，以及在發展階段更需要人際層面的經驗與環境等，團體諮商與心理協助工作在學校的實際效能與實用性上，甚至優於一對一的個別介入。回歸學生輔導與諮商，以及整體校園之心理服務需求，學校輔導諮商場域的團體諮商與心理治療形式，可以有下列幾類：

1.心理衛生教育與輔導團體

學校場域最需要的仍為針對有發展需求、特定議題處理或問題解決之學生，提供小團體之諮商或輔導；學校專業人員或行政主管可從三級預防輔導的角度，有系統的檢視所在學校學生之各類型需求，以能有規劃和能符合學生需要的開設適當的團體。例如美國學校諮商師能專業自主的訂定學期期程的重要計畫，規劃各年級、各類型需求、功能和目標導向不同的團體，且因學校行政作息能配合，錯開各年級不同的時段，則同一天內於個別輔導與諮商之外，進行兩到三個團體亦有可行性，舉例如：轉學生生活適應團體、家庭巨大變動學童之支持團體、學習策略訓練與效能提升團體，或是情緒管理團體等，其目標和功能主要放在發展與問題解決，且主題和內涵均具有教育和引導之主動性存在，是一個積極且期待學生能發展良好的思維，主動預防與介入學生問題，而非處理問題學生。

2. 諮商與治療導向的團體

在學校三級輔導預防回應服務中，團體諮商與心理介入工作是相當重要的，對於有特殊需求或有特定議題需要解決或找到應對方式的學生，短期、諮商性質的團體可優先被考慮，例如：協助學生的人際困境與發展新的人際互動模式、協助面對生涯困境之無法定向或抉擇、協助承受較大的壓力而需要情緒疏導之學生。一般而言，學校諮商團體可涉及的層面包含個人自我（如自我概念、自我探索、自我了解、情緒議題、生活適應、生涯或價值觀等），以及人際（如友伴、愛情或家庭關係等）兩層面。

相對的，面對學校內可能因為性格或發展議題所設定的團體心理介入工作，則可朝向較為長期發展的心理治療團體為主來做考慮，其中可依據團體的性質和學生案主的需要，區分為支持導向（supportive）、療癒介入導向（therapeutic），和矯治導向（corrective）等三種類型的心理治療團體，三者皆可融入諮商性質的團體工作，進行較為長期的團體。例如：對於發展障礙、學習障礙或因發展問題而衍生的生活適應議題，可透過每週二次的團體提供支持和協助；憂鬱、焦慮或其他較為內導性質問題的學童、情緒狀態不穩定或衝動控制異常等案主，或因為創傷、哀傷議題而陷入低潮的案主，則可運用多元媒材進行朝向疏通或重構內在動力的方式，進行相關團體；而對於較為外向行為導向、輕微過動、決裂性行為或偏差行為等案主，除了諮商性質的問題解決之外，融入較為教導性或矯治導向的概念來進行團體，也是適切的介入。

由於療育性質或治療的工作均傾向於隨著輔導教師的專業化，以及學校心理師（具備醫事執照之諮商或臨床心理師）於學校服務，或是受過專業輔導訓練的社工師或社工員駐區制度的介入學校，提供專業的協助；學校可於設定團體相關專業工作上，區分相關角度和介入的程度，開設團體輔導、團體教育課程、團體諮商或治療導向的團體等不同需求和不同取向的心理工作團體。

3. 家長或教師諮詢團體

諮詢（consultation）指的是透過專業的協談技術或訊息提供，協助來

詢者能有效的獲得解決問題或面對困境的力量或技能。透過團體形式的諮詢，在學校心理工作上應用於家長諮詢團體，和教師諮詢團體兩個不同的群體上。例如：針對注意力缺陷過動症狀（ADHD）的家長進行諮詢團體，可實際的從參與家長所反映的真實現象和事件進行討論，並透過團體討論獲致親職效能的學習和成長；相仿的若是對於低年級且班上有ADHD的班級導師進行專業諮詢團體，則可透過對於教學場域、班級經營、師生互動和學生個別化狀況與發展等議題之討論，運用團體的力量給予參加的教師，從激盪和團體中加以成長和學習。

（二）幼兒園所團體推展

在幼兒園的團體工作雖並非普遍推展的工作，但其專業訓練包含了發展評量與診斷、兒童早期療育與發展促進、家長與親子會談實務，以及教師專業促進與校園組織環境變革諮詢等專業。以美國學齡前學校心理師（preschool psychologist）的介入為例，由於學齡前具特殊需求或發展遲緩的兒童存在高度的心理協助需求，高風險家庭群體子女也潛在需要篩檢與關注，多層次支持系統（MTSS）之模式對這個年齡段尤為重要，專業工作者可協助或建議相關專業資源提供密集的個別或團體支持，不要等到出現年級差距或明顯障礙後才提供額外補救服務。

隨著幼兒園所日益增加對於專業度、責任感和實務協助水平的要求，學齡前／幼兒學校心理師有更多機會與學生和家庭、教師合作。以下幾類型的團體一般可於幼兒園所具專業性的加以推動：學校心理師可以透過進行篩查、與學前和幼兒園教師團隊合作，促進各類型療育團體，引薦相關領域之治療師形成各類型短期的療育團體，並納入教師與家長，理解兒童發展階段，以聯結醫療和後續鑑定與療育資源。通過篩檢與評估，針對情緒與行為具脆弱性或處於壓力下的幼兒，提供遊戲評估與遊戲導向的團體；也同步針對環境中重要他人（例如幼兒新的寄養父母、領養的親屬等），於學區進行壓力管理和應對技能賦能之諮詢團體、確保兒童在新環境中得到關係支持、幫助成人理解新的發展任務的壓力來支持兒童。學校

心理師可提供教師支持與職能促進，通過招募邀請相似背景孩童之教師形成諮詢團體，幫助教師應對過渡期的挑戰，習得輔助特殊需求學童之重要關鍵技能，例如：引導自閉傾向幼兒班級經營之諮詢團體、協助與家長互動感到困難的教師之諮詢團體、期待發展更多親師溝通技能之諮詢團體等；層次上支持教師工作壓力、關注個別處境與轉化教師信念，也促進家庭與教師的關係、增加學校與家庭的聯繫，並在孩子遇到困難時豐富其生態脈絡資源。

（三）小學學齡兒童團體

　　兒童團體的組成與其友伴發展特徵有關，國小階段因為各年級發展程度差異，因此團體組成以同年齡、同年級或至少為接近的年級為佳，則在發展的共同議題上也能比較有所共鳴（例如同樣關注親子互動與獨立的自由，或同樣關注教師班級經營的公平性等）；性別上，由於國小中低年級學童尚未有明顯的異性愛戀情愫或在異性面前過多的矯飾，則性別各半可平衡整個團體的互動，且提供相關的示範，高年級部分若感覺到性徵發展已接近青少年，或是因為特定輔導議題有需要單一性別，則可進行純粹女生或僅納入男生的單一性別團體，否則仍以男女各半為主；而為了避免次團體的小圈圈或帶入太多團體外的糾葛，成員最好均來自不同班級。

　　對國小團體的領導者來說，許多個案由導師轉介後要能平衡且考慮到學生需求性，且從中挑選並組成團體，仍必須先有對於團體內可能會探討的議題和團體主軸作清楚的界定，則在納入哪些學生的原則和條件上也將會比較清楚和容易。有一個值得注意的議題是，在背景和個別經驗上與其他學童差異過大的案主，例如受到家庭暴力虐待、性侵害，或目睹巨大災難、嚴重創傷等兒童，因為此階段兒童的理解能力和保密性都不夠，因此此類案主應較為適合採個別方式協助，在團體組成上應加以留意。

（四）國中階段青少年團體

　　國中階段的青少年在組成上，因為已經進入關注異性或是有時會因相異性別的相處狀況而不自在，或是因為男女生的成熟度有些落差（一般女生的思想較為早熟，同年齡男生在此階段則顯得較慢，則女生有時會覺得男生較為幼稚），則在團體組成的性別上，可以考慮單一性別，特別是單純只有女生的團體，有時候因相近性和女性本身在親密上的熟悉，而能很快的進入凝聚和工作；相較之下，純粹男性的團體有時候因發展速度有些落差，或脈絡上較為不同，而可能在領導上需要較多的催化和鼓勵，也因此，若要組成單純男生的國中階段團體，在背景上可以有些差異，但是發展程度和探討議題上應有交集為佳。此外，假若團體主軸與性別、情感或兩性互動的學習有關，則當然仍以男女性別各半為佳。與國小團體相同，在校園中儘量讓團體成員來自不同班級是最好的，特別國中朋黨時期的小團體運作較強，應特別注意此一原則。

（五）高中階段青少年團體

　　不同於國中的青少年初期階段，高中時期的青少年在思想和自我發展上均較國中更為穩定和成熟，且對於自我的認同和認定也漸形穩固，在此階段所關注和探討的議題也能夠較國中階段更為寬廣、深入或抽象的對未來作更多的設想。因為個體的穩定度較高，因此團體成員組成的背景和脈絡可以較為多元，性別亦可以各半，但建議對於關切的議題仍必須考慮有大致的共同性，例如共同關切生涯議題，或親子衝突議題等，則在討論和互動上能多有共鳴。

三、大專院校之團體諮商輔導

　　大專諮商中心所開設的團體通常採自由報名方式，且大致上參與者皆有主動之動機，此階段為成人前期的重要樞紐發展時期，主要為學業與事

業、人際與友誼、愛情與親密等人生課題發展的儲備或抉擇的階段，團體組成的多元性和思考觀點的多樣性，正可提供此階段參與團體的成員，有更具彈性和換位思考的可能性。因此在性別、背景上可考慮朝向多元和異質性（不同科系、系級、年齡、縣市、家庭組成、族群、文化等），但因為團體有其焦點和共同探討之需要，在招募上仍要考慮到成員對探討議題的興趣，在團體討論的催化上能較有交集和共識。

　　因廣設大學、延後面對現實壓力、家庭保護較高，以及青少年階段延後認同等狀況，時下大專生團體值得一提的幾個組成的考慮尚有，其一，對於無法確認自己穩定出席的成員，若加入團體後應留意其出席狀況，且適時在團體中協助其能有為的承諾，促成對事務有所抉擇和負責的經驗；其二，有些無法清楚陳述自己為何參加團體，可能抱持來看看等心態的成員，也應在過程中協助其從觀察他人的進展，而努力開鑿自己的期待或成長方向。綜合上述兩點，在團體預先的組成上，應考慮較清楚自我探討方向、確認度和責任感較強等預測可能較為有效工作的成員，應占團體成員的多數或二分之一以上，以避免過多不穩定出席和無效成員，在缺乏楷模和無效能的團體氣氛中，使得團體的進展停滯且難以推動。

（一）初級預防導向之心理教育／輔導團體

　　大專院校諮商中心可依據對學生需求的分析，來設定與規劃相關心理教育輔導團體。此階段青年的多方面發展需求，可理解包括：學校生活適應與學業、人際關係與良師益友、價值觀與自我生活經營、家庭關係與情感追尋，以及生涯理想與職業定位等；這些需求反映了青年在大學階段所面臨的挑戰和成長機會。從青少年晚期的發展，延續到成人初顯期的生命階段，當前社會快速變遷下，大專階段的青年從青少年逐步轉變為成人，面臨更多的自我認同問題，在權力追尋與親密、自由與責任、獨立與依賴、衝突與紓解以及愛恨的釐清與整合等方面，經歷著深刻的內心變化，可通過適配的輔導諮商團體來加以支持和引導。

　　許育光（2011）針對高教變革下、大學新世代於四年期間的輔導議題

和可行的輔導團體或心理講座主題，提出相關的建議（如表14-1所示）。在大專院校，各學期的團體推動工作包括多方面的內容：首先是大一新生的生活適應，包含遠離家鄉與異地心理獨立等自我安頓之學習，以及下學期針對課業學習方式補救，幫助學生掌握學習方法與策略的輔導團體。繁忙的大二生活，通過一年新生的大學生活體驗，能感悟自己在學業、社團、休閒、人際或工讀等架構下的時間管理，相關主題團體，能協助進行有效的時間管理與生活節奏調整；其次是對於逐漸顯現的班級或社團關係，進行相關省思與人際關係之輔導，人際關係與同儕互動輔導團體，有助於學生建立健康的社交圈，提升他們的人際關係溝通與經營能力。更加緊湊與承擔更多責任的大三生活，壓力調適與紓解、情感關係與規劃、生涯規劃與志趣等，都是適切的輔導團體規劃主題，直至大四階段面對畢業與進入社會，對於就業準備與職場健康等方面的指導，也是推動團體輔導工作的切要考慮。通過這些團體對發展性預防輔導的推動，能夠更好地支持大專階段青年的全面發展，促進身心幸福與安適，且為未來的職業生涯和自我發展做好充分準備。

表14-1　大專院校學生各年級發展要項與相關團體輔導活動規劃建議表

	（上學期）	（下學期）
大一	生活適應	學習方法與策略
大二	時間管理與生活節奏	人際關係與同儕互動
大三	壓力調適與紓解	情感關係與親密
大四	生涯規劃與志趣	就業準備與職場健康

（二）招募自願參與之諮商團體

大專院校之諮商中心可依據學生需求開設各類型之諮商團體，且透過宣傳和招募循中心報名管道邀請學生參與各類型之團體。延續本書於第三章所提出的團體目標與主題大類「SECRET六類型團體主題內涵」，其

中，自我層次：強調大學生對自身的探索與理解，包括自我認識、自我價值觀和自我目標的澄清；其中分別包含：**S-自我探索、澄清與成長**（外顯慧見），以及**E-情緒表達或管理**（內在力量）等兩個主軸的團體方向規劃。他人層次：涵蓋與他人的各種關係，包括親情、愛情、友情和工作關係等，重點在於建立和維持健康的人際關係，提升互動品質與關係層面的安適。分別包含**C-溝通與社交技巧**（人際競合），以及**R-人際、家庭與愛情關係**（核心關愛）等兩個主軸的團體方向規劃。環境適應層次：關注當前面對的實踐困境和現實挑戰，幫助成員在現實情境中找到解決問題的方法和策略，提升應對困境的能力，界定為**E-問題解決／學習輔導與自我肯定**（環境適應／創造）之方向。意義追尋層次：呈現追尋較高層次的價值情懷，尤其是在工作或生涯願景追尋中的意義感和價值感或願景，界定為**T-生涯探索／抉擇／定向與追尋**（時間軸線）之方向。

　　從協助學生與自己（自我），和自己與他人（人際）等向度，來規劃可能的團體主題，常見的團體諮商主題列舉如下表14-2所示。其中，人與自我方面包括如：自我概念、自我探索、價值觀澄清、情緒管理相關工作、生涯抉擇、學業輔導、問題解決、環境適應、和自我肯定等；而人際方面則包括如：人際關係、家庭關係、愛情價值觀、人際溝通和社交技巧等。

表14-2　大專院校諮商中心可規劃之諮商團體類型列舉一覽表

向度	人與自己（自我）	人與他人（人際）
可規劃之諮商團體類型	自我探索澄清（S） ・自我概念、自我探索 ・價值觀澄清 情緒表達管理（E） ・情緒管理 時間軸線生涯探索（T） ・生涯探索與定向 ・生涯抉擇、職涯定向 環境適應創造（E） ・學業輔導、時間管理 ・問題解決、壓力管理 ・自我肯定	關係親密議題（R） ・家庭關係 ・愛情價值觀 溝通人際社交（C） ・人際溝通 ・社交技巧

（三）危機諮商或支持團體

因社會環境變遷和學生心智成熟狀態延緩，從主動積極關懷次級或有可能需要三級介入等之高風險學生的角度來看，大專院校之諮商中心，有需要對於處於危機中的學生開設相關的危機諮商或支持為導向的團體，以能有效協助學生面對生活困境和相關議題；從學業、生活適應和情緒狀態等三方面來看，例如：透過導師轉介在學業成績表現不佳，且有休退學疑慮之學生，邀請參與學習策略或學習困境因應為導向的團體；針對轉學、轉系或復學、抑或是明顯難以融入大專校園生活之學生，進行相關生活適應與校園適應困境舒解之團體；又如從大規模的情緒、壓力或生活適應篩選評估，所發現的情緒適應不佳之潛在個案，可採電話或當面評估後邀請參與相關的情緒與生活適應團體，方式上可採單次工作坊或加入上述自願參與之諮商團體。

相較於國中小學校輔導工作，在高中至大專院校之學生若存有精神官能症狀或精神疾病等相關診斷，在個案處遇上一般皆需要轉介醫療單位或接受藥物治療之協助，在急性發作後的康復階段，較需要個別支持導向之心理諮商，暫時不適合參加團體；但若精神官能症相關案主，於功能恢復與維持一段時間後，在人際互動和關係部分經評估需要更多的幫助，且參與團體能從中獲益，則此時較為適合邀請參與以支持或技巧訓練之相關諮商團體。而對大專院校諮商中心來說，應不需要提供療癒和矯治性質的團體。

（四）成長性質與訓練導向的團體

從潛能開發或培育同儕輔導之相關專業知能等角度，大專諮商中心亦可開設與特質培養或人際敏感度訓練也關之成長或訓練性質的團體。誠如本書相關章節對於訓練團體（T-Group）、會心團體，與敏感度訓練團體等描述和說明，大專院校諮商中心也能在諮商和協助學生適應等工作之外，從潛能開發和成長導向的角度開設此類型的團體。

（五）導師心理健康概念推廣或諮詢團體

　　從初級與次級間接服務的角度，大專院校導師與一般教師負有與學生接觸和輔導的第一線責任，若能透過團體方式，定期協助導師獲取重要訊息和概念，且能對於學生輔導理念和實務，提供一討論和對話的空間，也是相當重要的團體工作模式。此類推廣與諮詢團體，可採開放式團體方式進行，且在兼顧時效性與參與度上，可採學院巡迴方式邀請新進教師或初接任之導師參與，或從次級預防的角度邀請班上有高危險或高風險學生個案的導師，參與單次之諮詢團體，探討輔導學生之困境，並加以釐清未來可行且有效之協助方法，從逐漸賦能的角度，透過團體促進大專院校導師之輔導實質知能。

四、社區／醫療場域兒少團體實務

（一）兒童發展療育團體

　　早期療育是針對零至六歲發展遲緩之兒童與其家長設置的介入計畫，提供醫療、社會福利、特殊教育及心理協助等整合性專業服務。採用團體方式來進行發展療育，以其良好的效能，一方面早期療育團體提供多樣化與多向度的學習機會，在身心發展、概念理解、溝通表達、生活自理、社會情緒面等，從團體獲得更多不同領域的學習與觀摩機會；另一方面，團體課程支援每個孩子在社交環境中達成個人的目標，並促進他們與不同的人互動。在團體中，孩子可以和同齡有伴一同學習，甚至邀請兄弟姐妹參與，讓彼此熟悉的手足擔任榜樣與療育的協同者。相比幼兒園或托兒所等學校場域，小團體之人際壓力較小，孩子能自然地通過遊戲和互動觀察，並模仿其他孩子挑戰自我和嘗試新事物。

　　參加早療團體也能讓家長和照顧者有機會與其他有相似經歷的家庭互動。若開設家長支持團體，通過共享經驗，家長們可以獲得寶貴的資訊

和支持，增強自信和理解。這樣的聯繫不僅擴展了社交支持與互動等療效因素，也讓家長增加對兒童發展的認識，從早期介入團隊和其他家庭中學習如何支援孩子的學習。從生態療育角度來看，早療團體也能邀請其他家庭成員，如祖父母或重要陪伴支持的長輩，參與並觀察如何在日常生活中支援孩子的學習，採療育協同與生活居家發展促進的角度來協助兒童。團體是一個互動的平台，家長可觀摩與學習使用各種溝通工具（如視覺輔助），探索新的遊戲方式，並將這些理念應用到親子互動中，是發展療育當前於社區或學校場域，包括心理師、語言治療師、職能治療師、特教老師或相關發展療育專業常用的早期療育模式。

（二）團體遊戲治療

團體遊戲治療（group play therapy）是一種結合遊戲與團體動力的治療方式，旨在透過(1)遊戲媒材、(2)兒童間的互動，及(3)兒童與治療者的互動，幫助兒童理解並探索自己行為的好與壞、對與錯。在強調此時此刻的治療關係中，兒童能在安全且自由的情境下，通過治療師的鼓勵與理解，逐漸對自己的行為產生了解和頓悟，並選擇不同的行為與態度。這種方法能快速建立治療性關係，鼓勵兒童自然地參與遊戲，提供兒童相互給予與獲取的機會，從而促進治療過程。團體中的多樣互動能引發情緒處理與消散，並提供直接和替代性的學習機會，使兒童從同儕反應中得到對自己行為的頓悟。此外，這種治療方式也能為治療師提供具體線索，了解兒童在真實世界中的行為模式，並提供多樣設限與現實試驗的機會，幫助兒童發展並練習新行為。

團體遊戲治療需要適當的團體成員組合、合適的遊戲治療環境及設備，以及治療師對每位兒童的個人化互動處理。在概念上，團體遊戲治療與「運用遊戲或活動方案於團體」之運作理念不同，後者主要偏向於中高結構團體之方案設計，前者遊戲治療為遊戲治療專業之進階，執行的實務工作者應具備兒童諮商與遊戲治療之訓練；後者為延伸遊戲的理念，運用上採用遊戲方案之設計，宜加以區分與選用。

（三）青少年團體諮商與治療

　　青少年團體諮商與治療能有效協助有需求的成員，透過同儕支持和討論來促進情感成長、自我認識和發展韌性。對於青少年來說，單獨一對一與權威人物、家庭成員或一般的「治療師」建立聯繫和分享經驗可能很困難。同伴關係可幫助打破青少年在溝通困難時面臨的障礙，強化優質的同伴支持系統可以讓青少年更容易分享和交流他們的經歷，從而形成更深連結感、認同感和信任感。反映青少年的發展需求，建立自我認同、培養同理心是兩個重要的目標；從自我敘說的揭露和統整，能幫助認同狀態的提升和建構，學會傾聽和理解他人的故事，不僅能提升青少年的自我認識，還能提供一個具備普同感的空間，感受到認可和接納，從而減少孤立感。團體歸屬感有助於增強自尊，並創造一個安全的情感表達空間。青少年在團體中也學會了自我責任，通過在團體中反思自己的行為，激勵自己改進，並從中獲得從同儕而來較為鼓勵與積極性的壓力；團體歷程有助於青少年學會解決問題，培養現實邏輯與理性、強化管理危機和解決衝突。常見的青少年社區團體諮商治療形式，可大致區分為下列三類型：

　　1. 心理教育團體：為青少年提供資源和工具，幫助建立自我管理與心理健康相關的策略，通常採用臨床心理評估與目標設定的理念，通過教育青少年了解特定的行為健康狀況、症狀和執行相關習慣建立或修正之治療方法。團體通常有某種結構化，運用工作手冊和講義等支持資源依序來達成目標。心理教育團體涵蓋的主題廣泛，可以從焦慮、飲食失調到物質濫用，再到管理壓力、創傷、衝突解決和人際交往技巧等多種心理健康問題。

　　2. 支持團體：相較於標準的心理教育團體更為彈性和非臨床性，團體側重於建立一個安全的環境，讓青少年可以釋放或舒減日常生活中的情感，分享強烈的情感並相互有所連結，從而或致歸屬感與相互理解感受。支持團體的焦點不是應對策略學習或指導，而是通過建立成員間的關係來提供支持，通常採較少指導的中低結構型態，鼓勵成員積極參與，所關注

的青少年議題如：創傷、悲傷、欺凌或憤怒等主題的一般情感問題，以及提升適應之心理健康的方向。

　　3.**歷程導向團體**與前兩種團體治療形式不同，歷程導向團體結構性較低，更側重於自我探索而不是針對特定問題；團體旨在幫助青少年建立自我覺察、內省和情感調節的正面技能。一般在進行上採用較為長程如16次或半年以上之非結構的諮商或治療團體，若加入相關限定主題，歷程導向團體通常包括讓青少年參與有趣的方案活動，幫助他們連接與表達自己的想法、感受和情感。

（四）活動治療與桌遊／牌卡的融入

　　延伸遊戲治療的關係建立方式與治療架構，青少年因媒材興趣的不同，採用結構化活動、桌遊或特定表達媒材等方式來進行諮商，是團體可選用的重要模式；活動治療（game therapy）或稱為以活動為導向的治療（game-based therapy）是一種以遊戲治療為基礎且採用結構化遊戲活動或方案，來促進關係建立、導引參與者融入或透過活動方案作為介入的助人歷程；通常包括具遊戲趣味性的桌遊（board game）、牌卡（cards）等媒材，和以特定主題或焦點而設計的結構方案（structured project）為媒介，加以融入和運用於諮商輔導或治療工作中（Kazdin, 1994; Springer & Misurell, 2010）。

　　從遊戲治療的理念延伸，適切的發展性遊戲（developmentally appropriate games）是一種針對特定兒童青少年需求或促進發展任務而設計的遊戲方式，可視為是一種重要的遊戲治療技術，且在實徵研究上發現對ADHD的利社會行為、自我效能、內導性的症狀，以及對立反抗和攻擊、過動與不專心等面向均有介入的成效（Reddy, Files-Hall, & Schaefer, 2005）。相關的研究也顯示，桌遊可以成為學習內容和增強小組互動、競爭和樂趣的一種令人愉快和激勵的方法，以及作鼓勵學習以及增強動力和人際互動的工具（Noda et al., 2019）。活動治療更可有效的協助兒童青少年，其模式上多採團體方式進行，且對於過於內向和外向性行為的兒童

青少年均有其顯著的成效，為一個極為適用於兒少心理工作的工作方式（Avinger & Jones, 2007）。

值得注意的是，團體歷程與實務的帶領應為表達媒材融入的基礎，避免流於侷限的媒材套用；在媒材應用上，圖卡、桌遊與牌卡等運用，可促進成員因趣味和感興趣而融入和參與，由動而靜和著重於歷程與關係的特性，應為方案設計上的重要考慮，而媒材的應用主要乃著重於其輔助性，選取適合兒童青少年的桌遊、牌卡、套裝遊戲盤、文字卡、探索類卡片，以及視覺投射圖卡等媒材，融入團體歷程並加以結合和設計。

五、兒童青少年團體特殊需求成員的協助與介入

（一）發展障礙／遲緩之兒童青少年協助

輕度程度智能遲緩的案主仍可參加團體，在注意到團體鼓勵和給予支持、導引的氛圍下，促使成員互相幫助和了解人我差異，對整個團體成員均有助益；其他在人際互動上可循主流管道與人溝通之相關障礙類別，例如學習障礙、視覺障礙和單純肢體障礙等類別的兒童青少年，在溝通上均無阻隔，在團體中是一個相當適切能提供被支持與發展人際技巧的空間，但宜留意其與成員相處和自尊、自信的議題。已接受聽力矯正或配戴助聽器之聽障孩童、功能較高的發展性語言障礙兒童（仍能表達基本的構音而有簡單語句等）、輕微的說話障礙（例如不是非常嚴重的口吃），或是也具備表達功能和溝通能力的腦性麻痺案主，亦可加入團體，然領導者在初期應特別留意其參與狀況，給予更多實質的協助，使其能融入且引導同儕能發展相互溝通之模式。

（二）行為干擾類型兒童青少年之協助

　　注意力缺陷過動症狀、對力反抗障礙和行為規範障礙等干擾與決裂行為，在兒童與國中階段的青少年團體中，是很常需要被關注的一群。常需要關注的行為設限議題大多為干擾、打岔或插話、告狀、言語攻擊、走動或難以專注等；除了設限的運用之外，領導者尚可考慮下列幾個實質的介入，來輔助規範的設立和約束，例如：設定臨時需要插入發言時應先舉手的規範、個別座位的調整、協同領導者同坐的介入，以及在該焦點持續出現正向行為（例如客氣的說話、片刻專注傾聽或安靜坐好約10分鐘）之時，給予公開的鼓勵和回饋。而面對成員的對立和敵意，領導者除了需要穩住自己的情緒，設限上採用溫暖而堅定的態度外，自我揭露的分享被侵犯的感受或對其特殊行為的想法，也是重要的回饋；在特定干擾行為處理上有時候可針對整個團體進行歷程評論，用指出其暫時無能力遵守和鼓勵其遵守的角度，加以宣告後即給予忽略，繼續進行團體，以避免屢次受到中斷而讓整個團體陷入挫折。

（三）亞斯伯格與人際敏感度較弱兒童青少年之協助

　　亞斯伯格症狀所顯示的社會認知較弱以及人際敏感度不足的問題，常為其人際關係帶來許多緊張或衝突，對案主本身也帶來許多情緒上的衝擊和調適、理解的困難。正因為其所需要的協助和訓練焦點往往在人際關係層面，則在團體中加入一位亞斯伯格傾向的成員，有時對其本身和其他成員都有不同層面的效益。而在團體歷程的引導上，特別需留意的是在初期能阻斷此類案主過度自我中心、過強的道德律或某些執著的行為，例如重複的告狀、持續插入性的發問，或是特定型態的言語干擾；在中期則從人際對話的訓練著手，訓練其如何說話和表達，並於表達後理解他人的感受或觀點等，均是重要且有幫助的要項。在技術運用上，亞斯伯格孩童對於過於深度的探索或頓悟式的引導可能較難理解，領導上宜嘗試用較為具體、簡單明確的教導或原則的規範，給予清楚的指令和架構依循，幫助其

建構適切的參與行爲並發展新的人際技能。

（四）遭逢創傷經驗後之康復歷程協助

　　縱使遭遇過度特殊或嚴重創傷類型經驗的兒童青少年，暫時不適合參與團體（例如家暴、兒虐、性侵等人爲的創傷），但在遠離相關事件半年以上且該事件本身已經歷某些處理後，若成員仍存有一些生活適應、情緒調適或人際關係的議題，而能從團體中獲益，則仍可加入團體；然而在談論特定議題上，領導者應考慮團體保密性、安全度和議題的極端性，在分享時給予一些回應和限定。而在社區型集體災難之創傷事件發生後（例如地震、土石流、水災，或友伴意外、自我傷害、自殺等人爲意外，以及其他犯罪型態的集體傷害事件），納入團體工作於不同衝擊程度案主之協助，常常比個別工作更爲重要且有效，例如地震後一週內的減壓會報團體（debriefing group）、中長期重建過程中的支持團體、面對好友意外亡逝之調適團體，或像是校園集體暴力事件後的目睹暴力者的身心調適團體。在此些團體中必須考慮災難或創傷事件的本質、衝擊和對個人的影響，除了穩定生活功能外，以重新框視意外事件和尋找新的意義、新的活力投注目標和生活的再建構爲主要的著力方向。

（五）內導性／憂鬱傾向兒童青少年之協助

　　兒童青少年的憂鬱心情通常與環境結構因素有很大的相關性，在診斷上也牽涉與焦慮、擔憂、害怕等相關心情有所關聯，無法單獨切開只關注於憂鬱心境。對於過度退縮、缺乏人際連結，或心情上顯得較爲鬱悶的兒童，在團體中對於個體的鼓勵和團體的支持是兩個很重要的力量，領導者一方面溫暖且持續的邀請其分享，從肢體與言表達、點頭搖頭、單字回答、選擇題式的選項選擇、回答簡要名詞、簡單單句到簡要的描述，此一歷程很需要領導者的評估和跟進；另一方面，團體成員的支持、願意等待和聆聽，以及在聆聽後的回應或引發的想法，促使其發展更強的人際動

力，也是重要的工作焦點。

六、大專院校青年團體特殊需求成員的協助與介入

（一）參與穩定度不足之成員介入考量

　　對於大專諮商中心所開設之團體，首當其衝常面對的即是成員的參與度和出席率穩定度不夠的狀況，例如報名之後卻沒有來、約了之後不來、該出席時卻忘記、記得要來卻又遲到、來了之後又因為有事要先走，或是常把兩件事卡在一起而進退兩難；當前大專學生在自我管理和承諾上反映某種較為隨興的模式，應為此現象的原因之一。對於缺席和遲到，領導者也應在初期就關注此一議題，在規約前先給予澄清和探討無法來或趕不及的情境或理由，著重於對個別狀況（例如：塞車——提早出門、睡過頭——定鬧鐘、老師指導作其他事情——表達必須參加團體）進行努力的替代行為設定，促進期穩定的出席。

（二）開玩笑／嘻哈／難得正經的狀態

　　受到媒體、影視、綜藝和輕鬆風潮之影響，青少年後期階段大專生團體，較為常見而需要設限和關注的議題可能也包含開玩笑、嘻哈搞笑、挪揄或嘲笑損人等；領導者對於開玩笑應分辨是否為健康的幽默感（調侃自己而傳達有意義的哲理或智慧，例如：「我們都像機器人，內部程式有時候寫太爛，忙來忙去作不出東西」，或是一種貶損他人、缺乏意義，抑或是較為貼近情色暗示的笑話（例如一些不雅的用詞或過於露骨、明顯帶有歧視或貶低的意涵之嘲諷）。後者需要進行設限和重新導向為正面的陳述，有時需要認真嚴肅的加以澄清，例如停留3到5分鐘澄清其開玩笑背後真正要表達的意涵，且鼓勵其直接表達。此類型的團體成員假若能有效的

訓練其在團體中較爲正經之言談方式，通常也能對其外在人際建構有正面的幫助。

（三）被動／猶豫／模糊的狀態

另外一個與大專生言談模式有關的狀態，則是由於長期受父母親保護或約束，在建構獨立性與自主的個人歷程上，有時顯現出一種無法抉擇、繞圈、猶豫或空泛的模糊狀態，例如「很想要修那門課，但是那門課好重，好想學會那門課，但是又不希望那麼累，就不知道該怎麼辦？」又如研究生「好想趕快畢業，但是論文又沒有進度；爲什麼讀研究所一定要寫論文？這世界好像就是這樣，都有很多奇怪的規定，可是我自己當初來讀研究所就知道，但是就是很矛盾」。這樣的循環繞圈言談通常充斥著「我想要……，但是……」的發言結構，常常聽完之後並不十分明白其立場和主旨，領導者在此類工作上應積極協助澄清，在團體工作階段適度的面質、挑戰或邀請團體給予回饋，促發其有效且具立場的言談、進行抉擇、付諸行動，並且爲自己的選擇負責等，都是相當重要的工作；但世代間的價值觀與生活態度差異，以及世代間的相對剝奪感也需要關注，引發團體的支持和給予回饋，使得成員能在包容的氛圍下去探索和面對，也是相當重要的。

（四）精神症狀

高中至大專階段爲部分精神疾病症狀好發的時期，在諸如精神分裂症、情感性疾患，或是焦慮、憂鬱等症狀剛出現等前驅階段，領導者應特別留意相關的行爲徵狀，必須具備臨床敏感度，在尚未出現相關問題時即給予或轉介適合的資源；在團體中若原初評估篩選時並無相關精神症狀考慮，而在團體進行期間逐漸有這樣的擔心，領導者應評估案主之功能，盡可能在團體中創建一支持和穩定的環境，讓該成員能走完全程，但假若症狀發作的強度、緊急性和整體功能水平皆呈現警訊，而對團體的干擾性極

大，或必須返家休養或住院治療，則在過程中離開團體也爲必要考慮和處理的選項。

（五）高風險案主的危機處遇

在團體中成員若因爲生活事件、壓力等相關因素，而衍生出與自我傷害或導致他人受傷之危機，領導者應在團體中延續相關議題，公開的給予一定程度的議題討論和處理，除了協助特定成員外，也幫助團體能處理因此危機所帶來的衝突或緊張；例如針對成員揚言自傷或傷人的心情，作立即的評估和了解，適度的邀請成員從處理情緒的角度進行分享，或從觀點替換的思考來給予回饋。再者，回應初次團體所設定的保密例外限制，領導者也必須提及需要尋找其他資源協助的重要告知和說明。對此危機狀況，領導者通常需要在團體結束後，單獨的給予該成員進一步明確的溝通和指引，必要時依循個別危機處理程序，立即且有效的設定相關的環境資源和協助。

◎**問題延伸討論、省思或作業**

1. 試著選取K-12中小學當中的一段年齡層，設計一個於學校該年齡段可實作的團體，你會設計哪種類型的團體呢？

2. 若你任職於大專院校之諮商輔導中心，對於一整個校園四個年級段的大學生，擬設計一套團體輔導的介入模式，以及相關的諮商團體或其他類型的團體，你會如何進行整體的規劃？請試著提出一個完整的計畫。

3. 關於兒童青少年團體特殊需求成員的協助與介入，哪個類型的議題對你來說印象最深刻？或哪一個議題的處理，你覺得是最複雜和困難的？

4. 關於大專院校青年團體各類型特殊需求成員的協助與介入，是否有相似共通的原則是重要的，可請你歸納統整相關的重要介入架構，並評述其優勢或困難之處。

　　多元文化觀點（multiple cultural perspectives）指的是採取文化多元性的角度，來理解個體的處境，也透過相互對話的歷程，協助受服務對象能站立於平權的位置來重新看待自身處境，且達到某種對自身文化的再理解或再抉擇，甚至能夠創構一個新的文化場域或視野。由於團體可被視為是社會的縮影，且在心理層面透過行為或語言表徵展現個體來自文化或特定群體之思維方式；因此，團體自然也呈現多元且隱含多樣文化交織的動力，不單反映成員間的差異和分歧，也反映多重的現實樣貌和不同的世界觀。團體實務中的多元文化議題理解，牽涉成員間的互動關係、成員與團體帶領者間的關係，以及整體團體動力和發展的僵局與突破，可說是團體心理工作的核心。

一、團體的多元文化情境

　　多元文化議題源自於對人我差異的再理解、再認識與肯認，並建構一個互為主體的理解空間，能發展真誠交會與協調界線的持續關係。在團體實務中，這樣的觀點尤其重要，因為成員往往來自不同的文化背景，帶著各自的價值觀、信念和生活經驗參與團體活動。團體領導者需要具備敏銳的文化意識，能夠辨識和處理團體成員之間可能存在的文化衝突或誤解。這包括尊重各種文化表達形式，並促進成員之間的相互理解和尊重。多元文化議題不僅涉及文化的可見差異，如種族、民族和語言，還包括那些不易察覺的文化層面，如價值觀、信念體系和人際互動方式。

　　在團體成員真實接觸與會心交流的情境下，領導者最需要的是具備多元文化的工作視框，採取多種策略來促進文化多樣性的包容性和理解力。例如，創造一個開放的討論空間，讓成員自由分享他們的文化背景和個人經歷，並鼓勵成員互相學習。此外，團體領導者應當致力於建立一個安全且支持性的環境，讓成員感到被接納和重視，從而促進他們的自我表達和個人成長。總之，團體實務的多元文化議題強調對文化差異的認知和尊重，並通過積極的對話來促進成員對自我文化位置，或他者文化脈絡的認識；也透過文化接觸和對話，來促進團體成員之間的相互理解和支持。這不僅有助於提升團體的凝聚力和效果，還能夠在更廣泛的社會層面上促進文化的包容和共融。

二、重要多元文化議題

　　Hays（2008）提出十個在實務上值得心理工作者於衡鑑評估和治療介入時，應加以考慮的多元文化心理與實務議題，其依據排列順序剛好可組成「導出、提出、展開」（Addressing）此一個英文字，各個應考慮的多元文化議題分項包含如下：

（一）年齡與世代影響、銀髮樂齡議題（Age & generational influence）

　　世代落差與跨世代相互理解，或無法理解，以及相對剝奪感等議題，均與團體內眞實呈現的世代溝通與相互影響有關。成長於不同社會歷史時期和社會氛圍的世代，在生活型態或行事風格上存有可能的根本差異；另一方面，也對應人生不同階段的發展狀態，處於不同年齡層的團體成員，在言談與舉止上基本呈現其所處世代與年齡層之表徵。在對世代的稱呼上，不同國家和地區有不同的命名方式。在美國，歷史上有迷惘的一代、最偉大的一代、沉默的一代、廻力鏢世代、嬰兒潮一代、X世代、Y世代、Z世代和α世代等說法；在臺灣，則有七年級、八年級、九年級等口語指稱。

　　團體中不同年齡層所走過的世代和時代背景不同，慣用語言和思考價值觀亦有差異，差異性與特殊性需要被理解和肯定或認識，也在團體中可擴展不同年齡層成員的對話和相互了解。社會的變遷帶來不同世代與年齡層在所處文化和脈絡的巨大差異，也反映於心理議題與世界觀的分歧；小至表達方式、語言習慣、應對進退、思考型態，大至問題解決、策略應用、人際回饋或人際模式等，不同的世代均呈現不同的樣貌與風格。不同世代的成員在不同的文化和社會背景下，呈現出多樣化的生活方式和價值觀念；社會快速的變遷也讓銀髮群體或中老齡成員對新事物呈現恐懼或抗拒，世代差異可能存在於成員之間，以及領導者與成員之間，值得實務上加以關注和洞悉潛藏的差異化。

（二）身心發展障礙（Developmental disabilities）

　　先天性或發展性、源自於基因、產程或幼兒時期發展不利因素所導致的身心障礙或發展議題，範疇上可包涵肢體、視覺、聽覺、動作、情緒與行爲障礙等案主，在學校兒童青少年團體中，領導者具備對各類型常見障礙之診斷了解是重要的，包括罕見疾病、聽障、視障、學障或其他常需要

協助的情緒行為障礙（如注意力缺陷過動症、妥瑞症、亞斯伯格症候群、對立反抗或品性規範障礙等），初步理解其成因和心理適應歷程皆是重要的。值得強調的是，診斷與病理的知識必須熟悉而後超越，因為每個案主都是獨特的且有其自我豐厚的資源和脈絡，若侷限在診斷知識或思維中，常會落入標籤化的迷思或窄化。然而，超越並不是跨越的一知半解，因為對於各種狀態若不了解，常常會困惑或是誤解案主的各種狀況而專業視盲的隨意引路或用個人刻板印象回應，造成更多的傷害與距離，因之坊間因為診斷具標籤性而倡議不作學習的論調並不可取，唯有熟知和掌握之後，才有進一步運用和放置一旁的專業自由度產生。

　　向上延伸至成年階段，領導者仍要留意發展障礙議題的延續，例如成年的注意力缺陷過動症案主持續的有注意力和性格形態的困境、亞斯伯格症候群的大專學生擁有優異的學業成績但在團體中卻無感或難以直接表達自己、學習障礙案主一路的心情和被誤解的情緒壓抑等；在此一軸線上，領導者都必須重新貼近和理解其經驗，肯定其差異或經驗的獨特性，並促進團體成員交流、對話、認識與重新肯認。

（三）障礙與失能、工傷、疾病與苦痛（Disabilities acquired later in life）

　　失能的障礙指的是後天或成年後罹患疾病所造成的功能退化或減損，小到如嚴重近視，或是大到如工作傷害造成截肢、精神疾病初發、面臨癌症診斷危機或意外車禍傷害等，造成生活的困頓與不便均是值得關注的脈絡差異，值得領導者留意。而進一步的擴散至來自失能障礙親屬的家庭成員，例如工傷家庭子女、精神障礙病患家屬、癌末家屬的主要照顧者，也都經歷了相當獨特且多元的生活脈絡和經驗，在團體討論中也形成一種生活形態或空間的差異性，當中的哀傷與創傷議題，或是復原與正向資源併發歷程，亦值得進一步傾聽和探討。

（四）宗教與靈性心靈信仰導向（Religion and spiritual orientation）

團體中經常可發現成員來自不同的宗教信仰背景，或對心靈等靈性發展的看法有很大的懸殊，且舉手投足之間的眉宇氣息，也可觀察到在不同信仰脈絡薰陶下的特質、信念、價值觀或世界觀。團體是社會實質層面的縮影，因此在多元與信仰自由的社會裡，團體成員的多元和分歧也是很常見的，給予尊重和有機會相互認識與了解彼此的宗教信仰或靈性取向，在團體帶領上之重要的。

然而，在團體實務上如何兼顧此多元議題？其一，爲對於不同的「宗教」、「信仰」或「心靈導向」等議題有些初步的認識，對領導者養成來說是重要的，特別在新紀元（New Age）思潮下的新興多元心靈導向，未必再限定於某宗派或熟知的宗教傳統裡，且傳統宗派如佛教、道教、伊斯蘭教和基督宗教（包含天主教與基督教）或其他信仰，也在源流和派典上有些不同，稍加了解或是在團體中因成員自身很想表達而給予一點時間去說明，且鼓勵其他成員傾聽和理解是重要的。然而，宗教或信仰的論述繁重，有時常是一種「彼地彼時」（there-and-then）的教義或歷史，更有可能在團體中成爲說教或指導的方針，因此實務領導上必須注意的其二，爲必須引導成員回到個人脈絡分享與自己有關的經歷，或是對此經歷的反思，如前述所談的文化與壓迫概念，有些宗教信念或信仰經驗對個人有正面的幫助，有些則可能深深的禁錮或貶損個人發展，當成源回到自己（而不是知識）來談的時候，信仰的多元脈絡和個人工作的才得以被看重和處理。其三，聆聽潛藏的偏見或誤解，給予一些機會去對話和澄清，在團體帶領上也是重要的，例如某些成員可能隸屬於社會大眾一般刻板印象認知的少數宗教信仰，像是伊斯蘭教被稱爲回教，或早期華人社會壓迫基督徒，以及當前我們可能仍對某些教派有先入爲主的概念，則給予一些對話、詢問和澄清的機會是重要的，一方面不因潛藏不談而讓該成員覺得某種不可碰觸的迴避或不可接納，另一方面也考慮成員需要去了解而不是帶著未竟的誤解，而有成見和刻意保持距離。

（五）種族與民族認同（Ethnic & racial identity）

種族與民族是一個廣義包含血源或宗屬狀態的描述，其心理性或情感上的同意則為認同的基礎，例如對中華民族同為華人的認同，或對南島語系民族的認同；與其相關的尚包含與政治實體有關的國族認同（例如拉丁美洲裔與亞裔的美國人有共同的認同），雖然概念不盡相同，但皆可同屬於個體如何定位自己，或看待自己來自於哪個大群體的自我認定。在多元族群融合架構下的團體工作，種族、民族或國族認同亦是一個多元文化的重要議題，在兼容並蓄且相互尊重的前提下，彼此族群或認同上的差異皆應不迴避或閃躲的，能有機會呈現和被予以對話。以臺灣當前現況來說，原住民族群的都會遷移、新住民之子（母親來自東南亞或其他區域）的比率升高、開放大陸學生就學，加上原本既存於閩南、客家和祖籍外省等概念，團體內如果刻意迴避或不碰觸「差異」，有時將很難真正理解差異而達到「我們」的一體凝聚和相互尊重。在團體帶領初期，若有成員主動提及相關族群脈絡，領導者可同步邀請成員跟進分享自己的脈絡；而在工作階段若需要擴展覺察，邀請不同文化群體的成員分享不同的理解，或是不同的文化傳承中如何面對和解決等智慧，亦是很好的族群文化資產。總之，團體族群的多元性或分歧性小至來自農村或同鄉、口音差異和習俗迴異或族群不同，領導者應體認其差異與多元之存在，並透過團體歷程與對話，讓個人能對差異進一步澄清與肯認，也讓團體由差異轉出而為多元的資源。

（六）社經地位、社會位階與家族背景（Socioeconomic status）

社會位階、經濟階層或家世背景等，有時往往在期待「均富」的政治口號下被消抹為大家差異不大，而看得見卻無法談論或相互理解。在貧富差距極大或漸漸增加的社會裡，團體內成員彼此社經階層的差異，有時可以從穿著和談吐之間明顯的感受，但有時卻不是非常明顯，領導者僅能很

隱微的在互動間去觀察或漸漸的加以理解。同樣，領導上催化相互了解與對話，有時甚至是直接的溝通，例如富家女與受虐貧民能透過對話，理解其差異和感同於生活背景對事情觀點的差異，這樣的對話不僅擴展個體的世界觀和理解與自己脈絡差異的經驗，同樣存有彼此接納和尊重差異的效益。同理，領導者鼓勵成員彼此分享各自成長背景或位階之外，更去分享或探討對差異認知或想法、感受，除了能帶來貼近和融合，也能促進個人對自身優渥或貧困的脈絡，有更多元角度的省思。

（七）情感取向或跨性別之LGBT-Q議題（Sexual orientation）

　　性、情感、愛戀取向或跨性別之議題指的是包含團體成員案主，在跨越性／別的光譜上與自我性別認同（認為自己是男生還是女生）以及愛戀對象（喜歡異性還是同性）上的差異和多元分歧性；這當中大略界定的類別分別包括女同志（lesbian）、男同志（gay）、雙性戀（bisexual）、跨性別（transgender）和處於疑惑或未定者（question）。

　　試想在初次團體自我介紹時，一位美麗而先前你稱之為「小姐」的成員簡介自己為男變女的跨性別者，對你和成員會有什麼樣的衝擊或影響？在團體中後期原本健談的女性成員出櫃（come out）坦承，先前在團體中分享的感情羅曼史不是「他」而是「她」，領導者和成員會有什麼反應？熱心的成員一直說要幫某位男成員介紹女朋友，支支吾吾避重就輕的暗示，領導者是否該詢問或轉移話題解圍，或是也只要暗示而等待成員自己去者適當時機陳述？確實，諸如這些狀況在團體中的呈現和存在，都顯示領導者需要對成員在情感取向和認同上的議題，有更多的裝備和預先澄清自己的價值觀；最常見和極為普遍的模糊態度，包括下列幾種：避開此一議題或假裝其實沒有什麼、語言中表示理解但是暗示有一天可能會改變或回到正軌、重複的假裝可以了解和接納，或是直接的表現自己的驚訝或不解而也讓對方覺得不知所措等，對團體都可以說是一種撞擊。

　　「接納」的「肯認」和對於無法「接受」的「對話」，在團體中打開

一個場域能進行討論，是重要且能幫助團體前進的多元文化介入；領導者可以率先透明化的揭露自己當下的所思所想，包含理解和不理解的部分，也回到當事人和團體之間作爲橋梁，促進當事人表達對於期待被理解的需求，和面對不能被接受的限制，同時也促進成員的傾聽和理解，進而表達自我狀態或劃出屬於個人的安全區域。清楚的界定和界限，通常會比模糊不清的接納讓人感到更安心，意同於家庭關係中的分化，當事人不需要因爲某成員的不接受而改變，某成員也不需要因爲團體壓力而去假裝關懷或接受，但是在傾聽和清楚表達立場的對話中，創造接納（把對方的處境納進自己心中來思考）的氛圍是團體領導者的重要任務。

（八）少數民族、原住民（Indigenous heritage）

團體中的少數民族或在歷史脈絡裡受掠奪而被驅逐的原住民等，現今又因工商結構改變被迫都會化和資本化，在這個備受壓迫的過程和脈絡裡，領導者應如何看待？又在團體中如何能有助益且公平的與其本身和其他成員工作？試想自己初到國外去參與團體諮商時可能會發生的狀況，沉默的先靜聽、有限的語言表達和理解，又必須有效分享和快速回應，感覺自己不是那一國家的人，只有你自己跟人家不一樣，大家一直點頭但是你始終覺得他們並不懂。就很像這樣的感覺，一個社會中的文化或族群弱勢經驗到的不是一種實質行動上的壓迫，但卻是一種實質存在的「不同」所帶來的壓迫感。

領導者適時與弱勢成員站在一起是重要，但是過多的支持或關照卻又可能複製了某一種弱化其能力的關係模式，因此，宜謹慎的加以平衡；此外，建構團體的接納和促進成員對其理解，或是對其文化、語言和傳統有更多認識也是重要的。那種讓不屬於「我們」的「你」能夠呈現，才有足夠的空間和力量創造一個真正的「我們」。

（九）國籍、難民、移民或新住民、留學與外籍勞工（National original）

　　國籍、難民、移民或新住民、留學與外籍勞工等議題，與前述的種族和民族不同之處，在於他不是一個心理上的認同感或民族情感差異，而是一個現實層面的差異所帶來的感受。以美國多元族群之狀況而言，教育和工作環境普遍存在多元國籍、語言、文化和民族現況，身分上尚未具備居留權或並非公民，或身分正在申辦、期待工作證等狀態。同樣，來自不同國族而在現居地無法獲得公民權的身分，對個體來說除了生活、語言、工作、學業、思鄉、不知該去該留等適應議題都是實際而得關關度過的難題。在有新移民婦女、外籍留學生、外籍勞工或政治難民參與的團體中，領導者除了給予較多語言和生活適應探討的照應外，創造一個支持和理解的環境更是重要，同於真實的接納始於看見差異，領導者本身仍然是多元文化差異與肯認之間的重要橋梁和媒介，透過對話創造理解也同時推進挑戰以設定界域是同等重要的。

（十）性別、女性、男性等議題（Gender）

　　性別—對於男性或女性的既定印象和期待都是日常生活中時時在運作，卻時時未被覺察的，彷彿太過習慣了，人們一般缺乏對性別角色有所反思，因而傾向於用習慣的腳本來思考自己和別人。這樣的現象在團體裡亦是，女性成員分享自己如何上班之餘還要照顧家庭、接送小孩、侍奉公婆，因此抱怨先生不幫忙家事，成員很自然開始討論如何規劃時間、如何有效打理家庭，甚至傳授馴夫術，討論該如何作更多來訓練老公；相反，同樣的議題由一位男性成員講出來，大家開始稱讚他是好爸爸、好先生、好兒子，也可能指責他太太懶惰，建議他要好好溝通。再如生涯探索團體，女同學提出想轉考土木機械系，其他成員紛紛熱切的關心她的想法，但當男同學提出，卻沒有人需要問為什麼。

　　這是為什麼呢？自是性別無意識的運作，當「性別」無意識的成為一

種普遍基模，自然就是一種文化的表達，個體在當中也無意識的自我內化或進行一系列的自我壓迫，來對應外在文化形塑的基模。在女性成長團體中特別能夠看見這種集體性，處於一種認命卻不愉快、有條件卻不敢、害怕被評價等心情，在言談中四散；相對的在男性團體中，情感的壓抑無法表達、期待控制與結構、必須安家立命或使命必達的壓力，抑或是放棄承擔男性角色的內疚等，若只探討個人而不討論脈絡和性別的文化角色，團體成員的集體性和共同感就無法形塑爲重要力量，去幫助個體從自己設定的框架中解放出來（例如共同肯定含辛茹苦的女兒和媳婦已經負荷過重，別再苛責自己；接納強壯的爸爸能表達自己的情感）。在團體過程中，領導者能具備「性別意識」是很基本的要素，在聆聽和回應的過程，能率先「挑戰」性別文化基模的假設或前提，漸漸鼓勵多元性別角色或認知的對話。

三、多元文化議題與團體領導

　　因著團體情境本身就是一個多元存在的場域，並且每個成員所來自的文化脈絡雖有相似處但卻又都不相同，則多元文化議題的考量本身應爲團體實務中最爲重要的部分；再者，由於領導者同時爲一個擁有自身文化脈絡的個體和專業工作者等雙重角色，要能夠擴展自己的生命寬度，而能貼近、理解來自不同脈絡背景的當事人，且能在團體中同步融會和協助個體於自身文化脈絡中加以突圍或轉化，則領導者本身的多元文化觀點淬煉，是實務上極爲重要的議題，且從倫理的角度看來，領導者的多元文化觀點和能力，亦是能提供基本實務的重要要求。本段落從團體領導中的可能壓迫和其多元文化意涵談起，接著則探討多元文化觀點如何融入團體領導之重要概念，分述如下。

（一）文化、壓迫與團體領導

　　人與自身所處的文化脈絡息息相關，如魚悠遊於水中，常常是遇見與自己文化相異或離開自身熟悉的文化境地後，才深切感受到衝擊與挑戰，而逐漸擴展自己的世界觀和價值體系。然而，因為領導者本身亦是長期處於自身文化脈絡的個體，其價值體系的建構若未曾受到挑戰和透過對話加以釐清，有時帶者自身的文化價值觀點來看案主成員所談的事物，會有彷彿帶著有色濾鏡看世界一般，毫無自覺卻又相信自己所聽所見的，並且還要求或導引案主去接受或順應此一知覺加以改變。例如：男性諮商員感覺到女性家庭主婦成員為何充滿藉口而不願意自我獨立安排時間，忽略了家庭家事分工和養育接送子女的女性性別背景脈絡；虔誠宗教取向的治療師，認為同志成員的認同或不願意改變是一種抗拒和藉口，且在不敢直接表達的狀況下，潛藏於相關的引導問句之下；又如傑出優秀的輔導教師，感覺到特別需要幫助新移民婦女，或無形中認為其子女在先天資質上較差，需要許多的補救和協助；大專院校的諮商工作者，因本身政治立場或國族認同，間接的在團體中對某些國際學生或外籍學生較為冷漠而不自知等。

　　承上，團體領導者對自身的價值觀或面對多元文化群體觀感等，有所釐清很重要，面對來自較中低階層，或是較高階層、高知識水平的案主，領導者必然有其個人的想法或預設，例如可能過度同情、有些難以理解，或是有些自卑而刻意表現更為高貴。從上述的探討可以知道，其實持有怎樣的假設或想法是一種真實浮現的狀態，與自己所處的文化和對方的差異性或不了解有關；但是，另一方面假如一位團體領導者對自己的假設或預設無所了解，或不知道自己的偏見，則是一個實務上相當嚴重的問題與偏誤。

（二）從適應文化到創造文化

　　團體領導者除了在受訓過程加強對自我價值觀的檢視和擴展自我文

化多元視野之外，在團體情境中有幾個立場和自我工作價值，有待加以認識、思索、判斷與抉擇，如以下段落簡述。

1. 適應與文化創構

　　面對成員所談論的個人困境，領導者該協助其去適應該文化環境，或是協助其有力量的去對抗，更加以創建一個新的文化視野或找尋真正的個人空間？舉例來說，若一位領導者面對在成員在婆媳關係中，受到婆婆高壓對待，並且在難以取悅的關係裡，這位媳婦受盡委屈，而領導者朝向「適應」的委屈和忍耐觀點去導引成員發展更堅忍不拔的毅力，在價值上其實領導者應充分反思，自己對於女性處於媳婦角色中的責任、義務或權益等看法，才不致於單方面的將自己的框架，套在成員身上。而所謂的「文化創構」（culture building and constructing）是一種賦權於當事人且鼓勵其重新論述自身處境，催化其能從窠臼的文化壓迫中醒覺和解放，更因為有力量的朝向自主的尋獲，而有能力去重新框視自己所處的文化，而站到不再被壓迫或需全面承受的位置。例如上述的媳婦案主，站到一個不再在意婆婆言語且能堅定的拒絕某些委屈，致使婆婆的壓迫戲碼無從演出，甚至從中獲得力量去推動婆婆自覺或鬆動一小部分刻板觀念。

2. 壓制與發聲

　　在聆聽案主與所處的脈絡背景間有強烈的衝突，或本身承載體制沉重的壓迫時，領導者的立場究竟是襟聲的僅作同理，或是站在與若是聯盟的立場，給予傾聽和理解後，作為案主的後盾而支持其自主抉擇的發聲和對抗，亦是一個重要的實務抉擇課題。例如面對工作傷害而導致肢體殘障的案主，內心對於雇主未盡責保護和體恤，以及工作環境危險管理不周的怨懟，讓其處心積慮的周旋於法律訴訟上而勞心勞力，領導者如何貼近他而不過度以自己的價值觀涉入（例如勸他放棄，或大力支持他訴訟到底等），但又不是採取一種假設中立而事不關己的隔絕姿態，實為人生百態中的難題，值得深思。在多元文化的脈絡下進行實務心理工作，領導者不可避免的需碰觸真實社會場境裡的現實結構或法令等議題，是對此些「真

實」社會的議題不加處理或推進，還是積極的協助案主朝向自我權益爭取和努力，都是必須去抉擇和思考的。

3. 迴避與面對

與上述命題相似，但對於某些隱含於社會層面下的多元文化議題，領導者可能會有下列四種知或不知，以及面對或不面對的態度組合，其一為不知道或沒有覺察，當然就無面對可言，其二為隱約的知道，但是並不碰觸和面對，其三為清楚的知道，但是決定並不主動碰觸和處理，而第四種則是清楚的知道且選擇去介入和面對；其中，後面兩種可說是有意識的去進行工作，只要能清楚自己的價值立場且透過與督導或同儕討論，均能加以論述而獲得了解和共識，則選擇是否介入應皆可接受。然而，若團體領導者處於上述的第一或第二類型之不知與不碰觸狀態，則其實務狀態就值得從倫理議題加以檢討和批判。例如面對同志成員陳述在主流社群關係中所遭受的歧視和隱含的排拒，領導者是否採取不主動處理？略過去而不加以討論或詢問？或是因為不知要如何詢問和回應而就一般化的假裝沒有聽見？較為具多元文化敏感度的領導者，應會在類似的焦點上加以停留和促進其覺察、面對，且嘗試運用多元文化諮商與相關能力，協助當事者或團體成員共同面對和相互學習。因此，如何在當下抉擇自己的領導和介入要著力多深，或是甚至覺得自己對於處理此議題很陌生而選擇迴避；這些心情和實務片段當下的考驗，都是領導者須加以面對和在受訓過程中，有機會加以對多元文化脈絡加以理解和自我價值解讀。

四、多元文化與社會正義導向團體工作

美國團體專業工作者學會（ASGW）於最佳實務指南中指出建議，團體實務專家必須堅守來自專業學會所制定的道德規範。道德過程是團體工作的核心部分，團體工作者應該成為道德的實踐者。由於需要對團體成員負責，團體專家在實踐中可能會面臨道德上的兩難與脆弱性。因此，他們需要高度重視行動的意圖和背景。團體工作專家應能承諾終身學習，並在

團體工作背景下持續發展臨床關懷、多元文化和社會正義的能力。

美國諮商學會（ACA）多元文化諮商發展分會Association for Multicultural Counseling and Development之能力執行專委會（MSJCC）（2015）也重新修訂了Sue、Arredondo和McDavis於1992年制定的多元文化諮商能力（MCC），為諮商師提供了一個框架，以能將多元文化和社會正義能力融入諮商理論、實踐和研究中。MSJCC的概念框架以社會生態模型為焦點，陳述了各個構念和能力之間的關係，從帶有偏見─被邊緣化的潛在壓迫─受壓迫之身分，界定諮商師與個案（團體諮商與成員／成員之間或領導者之間）的文化脈絡或認同；這些身分認同的使用影響著諮商關係的權力、特權和壓迫動態。例如：團體帶領者為一位性少數且潛在身分認同於受壓迫者，面對帶有偏見的幾位成員不論有無意識的，對某位同為受壓迫或邊緣化的成員給予過度的建議或指責，該如何創造多元文化的團體空間，且融入社會正義理念使互為主體的所有團體參與者（包括領導團隊），能有相互交匯與傾聽或理解的空間，共同獲得心理空間或世界觀轉化的開展。

MSJCC所界定的發展領域，也反映了實現多元文化和社會正義能力的不同層面，帶入可能性的轉化或改變，包括：(1)諮商師的自我覺察；(2)個案或成員世界觀的理解；(3)諮商關係的蘊含社會正義意涵；(4)諮商與倡導的介入。且發展領域中嵌入了願景，期盼能透過：態度和信念、知識、技能和行動（Attitude, Knowledge, Skill, & Action, AKSA）的執行或對話，來獲致改變。例如：從團體領導者的態度與信念反思，帶來對團體潛在世界觀差異的關注，引發部分成員與協同領導者自發的採取行動，進行某些揭露或換位思考，以期望能更真實的與隱含呈現壓迫的幾位成員有些對話，或更真實的以成長脈絡故事相互交會；過程中雖有張力與情緒，但打開對話空間與看見真實差異，對於相互被看見與聽見，能帶來領導者與成員態度和信念、知識、技能或行動的相互牽引，甚至是整個團體可為一個系統之動力、自發朝向某個具價值性的目標來進行改變。

最佳的團體實踐應與社會正義的理念相關，團體領導者透過團體工作，促進社會和文化多樣化的人群，認識到種族、階級、性別、性取向、

能力和年齡等多重交織的身分維度，並關注團體成員和領導者之脈絡與文化中，廣泛定義的多重社會意義和文化現實。這些最佳實踐的倫理執行能力，建立在創造文化謙遜，以及對多元文化與社會正義信念的基礎上，且透過研究、培訓、督導、團體規劃和領導、與團體成員的互動、社區參與和倡導等意識、知識、技能和行動的終身承諾，來實踐與社會正義價值信念相符的團體實踐。以下從領導者的視框轉換、面對差異、貼近歷史文化脈絡的聆聽，以及賦能與實踐等向度，來加以探討社會正義面向的團體工作。

（一）自身價值觀、偏見之視框轉換

團體帶領者在實務中致力於推動社會正義，首先需認識或「窺見」自身的文化價值觀和偏見，謙遜的學習能幫助我們承認自己在這方面的限制，並積極尋找額外的學習機會，以提高對不同文化群體的理解。這包括反思自己的種族和文化傳承，以及認識到壓迫、種族主義、歧視和成見的影響。透過不斷的自我審視和學習，帶領者可以更有效地理解和支持不同背景的成員。

在與成員互動時，帶領者必須了解並尊重案主的世界觀，細緻的體認他們的世界觀與自己的不同。這需要帶領者對其他種族和族裔群體所談的經驗有感受，並熟悉相關的文化研究。具備多元文化諮商技能的帶領者明白，案主的種族和文化會影響他們的個性、決策技能、職業選擇以及尋求心理健康幫助的原因或意願。因此，帶領者必須在諮商過程中保持開放和敏感，尊重與認識成員的宗教觀點、價值觀、信仰、習俗和語言。

在實務操作與行動中，帶領者應運用適當的介入策略，協助團體成員審視潛在的偏見，並提升文化敏感性；這有助於帶領者在多元文化和社會正義的團體領導中，創造更有彈性去應對不同情境中的挑戰，確保每位成員都能得到公平的對待和支持。誠如聖經《彌迦書》所言：「行公義，好憐憫，存謙卑的心與神同行」；領導者願意以謙遜而憐憫的基底，凝視與反求諸己，此信念或行動與帶動和創造團體氛圍和文化有關，也與推動和

促進社會正義對話有關，與成員共同創建的是一種從卑微中窺見，或貼近與天理相通之路徑。

（二）差異、敵意與歧異的現身

在多元文化的團體中，成員帶入自己偏好的行為模式、價值觀和語言，同時也會帶來對自身、群體身分及社會壓迫的經驗和負面情感。當成員之間出現不滿或敵意時，領導者應牢記或採用社會生態系統鉅視之觀點來微觀，這些問題可能源自壓迫和邊緣化的經歷，而非團體過程中的表象困境。領導者需敏銳地意識到成員敵意的原因，並向成員揭露潛在的虛假意識，或開放的探討其原因。

舉例而言，差異的無法理解，常會帶來恐懼或假想的美好，而虛幻的理解所延伸的距離使團體散落或崩離，無法連結所投射的複雜情緒，極為容易凝結為敵意；面對敵意時，團體領導者不能忽視文化差異或降低背景距離的重要性。雖然面對差異是困難的，但卻是必要的。「現身」的意涵在於嘗試去冒險，部分背景的裸露呈現或被看見，雖是看似不安全的，但卻因現身的存在而感到安全。與許多領導者的信念相反，認識到彼此的歧異並真實表達差異，不會導致更多的衝突，反而能夠創造安全感，並促進成員的個人成長。通過開放的討論和反思，成員可以更好地理解彼此的經歷和情感，從而在團體中建立更深層次的信任和支持。

（三）發聲與開顯：群體文化的歷史脈絡聆聽

不只是靜態、被動或被看見的現身，「發聲」主要是能找到語言來說，或尋找能說的方法，以及被聽見；「開顯」則主要是能展現於前，能穿越接納或不接納的未定，有力量和意願取打開與顯露主體性；在為團體成員發聲和提供支持時，領導者需要體認到來自脈絡的長期世代承傳的壓制性，從了解並重視成員所處的歷史和文化背景開始。來自歷史上受壓迫群體的成員，可能在團體外面臨困難情況，同時也在團體內因脈絡關係的

擠壓，而陷溺於與社會脈絡相似的位置，需要特別的協助。領導者除了賦能成員為自己發聲，也能考慮協同參與代言倡議，為成員發聲。在團體過程中以及團體內外，領導者為成員爭取權益是至關重要的。相互的開顯和發聲，讓歷史文化的脈絡被聽見或看見，這些發聲與代言的努力在團體的多個方面自然存在與熟悉，成員彼此能透過凝視與聆聽，或是共同看見與聽見，超越歷史文化的禁錮並此刻融入新的行動之中，從而促成更深層次的理解和支持的形象或聲音，被共同看見與聽見。

（四）文化脈絡之相互理解與實踐

在團體諮商實務中推動社會正義，需要團體領導者從知識、態度、技能和行動（KASA）四個層面進行綜合實踐。首先在知識層面，團體領導者應認識，當前大多數團體發展理論是在未考慮文化因素的情況下建構的，因此審視這些理論並了解文化群體之間的差異非常重要。在未來的世代傳承上，多元文化的知識不應保留到進階實務，而是應該融入新手開始接觸團體實務的先備知識和預備階段。在態度層面，教學者和受訓者、督導者和受督導者之間應該充分融入對文化價值觀、信仰、世界觀、偏見和刻板印象的意識和覺察。在團體中或團體間，領導者和成員都需要對自身和他人的文化背景保持敏感和尊重，融入於知識與技能的培養歷程，態度應該在專業實務討論的對話間，課堂或關係互動中不斷強化。

在實踐層面，應著重於實務意圖的思辨和調整，這包括如何傾聽、如何理解、如何核對與澄清，以及如何對話與賦能。團體的多樣性和複雜性要求領導者能夠將這些「思考方式」而不只是中立無框的技術，帶入到人際和團體對話中，了解多元文化訊息和情境脈絡因素，並促進團體場域共同理解壓迫經驗如何影響彼此關係層次和團體過程，皆是團體領導者必須具備的文化實踐能力。最後，在行動層面，團體領導者需要具備彈性與勇氣，積極實踐這些知識和技能，創造一個包容、多樣且支持性的團體環境，促進成員的個人成長和團體的整體發展。通過不斷學習和反思，團體領導者真誠面對內在「無法」有力量的脈絡，通過梳理以培植信心與實

踐的穿透力，在抉擇間相信自己的社會正義實務推進力；「知止而後能定」，有定見與動能，通常來自知有所止，尋知與行動一小階具目標和價值的實踐。

◎**問題延伸討論、省思或作業**

1. 審慎檢視自己對多元文化相關議題的認識和了解，你覺得自己在帶領團體，與成員接觸和互動時，哪些議題的了解、接納或處理對你來說是較為困難的，其困難點在哪裡？可嘗試加以分析。

2. 請預想一個你最近就會開始籌辦和帶領的團體，且具體的提出五到七個可能與你的文化脈絡最遙遠的議題，設想自己如何面對這類些類型的成員正坐在你的面前，並探討你相對應的態度、價值觀與實際執行層面的做法。

3. 關於社會正義導向團體工作的正視多元文化處境議題，是否能設想一個浮現的衝突或兩難情境，當中呈現了帶有偏見、被邊緣化的潛在壓迫，或受壓迫之身分等複雜互動；揣摩一下你可能會有哪些行動？或可能不敢有哪些行動？試著從你的文化脈絡或歷史傳承，來設想與你的勇氣或膽怯相關的假設。

◆ Part VI

進階團體歷程實務

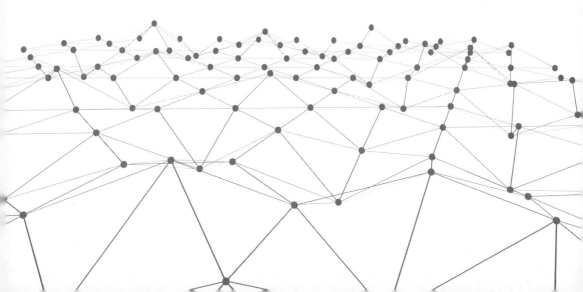

第十六章
團體特殊需求成員評估與介入

本章綱要：

一、成員團體行為的理解觀點：從團體整體理解成員行為／從人際互動
　　歷程理解成員行為／從個別成員個人背景和脈絡來看

二、特殊需求成員團體行為探討

三、特殊需求成員的團體行為與議題呈現：人我界限議題／控制與支配
　　議題／內在情緒困境議題／個體發展與自信議題／情緒迴避議題／
　　人際真實接觸與互動困境議題／規律、承諾與投入困難之議題

四、案例探討：團體情境與歷程的互動：團體初期的特殊需求成員人際
　　介入／團體中前期的特殊需求成員人際介入／團體工作期的特殊需
　　求成員人際介入

五、多層次的觀察與理解：團體歷程任務、人際連結與個人議題介入／
　　此時此刻&歷程闡釋

　　在團體中觀察與理解個別成員行為是協助成員發展的重要實務目的。
然而，所謂的「困難成員」（difficult client）指的是在心理、行為、性格
或人際模式方面呈現較為複雜議題的個案。他們一方面在團體情境中顯得
不適應，另一方面也因其困難而對團體歷程帶來干擾和挑戰。這些成員在
團體情境或人際互動中的困難顯示出他們需要更多的理解和協助。因此，
本章節與一般常見論述書籍不同，將困難成員界定為特殊需求成員，著重
於理解他們在團體脈絡中的特殊需求（special needs），以更貼近他們的
需求並發展更適切的實務觀點。

一、成員團體行為的理解觀點

縱使成員在團體中的行為和人際是其社會關係的縮影，領導者在理解其團體行為之時仍應考慮團體歷程、人際歷程和個人背景脈絡等要素，才能全面且較為貼近的了解成員在團體中的處境和外顯的行為。

（一）從團體整體理解成員行為

成員在團體中的行為，常有其促發和情境因素，例如注意力缺陷過動症狀的兒童，在較缺乏結構和尚未建立規範的團體內，顯得特別的浮動或因為不知如何參與而更為躁動。因此，在觀察個別成員特殊行為時，應首先回頭觀察團體整體現象，可思考下列幾個課題：
「團體的情境對個人來說是否可能為一個高度壓力的情境？」
「團體目前的氣氛是否因為呈現某種衝突或逃避，連帶的影響成員個人？」
「領導架構和說明是否夠清楚明確，不致於讓成員因誤解或過於模糊而產生特殊的不適應行為？」
「團體進行的步調是否過快或過於沉重緩慢，讓個人經驗到不適應？」

（二）從人際互動歷程理解成員行為

更進一步，在團體人際互動中，某些成員彼此的組合是否帶來一定程度的衝擊，而迫使成員原來的行為模式更為強化，抑或是需求受到擠壓和限制而產生不良的影響，也是需要考慮和觀察的面向。像是兩個類似有攻擊和控制的成員，在團體中呈現隱含的爭奪權利，致使雙方脆弱、害怕被貶低或無法掌控的心理議題，因關係互動而更加激化；又如較高控制性和涉入他人事務的成員，特別熱心的持續幫沉默的另一成員代言和發表，則兩者過度涉入和過度沉默的極端，剛好互補的分別就明顯的呈現於團體中，這樣的互動與強化現象，則需要從人際互動面來加以理解。因之，如

下述議題也應為評估個別成員特殊行為時，加入考慮的思考課題：

「從人際對偶關係來看，此成員特別與某些成員有衝突和緊張的關係，其各自的責任和溝通型態為何？」

「個別成員與其他特定成員形成的人際溝通模式為何？是否存在重複的模式和特性？」

「此位個別成員的行為，是否常與某幾個特定的成員有關？其互動型態為何？是讓此位成員更為激動？還是更為被動？」

（三）從個別成員個人背景和脈絡來看

此外，若從個別成員的個人狀況、背景、性格、脈絡或診斷等基本資料來看，領導者亦可從下列幾個思考焦點來進行理解：

「個別成員是否因為其特殊的背景？」

「假若存有一些診斷或先前醫療的紀錄，該診斷訊息如何提供現在此問題行為可能的解釋？」

「個別成員呈現這樣的特殊的行為其意義為何？是否與引起注意有關？是否有追求權力的意味？是否因情緒性而有些報復的跡象？是否因受挫而表現能力不足？」

「個別成員的特殊行為是否反映其特殊的需要或需求？」

二、特殊需求成員團體行為探討

整合上述觀點，涉入團體型態與人際互動模式等個人行為，可以讓我們來了解成員的特殊需求。我們可以從成員參與團體時過猶不及之涉入、干擾「過多」，或是參與、投入團體「不足」等不同程度（向度一），以及成員人際模式的過於關注於自己內在、過於封閉於「自己」，或是過於專注於他人、將能量朝向「他人」之不同程度（向度二）等兩個軸向，來有系統架構成員於團體中的特殊行為，可舉例如下表16-1摘要之十六類行

爲；例如高度涉入團體、且將能量朝向他人的不適切行爲可能即爲「衝動易怒／攻擊」之行爲，而高度涉入團體但卻聚焦於自己的不適切行爲，可能即爲「過度自我告白、話多、滔滔不絕」等可能干擾團體又需要特殊關注之行爲。

　　而此些行爲又可依據背後的根源，歸納如下述幾類來加以探討說明其協助的方式，例如：人我界限議題（例如過度自我告白／話多／滔滔不絕、代言／救援）、控制與支配議題（突問／岔題／干擾／告狀、壟斷／支配／過度主導）、內在情緒困境議題（衝動易怒／攻擊、憎恨／敵意）、個體發展與自信議題（言談模糊不清／表達困難、坐立難安／好動／不專注／難融入、緘默／退縮）、情緒迴避議題（如開玩笑、理智化等）、人際眞實接觸與互動困境議題（困難理解他人／缺乏同理、專家／道學、負向情緒／自貶／被動攻擊），以及規律、承諾與投入困難之議題（缺席／遲到、拒絕／抗拒），下一章節即從此七個特定的特殊需求成員行爲類型，來討論相關的議題。

表16-1　從涉入團體型態與人際互動模式對成員不適應行為進行分類

	涉入團體				
向內／朝向自己	過度自我告白／話多／滔滔不絕	突問／岔題／干擾／告狀	壟斷／支配／過度主導	衝動易怒／攻擊	向外／朝向他人
	言談模糊不清／表達困難	開玩笑	代言／救援	憎恨／敵意	
	坐立難安／好動／不專注／難融入	理智化	困難理解他人／缺乏同理	專家／道學	
	緘默／退縮	缺席／遲到	拒絕／抗拒	負向情緒／自貶／被動攻擊	
	迴避				

三、特殊需求成員的團體行為與議題呈現

（一）人我界限議題

　　人我界限（boundary）是人與人相處之間，隱含的一種與彼此相互關係知覺有關的互動規則，例如對於很熟悉的朋友或家人，我們很自然的會較為放心且開懷的跟對方分享自己的近況，而對於剛認識而不太熟悉彼此的朋友，我們有時候僅是禮貌的點頭或談談天氣，鮮少分享自己在深層的個人經驗或感受，這樣的情境判斷和人際對應的尺寸拿捏是人際互動很重要的能力。

　　有些成員在團體一開始或前幾次團體，即過度自我告白的大量、且無目標的談論自己的瑣碎經驗，可能是因為對於人我親疏的距離和界限相當不敏銳，領導者應觀察後給予阻斷，或是採用澄清其言談目的等介入，來協助其當下的了解和重新調整自己的互動方式，例如詢問：「想跟大家分享的理由是什麼？可以先說一件最重要的事讓大家先了解所要表達的」；此外，有些成員在團體中呈現話多（talkative）或是滔滔不絕的說話型態，對於別人可能不耐煩的感覺似乎無所覺察，顯示其人際敏感度的薄弱，領導者同樣應在初期就加以導引和介入，包括促進其有效的言談和協助其聚焦，以及適時的阻斷，必要時可在中後階段，引發團體成員對其進行回饋以擴展其覺察。

　　再者，人際關係中的代言或是過度救援的現象，有時也反映人我關係的分化不清，例如常常幫別人回答問題，幫別人說話或表達意見，當領導者詢問別人意見時卻插入回答；一方面被代言或是救援的成員也有其較為弱勢、退縮或是需要被關心的狀況，也應考慮兩人的關係和先前經驗，但另一方面過度的涉入他人的對話或替別人回答，則反映過度涉入的人我模式。領導者應溫暖而堅定的加以阻斷，並邀請原來的成員自行回答和對話，若於團體中期則可停留一些時間，進行人際檢核和面質，以能澄清人我界限而使代言者能覺察和了解自我的行為模式。

（二）控制與支配議題

對於過度控制和支配的成員行為，例如時常突發奇想的隨意發問（突問）、突然岔題的顧左右而言他等的端走或改變團體話題（岔題）、又如在兒童青少年團體可能呈現的干擾或吵鬧行為（干擾）或持續告狀的狀況等，均可能與引起注意或追求權力的個人狀態有關；領導者在開始幾次先嘗試回應或制止後，應可採堅守團體規範的態度，重申團體規則並要求成員遵守，若處理上成效不彰則可引發團體成員對此一現象進行討論，以透過團體成員的共同約定和人際回饋，更清楚且直接的設定限制。

壟斷、支配或過度主導的行為，有時發生於過度需要權力或在人際上習於運用權威進行控制的案主成員，例如不斷的積極提出重複的、跳躍的，或是與團體情境和歷程脫節的意見，且態度強硬的要求大家遵守，或是過於魯莽的打斷別人分享、控制發言權或否定某些成員的發言權而顯得有些粗暴，在轉換階段有時也呈現對領導方向加以干涉、質疑領導者或直接介入領導者介入方向等過度支配的行為。面對成員的壟斷與支配，領導者在態度上應堅定但溫和、不被激怒的給予限制的設定，能先給予了解其內在心情或情緒的同理，接著則是能指出限制並對於團體說明可行的折衷或是替代方案；例如：「我觀察到大雄心情上很著急，可能希望大家能趕緊把自己的事情都分享完後，轉換討論話題到另外一個也很值得了解的社會現象上；但是因為我們這個家庭經驗的事情還沒有分享完，讓我們加快一點速度、耐心的聽阿美和小琪把自己的經驗說完，也讓大家討論到一個段落後，接著我們就趕緊請大雄來跟我們分享他自己。」領導者在處理和協助此類成員時，務必切記不要落入爭奪權力或情緒性的負向應對，反而因其壟斷和支配而失去專業的領導位置，應以案主的協助和團體整體的方向維持為主軸，持續的加以管理和介入。

（三）內在情緒困境議題

有些成員在團體中顯示了衝動易怒的情緒表達方式，或是常以攻擊的

方式與其他成員互動，這樣的情況可能顯示了個人可能有內在情緒很深的困境，並且有時候可能是因為根源於內在很深的憎恨或怨恨，而表現出對人有某種程度的敵意；例如：在團體中嚴厲的指責或謾罵其他成員、過快的解讀他人行為而認為自己被攻擊而反擊，或者像是在給予回饋時作了攻擊的批判等。

這類型高攻擊與具有敵意的成員之行為對團體歷程有一定程度的殺傷力，例如在其不預期的情緒宣洩或是指控動作之後，團體成員會有無法理解、驚嚇或知覺到非常挫折的感受；領導者在處理此類成員的特殊需求時，必須同步照顧到團體和人際關係互動，一方面澄清事件與經驗，以釐清相對應的情緒，另一方面尋找能夠協助此成員的契機，能協助團體成員稍微了解其情緒狀態和背後的因素。假若過強的敵意或持續的攻擊不斷出現，且在前兩三次團體不間斷的干擾團體進行，則領導者在努力進行過設限和協助個人進行探索後，應考慮終止該成員參與，並透過團體後的諮詢和協商幫助該成員找到更為合適的協助資源，適時的照會或轉介其他專業。

（四）個體發展與自信議題

受限於個別成員的發展狀態和能力，有些成員在語言的使用和表達上較弱，而有時在言談時會呈現言談模糊不清等表達困難，領導者應觀察和評估成員的表達能力，適時的協助其有效的談論自己，必要的時候能逐句逐段的協助成員進行澄清，或幫助進行摘要而努力讓其他成員也都能聽懂。

另一方面，有些兒童青少年呈現坐立難安、好動、不專注和難以融入的個人狀態，或者另一方面表現得非常的沉默、習慣性的緘默或不回答問題等，較為退縮的狀態，此些行為舉止也可能與兒童青少年的發展狀況有關，或與存在有個別特殊的診斷（例如注意力缺失過動症狀、其他發展障礙，或是社交恐懼議題等）有所關聯，應稍加了解個別狀態，並評估其當前水平以能設定合宜的期待，在有限的團體次數中協助達成某一程度的改

善。

　　再者，某些很容易在團體中陷入難過、焦慮或擔憂等負向情緒的成員，或者是言談中常常用自貶的方式說自己不好，或是採用一種迂迴的被動攻擊、以稱讚別人而否定自己等方式來溝通者，通常是與對自己的自信和自我價值感較不足有關；例如常陷入自我批評、擔憂等負向情緒的成員，容易解讀自己是不被接納且可能覺得自己表現不好，而說自己不好，或是藉由說別人好而貶低自己，在人際互動上常會誘發其他成員經驗到罪惡感，或某種莫名的矛盾感受。例如：「我可能從小就不像逢源（指之前分享的成員）那樣聰明又會說話，可以討別人歡心，因為太拙口笨舌，所以只好實實在在的苦拼，勤能補拙嘛！」上述這樣的言談，聽起來有稱讚其他成員，但是細細品味卻又感覺到某種挖苦和諷刺，也讓人對於言談者的自我貶低不知道該如何是好，某種矛盾又不知道該如何應對的心情，常會讓人感覺很不真誠、也不知該說些什麼。

　　領導者在面對上述兩種無法說清楚的言談時，同樣是「不能」，但其中一種是受限於發展狀態，另一種則是受困於較無自信的低自尊所養成的迂迴溝通，兩者所應著力的焦點都應是「鼓勵」，能鼓勵過於退縮、無法陳述或難以講得完整的成員嘗試去說，例如從最簡短的回答一個單詞，到漸漸能夠分享短句，就是很大的進步；此外，也鼓勵講反話、迂迴溝通的成員能嘗試將自己用「我訊息」來加以陳述，能練習直接的表述自己或陳述自己，而避免用影射他人的手法來呈現自己，也是領導者須把握和著力的焦點。

（五）情緒迴避議題

　　開玩笑或是講笑話等打岔雖然在談話內容上是一種幽默，但是在形式上有時對團體歷程的深入性是一個干擾，有時候也呈現對深入團體核心議題的一種抗拒和迴避；另一個也是較難進入與跟隨團體深度往前進的成員參與行為，也可能是過度理智化的智識性言談模式，例如常常以說理、論述、知識層面論理和大量應用抽象概念言談，例如對於他人較為哀傷的

經驗分享，回應說「這樣的創傷對於大腦結構會有影響，大家應儘量避免」、「家庭都有難念的一本經，但是在互動上大家應該先照顧自己才能有效的溝通」等。

當團體過程朝向情緒較爲深層的體驗和敘述邁進，而特定成員持續的插入搞笑、開玩笑、看似幽默的言談，或是慣常的用理智或智識性的言談發言，而轉移了團體原有的深度和進展，則領導者應加以停留、點出此一狀況並加以處理；通常此類成員對於面對情緒或情感的釋放，都有某些既存的焦慮或擔心，可透過團體討論或人際回饋的對質，探討此些發言狀況，除了協助個別成員外也透過此一歷程處理人際互動關係和團體整體的工作氣氛。

（六）人際眞實接觸與互動困境議題

在團體人際關係的互動中，要能眞實的與人眞誠互動似乎需要兩個重要的基本能力，第一個是能在傾聽中專注的聆聽並站在他人的處境去感同深受，並且在過程中必須某種程度的先抛下自己的主觀經驗和個人狀態，先深入的體會分享者的情境和心情；接著第二個是能夠回到自己身上，將所理解的部分再用自己的經驗作爲參照，評估和比較之後回應給對方，並且這樣的回應要能站在較爲中肯、且考慮對方是否能夠接受的狀態來進行回應。

對於某些成員來說，在聽別人的經驗時顯得「困難理解他人」、「缺乏同理的能力」之時，相形之下在人際互動中就會發現到很難與人眞實的接觸，且在回應時常常也很難與人對得上，這樣的成員在團體中常常顯得與成員們格格不入，而自己也覺得很難跟上團體；另外，有些成員在團體中用一種「專家」或是慣於用說教的方式，以類似「道學者」的角色來與他人互動，似乎是活在一個既定的框架、教條或特定價值觀之下的狀態，例如常用有距離、抽象的人生大道理來回應，或是用指導和專家的角色不斷的建議別人，而讓人覺得空泛、有距離、難以接近，甚至有些反感。上述兩者均呈現一種人際疏遠和難以與人眞實接觸的狀態，且可能毫無知覺

或不知道他人對自己的看法。領導者在處理上應由近而遠的協助此類成員
能夠去說說自己的經驗、事件和故事等敘說，因為故事性的敘說是能夠貼
近和理解他人的基礎（許育光，2000）；較近的故事像是自己在團體當中
方才的感受和經驗，較遠的則像是自己的生活經驗、過往事件、抑或是童
年或成長過程的故事。

（七）規律、承諾與投入困難之議題

　　對於習慣性無故缺席、經常遲到或早退，且表面上常給予承諾，但是
實質卻無法真的有規律、守承諾的投入和參與團體等成員，領導者應留意
觀察幾週後，看見此一困境模式，加以約談或於團體中進行相關的討論；
例如在團體前兩三次可主動於團體開始前或結束後，個別關心一下成員的
時間規劃或交通狀況，討論一適切可行的方案，以嘗試能穩定其參與時
間，也可以在團體中透過成員彼此的協商和討論，架構可行的解決方式並
給予支持和賦予期待。領導者在前幾次團體應努力協助成員能穩定的遵守
團體時間架構，否則在團體中後階段若成員仍呈現此類無故缺席、閒散的
遲到或早退，則勢必對團體造成衝擊和負面的影響。在前期假若情況就相
當嚴重且重複兩三次均無改善，則該成員的準備度可能不夠，可審慎評估
後考慮建議其暫時不參與團體。

　　相較於無法穩定參與，在團體中拒絕參與、拒絕發言或表現得十分
抗拒、絲毫不妥協或參與的成員，領導者除了鼓勵之外，應積極了解其拒
絕和抗拒背後的原因，若是個性或原本性格上的退縮和迴避，則持續的鼓
勵和邀請是重要的；但假如是非自願參與的案主，則應給予明確的指引和
說明，持續邀請其參與之外，也清楚告知參與可能帶來的助益和收獲。假
若澄清與鼓勵後，成員仍顯得十分抗拒且對相關活動、方案或結構化的分
享，均刻意的不參與（應注意此處的不參與是不願，而不是不能），長遠
的發展同樣對整個團體進程會有較負向的衝擊，若努力幾次後仍無法稍加
協助融入，則領導者在團體前期即須評估和考慮，將該成員轉介至個別諮
商等可能性。

四、案例探討：團體情境與歷程的互動

領導者在團體諮商情境中若要針對困難情境或有特殊需求的成員進行協助或催化，可回歸團體諮商與心理治療的本質，考慮對於團體情境與歷程的影響、人際情境和個人模式對其他成員的衝擊，以及團體和人際經驗對該成員本身的衝擊；例如下面此一實例可說明團體、人際與個人內在歷程之互動和相互的影響：

滔滔不絕的成員小美在團體初期展現出她的個人言說習慣，不顧他人的說個不停，團體某些時段被她的滔滔不絕占滿，成員們呈現當她開始說話就閉目養神、無心傾聽而自動放空，這樣的現象讓團體進行的主題時常被切斷且停滯不前；在人際層面，有幾位成員漸漸對她的滔滔不絕表現不滿和無奈，進而有點生氣，也連帶的怪罪領導者沒有掌控時間，暗指領導者應該要對小美的滔滔不絕進行限制；對小美而言，她感覺到大家對她似乎很反感，很不喜歡聽她說話，情急之下她更想好好表達自己，更加澄清卻讓大家更對她感到厭煩而無法傾聽……。

在上述的例子中，領導者觀察與發覺成員有特殊的需求，需要進一步的關注或處理，領導者此時該思考的可能有以下三個與團體、人際和個人有關的層次。其一為如何處理成員特殊狀態對團體造成的衝擊，以及如何持續催化或堅守團體任務，又顧及特殊成員的狀態；其二則在處理因特殊成員需求而來的各種人際互動中，如何考慮團體歷程、目標和任務，適當的處理團體當下的人際議題；最後，理解成員特殊狀態和需求也是重要的，因此重新框視該問題在團體脈絡中的意義，並加以設限、對質或轉化處理方向為訓練和改變，更是諮商與心理治療工作的核心。依循團體歷程和任務的概念，如何運用團體人際互動，在不同階段與歷程中來協助個人，可如下說明：

（一）團體初期的特殊需求成員人際介入

假如在團體初期，領導者可以直接、較為主導性的對雙方進行設限和

規約，例如對於滔滔不絕和厭煩的片段，可對團體整體進行回饋：

「我發現小美你很想『趕快』跟大家分享自己的經驗，大華、阿銘和阿偉也很『急著』想了解小美分享的事情；我想我們可以請小美把這件重要的事情再用3分鐘說明一下，然後請大家（特別是眼神徵詢上述三位成員）也簡短的回應自己的了解或是經驗。」

在此一人際片段的切面上，領導者不單單只是處理個別成員，而需要的是透過對於人際互動的狀況作調節，讓這樣的調節可以朝向團體層次去鞏固團體的規範（例如尊重和有效參與）、隱含的建構團體良性文化的發展（好的互動和彼此朝向親近的關係），也同時導引個人較佳的自我表達和人際互動行為。

（二）團體中前期的特殊需求成員人際介入

假若此人際片段放置在團體中前期（轉換階段或朝向工作階段），領導者可進一步選擇對人際互動作較深入的處理，透過個人當下經驗水平的自我揭露分享來進行「團體歷程評論」來點出此團體次系統現象，鼓勵成員探討與討論其意義，從中反射、回應或覺察自己本身切身相關的人際模式。例如可介入和回應此一互動：

「在這裡我覺得有點不安，因為看見小美很急著分享，而大華、阿銘和阿偉也很急著想了解或是分享自己的事情，我想要停留幾分鐘，讓我們討論一下大家剛才那10分鐘的感受或想法，以及對怎麼樣去說和聽的看法。」

在這個片段上我們可邀請其他成員先分享（旁觀者回應和參與）也可以直接先邀請大華、阿銘和阿偉三位先簡短的談談剛才的經驗（但必須留意應限制於分享自己傾聽的經驗，而非指責小美）。這樣作的目的是能夠將團體人際面隱含的衝突作有效和公開化的討論，也期望能從這樣的切面去反射此四位焦點成員個人自身的人際模式，而促進有些初步的覺察。例如其他成員可能會回應說：「看見小美有很多經驗想講，很想了解她想表達的重點。」「大華有些大聲，讓我那時候有一點緊張，感覺小美也可能

會有一點害怕。」或是「其實自己今天也有想分享的事情，但是一直都還接不上，沒有機會分享」。再者，大華、阿銘和阿偉三位可能對於自己的經驗（限定用我「自己」來表達）進行的表露如：「聽不到比較重要的重點，自己覺得有點不耐煩，說話會比較大聲，我覺得可能自己的個性比較急躁」、「會讓我想到自己有時候沒有聽清楚別人講的就很快給回應」，或是「其實我是擔心可能有人想講，可是到等一下會沒有時間」。承上述的假設性實例，成員能停留在這個「此時此刻」有其重要性，因為人際的磨合對於：「我們應該怎麼相處、怎麼互動溝通、怎樣再一起工作？」都有不同的想法和假設，更有不同的參與行為，藉由這樣的片段來處理人際歷程，也間接能修整團體層面的凝聚和朝向真實而有共識的關係親近。

值得注意的是，在上述這個片段工作領導者務必要在進行人際經驗分享與覺察（「知」的層面）之後，導向團體層面如何互動的規範來進行；例如再次詢問團體：「大家對於怎樣表達和怎樣傾聽，或是怎樣彼此幫助，讓表達的人更順暢，聽的人也更明白；有沒有什麼樣的想法，讓我們討論一下有些共識。」而後，領導者則可以著力在凝聚大家的共識，且平衡多方意見作成有效的摘要，過程中應避免將焦點放在方才的幾個焦點成員身上，而是必須放在成員如何參與的議題討論上。

（三）團體工作期的特殊需求成員人際介入

隨著團體進展，聚焦於個人的工作需要性和強度會更強，而若是在團體彼此關係以經建構且處於工作狀態或階段的團體，處理上則可焦點在個別成員身上，給予更明確和具體的人際對質，以擴展覺察，且可運用團體資源或支援，來協助個別成員朝向改變，或進行表達效能的提升與練習。例如在處理滔滔不絕的小美這個互動片段，領導者可面對小美陳述：「小美，從妳剛才的陳述我有些部分沒有辦法了解，是否能請妳精要的用兩三句話，告訴大家相關的重點？」

小美若支支吾吾無法明白陳述，則為了擴展覺察，一方面可以邀請成員分享一下剛才在聽的心情：「大家剛才都很認真在聽小美分享她的故

事，但是有些部分好像無法清楚的了解；讓我們停留幾分鐘，大家分享一下剛才聽的時候的心情，請直接對小美說說你自己剛才的感受或想法。」從大家的回饋中，小美可能面臨較強或是很強的對質，去面對自己的言談別人似乎無法理解，或是捉不到重點的真實狀況；領導者在此時也應催化團體給予較多的支持，而非指責或貶低。接著，另一方面在覺察之外，應努力賦予改變的能力和動力，同樣宜運用團體資源來協助她，例如可邀請成員幫忙，輪流摘要方才所聽到的：「剛才大家也花了一些時間很認真的聽小美分享自己的故事，是不是有人可以用很簡短的方式幫我們摘要一下當中的重點，或能把小美想說的部分幫忙陳述出來？」這是一個立即且當下輪流示範有效表達的過程，當大家進行分享完畢之後，可邀請小美選擇適用的一兩個表達方式，換句話說或延用相同構句，精簡的去說明自己的狀態，此一立即的改變是可帶來較為正面和有效的表達能力促進。

五、多層次的觀察與理解

將成員需求與團體狀態、歷程任務連結，且能兼顧不同層次的處遇概念，有系統地加以考慮是重要的。其中，首先需要考慮的是，團體目前的整體狀態以及目前團體進行的歷程任務為何？團體狀態指的是對此位成員所呈現的共同感受或一致性的反應模式，例如在實例中瀰漫一種不耐煩和想要忽略而又必須去注意他的團體現象。又例如這種不耐煩和不想投入的氛圍呈現於團體轉換階段，造成信賴感、尊重和人際間連結，以致於團體凝聚力的發展都受到影響，此時，領導者應該先將焦點放在團體層次，以建立團體規範和促進團體凝聚力為主要任務，領導者必須對發言時間和內容進行設限，適時的轉換焦點回到團體主題或其他成員跟進分享，也鼓勵小美能言簡意賅的陳述自己，邀請其他成員簡短的表達了解等；但假如小美的狀態漸漸的在工作階段（例如第六或七次團體）呈現且此時才占據許多時間，在團體已經具備整體凝聚感和信賴的前提下，嘗試運用團體進行個人的覺察，或模式的修正是重要的個人工作。

（一）團體歷程任務、人際連結與個人議題介入

當成員個人的模式展現於團體中且有其特殊需要或帶來衝擊時，對團體內部的人際互動也有很強的影響。特殊需求成員在團體的人際層次，其實也反映了成員彼此之間的原生家庭人際經驗，或稱之爲彼此內在運作模式（internal working model）的交織與互動，在Yalom（2005）對原生家庭矯正性經驗的論述中，我們可發現其認爲良好的心理治療團體經驗，對個人可帶來心理運作模式或關係模式的矯正性契機，即個人可以從中得到改變或幫助，爲團體重要的療效因子之一。

而這個人際層次的運作常常可因位特殊需求成員的模式展現而在團體裡，誘發一組次系統（團體內的特定幾位成員）人際連結或互動的展現。例如：滔滔不絕的小美，讓另外三個成員特別無法忍受，對她顯示厭煩或甚至是強烈的壓制或貶低；又如壟斷和支配的成員，和攻擊與敵意較高的成員在團體內爲言語互動或認知不同而有爭執；或是例如對於道學或以專家姿態說教的成員，幾位成員以開玩笑和諷刺的方式回應，此些人際互動讓團體內瀰漫一股隱晦而不直接說破的氣氛或動力。諸如上述的例子，領導者若已經觀察和直覺到這樣的人際互動模式，進一步冒險和碰觸這些現象，從個人行爲與議題，以及人際間的跟進分享或回饋，而促進團體支持、面質或回應，來處理這些浮現的人際議題或個人議題等都是重要的。

（二）此時此刻&歷程闡釋

Yalom & Leszcz（2020）針對團體的「此時此刻」介入加以說明，認爲在團體諮商中，催化「此時此地」的體驗並予以闡釋是使團體有效運作的核心原則（謝珮玲等譯，2023）。這個原則包含兩個共生的面向，單一面向並不能單獨達到治療效能。第一個面向是體驗性的，這是指團體中的立即事件，比發生在團體之外或以往的歷史事件更爲優先。這樣的焦點促進了每位成員之社會縮影的發展與產生，催化了回饋、情緒宣洩、有意義的自我揭露和習得社交技巧。在前段落的描述中，我們可理解此一體驗的

事件現象可能包含：團體狀態、人際互動、團體或人際與個人的三方相互衝擊，以及個人模式展現對團體的影響。

　　第二個面向是歷程闡釋，團體必須對歷程（上述的多層次歷程，同一現象的多重現實建構與意義賦予）加以確認、檢視並有所了解。以歷程為焦點是所有有效之互動團體的共同因子。在互動式心理治療中，歷程代表彼此互動的個體之間關係的本質。強調歷程取向的治療師所關心的並非成員言辭的內容，而是他「如何」及「為何」發表這樣的言辭。特別是在「如何」及「為何」下闡釋：團體的狀態、人際間互動的狀態、該成員與他人的關係狀況等多層次的理解。因此，治療師必須思考訊息的後設溝通面向，並從關係的層面來看，為何這位成員或團體其他成員此時對某人以此方式發表這樣的言論。

　　統整來說，從團體領導的任務來探討特殊需求成員的處理，可發現在處理上除了考慮個別成員、人際互動和團體整體氛圍等三個層面外，也必須考慮團體發展歷程的面向；在初期介入上可能僅能以執行團體規範和建構文化著手，中期則可以放在個人模式的覺知上努力以促使個人覺察，而進一步的則可放在個人模式的修正上。

◎問題延伸討論、省思或作業

1. 對於特殊需求成員，你覺得身為一個領導者最需要秉持的態度和自我調整的部分是什麼？對於如何能夠非常平穩的進入團體領導工作，且能透過催化和帶領而對特殊需求成員有幫助，針對你對自己個性和情緒的了解，你會給自己哪些建議？

2. 試著設想一種類型、某種診斷或特定群體等之特殊需求成員。假若該位成員參與你的諮商或治療團體，你覺得「他／她」和「團體」會相互衝擊和磨合的議題可能有哪些？面對這些議題或困境，你將會如何朝向較有意義的協助目標去催化或導引？請試著加以說明。

3. 從案例探討中的多層次分析，你覺得可以歸納出哪一些領導團體的原則？可嘗試著從成員需求與團體狀態、歷程任務連結等角度，呈現你的觀點。

本章綱要：
一、常見團體領導歷程困境與突破：無法融入成員的評估和處理／團體
　　沉默／團體主題飛馳且持續空泛／團體強烈衝突與情緒對立爆發／
　　挑戰領導者
二、進階領導實務與風格：領導的語言使用與溝通／領導風格與展現

一、常見團體領導歷程困境與突破

　　在團體實際的實務上，領導者需要面對團體時而浮現的難題或歷程中可能呈現「卡住」的片段，此些難題若加以疏導或釐清，常常會導致團體的進展歷程停滯而無法前進，連帶的也影響成員參與的效能。因之，如何突破歷程上的困境是實務上十分重要的議題。常見的歷程困境在團體初始時期，可能包含成員無法融入、團體陷入沉默、主題飛馳而發散等，而在朝向工作的時期或轉換階段，因人際磨合而併發的情緒衝突、代罪羔羊的團體卸責現象也可能是歷程上的困境，在結束階段若團體呈現拒絕結束的隱含氛圍，也是歷程中的困境之一；以下即從這幾點困境來探討和說明可行的歷程介入方式。

（一）無法融入成員的評估和處理

　　針對部分成員在團體歷程中可能呈現持續的沉默、拒絕表達、心不在

焉、事不關己或彷彿無所謂的態度等封閉或抽離的態度，領導者可先從下
列幾個角度來探討無法融入之成員的評估和處理：

1. 邀請成員分享與給予保留空間的平衡

　　對於整個團體，若有部分或某位成員相當抽離或被動，且明顯的重複
多次保留自己的意見而難以參與討論，此時團體領導者應同時考慮到，若
太過於催促無法融入的成員去做分享，有時反而讓該成員更加的戒慎而更
爲保留或拒絕，且也增加了團體壓力而容易讓成員更加退縮，因此給予一
些等待空間和時間，在態度上持續的邀請和詢問，但採取接納的角度亦是
重要的。在團體中假若其他成員過於關心的想要求沉默者分享，而有集體
性的壓力產生，領導者應考慮狀況給予保護或淺層的邀請分享。

2. 具體回應成員提出之個別疑慮

　　若成員在過程中提出一些自己當下的問題或困惑，例如問到是否可以
討論別的事情、是否每個人都要說、自己的意見跟別人很不同等疑慮，領
導者可以溫暖的邀請其談談，假若沒有回應或無法具體再陳述，則可以就
自己的經驗和了解，簡要的回答其詢問，例如回應說：「假如有其他議題
想討論，可以等一下這邊的主題結束後，我們來共同討論和分享」、「意
見很不同是很常見的，只要覺得想要表達，都可以提出來分享」。領導者
宜注意，因爲退縮的成員大致上在互動上較爲被動與觀望，若是要去澄清
他／她爲什麼不說，或是探討爲什麼無法說的狀態此類當下的議題，所帶
來的壓力很大，更容易造成其對於探討自己的壓力；因此領導者的肯定式
導引和澄清疑慮是相當重要的。

3. 鼓勵與給予言談指引

　　對於沉默的成員，在詢問上領導者可採取由簡單到逐漸自發的言談
詢問法則，例如採用封閉式的「是不是」、「會不會」也有相同的感受等
「是非」問答，徵詢其表達簡單的態度，縱使僅是搖頭或點頭，也同時是
一種願意溝通表達的表徵；而進一步採「選擇」方式詢問，例如問問他／
她可能會有的感受是擔心、難過還是害怕，使之能簡單的回應；而後在對

應上，可採用「填充」或是「簡答」的方式加以詢問，例如問問成員當時的感受是什麼、腦中浮現的感想是什麼等；在較為進入狀況後，則可進一步詢問與其他成員相似的「問答」或「申論」提問，採開放式的問句詢問其相關經驗。

4. 面對抗拒狀態的自我理解揭露和回饋

面對非志願性案主成員或明顯因敵意而拒絕發言之成員，領導者揭露自己的感受和給予一些有建設性的指引是重要的。例如：直接的陳述自己對於成員不作回應的心情、成員不予理會的態度給自己的感受等，要記得在回饋時需自我省察是否因為成員的拒絕和敵意而有些情緒，避免未自覺的情緒隱含攻擊。在回應成員之時，記得應採較為同理和關懷的角度避免指責而產生對立，例如對於高度拒絕的青少年案主，回應說「老師在你大聲拒絕的時候剛開始會嚇一跳，後來在想你應該是真的很不想來參加團體，但是因為導師和主任擔心你的狀況而希望你參加，你可能是有點生氣才會這樣，既然來到我們這個團體，除了有點不高興、暫時還沒有辦法心情很穩的跟大家分享之外，或許可以先聽聽別人的經驗，等有相關的或想講的時候再發言」，一方面同理與接納成員現實的狀況，另一方面穩定其情緒並仍堅持設定工作關係。

5. 敏銳觀察成員之個別狀態

成員無法融入的原因繁多，除了團體氛圍和人際互動因素外，個別成員的狀態是最主要的因素，領導者在思考此問題上可朝向運用心理衡鑑相關的方式，採多元資料收集，例如先前資料、紀錄檔案、訪談、觀察、晤談等整合，形成更多的了解。

（二）團體沉默

「沉默」是團體諮商與心理治療工作中一個重要的現象和介入概念，此現象存在可能對團體有害、也可能有利的一體兩面效應，需要加以澄清、探討與認識。

1. 辨識團體沉默的潛在因素

　　團體沉默現象從團體整體、人際議題和個人因素等角度，可推測相關因素，在團體層面可能包括成員對於團體目前要進行的議題並不理解、團體凝聚力不足或安全信賴感不夠、對於當前團體不知道如何參與或不知所措，以及因為潛在的抵制或情緒而共同加以抗拒；在人際議題上，責任區分過於明顯而使得不知道誰該開始分享、分享品質失衡所導致的等待、傾向於依賴團體中的幾個主動分享者，抑或因人際衝突而觀望的等待所導致的沉默等，均有其可能性；而在個人因素上，成員的被動性或退縮、個人的不確定性、個人步調過慢或無法融入、較高的抗拒等因素，皆可能與團體沉默有關。

2. 團體沉默的歷程特性與責任歸屬

　　從上述沉默的潛在因素可發現，團體沉默的原因繁雜，領導者需要審慎明辨其可能的因素和意義，才能決定是否應對其進行介入的改變，或是不作介入的等待。從責任歸屬的角度而言，團體歷程階段的初期或轉換階段，領導者需要負擔較多的催化功能以避免無意義的沉默，且在每次團體單元的一開始，領導者應給團體一些導引以避免過度持續的沉默所導致的模糊感；相對的，在團體中後期的單元中，假若沉默發生於成員彼此分享後的空檔，而團體成員處於一種醞釀或思考如何回應焦點議題，則此時的沉默之突破責任應屬於成員，而非領導者，則領導介入上應多給一些空間去等待。

　　從Bion的團體動力狀態論來說，沉默現象與團體初期的「依賴」議題很有關，而後也與「戰鬥／或是逃走」（fight/flight）的是否朝向工作或逃避責任有關，很值得領導者用心的理解整個團體呈現的氛圍。整合上述討論可知，「沉默」對團體歷程是否有助益或是否有破壞性，需要視其歷程、狀態等意義而定，而後再考慮是否需要領導者介入，以及該如何介入；一般而言，領導者需觀察和思考下列幾個議題：

　　(1)此時團體的歷程任務和成員的責任為何？沉默是否對任務有破壞性？或是有其助益性？

(2)沉默若發生在團體單元一開始，要特別注意領導者的催化或導引是否具體？

(3)沉默若發生在團體單元中期，則此一沉默是否與團體剛才的經驗或事件有關？

(4)若無，此時沉默與團體歷程任務或責任的迴避是否有關？

(5)團體的沉默是否散發一種需要和期待領導者介入的氛圍？

3. 運用沉默作為催化團體的技術

面對團體沉默，領導者若要轉化此現象為助力而能朝向幫助團體或推進歷程，則大略有下列幾個準則可作為參考：

(1)在諮商或治療導向團體的初期或轉換階段，過度的沉默或是因為不清楚如何參與、缺乏具體的導引或架構而產生的沉默，通常對歷程會有一些阻礙或激起過度的情緒（焦慮、憤怒或無助等）；領導者應觀察後主動作些導引或更具體的重新陳述現下的議題。

(2)在部分成員已開始進入個別工作後的沉默，通常與團體的深入性或工作狀態有關（例如正在等待或醞釀，也可能為沉浸於剛才的對話中而正在思考）；領導者於此階段可詢問「剛剛團體有幾分鐘的沉默，大家的經驗是什麼？讓我們停留並分享一下。」

(3)若是團體正處於某一工作只進行到一半，而陷入幾分鐘的沉默，此時由於進行完一工作段落有其需要性，領導者可採邀請態度，詢問「是否有成員想到些什麼？若有想回應或分享可以主動發言。」

(4)若沉默發生在團體中後階段的單元中期，在成員基本上已經熟悉如何參與團體和自我責任的狀況下，領導者可較採等待的態度面對沉默，則反而可運用沉默讓成員更真實的意識到自我責任。

(5)若團體沉默主要因人際衝突、團體集體狀態或個人議題過度有距離的特殊性等原因而來，領導者也可以採「團體歷程評論」的方式來反映團體，一方面讓成員理解沉默的緣由，另一方面也核對大家的經驗，創造能共同檢視團體歷程的討論浮現。

（三）團體主題飛馳且持續空泛

　　團體在開啟成員自發談論自我困境或關切議題時，實務上常面臨的另一個困境即是主題可能呈現持續的空泛，或者因為大家各說各話而無法維持在同一個平台和焦點上進行有效的討論。領導者可從理解團體現象並反映團體、聚焦主體並協助團體聚焦，以及在此紛亂中嘗試尋找核心焦點以催化團體進入深度工作等，三個角度來進行處理與介入，茲分述如下：

1. 反映團體且評論歷程

　　在團體主題飛馳且持續的空泛之時，領導者應留步觀察其主要的原因，其中從團體領導層次和個別成員的工作層次，需要檢討和回顧下列幾個重要的現象：

　　領導者需要回顧此一紛亂或空泛的片段，並了解這樣的現象是否與成員對團體的誤解或理解不足有關：例如「成員是否知道現在團體所要進行的主軸為何？」「成員是否知道自己應分享切身關心的議題，而不是閒聊或漫談？」或「成員是否不知道該如何分享自己的個人議題？」此外，未能有效管理團體分享節奏也常導致團體成員因聽到片段，即自由發散的針對不同課題進行發揮，例如抓住某一個概念大家分享相關經驗或解釋、漫談相關的生活知識、交換他人或網路流傳訊息等，因之領導者應檢視團體當下的節奏，例如：「焦點成員（具備工作潛力者）是否已經完整且有效的分享其關切議題，且能讓成員理解其在意的核心或想要解決的困境？」「率先跟進分享的成員是為了揭露自己，還是為了回饋他人？」「團體開始呈現漫無目標和發散，大致是從誰或哪些成員的發言開始？」等歷程回顧議題。

　　從上述可能的團體領導議題回想團體主題分散的可能性，領導者可以採用團體摘要、歷程評論或反映團體等技術，協助成員停步下來也看見團體的紛亂狀況，進而嘗試思索如何解決此困境和議題。

　　在個別成員的觀察與介入層面，協助個別成員更加清楚、具體的去談自己是很有幫助的，領導者在第一個辨識點上要先確認：「成員的狀態是

否是在工作？還是僅只是一種發言？社交性的空泛言談？還是想要說些什麼？」其次，領導者需要再加以判斷的是：「成員分享的主軸為何？背後核心的議題是什麼？」若能夠透過清晰的聆聽與摘要，讓團體也能清楚的理解，則開始朝向工作的氛圍才比較有條件漸漸發展出來。

領導者在傾聽個別成員陳述上，可運用具體化、澄清、詢問和賦予意義等技術，讓成員更為有效的言談與表達。而將個別成員的狀況，鑲嵌進入團體歷程的評論，是一個能對映團體內容與歷程的介入方式；例如：「從剛才阿珠談到與先生的溝通、明方討論了週末的家庭野外活動、世凱在股市進出的心得，以及嫩圓的童年心事和成長點滴；我們在這半個鐘頭左右的分享有歡笑，也有溫馨和關懷，但是團體似乎一直在打轉，我們想要討論什麼？要關心什麼？或是要把焦點放在哪裡？似乎被大家的笑聲蓋掉，讓我們停步一下，檢核和思考一下，今天我們的團體到底想討論什麼？」

承上探討，領導者須先理解團體整體歷程和可能存在的意義，也透過對團體或個別成員狀態進行回顧性的歷程評論，點出此現象來讓團體能理解。

2. 協助團體聚焦

團體持續發散與空泛時，可能呈現一種不知如何前進的僵局狀態，除了讓成員意識和了解，更需要善用該次團體僅剩的時間，趕緊推進團體進入某種可能的工作狀態。領導者可運用下列幾種方式來協助團體聚焦：其一，重新摘要出幾個核心議題後，徵詢成員表達意見並透過尋求共識而確認點；第二，假若團體先前的發散實在難以釐出幾個頭緒和議題，則停留一些時間將焦點放在此時此刻，邀請成員簡短的分享當下的心情和對團體作回應也是重要的，因為從這樣的探究中或許可更深入理解人家所處的內在狀態和團體潛在議題；第三，若團體在領導者的評論和歷程介入後呈現一段不知所措的沉默，領導者可銜接之前的團體歷程，反映大家的關係是親近的，之前在團體中皆十分投入於分享等同理和支持，然而重申大家探討個人實質議題和關切的待解決課題之重要，讓成員和團體仍感受到支

持，避免團體陷入一種被領導者責備或覺得大家分享錯誤的誤解中。承上，假若團體有動能的又重新開啟分享，且能有焦點的朝向深入分享，則領導者仍可採回顧和肯定支持的態度，於進行一段時間後，對團體歷程作正面的肯定和鼓勵。

3. 催化深入工作之團體片段

　　團體主題持續眞空或發散，通常較常發生在轉換階段，其原因通常是成員們尚未理解什麼樣的團體氛圍或狀況叫作「工作」；因此，在此一階段能成功且順利的進行一個工作片段，則成員能從參與經驗和歷程中，親身的體驗何爲工作狀態，個人的深度探索和透過團體給予協助，是一個如此重要且具意義的過程。則從此一深入工作之團體片段作爲示範和楷模，後續的團體片段分享與互動歷程，就將會十分容易跟上且也比較不會有主題空泛與發散漫談的現象，因此領導者再轉換階段的催化和促動等有效能的推進，是非常重要的一個任務。

（四）團體強烈衝突與情緒對立爆發

　　在團體人際之間若爆發嚴重的衝突或對立，不論程度的輕重（例如嚴重口語攻擊，或是隱含的指責與羞辱）或對象牽涉的多寡（兩人爭鋒相對，或是牽涉兩三個人聯盟對抗一個人）等，若領導者並爲在當下進行介入，化此危機爲轉機，則這樣的對立和衝突延續下去，都將對團體歷程發展造成阻礙；相對的，成員間的對立某種程度可能清晰的反應了個人的表達模式、價值信念或人際溝通議題，若能善用使「眞實」情境的張力，協助雙方進行有效和能促使成長的改變，則必定能對成員有所幫助。Yalom（2005）亦曾指出與團體衝突可能有關的因素，在團體整體層面可能與成員無法遵守規範、對事情不同觀點與分歧，或是與團體成員的尋找代罪羔羊等現象有關；在人際互動的複雜動力上，則可能包含個人的投射性認同、因爲移情或投射扭曲而產生敵意、相互競爭等；而在個別成員層面則應關注於個別成員的性格結構與功能狀態，領導者可從上述的幾個因素去

思索和了解團體衝突背後的多重意義。此外，轉化這樣的衝擊也隱含對團體的信賴和親密有所助益。以下則從幾個可行的介入方式進行探討：

1. 指出衝突且重新正向框視

　　領導者不迴避的指出衝突是重要的，但值得注意的是在用語上，領導者務必要記得採取正向框視的立場，加以重新論述和說明，且平衡的以「關係」為最主要的處理焦點；例如說「大華你好像對阿明很生氣」是一個更為激化情緒又將焦點放在個人的言談，若能說「我看見大華與阿明在這件事上面有不一樣的看法，兩個人熱烈的討論顯得有點大聲」會能更貼近當下的現象，且把焦點放在關係和實際的現象上。

　　將負向的情緒狀態背後的正向意圖點出，是另一個重要的框視概念。例如：「我發現大華和阿明你們兩個人都很希望小花的這件事，能有個圓滿的解決方式。」這是真實但常常被人忽略的部分，會爭鋒相對的衝突表示在意，而在意對方接受我的觀點其實是期待彼此有更深的接近性或關聯性；因此，化對立為連結是相當重要的概念，能將兩者圈起來和靠近，以找到對話的位置。

2. 促進對話與澄清

　　直接對話、促進「我—你」（I-Thou）的對話方式是重要的，用「我訊息」為出發點和發言的開端，以避免陷入「因為你……，所以我……」或是「要不是你……，也不會……」等「相互罪責」的溝通模式中。例如，領導者可對兩位中的先澄清者說：「讓我們停留一下，把事情澄清，大華！請你直接對阿明說明一下你所想要達到的目標，或是所期望的理想，用『我的想法是……』或『我覺得……』等來開始，在你說的過程中，阿明和我們都會耐心的聽，聽完之後我也會請阿明說」。在來回兩三輪的溝通中，領導者同樣應適時的正向框視彼此的意圖，透過摘要和澄清，連結彼此的相同點和澄清相異點。假若言談過程仍出現情緒化的咆哮或大聲的吼叫，則應加以設限並堅定的鼓勵其用適切的態度把話說完。

　　「我訊息」的回應和回饋也可在澄清兩者互動後，回到團體邀請其餘旁觀的成員進行分享，隔岸觀火雖較為抽離和存在一定的客觀性，但在分

享上應平衡的讓兩方的觀點均能呈現，並且更加擴展意義。

3.共識協商與準則確認

　　從大家的回應中，領導者可以再次透過澄清和對話，集思廣義的尋找一個共識，例如「尊重彼此的差異」、「給別人意見時從對方的角度來思考」或像是「把自己想要表達的部分直接說出來」等原則，且邀請雙方均能同意和認同。其中，領導者可能需要延續所溝通好的準則，在之後的團體裡透過歷程介入，協助雙方能切實執行；例如再次發生強力的希望對方按照自己的意見來表現或表達，則應回歸到尊重差異來設限，假若又發生強力的給人建議或天外飛來忠告，則應回到同理心思考部分，而若是像迂迴的影射或嘲諷等發言再起，則必須鼓勵能把實質上要講的內涵說出來或解釋清楚。而對於彼此曾有衝突或對立的互動，後續若能在團體中找到溝通模式，則此經驗的回顧與反思也通常是很重要的，領導者也可給予肯定的回應並邀請成員給予支持。

（五）挑戰領導者

　　成員挑戰領導者的狀況在互動上雖然和人際衝突相像，但在性質上由於領導者的位置一般仍為一種權威專家的型態，而相關的意見相左或意見的不一致，則也反應了追求權力、期望能支配或控制、抑或是希望能受到關注的個人狀態；從正面來看，挑戰領導者通常也反映了成員本身較具獨立性、關心團體的走向，以及對團體如何發展的事務有自己的見解。在兒童青少年團體，挑戰領導者有時與特定的干擾行為可能相關，例如持續的干擾和對立，領導者需要以特殊需求個案的角度框視之；若是在非志願參與的監獄或精神醫療院所病房之治療團體，挑戰領導者則可能為團體初期十分自然、可預期其發生的事情，領導者需要一般化的給予傾聽、回應、說明和堅守相關的規則。

　　而假若是在大專或成人社區團體，挑戰領導者一般有其特別的團體歷程、個別狀態或文化脈絡的意義。例如在團體歷程中的沉默、等待、困

難工作，或是因為特定原因而致使歷程停滯，則成員對領導者的挑戰，雖然可能待有指責或困惑的意思，但卻可以正好是一個轉機，能對歷程開啟一個更深入對話和澄清的能量；又如果是個別成員存在特別高支配和控制的狀態，則可藉由此機會進行相關的個別關注和討論，如前述特殊需求成員的處理，也能帶來個別和團體多層次的轉變；值得注意的是文化脈絡背景的議題，對於不同的文化，有些對話和提問雖然尖銳而直接，但可能並不會讓領導者感覺到有壓力或具有攻擊性，像是較直來直往的美式對話，但在含蓄的東方婉約型態之互動，相關的挑戰和質疑有時只會以徵詢或客氣提問的方式呈現，需要加以留意和對應，以能關注到每位成員當下的狀態。以下採通則性的簡述若要能化解挑戰為助力，領導實務上該如何進行，茲分述如下：

1. 自我揭露與正向意圖的再框視

與直接溝通和坦承對話的概念相同，面對成員的挑戰或質問，領導者若能站穩腳步且真誠的面對自己當下的感受，且點出對方的正向意圖和用心，則可重新框視彼此的關係為一種合作和共同探索，而非對立的挑戰。

2. 鼓勵表達與確認核心議題

面對成員的挑戰或質疑，有時候所需要的是加以了解和澄清其所思所想，包括所持的期待或想法、所認定的團體樣態、對如何進行的困惑，或是對於團體領導者的誤解所造成的不滿；建立在上述的同盟關係和傾聽態度下，鼓勵成員能清楚的表達以確認問題的核心，以及真正關切的焦點，才能真正加以面對、調整或說明。

3. 有限度的尋求團體共識

在理解成員主要訴求之後，領導者應判斷成員所提出之建議或意見，是否是一個不超越團體工作型態，也不逾越團體規範的提議，例如成員覺得應該可以更換場地到咖啡館進行、提早結束或撤換協同領導者等，當然就屬於缺乏立基點且無法協商的議題，應加以設限並解釋，簡要的直陳自己的工作方式且堅定而溫和的說明是非常重要；相同的，假若是破壞團體

規範，例如堅持可依據心情自由的彼此截斷談話、不需要堅持保密等，領導者也同樣需要加以捍衛與溝通，直到尋得理解與再確認。

然而，假若是一個提議中可行且對團體似乎是有幫助的提議，例如建議從沒有戀愛經驗的人先分享自己的期待和想像，若提出後得到團體的共鳴與同意，則有限時間的賦予此一議題空間去討論和進行分享，也是可行的調整；領導者在帶領上可彈性的調整時間，給予一些導引、支持和對話，且適時的再連結到團體該次的主軸或課題。

4. 團體再確認與歷程經驗回饋

不論是否選擇了接受該為成員挑戰性質的提議和意見，接納與傾聽的氛圍是團體非常需要保持的，在該對話與澄清告一段落，或是該次團體單元結束前，讓團體成員彼此進行此時此刻的經驗交流或分享當次的心情，可增加對處理片段所造成的衝擊之了解，成員也可以從當下的歷程分享理解彼此，使成員的挑戰或質問也融入為一個與團體有關的議題，大家在此一平面上皆能加以回應和回饋。

二、進階領導實務與風格

（一）領導的語言使用與溝通

在進行團體的實務上，領導者務必要考慮語言和文化的議題，由於心理、諮商或社會工作者大多經過多年的專業訓練，且在學識上皆已達到一定程度的水平，語言的使用上多習慣於用較為智識化或抽象的表達方式，用了太多較深的詞彙，有時常常會與團體成員有對話上無法同步的落差；在面對較難以理解抽象、艱深或文言詞彙的群體，例如：社經階層上較屬於藍領勞工階級、新移民婦女群體、主要母語非華語，或是多年未踏入社會實質工作的父母親，都要儘量注意到成員可能在理解你的語言上會有困難，必須加以考量後儘量用平易、容易讓對方理解的語言來作溝通和表達。此外，在表達上的「同步性」（pacing），即與成員用近似的語調、

說話方式、速度、類似的音韻，以及貼近、易於了解的語言來進行溝通，與成員能夠共振和同步；在後續的團體發展過程中，亦才漸漸的促進成員或整個團體，用更多元或更能有效自我表達的方式來進行對話。若此，團體領導者在面對實務工作上更需要作許多的語言和溝通上的調整，以下即從實務和督導經驗，分爲幾點提供實務上語言運用的要領和建議。

1. 用語的具體化與深淺考慮

　　領導者的用語應當避免空洞化的空泛和過於口號性，例如「應該好好自我成長」、「讓我們迎上前去開創光明」或其他過於眞空、抽離或模糊的高調。能夠貼近的清楚陳述和具體的表達自己，是過程中非常重要的訓練。此外，用詞上的平易近人、使用白話的陳述、必要時舉例說明，或應用適合當事者水平層次的用語等，使成員能夠實在的明白，都是相當重要的。再者，兒童團體領導的語言運用更要注意兒童能夠聽懂的發展水平，而在與兒童的溝通要領上，也要注意協助兒童將斷斷續續的陳述，連貫成具體和能實質表達自己的陳述。因此，用語深淺的使用應考慮對象年齡層和教育水平，例如青少年團體領導的語言運用和溝通要領應把握隨和但又具一點導引的權威性，而社區成人團體則在用語上應儘量採邀請方式，給予較爲開放的表達空間。

2. 避免長篇論述且力求領導陳述的精簡

　　「精簡而有效的表達」除了能言簡意賅的讓人理解外，在團體過程中也是一種示範和展現方式的楷模，對於不知道如何表達或是表達得非常冗長而常常不知所云的個案，精簡而明確的表述方式，對他們來說是一個值得在團體互動中加以推進和改變的焦點，因爲自我表達是人際互動和溝通的基礎，更是好的人際關係和社會適應的要素。因此，要如何精簡明晰的陳述和表達，實爲領導效能展現的重要任務和基礎。

3. 正向或中性語言的框定和運用

　　當成員用負向的詞彙語言陳述自己，例如說自己「沒有辦法」、「能力不足」、「是個錯誤」等，領導者在回應上應把握重新框視的理念，切

勿用相同的語言蔓延的去論述成員的狀態，例如可重新框定成員所講的自我狀態為「沒有達到自我的希望或期待」、「感覺到自己有些部分希望要加強」或是「對當時的抉擇希望能夠重來或是去彌補」。同樣，成員對對方的回饋若是有負向的標籤用語在其中，領導者也應重新框視關係，例如「你那樣怎麼可能考得上」的回應，在領導者重新界定上可說「你很關心小明能找到適合自己目前能力的目標，去把握和努力，這樣的勝算比較大」。就像是在陰陽太極的黑點外找到白色的區域，擴大成員所談和彼次互動關係中的正向部分，除了灌注希望外也能尋找適切的成長焦點，且帶出有力量的未來投注方向。

4. 直接溝通的示範與教導

有時候領導者在說明後會感覺到成員仍不是十分了解，此時直接的示範是相當重要的，與身教重於言教的概念相同，領導者在團體中自我溝通型態的呈現，基本上就是一個具強烈示範作用的楷模，必須時常自我監控、檢討和加以修正。此外，有時候一些建議或導引若是說得較為含蓄，或是只有概括的陳述，成員可能並無清楚的認識，則需要透過直接的教導和立即的鼓勵與訓練來加以達成。

5. 直接而簡短切要的回應

領導者在帶領團體的實務上應注意到自己說和回應的方式，在聆聽或回應個別成員陳述或回饋的時候，要適時的切入和對應，用語上要明確且清晰，速度也需要放慢而讓大家都能聽得清楚；對話上也務必使用直接溝通的方式，用「我跟你」的關係進行，不要把對方當不在場一直用「他／她」去表達你想對他說的話。而面對成員過長的陳述，或是有些過度的回饋，應注意其他成員或是聽者的反應，對於非常細微的用詞，都應加以修正或重新框視。例如有成員用一種抽離又空泛的論調，對傷心的焦點成員說「你的女兒有一天一定會回來」，此時領導可立即簡短的反映說「你有這樣的希望」（忽略此回饋的不恰當性），或是可說「你還是滿關心他的，對他女兒的狀況有這樣的希望」（反應回饋的正向狀況，但反射回說者本身），而在當中可以繼續其他重要的回饋，而避免因為無效回饋而中

斷團體。此外，領導者在團體中的言語務必熟記中性且正向的重新框視，相關的用語，可以給團體帶來安全感以及良好的示範；例如：若成員話講了太久，說他自己「占用」了很多時間來談，領導者應回應說他「先」「使用」了一些時間來談，此一用詞可一般化其狀況且爲邀請其他成員埋下伏筆。總之，立即、精要、直接、正向且切準的用詞，是發揮領導效能的重要基礎，應加以嘗試和學習。

（二）領導風格與展現

領導風格爲領導者在團體中的個人特質和專業工作樣貌的展現，且經過與成員互動和被成員所知覺到的一組領導樣貌。在本質上，諮商輔導與心理療癒的關係性質某種程度接近一種「再親職」的教育過程，可從親職教育所談的溫暖而堅定的親職教養態度等風格來加以理解和詮釋，其中心理工作團體的領導風格可能包含有「關係」和「工作」等兩個面相，因爲在工作性質上可以是一種生命的陪伴和引導，因此很需要建構一種親密卻又有界限的關係，且此關係又負擔某種催化和引導的工作特性，而心理工作導向的團體諮商與心理治療工作，基本上又採領導角色與任務來呈現，則關係層面的「溫暖／親和」和「保有界限／距離」兩個較不同的模式，可以解釋不同領導展現的關係面貌；而工作層面的「積極／導引」和「回應／反映」兩個不同程度的工作介入主動性，則可作爲工作介入風格的樣貌。

承上，筆者從工作層面和關係層面建構四種樣貌不同的領導風格，如下表17-1所分類。在暫且不著重於領導效能之討論的前提下，溫暖親和且積極導引的著重關係的靠近與工作層面較主動的介入能，似乎是較爲「親職導向」（parenting orientation）的領導，角色上較像是站在宛如父母的親職角色。而同樣看重關係的靠近但在主導上較弱，以回應和反映爲主則角色上比較像是朋友同儕之間「友伴導向」（collegue orientation）的領導。若爲較保有界限、與成員較有距離的關係，而工作上是積極主導且涉入的，則角色上較接近教導與訓練之「教練導向」（coaching orientation）的領導。相仿的保持距離與界限，但在工作程度上較為是回應或反映等主導性少，則此一領導風格可謂較像是著重於對事且僅站在回應的顧問角色，可比擬為「顧問導向」（mentoring orientation）的團體領導。

表17-1　從工作和關係層面建構四種樣貌不同的領導風格分類表

		工作層面	
		「積極／導引」	「回應／反映」
關係層面	「溫暖／親和」	親職導向領導 （溫暖－導引）	友伴導向領導 （溫暖－回應）
	「保有界限／距離」	教練導向領導 （界限－導引）	顧問導向領導 （界限－回應）

　　承上所述，團體心理工作者如輔導教師、諮商師或心理師在領導團體的時候，因著自己人際模式和風格，所展現的領導型態也不盡相同，例如較嚴謹的行事與領導團體時較高的控制和規劃模式可能有關聯，而較為鬆散的處事觀點也可能與較容易妥協或變動原先規劃有關，此外像是人際親和度較高的領導者可能在與成員的關係上傾向於靠近而自在，較看重專業分際的領導者則與成員在關係互動上會較有明確的界線。但不論所採取的關係靠近性或工作導引程度，「親職」的父母角色、同儕朋友的「友伴」、著重於個人效標促進的「教練」角色，抑或是較謹守於有距離的回應之「顧問」角色等各種風格，若能適配相對的領導作為和清晰的工作理念，在具備專業素質的基礎實務上，都應該可以有效能的領導團體並協助成員。

◎問題延伸討論、省思或作業

1. 針對本章所提出的實務困境，你自己過去曾參與或經驗過的團體中，是否也曾出現過類似的狀況？若能重新再來一次，且你也站上領導者的角色，你將會如何處理此一實務困境並加以突破？請簡要敘述。

2. 從你對自己個性與信念的認識，你覺得自己在團體實務上的領導風格，可能偏向哪一種類型或狀態？請試著加以說明，並列舉兩三件你可能會進行的介入實況，佐證你自己的領導風格與類型。

第十八章

團體領導能力與協同領導

本章綱要：

一、團體領導者：團體領導者特質／團體領導者的專業態度

二、團體領導者能力：團體領導者之知識與技能／團體領導能力的評量
　／團體領導能力內涵與任務

三、協同領導與團體催化：協同領導的考慮／協同領導的組合與模式

四、協同領導的領導任務：協同領導者的溝通與合作原則／協同領導的
　關係發展

一、團體領導者

（一）團體領導者特質

　　團體心理工作的領導有其專業性和特質與態度，這其中可能包含了知識、態度與技能各個面向；但其中是否有既定的特質？或是很需要積極培育的態度？又此些特質是否是一種特定的先天傾向或性格，是否後天的養成教育也能培養這樣的實務特性？Corey等學者（2014）提及在團體諮商與治療中，領導者的個性與特質對於團體的成功運作至關重要，也提出團體領導者的個性和特質，包括下列幾個要項：投入感（Presence）、個人權能感（Personal power）、勇氣（Courage）、願意面質自己（Willing to confront oneself）、真誠與真實（Sincerity and authenticity）、認同

感（Sense of identify）、相信團體過程與領導熱誠（Belief in the group process and enthusiasm）、積極開創與創造力（Inventiveness and creativity）（王沂釗等譯，2014）。

　　從人際與自我的平衡、內在眞實性，以及對團體工作的熱誠等三個方面來看，我們可以重新解讀對團體領導者或諮商師／治療師特質的期待。

　　其一，從人際循環圈之人際理論的親和（關係追尋）與成就（實現自我）兩個軸線來看，領導者能持平或平衡的去發揮，兼顧關係中的他人與自己，顯得至爲重要。一方面能與成員建立關係的眞誠「**投入感**」是一個關鍵特質；優秀的團體領導者必須全心全意地投入到團體中，展現對每一位成員的關注和關心。這種投入能讓成員感受到被支持和理解，進而促進他們在團體中的參與和成長。同時，在執行任務與開展工作方面，領導者也需要具備「**個人權能感或具備威信感**」，這意味著必須具備自信心且權威，能夠在團體中穩定地引導成員，並在需要時做出決策；這種威信感有助於建立團體成員對領導者的信任和尊重。

　　其二，內在眞實性與力量方面，團體領導者也應該具有「**勇氣**」，這包括面對困難情境的能力，無論是處理團體中的衝突還是挑戰成員的行爲。領導者需要勇敢地「**面質自己**」，以「**眞誠和眞實**」的態度與成員互動，這樣才能贏得成員的信任和合作。其三，對於團體工作的熱誠，領導者必須有強烈的「**認同感**」，相信團體過程的價值，並「**對團體領導充滿熱誠**」；「**積極開創與創造力**」也是不可或缺的特質，這使得領導者能夠靈活應對團體中的各種挑戰，並設計出有助於成員成長的活動和策略。

（二）團體領導者的專業態度

　　承上所述，有效的團體諮商師具備多種特質，這些特質促成了他們在團體治療中的效能；諮商師的個性和風格在團體治療過程的成功中，也扮演非常重要的作用。然而，個性與特質一般可視爲先天傾向，其中與專業特質有關，且能透過訓練加以養成的或許可用態度或熱誠來加以理解。根據Glenn（2015）調查臨床主管對於有效的團體諮商師專業特質與態度的

看法，其中包括同理心、溫暖、接納的態度、開放的心態、彈性、個人和
人際間的覺察、社會認知的成熟度、社會情緒的健康以及自我照顧。這些
態度有助於諮商師在團體治療中建立良好的治療聯盟，推進團體與成員的
進展，並在治療過程中展現有效的實務。

　　2021年版美國團體專業工作者學會《ASGW團體工作指導原則》為團
體工作提供了清晰的指導框架，結合了倫理實踐、情境觀點和兼顧組織價
值的實踐倡議，旨在為各領域和不同服務宗旨的團體學者和實踐者提供指
引。認為團體工作是一種專業實踐，採用團體的知識和技能等形式，能促
進和幫助參與者達到個人、關係和團體進行的共構目標。不同的團體可能
有不同的目標，包括完成任務、發展新觀點、教育、個人成長、解決問
題，以及治療和改善行為和情感議題等向度。在專業態度與情懷上，團體
領導者須具備實踐能力，能重視多樣性、公平和包容性，並致力於發展文
化敏感性、應變能力和文化溝通能力。此外，團體領導者應保持接納度，
面對來自其他文化、社區社群和學科的資訊，並且對創新技術、模式和新
型態的傳遞平台，均保持開放態度。

二、團體領導者能力

　　除了特質與態度，針對團體諮商與治療之專業能力，2000年起美
國諮商學會（ACA）所委任的「諮商與相關教育學程標準委員會」
（Council for the Accreditation of Counseling and Related Education Programs,
CACREP）界定團體諮商的專業訓練要求包括多個方面：首先，需具備團
體諮商和團體工作的理論基礎，了解團體過程和發展的動力；其次，需掌
握團體工作中的治療因素及其對團體效果的貢獻，並了解有效團體領導者
的特徵和職能。此外，訓練還包括團體組建的方法，如招募、篩選和選擇
成員，並應用與團體諮商相關的技術。了解不同類型的團體、工作環境及
其他影響團體運作的因素也很重要。設計和促進團體時，需採用文化持續
性和發展響應策略，同時考慮相關的倫理和法律問題。最終，諮商學生需

參與至少10小時的小組活動，親身體驗團體成員的角色，這些活動需經過專業課程的認證核可，並在學期內完成。銜接上述的討論可歸納，團體領導者在特質與專業態度之風格潛質之外，更需要從有系統和有規劃的培訓體系，去獲得完整的知識架構和專業技能。

（一）團體領導者之知識與技能

諮商與相關教育學程標準委員會（CACREP）界定團體諮商為諮商師教育必修課程，同時也規範了基本團體領導能力的標準，認為諮商師的訓練需要包括了解團體理論與動力、團體領導風格、團體諮商的方法、倫理準則，以及能展開不同團體工作的方法等能力。並且在準則中除制訂諮商師在團體工作的核心能力之外，也分別就「知識能力」（knowledge competence）與「技術能力」（skill competence）兩種層面訂定不同性質的團體領導者所需具備的能力（CACREP, 2001）。

在催化團體工作與促進成長或改變的能力上，美國團體專業工作者學會（ASGW）也提出了十二項重要的實務指引，這當中包含知識、態度與技能層面的內在能力與實務展現，茲分述如下：

1. **能持續的自我檢視**：團體領導者持續反思和探索自己的世界觀、文化身分、權力、特權和偏見；能夠檢視這些因素如何影響自己對團體工作的價值觀和信念，並在多樣化的環境中和動態性促進團體工作。能積極邀請並開放接受來自成員、同事、社區主管和督導者的回饋或建議。

2. **團體催化能力**：團體工作實務者至少具備基本的團體知識和團體動力原則，並能實施核心的團體能力；能通過個人有意識的、具敏感性的獲取與多元文化案主群體相關的知識和技能，來積極提升自己的能力。團體實務催化上，具備各專業領域和團體類型（如心理治療、諮商、任務、心理教育）的充足理解和技能，能夠在實踐中公平地運用團體工作能力，並展示社會正義價值。

3. **團體的適應與調整**：團體實務催化能根據團體類型、模式和階段，及成員的身分認同、發展階段和需求（如年齡、文化價值觀、宗教習俗、

能力需求等），來調整對於知識、技能的應用。能夠清楚地定義並維持與團體成員的倫理、專業和社會關係邊界，並注意在與成員有其他雙重角色時可能產生的多重關係。

4. **檢核與評估**：團體實務工作者能檢核團體實現目標的進度，並能運用適當的團體發展模式，來進行歷程的觀察和治療介入；評估上能盡力去平衡成員個人的需求和整個團體的進行。

5. **介入**：團體領導者熟悉並能有效實施適合團體類型、模式、發展階段和目標的團體工作理論、技術和技能；實務上能考慮團體的目的和成員的需求，在文化知情的脈絡下選用活動或介入措施，在實務團體的介入策略上，團體帶領者對於選用的技術，能考慮到其優勢和限制。

6. **對於治療條件與動力的掌握**：團體領導者能理解並實施適當的團體模式，透過對歷程的觀察，並在不同團體類型和模式中建構團體的治療情境，並且能關注成員之間的動力，以及這些動力如何影響團體凝聚力，並理解自己和成員的社會脈絡身分認同，以及隱含的文化如何影響治療條件和團體動力。

7. **看重團體成員的福祉**：團體領導者能管理交流與分享的互動，處理揭露的安全性和步調，以增進個人和團體的福祉，並保護團體成員免受身體、情感或心理創傷重現的壓迫性，或是受到相關社會動力的影響。

8. **反思實踐**：團體領導者考慮團體單元間浮現的動力與領導者價值觀、社會文化認同和權力、認知和情感之間的關係，能檢視共同的關係，並根據團體發展、目標和過程進行調整。

9. **處理與意義創造**：團體領導者與自己、成員、督導者、協同帶領者或其他同事，能共同處理團體運作，包括評估團體和成員目標的進展、運用催化技術、介入團體動力等措施；能幫助團體成員對其經驗及意義產生覺察。這些介入和處理在團體單元中、團體前後、結束時，以及之後實體或線上跟進進行，都能協助成員從團體經驗中產生意義，並將改變或學習轉移到團體外的真實生活。

10. **協同合作**：團體領導者能持續協助成員制定個人目標，尊重成員在團體經驗中的平等夥伴位置，團體領導者積極支持成員能有自發性，自

主的參與或對團體發揮影響力。

11.**多樣性、公平與包容**：團體領導者對案主差異具寬廣的包容性與敏感度，包括但不限於：年齡、種族、族裔、性別、身心障礙、宗教、性取向、社會階層、移民身分和地理區域位置等背景；能不斷吸收與理解有關多樣化群體文化的世界觀、傳統價值和特色經驗等脈絡。

12.**聯合／協同領導**：協同領導是一種關係展現的技能，是處理團體動力複雜性的基礎。協同合作領導的團體領導者一起進行有意義的目標規劃，關注團體單元中的內容和過程，並透過督導的討論來調整，以滿足團體成員的需求。協同領導也是一種培訓機制，讓新手團體領導者與經驗豐富的領導者共同催化團體，以發展專業能力。

（二）團體領導能力的評量

　　從知識與技能兩個層面來看，兩種性質的評量工具在評量的焦點上有其方向的不同：第一種對於知識能通盤理解的工具，在美國有「團體諮商師行為評定量表」（Group Counselor Behavior Rating Form, GCBRF）（Corey & Corey, 1987），可以評量「介入」（Intervention）、「催化的情境」（Facilitative Conditions）、「理論應用」（Application of Theory）和「專業化」（Professionalism）等四個因素。學者謝麗紅和鄭麗芬（1999）亦編製「團體諮商領導能力評量表」，評量領導者的「心理特質」、「理論基礎」、「準備技巧」、「過程技巧」和「專業倫理」等五個層面的能力；主要用以評估學習者在團體諮商專業發展上之準備度和整體程度，具有良好信、效度，可供學生或諮商師評估個人在團體諮商的專業能力發展程度或狀況。

　　第二種對於技能進行評量的工具，主要著重於了解各能力向度之表現，並針對所建構的能力效標評量分數加以界定其實務內涵範疇。在美國有「受訓者行為量表」（The Trainer Behavior Scale, TBS）（Bolman, 1971），「團體觀察者量表」（Group Observer Form Scales, GOFS）（Romano, 1998），以及「技術性團體諮商量表」（Skilled Group

Counseling Scale, SGCS）（Smaby, et al., 1999）等量表（吳秀碧、許育光，2015）。針對非結構諮商與治療導向之團體工作領導者能力評估所編製的「團體領導能力量表」（Group Leadership Competency Scale, GLCS）（吳秀碧、許育光，2012）主要從技能評量的角度，評量領導者領導團體時對自我領導能力之評量，包含：「促進改變與行動能力」、「促進凝聚力的能力」、「深化團體的能力」、「引導與推進過程的能力」、「深化個體的能力」、「建立規範的能力」、「突破過程障礙的能力」、「結束與強化改變的能力」等八項技術能力的表現，以及領導者領導技術之整體能力表現（相關量表題項與計分，可參見附錄18-1與18-2）。

　　在常模參照上，吳秀碧、許育光（2015）接續針對該領導能力量表進行不同層級的調查，得暫時性的常模（N=899）並針對大學畢業前、碩士在學、全職實習、碩士畢至博士層級等進行比較，發現訓練層級較高之領導者大致均高於較低層級者，但「深化個體」與「突破過程障礙」僅碩士畢業後與博士層級之領導者高於其餘層級；顯示個體層次的深化工作和團體過程障礙或僵局的處理，相當仰賴實務經驗的累積（相關量表總分與分項能力得分參照，可參見附件18-3）。實務自我評量、各層級之實務教學、臨床實務能力評定、教學或督導成效評估等運用上，可依據不同層級團體領導者進行得分和分量表得分加以對照、分析或提供相關建議。

（三）團體領導能力內涵與任務

　　重新審視「團體領導能力量表」八項能力之內涵，許育光與刑志彬（2021）進一步整合歷程與領導介入向度來加以區分，從團體初步建構的角度來連結相關的實務能力，在團體建構的面向上，可包含：「促進凝聚的能力」和「建立互動規範的能力」兩項；在進階的團體工作上，歷程推進深化面向則可包含：深化團體的能力、引導與推進過程的能力、突破過程障礙的能力等三項；而改變與行動的能力、深化個體的能力，以及強化學習和獲得的能力等三項，則較接近團體脈絡中的個別工作，歸屬於在個體改變介入的面向上。綜合上述，領導者在自我實務效能上面，可以朝向

兼顧「建構團體」、「進階團體」和「個別工作」等三個範疇來省思和檢
視。茲與相關理論和觀點加以對話，整合歸納領導者領導內涵與任務：

1. 建構團體文化

　　其中，「建立互動規範的能力」、「促進凝聚力的能力」應為基礎
的團體發展與建構能力，為團體初始階段的基本任務。對成員來說，能塑
造團體文化與氛圍並促進凝聚，於團體初始階段是一重要的領導任務；
Yalom & Leszcz（2020）認為團體治療師有三種最重要的基本任務：團體
的創立與維繫、文化的建立，以及催化此時此地並予以闡釋。首先，治療
師的任務是協助創立一個物理性的團體實體，這包括設定團體聚會的時間
和地點，決定團體的次數、規模，以及成員的篩選與事前準備。這些考量
因素包括確保適合的聚會環境、決定開放式或封閉式團體、設置聚會的時
間長度與頻率、確定團體規模，以及為成員提供一個認知架構，讓他們可
以在團體中有效參與。

　　在團體已具備物理條件後，治療師需要努力建立一套引導團體互動的
行為規則或規範。這些規範包括主動參與、誠實自發性的表達、對他人無
批判性的接納和廣泛的自我揭露。治療師在規範建立上有很大的影響力，
任務上通過作為一個技術專家和具有示範作用的參與者兩種角色，幫助團
體形成理想的互動規範。這些規範能使療效因子最有效地運作，並促進成
員之間的信任和成長。從「知」與「情」的層面（覺察／認識／感受／投
入等），此時領導者促進團體能真實對話與承接情緒，可視為是一種「由
外而內」的動力塑造。

2. 進階深化團體

　　而「深化團體的能力」和「引導與推進過程的能力」則為轉換到工
作階段催化和深化整個團體的效能，相對的「突破過程障礙的能力」則
於團體困境和突破等能力有關，需要領導者能隨機應變並善用資源轉化
危機；Yalom & Leszcz（2020）所提及的重要基本任務之「催化此時此地
並予以闡釋」，可理解是為了使團體有效運作，治療師需要催化「此時
此地」體驗，這包括體驗性和歷程闡釋兩個層次。體驗性側重於團體中

的立即事件，促進成員的社會縮影發展和情緒宣洩。而歷程闡釋則要求團體對互動過程進行確認、檢視和理解，強調訊息的後設溝通面向（meta communicational aspects）。這些基本任務共同構成了團體逐漸深化與進展至成員願意積極投入與互助的行動，且團體逐漸具備能賦能個人朝向改變與行動，從「意」（抉擇與認真面對彼此關係）與「行」（願意投入與付出，展現真實的關懷）的層面，形成一種「由內而外」的力量開展。

3. 促進個人歷程

　　不同於治療性的長程團體心理治療，短程的諮商與治療團體由於本質上以解決問題和增進適應為主體，在能力內涵與任務上，更著重於團體脈絡中強化個別工作；因此「深化個體的能力」、「促進改變與行動能力」和「強化學習獲得的能力」等，為促進個別成員的深度體驗或頓悟（「知」與「情」的層面）等工作，以及朝向改變與行動（「意」與「行」的層面）和維持與鞏固此一改變和收穫等能力。茲彙整上述三個重要能力向度與任務，統整如下表18-1所示。

表18-1　團體領導能力內涵與任務向度一覽表

能力向度	說明	GLCS分項能力歸類	註解
建構團體文化	團體初步建構之相關能力	建立互動規範的能力 促進凝聚的能力	「由外而內」的動力塑造：促進團體能真實對話與承接情緒（「知」與「情」的層面）
進階深化團體	進階的團體工作，歷程推進與相關情境之催化、促進與突破	深化團體的能力 引導與推進過程的能力 突破過程障礙的能力	「由內而外」的力量開展：促進團體能賦能個人朝向改變與行動（「意」與「行」的層面）
促進個人歷程	在團體脈絡中的個別工作	深化個體的能力 改變與行動的能力 強化學習和獲得的能力	促進個人覺察與情緒紓解（「知」與「情」的層面）朝向改變與行動（「意」與「行」的層面）

三、協同領導與團體催化

　　聯合／協同領導（Co-Leading）或協同領導指的是兩個或以上的領導者共同帶領團體的工作方式，是團體輔導、團體諮商和團體心理治療常見的工作方式；兩名或以上的治療師共同帶領一個團體的領導結構，所呈現的是一種以團隊為整體的領導型態，這種形式也可稱為協同治療（co-therapy）。在專業型態指稱的用語上，兩位專業人員可以有多種搭配和合作方式；例如：個案同時接受A治療師的個別諮商，又參與B治療師的長期團體，此型態稱為聯合治療（conjoint therapy）；而假若個案同時接受A治療師的個別諮商，又同時參與A治療師所開設的團體，此型態稱為混合／組合治療（combined therapy）。而個案參與A治療師與B治療師共同帶領催化的團體，則在形式上稱為採用聯合／協同領導（Co-Leading）模式。雖然「聯合」領導一詞能很實際地傳達合作領導模式之應用，但考慮到「聯合治療」與「聯合領導」容易混淆，則本篇章在論述上主要以「協同領導」一詞，概括指稱聯合／協同領導之實務。

　　從邊界設定、權威性、角色或任務等領導向度來看，在協同領導中，領導者群是一個團隊系統，與成員系統有其邊界，而兩人至三人的工作型態承擔著從專家和具有專業權而來的責任，其行使領導或催化的責任由多位治療師共同分擔，對成員系統和領導者系統來說，領導者團隊有其自我賦予的角色，也有應對於成員需求和整體團體需求的任務，在如何執行團隊任務、領導團隊內部的溝通與協調、且能有效能的發揮領導職責，都是值得討論或學習的重要議題。

（一）協同領導的考慮

　　協同領導工作是一種跨學派或取向的實務應用，通常須著重於相互搭配與合作的理念來進行探討。協同領導的優勢在於：可以更廣且關注更多層面的增加團體效能、兩人的互動關係可形成示範作用、對於家庭矯治性療效因素有更多的關係經驗、協同領導的多元性與相互支持，以及更能透

過討論多方且多元的了解團體經驗。反之，協同領導的缺點或限制可能包括：關係或適配性不足可能造成的負面影響、可能助長問題成員的關係分化或操控，以及運用兩個領導者的成本效益考慮等。

　　協同領導組合對於團體有其潛在的影響，採取協同領導模式時，需考慮多項因素，例如包括兩人的年齡差距、生理性別的相同或相異、婚姻狀況如已婚和未婚的搭配、先前參與團體治療或個人實務經驗取向等、所屬機構是否有跨場域的信念上之不同、人際風格之間的適配性等。協同領導者對於每位成員的概念化及治療計畫，需達到相識性與一致性，以確保能有適切的治療效果。

　　一般而言，初學者未必一定要應用協同領導的設定，因為往往兩人的溝通或協調等默契磨合，所耗的時間頗多，有時反而單人領導的情境更顯得單純；但假若期望能從不同視角來觀察團體實務、能夠相互支持和討論，且從中加以觀摩和學習，協同領導的設定是重要且可考慮的實務方式，應於事前進行規劃和協商。

　　在考慮協同領導的實務上，可從下列幾個方向考慮：其一為當前團體實務上的需要，如上一段所談的優勢部分，是否有其需要性；另外，在機構的安排和設定上是否有其需要帶領新進的領導者。其二，為性別上的考慮，一般來說若兩位領導者分別為男女各異，能提供較單一性別更完整的互動或溝通示範，且層面較廣的處理家庭矯正性經驗的投注和呈現。考慮到資源的多樣性和互補性，協同領導特別適用於成員數量達到或超過12人的大型團體。然而，協同領導並非必然優先選擇的領導結構。其效用需考慮多種因素，包括經濟成本、團體利益以及領導者之間的和諧性等。

（二）協同領導的組合與模式

　　常見的兩人協同領導可大略分為下列兩種：第一種為兩位的實務經驗和年資相當，在工作上沒有主從或強弱之分，兩者在團體中共同分擔領導責任；有時兩位領導者均有一定的實務經驗和歷練，通常在搭配上能有效的合作和發展默契，有時有可能兩位領導者均為受訓中之新手，在相互磨

合上就顯得更為挑戰和困難。第二種為兩位領導者當中一位較資深且角色上可能為督導或教師，另一位較為資淺，為初學者或受督導者；此類型的協同領導考慮較以專業帶領和訓練角色為主，在團體實務上有主從和強弱之差異，通常較初學或資淺者為跟隨和協助的領導角色。

　　Masson、Jacobs、Harvill和Schimmel提到常見的協同領導模式大致分為三種模式，包含輪流領導、合作領導和見習領導（程小蘋、黃慧涵、劉安眞、梁淑娟譯，2021）。輪流領導模式（alternated leading model）指協同領導者輪流擔任團體的主要領導角色，可能每週或根據活動輪替。這模式適用於兩位領導者風格差異大，避免主導權鬥爭，同時讓團體受益於不同領導風格。合作領導模式（shared leading model）指協同領導者共同分擔領導責任，不提前決定誰是主要帶領者；在團體過程中，兩位領導者根據情況交替掌控方向，相互理解和尊重使合作更有效，避免成為應聲蟲或團體變成兩位領導者的對談。見習領導模式（apprenticed leading model）中，一位經驗豐富的領導者示範帶領，協同領導者通過觀察和嘗試學習，並在團體結束後獲得回饋和支持。若兩者資歷差距過大，可能導致資淺者不敢表達想法或不知道如何溝通。

　　然而，上述的兩種組合為協同間的關係，而協同模式中的輪流領導是方式，合作與見習等則也浮現關係樣貌。吳秀碧（2021）針對協同領導的組合類別方面，也區分協同領導模式主要分為三種：師徒模式、輪流領導模式及協同領導模式；認為協同領導的關係與模式之重要關鍵點為：是否能夠輪流替換主要帶領者的設置，也與團隊的合作型態如何規劃有關；而兩人或三人如何合作的重要因素，最核心的也與兩人是否權力或資歷是否相當。我們可將此三向度建構區分如下表18-2，且加以分述其概念如下：

表18-2　協同領導的組合與模式類型摘要表

		非結構團體	結構團體
師徒（兩人權力資歷落差）	固定	協同領導（見習領導）	輔助領導（見習領導）
	替換		輔助領導（訓練）
同儕（兩人權力資歷相當）	固定	協同領導（合作領導）	協同領導（合作領導）
	替換		輪流領導

　　在實務上，若兩人的權力和資歷落差大，在帶領非結構團體方面的協同領導則呈現有見習模式與合作模式（兩人權力資歷相當）的差異；而在非結構團體方面，資淺者能預先透過討論有較多的預備，而能發揮以輔助模式，但假若輪流由資淺者來帶領，通常也帶有訓練的目標。對於非結構團體之帶領，替換的輪流帶領通常只是呈現角色的分工，基本上仍應以團隊整體來加以帶領，因此不適合完全設定為明顯的輪流帶領，相對的結構團體之領導上則可事先商定，採取時段交替輪流的設定來進行。

四、協同領導的領導任務

（一）協同領導者的溝通與合作原則

　　領導者的溝通：在團體聚會前後，領導者需進行充分的溝通。聚會開始前，應討論彼此對團體的觀念和領導理念；聚會結束後，進行減壓和反思分享。在聚會中，需平衡非語言訊息與語言訊息，避免悄悄交談或指揮另一位領導者，以確保合作順利進行。

　　協同領導者的合作原則：協同領導者需具備領導團體和建立關係的能力，並共同分享權力。在領導過程中，應避免指揮協同領導者或為其補充說明，特別是在非結構團體中使用結構活動。兩位領導者需相互協助，避免輪流不停地說話，並注意座位安排，確保與成員的互動。同時，需照顧成員，避免阻止對方的介入，並確保團體開展與結束的原則。

　　協同領導搭配準則：協同領導指兩位專業人員共同催化和領導團體，需要默契和共同目標。然而，要實現緊密結合和相互補足的協同領導並不容易，以下是相關的準則，可提供做為實務上的參考：

　　1. 當領導者聚焦於團體時，協同領導者應關注個別成員；反之亦然。

　　2. 兩人應以直接溝通的方式互動，使用第一人稱對話。

　　3. 領導者和協同領導者需觀察對方的處理焦點和意圖，避免在團體中直接討論工作焦點。

4. 在輔助角色上，協同輔助者可示範自我揭露，以催化成員分享。

5. 提供回饋時，兩人可從不同角度互補，以增進團體視野的多元性。

6. 在主要領導者主責時，協同領導者可協助處理特殊需求成員。

7. 在情感轉移現象處理上，領導者或協同領導者可澄清特定成員與領導者的關係。

8. 在每次團體進行前，若有既定的團體結構或方針，應事先分配不同片段的主導責任，避免雙方觀望或等待，分散彼此的力量。

（二）協同領導的關係發展

1. 合作默契建構與學習

　　兩人協同領導的默契是相當重要的，合作初期面對彼此的陌生或意見不一致，是常見的現象，需要時間加以磨合；例如許育光（2012）從對於新手諮商師的協同領導經驗進行分析中發現，團體協同領導經驗中彼此差異的磨合、默契的逐漸培養、從互動中彼此學習和觀摩等，都是協同領導的重要學習過程。

　　常見的協同領導關係大致可以分爲兩種類型，其一爲較屬於師徒關係，兩者關係一個爲精熟、有經驗的心理工作者，另一個爲相對之下較爲資淺、處於初學或尚需要帶領的狀態；另一個則爲能力和經驗較爲相當的組合，可能兩人皆爲初學或兩者皆爲有經驗者。一般而言，因爲師徒關係的合作方式可能爲一主一從，在搭配上可能爲示範和學習的互動，衝突和觀點的差異等磨合較少，在兩者的互動上可能接近督導關係與學習的師生關係，而較爲學習的一方往往需要在被鼓勵的氛圍下，嘗試去介入領導和練習協同領導搭配。相對的，兩者實力相當時的搭配則顯得較爲複雜，特別當兩者皆爲新手，面對的焦慮、不確定性，以及困於不知道該如何發揮效能，有同時必須與對方發展出一定程度的默契，則其中的難度頗高；而對於較爲精熟階段的領導者，因其大致處於較能圓融的面對接案焦慮，年紀和人生閱歷上也較成熟、穩定，在兩者溝通和搭配上也通常能更爲得心

應手，加上合作場境通常有自主選擇權，可以選擇能和自己合作的搭擋，在發展成熟且良好的協同領導上也較有條件，能朝向良好的合作默契發展。

2. 協同領導關係發展困境與磨合歷程

葉耘綱（2021）透過訪談合作帶領非結構團體之領導者，關於兩人關係之磨合歷程，歸納協同領導的當下困境，以及協同領導之關係磨合經驗，可從團體實務（協同帶領團體的經驗）人際（兩位領導者之間的關係互動）和個人（領導者個人狀態與專業發展等）來加以統整和理解其發展困境與磨合歷程；其中協同領導經驗兩人關係的當下困境可分為三種層次：**團體層次**：面臨分歧的介入、團體動力凝滯、不良的團體文化、成員對領導者的攻擊、成員間的衝突以及困難複雜的議題。**人際層次**：包含無法即時溝通、缺乏默契、期待對方救援未果、難以理解對方意圖、風格差異以及搶話等問題。**個人層次**：角色任務期待與認知落差、個人議題與狀態的限制，例如當下狀態與限制、知易行難、受成員影響的自我評價、不滿成員等。此外，每個團體階段都會有對應的協同領導困境需要面對。由此可理解，協同領導型態在關係經營與發展上的複雜性，而由於該研究所採用之樣本為兩位領導者均為新手諮商師，且為兩者資歷相似之合作型態領導，其困難度與面對困境之力度非常的具體而值得參考。

另一方面，在能夠成功磨合的經驗上，新手諮商師的協同歷程也呈現不同層次的轉變和默契的逐漸培養，包括：**團體層次**：確立合作策略、非語言溝通策略、形成共識、一同面對困境的態度、嘗試合作策略、關注與配合對方、概念化團體困境與成員議題並確立介入策略，逐漸朝向互補、一致與平衡的合作模式發展。**人際層次**：在研討互動中著重尊重、理解、接納、情感同在、願意協調、感謝對方、鼓勵支持、關懷支持等，並透過直接表達與徵詢、澄清核對及澄清擔心，逐漸達到彼此尊重、互助、理解一致和非語言溝通的默契。**個人層次**：通過自我調適及直接表達，個人逐漸自在嘗試與真實展現自我。從默契的培養歷程，可看見一種專業合作夥伴關係的發展，兩人的磨合介面為實務現場且共同面對困境，而後從互動

層面的調整和支持，也漸近深化影響自己專業上的發展，甚至對自己的個人議題修正和更真誠的自我展現均有所助益。

3. 協同領導關係發展

協同領導關係是影響協同領導模式關鍵的因素，研究發現，協同領導者們會由於默契不足，在團體初期需要猜測對方意圖而出現困惑狀態（許育光，2012）；針對協同治療與協同領導關係的發展，Winter（1976）將其分為四個階段，分別為「會心」、「分化」、「生產」與「分離」。而後也有數位學者相繼探討協同領導關係的發展階段（Gallogly & Levine,1979; Dick, Lessler & Whiteside, 1980; Brent & Marine, 1982; Dugo & Beck, 1991; Fall & Wejnert, 2005），如Gallogly和Levine（1979）從Winter的模式中第三階段再延伸、劃分為「親密危機」與「互助」兩階段，形成共五階段的理論；而Dick、Lessler和Whiteside（1980）則從回顧文獻與自身實務中提出了四個階段的協同治療關係的發展模式，包含「形成」、「發展」、「穩定」與「更新」；Brent與Marine（1982）則嘗試從婚姻與家庭關係理論提出協同領導關係模式，分為「會心」、「權力與控制」、「親密」、「分離」，並強調以家庭與婚姻動力去比擬團體動力與協同領導關係；Dugo與Beck（1991）則依據系統理論、發展理論及人文主義提出自己的協同領導關係發展理論，他們將關係歷程分為九個階段，分別為「建立契約」、「形塑身分」、「建立合作團隊」、「發展親密感」、「確立優勢與限制」、「探索可能性」、「支持自我面質」、「整合與實踐改變」與「結束／重組」。

對應團體發展階段，Fall和Wejnert（2005）則提出協同領導關係歷程與團體發展歷程為平行歷程的觀點，並參考Tackman與Jensen（1977）的團體階段理論，提出了五階段的模式，主張協同領導關係與團體發展有相似的結構。而國內學者吳秀碧（2017）也透過Fall和Wejnert（2005）的五階段模式結合自身創見，詮釋協同領導關係的發展。葉耘綱（2021）參考Fall與Wejnert（2005）所彙整之協同領導關係表，整理上述學者對於協同領導關係發展的階段理論，並將相似內涵的階段歸納彙整，如下表18-3所示。

表18-3 協同領導關係發展模式整理表

吳秀碧（2017）	Fall & Wejnert（2005）	Dugo & Beck（1991）	Brent & Marine（1982）	Dick, Lessler & Whiteside（1980）	Gallogly & Levine（1979）	Winter（1976）
1. 社交階段	1. 形成	1. 建立契約	1. 會心	1. 形成	1. 並肩而行	1. 會心
2. 連結階段	2. 風暴	2. 形塑身分	2. 權力與控制	2. 發展	2. 自主危機與包容	2. 分化
3. 共享關係階段	3. 規範	3. 建立合作團隊			3. 親密危機	
4. 互助工作階段	4. 表現	4. 發展親密感	3. 親密	3. 穩定	4. 互助	3. 生產
		5. 確立優勢與限制				
		6. 探索可能性				
		7. 支持自我面質				
		8. 整合與實踐改變				
5. 休會階段	5. 休會	9. 結束和／或重組	4. 分離	4. 更新	5. 分離危機／結束	4. 分離

資料來源：引自 葉耘綱（2021）：非結構諮商團體協同領導當下困境與關係磨合探究。國立清華大學碩士論文。

　　葉耘綱（2021）也歸結對協同領導困境和磨合歷程的分析，也從領導者受訪者所呈現的關係發展樣貌，歸納協同領導關係之發展歷程，形成一個初探的論述，其描述界定協同領導關係可分為兩種層次：工作夥伴關係（團體經驗、事前預備、事後討論與接受督導等專業執行）和生活友誼關係（生活層面真實存在的同學或其他社交關係）。其協同領導關係的發展歷程可以分為六個階段：

　　1. **社交與初識**：初步建立協同領導關係，主要以社交為目的。

2. **拉扯與試探**：面臨合作中的差異與衝突，開始互助與互補。

3. **形塑與蜜月**：合作模式逐漸成形，但仍會有默契浮動。

4. **契合與安全**：合作模式達到契合與穩定，信任感增加。

5. **自在與真實**：在工作夥伴關係與生活友誼關係上能自在展現真實的自己。

6. **結束與期盼**：領導者感到有同在感與歸屬感，對合作感到滿意並期待後續合作，友誼延續。

　　與上述階段切分較為詳細的Dugo及Beck（1991）所提及的發展歷程進行對應，可發現在最開始的「社交與初識」階段，領導者初步建立協同領導關係，主要以社交為目的；接著進入「拉扯與試探」階段，領導者在合作中面臨差異與衝突，開始互助與互補；到第三階段是「形塑與蜜月」，合作模式逐漸成形，但仍會有默契浮動。這三階段的磨合歷程基本上反映了建立契約（表象關係）、形塑身分（尋找認同與定位）以至於從拉扯的試探和調整中建立合作團隊（達成初步的協調或共同性）；我們可認識這樣的歷程為團隊與協同協同默契建立的基礎。而進階的歷程則為發展親密感（更為真實的互動）和確立優勢與限制（對雙方優勢與界限的了解），這與四階段之「契合與安全」階段，合作模式達到契合與穩定，信任感增加等關係層面的更真實連結相似；相對的，探索可能性（執行面的勇於冒險）和支持自我面質（能挑戰自己或彼此的非舒適圈）則貼近第五階段的「自在與真實」，領導者在工作夥伴關係與生活友誼關係上能自在展現真實的自己。最後是「結束與期盼」階段，領導者感到有同在感與歸屬感，對合作感到滿意並期待後續合作，友誼延續；這部分則包含整合與實踐改變（經驗的回饋分享與統整），以及結束和／或重組（面對分離與真實關係的延續）。

◎問題延伸討論、省思或作業

1. 團體領導者的特質與專業能力（包括知識／態度／技能）等加總起來，你覺得是否有先天性的特質存在，還是此些專業能力都是後天可訓練的？試著分享一下你的觀點。

2. 對於團體領導者能力與任務，評估起來你覺得那些內涵與任務，跟個別諮商與治療的專業工作是最不一樣的？分析與比較其差異性，你覺得哪些內涵向度是你勝任團體領導者最需要加以培養和學習的呢？

3. 協同領導與團體催化有不同的組合與模式，假若有十年的漸進學習，你會希望有哪些團體或哪些組合模式的協同領導經驗？又你會希望在協同領導的關係發展中，獲得哪些成長與學習呢？

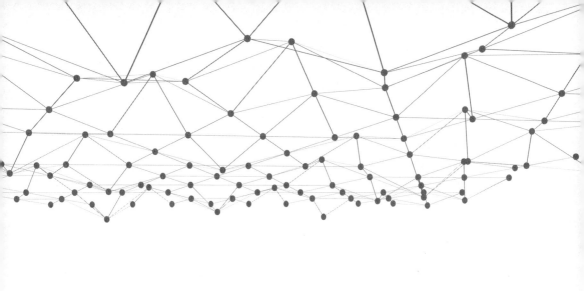

◆ Part VII

團體評鑑、研究與專業實務發展

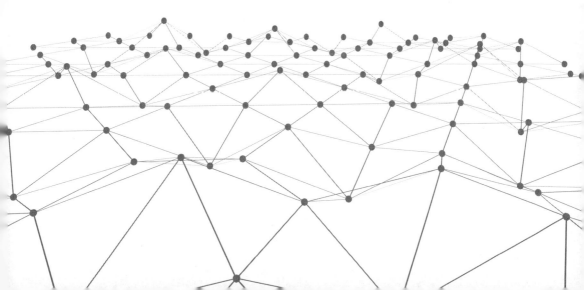

第十九章

團體實務紀錄、評量與研究

本章綱要：

一、團體實務紀錄與歷程摘要：歷程摘要紀錄／成員出席狀況紀錄／單次歷程紀錄／歷程觀察紀錄／重要事件回顧與實務反思／技術與介入意圖歷程回顧反思

二、團體效能與歷程評量：團體諮商的成效評估向度／團體諮商評估的資料來源／團體諮商評估的資料分析

三、團體諮商與治療研究設計：團體研究方法設計／團體研究與分析方法選用

四、團體諮商與治療研究類型與主題：團體類型與研究／團體研究向度與歷程變項／團體成效研究／團體歷程研究／團體諮商與治療研究主題

五、實務與實證為基礎的團體研究

一、團體實務紀錄與歷程摘要

（一）歷程摘要紀錄

　　當團體實務執行結束，我們能從對於歷程統整的摘要回顧，來理解整體團體進行的成效和實務過程。對於機構或執業場所要求之彙整報告紀錄，應包含對於團體歷程實務總體的回顧與檢討分析，並形成具體的成效

評估或建議。團體歷程摘要報告表，旨在全面記錄與評估團體諮商或治療的過程及成效，協助領導者有系統性地呈現團體的專業實務。表格的開頭包含團體名稱及其性質，包括心理教育／輔導團體、心理諮商團體、心理治療團體或訓練團體，並勾選其結構化程度以能預期相關的成效。接著，簡述摘要所規劃的主題、團體次數、每次進行時間、開始及結束日期、進行地點及是否使用特殊器材。接續部分則記錄團體成員的出席狀況，包括原初錄取人數、每次出席人數及整體出席率；作為了解成員參與度的呈報；這部分也包括記錄團體進行過程中的實務倫理議題及特殊情況處理。

此外，摘要紀錄也呈現對於評估與追蹤團體的成效，使用合適的工具進行訪談或質性填寫，並提供成效報告摘要。行政層面，記錄經費預算的執行情況及行政支持事項，也接續並說明團體設計與方案執行的調整。對於各次團體的歷程呈報，則著重於單元任務／進行狀況摘要，以及特殊事件註記／歷程分析的呈現。

最後，綜合整體成效評估與效益報告，記錄待解決事項與相關建議，並由領導者及協同領導者簽章確認，確保報告的責信、完整與準確性。詳細的表單使用可參考附錄19-1。

（二）成員出席狀況紀錄

團體成員組成資料與出席紀錄，旨在系統化地記錄每位成員的基本資料和出席情況，並能透過每次的參與或出席，適時地呈現其個人狀態或與團體整體相關之訊息，方便彙整資訊以及於督導過程中加以討論。首先，於填寫上使用化名代號來保護成員隱私，不呈現真實姓名，後續相關團體紀錄，可一致的用此化名簡稱，可作為較為一致性的對應。性別、年齡、學歷、工作狀態等則協助能掌握基本訊息，理解個別成員之處境脈絡。團體出席紀錄部分，可用◎表示有出席，b表示缺席，並在附註欄記錄特殊情況或備註。這些資料有助於掌握成員的基本背景及其參與情況，以便更好地進行團體實務上的反思、管理和評估。相關版本截取如下表19-1，檢附之出席紀錄表可參考附錄19-2所示。

表19-1　團體成員組成資料與出席紀錄表截取示意

團體成員組成資料與出席紀錄

*化名代號：保密倫理（不呈現真實姓名，後續團體紀錄均用此化名簡稱）
*性別（男性：1、女性：2、其他：3）
*年齡（填寫數字）*學歷（含就學中）（高中職以下：1、專科／大學：2、碩士：3、博士：4）
*工作（目前狀態）（學生：1、上班：2、家庭照顧：3、待業中：4、其他：5）

基本資料（參考上述指引）						團體出席紀錄（有出席：◎）（缺席：b）												附註
序號	化名代號	性別	年齡	學歷	工作	1	2	3	4	5	6	7	8	9	10	11	12	
1																		
2																		

（三）單次歷程紀錄

　　團體諮商與治療歷程紀錄，對於實務歷程可為重要的回顧工具，同時也是對於專業負責任且能展現諮商責信機制的專業活動。單次團體歷程紀錄用於系統化記錄每次團體活動的實務執行細節。這樣的紀錄表有助於帶領者回顧與反思團體的進程，並為未來的活動提供改進建議。對於中高結構的團體（通常應用於團體輔導與諮商之目標）或是低結構／非結構之團體實務（未預先設定明確方案或結構活動之團體諮商或治療），兩者在紀錄呈現的要旨上有所不同，可稍加區分；以下是團體諮商／治療紀錄表中常見的向度或要項：

1. 中高結構之團體單次歷程記錄

　　運用於中高結構團體之團體單元紀錄表（參考附錄19-3），旨在系統化記錄並呈現每次團體活動的實施過程。包括以下部分：實施時間，確定具體的日期和時間段。單元名稱用於標識本次活動的主題或焦點，並記錄

這是第幾次團體會議。參與成員部分，填寫成員的化名及代號，並標明總人數。領導者和觀察者的姓名也需記錄，以明確責任和觀察者角色。單元目標分為直接目的和間接目的。直接目的指的是本次單元活動要達成的具體目標，間接目的則是長遠或隱性的目標，如促進成員之間的信任或提升團隊凝聚力。參加成員位置圖是紀錄表中的一個重要部分。繪製成員的位置圖，有助於帶領者了解成員的座位安排，並在討論和活動中更有效地進行互動。

較為開放與摘要紀錄的部分，可摘要敘述於活動歷程紀要／介入執行，其摘要可分為四個部分：暖身、發展活動、綜合活動／問題研討和結束。每個部分記錄具體的活動內容和時間安排，以及所需器材和註記。暖身階段旨在讓成員進入狀態，發展活動則是核心部分，集中於達成單元目標的具體活動。綜合活動／問題研討階段用於討論活動中遇到的問題或進行總結。結束部分確保活動有序結尾，並安排下次團體的準備工作。

此外，在團體過程中，有時會發生一些特殊事件或成員表現出特別的需求。這些事件和需求的記錄對於未來的團體運作至關重要。特殊事件紀錄包括任何影響團體動力、成員情緒或互動的重大事件，如成員間的衝突、情緒爆發、重要的個人分享所造成的衝擊等。這些事件的詳細紀錄有助於理解團體動力變化並提供適時的介入。個別成員的特殊需求與處理紀錄，則專注於每位成員的具體需求和相應的處理方式。例如，某成員可能在特定活動中表現出情緒表達，需要更多的情感支持和關注。記錄這些需求以及採取的處理措施（如個別輔導、提供額外支持等），有助於確保每位成員都能在團體中獲得適當的幫助。

對於未來團體進行的注意事項，可基於協同領導團隊之討論來加以註記和提醒，於下次團體進行前再進行瀏覽。這些注意事項可包括例如：**調整方案設計**：根據成員的反應和需求，適時調整未來的活動設計，以更好地滿足成員的需求和達成團體目標。**強化團體規範**：在團體中重申並加強對成員行為的期待和規範，以維護團體的安全和有效運作。**提供個別支持**：針對有特殊需求的成員，提供個別支持，如安排額外的個別諮詢時間或調整其在團體中的角色。**促進成員互動**：設計更多促進成員之間正向互

動的活動，增強成員的凝聚力和團體動力。**持續觀察要點與評估**：持續針對所需關注的焦點進行觀察和評估，了解團體的進行狀況和成員的反應，並根據評估結果進行必要的調整。

2. 非結構團體單次歷程記錄

　　團體心理諮商單元紀錄表（參考附錄19-4）適用於著重於歷程推進與人際互動關係催化的非結構團體；在每次團體心理諮商結束後，領導者可透過團隊論來回顧歷程，並填寫團體單元紀錄表，以便整理和反思團體進行的過程和成效。此紀錄表包括以下幾個主要部分：首先也包括團體名稱、活動日期和時間、次數、地點，以及缺席名單和參加人數。接著，繪製參加成員的位置圖，有助於清晰了解成員的位置選擇，或作為歷程比對的參考依據。接著，記錄活動過程中的團體段落摘要，註明每段落的介入焦點（包含G：團體／P：人際／I：個人等三個層次），同時記錄當時的意圖與反思；此部分有助於分析各個段落介入的效果和成員的反應，協同領導或督導討論也可交流相關觀點或意見，去發現和理解各自工作的意圖和焦點。

　　隨後，對成員的特殊狀況進行詳細記錄，描述具體處理方法，以便針對個別需求提供支持。在自評與檢討部分，領導者需反思和評估實務介入的有效性，指出哪些措施有幫助以及哪些部分需要改進。最後，備註欄用於團隊或督導討論註記，提供未來團體進行的注意事項和下次團體前需要留意的事項。這些紀錄和反思有助於持續提升團體諮商的品質和成效。

（四）歷程觀察紀錄

　　觀察員在職責上不進行團體領導，但於座位空間和心理距離上與團體保持一定程度的區隔，可較為客觀或持平的觀察與紀錄相關的重要歷程現象。在工具使用上，作者推薦於多年實務教學上應用的歷程觀察紀錄表，作為觀察員的參考（如附錄19-5：諮商團體單元歷程觀察紀錄表）。

　　諮商團體單元歷程觀察紀錄表旨在協助團體觀察員記錄諮商團體的動

態和進程，無觀察員的團體亦可用於自我反思。基本資料上，宜清楚填寫團體名稱、次數、日期、時間及地點。接著，觀察員需條列式記錄團體的氣氛與動力、人際互動形態，以及個別成員的參與狀況。以下是每個部分的舉例說明：

1. **團體層次、氣氛與動力**：描述團體的整體氛圍和動力，例如成員之間的互動品質、團體的凝聚力和信任度。注意記錄任何顯著的變化或值得關注的事件，例如團體中的衝突或支持性行為。

2. **成員人際互動**：分析成員之間的互動模式，觀察他們如何交流、合作或競爭。例如記錄顯著的互動，例如成員間的支持、挑戰或衝突，這些互動如何影響團體的進程。

3. **個別成員參與狀況**：注意個別成員的參與程度和表現，記錄他們的發言頻率、情感表達和行為反應。例如觀察成員是否有特殊需求或需要特別關注，並分析這些行為對團體的影響。

觀察員於完成紀錄表後，需簽署並記錄其觀察和撰寫的內容，領導者閱覽後也需簽名確認。這些觀察和紀錄將有助於團體領導者更好地了解團體進程，調整帶領策略以提高團體效能。

（五）重要事件回顧與實務反思

團體諮商師／領導者重要事件回憶表（參考附錄19-6），主要從關鍵事件之回顧概念出發，能幫助實踐者（團體諮商師）回顧重要的段落，並從自我介入優勢和不足之正反兩方面，進行領導面向的實務省思。

在反思團體過程中的重要事件時，帶領者可回顧自認為帶得好和帶得不好的段落。例如：在覺得自己帶得好的部分，是成員們分享個人挑戰並得到了其他成員的支持，時間發生在第三個段落（如團體進行22分鐘到35分鐘之時），主要促成成員之間建立了深厚的信任關係，團體氛圍非常積極和支持，讓領導者感到是有幫助到團體的。另一個例子是覺得帶得不好的段落，例如第五個段落成員之間發生了激烈的衝突，領導者顯得焦慮倉皇，未能有效引導和緩解，這使得團體氛圍變得緊張，成員互動之針鋒

相對形成負面影響而產生僵局。這些反思可以在後續小組研討或與督導討論，幫助帶領者重新框視團體過程，並為未來的團體領導提供了寶貴的提醒和再定向，也間接的提升實務領導者的反思能力和覺察敏感度。

（六）技術與介入意圖歷程回顧反思

從歷程技術的介入（執行行動層面）以及背後的介入意圖（認知概念化之覺察層面）兩方面來探討團體實務領導，領導者介入意圖與工作自我檢核表（參考如附錄19-7）可提供實務上逐次的自我紀錄與歷程回顧報告，透過此歷程更澄清領導者內在對於實務見解和執行兩層面的知行合一。

團體介入意圖與工作檢核紀錄表，旨在協助團體領導者反思與評估其在團體過程中的介入意圖與工作成效。紀錄表包括：團體基本資訊，如團體名稱、領導者姓名、團體次數、日期、時間、應到與實到成員人數及座位安排；特殊事項紀錄，用於記錄當次團體過程中的特殊事件。在歷程回顧與紀錄的表格中，工作重點與意圖反思，領導者可回顧（或逐步觀看歷程影像紀錄或聆聽錄音檔案）記錄其介入技術和領導行為的重點，並反思當時的介入意圖和效果。如何分段落來記錄，以及如何界定一個段落中的重要工作要項，也可以是一種對歷程進行概念化的能力，透過此歷程回顧反思，將有助於領導者對整個團體單元之實務執行和團體歷程有更多的了解。

整體分析部分，採取一種鳥瞰方式的再理解，來進行團體整體工作的概念化。其向度包含：團體歷程、成員個人反應及整體分析，幫助領導者全面評估團體的運作、人際互動及個別成員的表現。最後一部分是自評和有待督導的要項，讓領導者能夠自我評估優勢與不足，並確定需要進一步督導的內容；由於此紀錄能深度且有系統的歷程進行回顧，運用於督導實務上對於如何在意圖的自我評估和實務技術之催化運用上，能有具體的討論和學習，非常適合在督導之過程中來加以運用。此紀錄表提供了一個系統化的框架，促進領導者在團體治療中的自我反思和專業成長。

二、團體效能與歷程評量

　　若以單一一個團體之實務介入之效能來進行思考，通常概念上接近團體之個案研究的設計，但若未及考慮形成研究或研究案，則可依循相關嚴謹的概念來加以評量；若為考慮架構成研究，則須從團體整體建構到倫理考慮，以及後續的各項實務操作都依循研究的方法理念和標準。

（一）團體諮商的成效評估向度

　　團體諮商的評估可以是一個有系統性、且持續性的動態歷程，若是從時間軸線，主要可分為團體進行前、團體發展中（進行中）和團體結束後三個段落來收集評估資料。團體進行前，評估重點在於設立團體目標、掌握成員特性及評估成員的起點行為，這些工作有助於確保團體的方向與成員需求一致。在團體發展中，帶領者需要注意團體動力的察覺、目標進度的掌握、成員參與行為的分析、特殊事件的處理及成員的觀察。這一階段的評估能夠幫助帶領者即時調整策略，以提升團體的效果。團體結束後的評估包括團體成效的評估、領導效能的檢討及成員行為發展的評量，這有助於總結經驗，為未來的團體活動提供改進的方向。

　　在團體成效評估的實務中，評估可以從團體結果、領導效能和團體過程三方面進行。團體結果與效能評估，主要是評估：團體目標是否達成，成員的改變和進步情況。領導效能則是評估：帶領者的技巧、策略和整體效能。團體過程的評估，則是了解：團體過程中的互動、動力及成員參與情況。

（二）團體諮商評估的資料來源

　　團體諮商與治療的成效評估可以通過多元資料來源進行，例如，針對大學生的生涯諮商團體，可以透過量表的前後測量來了解成效、觀察員來進行團體過程或成員行為的評定、團體過程的言談逐字稿件分析，或是通

過成員的訪談逐字稿來進行評估。最主要的考量在於評估的方向與目標，確認向度後採用多元的資料來源來進行評量或資訊的收集。

　　若以周哈里察覺模式兩向度「自我察覺程度」與「他人是否了解程度」來界定，幫助帶領者和成員了解自己和他人對自己的認識程度，以促進個人和團體的成長。周哈里窗包括公開區、盲目區、隱藏區和未知區，這些區域幫助成員了解自我與他人互動的不同面向；從自我揭露和人際回饋兩個向度，可界定團體評估之資料來源可包括成員自評、成員評量或觀察員評量等他評。雙向度模式則採用「團體內與團體外」及「自我與他人」等二向度，共四種類型的資訊來進行評估；其多元資料來源的評估也可加入從量性（量化資料或將資料量化）和質性（質性資料或採質性典範方式分析文稿）等兩個向度來理解。

　　量性和質性兩向度的多元資料來源，涵蓋效果和歷程兩個層面，建構多元資料來源評估向度與屬性之思考（如下表19-2對於各項資料來源的摘要）。團體內資料方面，自評可以通過言談分析進行，後續進行量化或主題編碼；他評（成員）則包含成員間的言談分析，亦可進行量化或主題編

表19-2　團體多元資料來源評估之向度與屬性摘要表

報告／回饋		量性		質性	
資料來源		效果	歷程	效果	歷程
團體內資料	自評	言談的分析（後續量化編碼）		言談的分析（後續主題編碼）	
	他評（成員）	成員間言談分析（後續量化編碼）		成員間言談分析（後續主題編碼）	
	他評（觀察員）	觀察紀錄（後續量化編碼）		觀察紀錄（後續主題編碼）	
團體外資料（團體結束後）	自評	測驗量表問卷（效標相關）	測驗量表問卷（歷程相關）	前後訪談稿（後續主題編碼）	歷程回顧訪談（後續主題編碼）
	他評（成員）				
	他評（觀察員／帶領者／督導／研究人員）	觀察評定量表（效標相關）	觀察評定量表（歷程相關）		

碼分析；觀察員的他評可通過觀察紀錄來進行，並進行量化或主題編碼。團體外資料方面（團體結束後），自評可以使用測驗量表問卷來評估效標相關和歷程相關的效果，並通過前後訪談稿和歷程回顧訪談進行主題編碼分析；他評（觀察員、帶領者、督導或研究人員）則使用觀察評定量表來評估效標相關和歷程相關的效果。這樣的多元評估方法能夠全面反映團體諮商與治療的效果和歷程，提供豐富的資料來支持我們對於成效的評估。

（三）團體諮商評估的資料分析

在團體諮商成效與歷程評估中，資料分析是一個關鍵的階段，如何分析和形成有意義的結果，通常反映所收集的資料和對於資料分析方法的運用和解讀。例如從評估的多元目標為例子來探討，一個實務進行的團體（如特定取向或相關模式之介入），旨在了解：團體的成效、成員的參與經驗及個人改變歷程，以及如何改進半結構化的團體諮商方案。資料分析說明表（如下列表19-3列舉）詳細列出了不同分析目標所使用的研究資料和分析方法；其中，諮商團體成效的評估可以通過對相關量表的統計分析（如t檢定或其他類型之小樣本檢定），以及對團體後成員訪談逐字稿的主題分析來進行。成員參與經驗和個人改變歷程的分析，則依賴於團體逐字稿和團體領導者實務反思日誌的內容分析，以及團體後成員訪談逐字稿的個人成長評估之文稿分析。再者，團體諮商方案的建構和再修正，可以通過分析團體領導者的實務反思日誌、團體整體回饋表和團體後成員訪談逐字稿的團體經驗回顧來進行，形成對於修正前導方案和調整正式方案的重要原則與方向。這些多樣的方法能夠提供全面而深入的見解，幫助團體諮商領導者改進和優化其方案。

表19-3　團體多元資料來源與多元分析方法舉例摘要表

分析目標	研究資料	分析方法
諮商團體成效	1. 相關量表（正式研究）	統計分析（t檢定）
	2. 團體後成員訪談逐字稿（正式研究）	主題分析
成員參與諮商團體之經驗與個人改變歷程	1. 團體逐字稿、團體領導者實務反思日誌（正式研究）	內容分析
	2. 團體後成員訪談逐字稿之「個人成長評估」（正式研究）	內容分析
諮商團體方案建構	1. 團體領導者實務反思日誌（前導、正式研究）	內容分析
	2. 團體整體回饋表（前導、正式研究）	內容分析
	3. 團體後成員訪談逐字稿之「團體經驗回顧」（正式研究）	內容分析

三、團體諮商與治療研究設計

　　針對團體工作的實務研究，美國團體專業工作者學會（ASGW）對於最佳實務指南中建議，團體專家應致力於為團體工作和團體介入建立實證支持，並有意識地關注公平、多樣性、可及性以及團體文化的交集。與實務工作連結，重視團體的效果研究和歷程研究，可積極參與當前與研究相關之活動（如期刊、會議、繼續教育），並努力使用基於證據的方法來改進實務。團體專家應了解適合的量化、質性及混合研究方法對團體研究的獨特和重要性，並應用適合其研究目標，且能具有文化敏感度的研究方法。此外，該指引也建議實務工作者應具備對於研究和分析方法的理解，以評估研究結果的品質，確保研究結果能夠真正反映團體工作的效益和挑戰。

　　相對於一般心理學門領域之研究，諮商與心理治療研究屬於實務或實踐應用領域之研究，對於成效、歷程變項、效果來源或改變歷程、轉變機制、模式比較或療效因素等議題特別的關注。其中，團體心理治療已被證

明對許多疾病的療效與個別治療相當，包括焦慮、憂鬱、哀傷、飲食失調和精神分裂症（Burlingame & Strauss, 2021）。除了在減輕症狀方面的有效性外，團體治療之療效因素還能爲成員提供歸屬感、目的感、希望、利他主義和意義感（Yalom & Leszcz, 2020）。

團體諮商與治療研究有其發展之脈絡，自1971年以來，有關心理治療的研究定期在《心理治療與行爲改變手冊》（Handbook of Psychotherapy and Behavior Change, 7th）中進行發表和論述（Bergin & Garfield, 2021），其中第17章〈小團體介入的基礎與實證導向之實務〉（Efficacy of Small Group Treatments: Foundation for Evidence-Based Practice）對於團體治療研究進行了統整的回顧。此外，Rosendahl、Alldredge、Burlingame和Strauss（2021）所撰文之《團體心理治療研究的最新進展》期刊論述，也探討了團體心理治療領域的最新研究發現和理論發展，聚焦於當前的研究趨勢和實證成果，回顧過去30年發表的團體心理治療研究，集中於各種心理障礙患者的治療效果探討；文章也總結了對癌症等患者進行團體治療的療效的分析。整體結果強烈支持使用團體治療，並顯示其效果與個別心理治療相當，同時也討論了團體治療領域相關具前瞻性的研究發展。

（一）團體研究方法設計

團體諮商與心理治療的研究方向與旨趣可包含複雜的設計，但簡要歸納可主要包括下列四類型之方向：成效研究（探討團體的效果）、歷程研究（探究團體的歷程變項）、混合設計（兼具效能與歷程或模式發展之研究），以及歷程效能研究（探究歷程中對促進團體效能有助益的互動或介入變項等）。但因爲牽涉的變項與探討的現象複雜，研究者可使用不同的研究設計、測量工具和統計方法，以理解團體諮商與心理治療的效果、過程和效能。

團體諮商研究設計可涵蓋多種方法，各種方法都有助於深入了解其運作和效果。對於研究的設計，方法（Method）進行研究的執行面與方法學（Methodology，牽涉知識論的假設，通常反映對於眞理或眞實的世

界觀點，通常集合或包含一組相近理念的方法）可為兩個不同層次的概念；在學習研究方法的過程中，研究者常很快的將方法截然區分為質性或量化，但建議在思考團體研究與相關議題時，可暫時拋下此過度類化的思維方法，唯應因應所提出的研究問題與目的，進行最佳方法學與方法的設定。本段落先探討與團體研究潛在適用的方法學，下一段落再接續從分析方法討論相連結的方法應用。以下是一些常見可運用於團體研究的方法學：

1. **實驗設計**（Experimental Design）：透過實驗設計，操控一些變數以觀察其對團體諮商的影響，以驗證假說或理論。通常反映於了解團體的成效、介入的效果、技術或模式應用的效益等。

2. **調查與抽樣研究**（Survey & Sampling）：利用問卷調查等方式，收集大量資料，了解參與者對團體諮商的看法、經驗或態度。可以了解現象為重要的旨趣，例如對團體凝聚力、療效因素或相關變項的評定，或是收集來自成員、領導者或觀察員、督導，對於某一特定現象的觀點。

3. **訪談研究**（Interview Inquiry）：透過個別或團體焦點訪談，深入了解參與者對團體諮商的個人觀點和經驗。通常可適用於對事後回溯現象的理解，或是對於實務經驗的反思與回應等。

4. **觀察研究**（Observational Study）：觀察實際的團體諮商過程，記錄行為、互動和反應，以了解參與者的實際行為和動態。跟循於團體歷程，能對於團體之過程經驗或特定變項加以觀察，且採用各種嚴謹的觀察理念來加以規劃。

5. **個案研究**（Case Study）：深入研究個別或少數個案，探討其團體諮商經驗和效果。通常對於單一團體或一組特殊的情境經驗可視為一個個案，來進行較多元資料來源或有系統的資料分析

6. **模式發展法**（Model Development）：透過整合不同理論、方法，發展出新的團體諮商模式或理論。此一概念通常包含團體模式依據理論發展，形成前導研究試驗方案並進行檢核，再加以修正後形成正式模式的方案，且針對模式的發展提出相關合併成效報告與歷程描述之評鑑結果。

7. **行動研究法**（Action Research）：研究者和實踐者合作，共同參與

團體諮商實務，透過反思和調整改進實務。基於「變革」的世界觀，解決問題與趨近於服膺良善正義的價值之行動趨向，推展團體相關模式或方案於特定場域之行動屬之，旨趣在於創建一具反映性思考的行動嘗試歷程。

8.**敘事研究**（Narrative Research）：聚焦參與者或身涉其中關鍵人物的故事和經驗，探索這些敘事對於團體諮商的意義。基於詮釋學或批判詮釋現象學之思維，敘事研究旨於呈現具脈絡意義且呈現豐厚意義的故事面向，於團體研究通常能形成具可讀性且富涵意境的文本，從多軸線的詮釋來勾勒與描述團體實務。

9.**現象學研究**（Phenomenological Research）：探究參與者的主觀經驗，關注他們對於團體諮商的獨特感知。基於現象學的知識觀點，對於團體歷程現象的本質進行探究，依存於現象的沉浸與來回於文本與主題之間的探索，形成對團體暫時性的視角，且逐漸界定視域，對所選定的焦點能進行描述和呈現所探知的視框。

10.**歷史／文本研究**（Historical/Textual Research）：透過分析歷史資料或文本，了解現象或研究的發展軌跡或理論演變。對於既有的文稿或文獻進行檢視與再理解，例如分析既有的團體實務資料，或對於相關的歷史資料與紀錄加以分析；也包含對於研究能再行收集與檢視，如進行統合分析來對於已有的研究發表再行分析。

研究設計上可根據研究問題、目的和資源做適當的選擇和結合。不同方法可以提供多元的視角，深化對團體實務現象的理解。

（二）團體研究與分析方法選用

團體諮商的研究和分析方法多樣，方法的多元可對應不同的研究主題或旨趣；單一方法可以單獨使用或結合應用，或視研究問題和目的而定，綜合不同方法或組合的運用，有助於對團體諮商與治療提供較具廣度的了解。以下是一些常見的方法，從分析的角度反推，加以描述不同類型的研究設計和方法選用：

1. 效果與關聯等統計量性分析

　　成效分析通常建立於**實驗／實務設計**（Experimental/Practical Design）的方式進行資料收集：透過控制變數和觀察實際團體諮商過程，以評估特定介入或策略的效果。近期的團體研究更考慮團體多重層次的複雜性，例如所得的資料來自不同帶領者、不同背景成員、不同機構組織等。**相關分析**（Correlational Research）：探討不同變項之間的相關性，了解其彼此關聯的程度，通常可包含關聯性的探索或對於變項是否有預測力的了解，也包含對於中介或調節等關聯的分析。

　　由於團體資料屬於**巢狀資料**，資料的嵌套結構是分層的，例如在10個團體中，各有7到10個成員，且個人內部隨時間重複進行評估，例如每次團體均評量個人知覺。因此，確定預測變量在資料的哪一層級，以及發揮作用在哪一個層次也是很重要的；**多層次模型**（multilevel models）是解決這些問題的一種特別實用的方法，能夠將這類的套疊關係考慮進迴歸模型中。例如團體與成員爲不同層次，則所探討的可包括來自：團體間、團體內，或成員間、成員內跨時間每次的變化等，跨層次的交互作用（cross-level interaction）就非常值得進一步的討論，例如團體的大小對於效果或成員知覺有顯著差異等。

　　變異來源的分析：當我們想先了解團體效果在各個層次變異占整體的多少時，組內相關係數（Intraclass Correlation Coefficient, ICC）值可協助分析其來源，例如團體間（組間）占一定的比例時，我們可進行多層次的分析。相關的統計軟體如R、Mplus、HLM等軟體協助對於團體多層次資料分析之良好運用。

　　此外，互動相互影響等統計量性分析也是近期團體研究關注的方法之一。對於團體量化資料若想探討兩人間互動的關聯或相互影響，例如：成員間的相互影響、領導者與成員間的互動，或是將團體是爲一個整體而爲伴侶（成員對應其他成員的平均數）；此類的分析則概念上爲**對偶資料分析**（dyadic analysis），部分團體研究採用**行動者─夥伴相互依存模式**（Actor-Partner Interdependence Model, APIM）進行分析，主要能探討成員

與團體的相互影響歷程，也包含跨時間逐次累進的相互影響，幫助我們理解人際互動面與個體在團體脈絡中的個人歷程。

2.工具建構與發展

量表編製／工具發展（Scale Construction/Instrument Development）：創建評量工具或量表，以測量團體諮商相關的構念。對於團體評量和研究，在成員、團體、領導者等層面，可茲運用且信效度良好的中文量表仍有待努力，在測量上能有適切的工具為研究發展的第一步，因此對於相關的歷程概念或欲加以測量的指標，若能透過題項發展、項目分析、因素分析和信效度建構等程序發展良好工具，將可大幅增益團體實務相關研究。

3.實務歷程文本分析：現象探究v.s系統編碼

團體實務歷程的**逐字稿文本分析**，也包括對**觀察記錄的分析**（Observational Analysis）：觀察實際的團體諮商過程，記錄行為、互動和反應，進行行為分析。

包含：**內容／言談分析**（Content/Discourse Analysis）：分析團體諮商的內容或言談，探討其中的主題、模式和意義。所牽涉的分析方法常與研究者所採用的方法論以關係，例如以現象學視框或是傾向於詮釋學以整體的敘事分析來進行，均有所差異；另一方面，採用分析架構來進行系統性的編碼，也是團體研究常見的方式，例如運用「個別團體成員人際歷程量表（IGIPS）」中的23個指標來進行團體逐字稿的分析，加以探索成員的人際歷程等。

4.訪談資料分析

訪談研究／焦點團體（Interview Research/Focus Groups）：透過個別或集體訪談，深入了解參與者對團體諮商經驗與相關歷程的看法和經驗。**事後回溯研究**（Retrospective Research）：回顧過去的團體諮商經驗，檢視與分析歷史資料，了解其影響和效果。在來源上可包含對成員、帶領者、觀察員、督導等的訪談或回溯，若採取歷程檢視和訪談則為細緻地針對歷程進行回顧，例如**人際歷程回顧**（Interpersonal Process Recall, IPR）

的方法請領導者共同觀看影像後逐一回顧與報告相關的內在思考如意圖或感受等經驗回顧。於上述文本分析相似，在分析的取向上應了解所抱持的精神和方法學取向，始能回應原有設定的分析目的和焦點。

5. 方案評鑑

方案評鑑（Program Evaluation）：評估實施的團體諮商方案，以確定其成效和可行性。方案的發展為團體研究，特別是較高結構或新開展模式時常用的研究設計；對於依據理論或架構所規劃設計之前導方案，進行實作與修正，而後執行正式方案並收集歷程與效能之資料，在設計上通常可包含質性與量性，採混合設計來執行研究。若對於模式之既定結構或方向上處於試探階段，採取方案發展與逐步修正，或是在於介入一個場域後需要依據成員與系統之變動來調整方案等，**參與觀察／田野調查**（Participant Observation/Ethnography）的方法：研究者參與到團體諮商中，進行實地觀察和深入了解當事人的文化環境，可適用於類似的研究發展操作。

6. 後設分析

後設分析研究（Meta-Analysis Research）：綜合多個研究的結果，進行統計分析和總結，以提供更全面的理解。採回顧瀏覽取向，收集相關文獻與研究資料，並採既定的統計程序謹慎地回推相關研究數值，採整合的角度重新探索整體的效果或歷程。後設分析可有效的協助對於實務類型資料進行檢視，並了解整體實務或研究之當前發展。

四、團體諮商與治療研究類型與主題

（一）團體類型與研究

近期統整團體研究有效性之類型與概念，將不同類型的治療團體區分開來，包括無領導的自助團體、心理教育團體，和基於手冊或模式原理

加以操作的治療團體等三大類別（Burlingame & Strauss, 2021）。此三個不同類型的團體之研究，其一是**無領導的自助團體**，其特點是成員自主參與，互相支持並分享經驗，沒有專業治療師的指導，包括支持性團體、12步驟團體，以及自助導向的團體。其二是**心理教育團體**，由專業人員或專家主導，主要目的是提供心理健康教育，增進成員對特定問題的理解，歸結主要對於躁鬱症等案主，以及癌症心理團體等呈現明確的效果。第三則為心理治療的團體，其中一類為發展出**手冊、具操作程序的治療團體**，這些團體依據特定治療手冊進行，結構化且短期，專門針對特定的心理健康問題而設定；另一類則為**根據特定模式或原理操作的治療團體**，這些團體屬於低結構化，重點在於團體和個人發展階段的應對。在研究設計上，區辨所實作的團體知類型和屬性非常重要，在心理教育團體、諮商團體、治療團體或其他類型團體；結構、非結構或無結構；有無既定的操作手冊或是主要以歷程催化領導為主等都需要考慮，以能通過類型與屬性的特徵加以理解或比較，形成有實務和學理建構意義的參考。

（二）團體研究向度與歷程變項

團體諮商與治療的實務研究涵蓋了多樣而深入的主題。研究課題主要關注團體諮商與治療的效果、歷程以及成員互動等方面。這些研究探討個體在團體中的改變、團體動態的演變以及團體對成員的影響，進一步了解團體諮商在心理健康領域的實際效益和作用機制。許育光（2005）從團體所涉及的不同層面，區分**團體諮商研究可關注之六個向度與要項，歸結可包含**：成員、團體、人際互動、諮商／治療關係、領導者或團體諮商督導等相關概念的之研究，分述如下：

1.成員（member）：個人變項。成員是團體諮商的核心，個人變項如年齡、性別、教育程度、職業、人格特質、心理健康狀況等，會影響其在團體中的表現和獲益。研究者可通過分析這些變項，探討不同背景成員在團體諮商中的表現和效果。

2.團體為一個整體（group as a whole）：團體變項。團體具有自身特

徵和規律，包括團體結構、團體動力、團體氛圍等，這些會影響成員的感受和行為。研究者可研究這些變項以了解團體運作的規律。

3. 人際互動（interpersonal）：成員關係／次團體。成員之間的互動和次團體的形成影響其自我覺察、情感表達、行為調整等。研究者可分析這些互動，了解成員在團體中的感受和行為。

4. 諮商／治療關係（therapeutic relationship）：成員與領導者的關係。成員與領導者之間的安全、信任和支持關係，是成員在團體中獲益的重要保障。研究者可探討這些關係如何促進成員的獲益。

5. 領導者（leader）：領導者／協同關係。領導者的理論取向、領導風格和個人特質影響團體運作。研究者可研究不同領導風格和特質的領導者對團體的影響。

6. 團體諮商督導（supervision）：督導模式／督導歷程／督導關係。團體諮商督導是諮商師獲得輔助和支持的重要方式，影響其專業發展。研究者可探討不同督導模式、歷程和關係對諮商師的影響。

這六個向度構成了團體諮商研究的重要框架，研究者可通過對這些向度的研究，推動團體諮商理論和實踐的發展。

（三）團體成效研究

早期的團體心理治療研究通常樣本較小，控制潛在影響因素的能力有限，而近20年來的研究標準顯著提升，體現為大型樣本和嚴謹的方法學。有關團體心理治療效果的整合分析顯示，團體治療對減少焦慮、強迫症和憂鬱症等特定症狀有顯著效果，且在某些情況下優於個別治療（Tasca et al., 2013; Lorentzen, 2013）。研究也顯示，團體治療在心理教育和精神動力取向的短期團體中成效良好，長期的心理分析團體也展現出潛力。然而，對心理動力取向的團體研究仍需更多實證支持，以增強其外部效度和機制的解釋力（Whittingham, 2017）。

總體而言，團體治療研究的發展顯示，這種治療形式不僅有效，且在某些情況下優於其他治療方法，為未來的臨床實踐提供了堅實的理論

和實證基礎（Rosendahl et al., 2021）。然而，對於諮商與心理治療、團體介入效果研究之有效性，下列兩個概念和用詞需要加以了解。「具有療效」（Efficacy）指的是在受控實驗室條件下進行的研究結果，確保觀察到的效果是由治療本身引起的，而不是外部因素所致；這類研究具高度控制性，能自信地將顯著結果歸因於治療本身。相對的，「有效能的」（Effectiveness）則是指治療在現實世界中的表現，這種研究設計是為了測試治療在實地環境中的運作情況。由於了解團體介入時「什麼有效」（效果來自何處）需要同時考慮療效和效果研究，這兩種類型的研究對於全面理解治療效果都是重要的。

更加擴展「有效能的」概念，Yalom和Leszcz（2020）也指出，團體治療是一種「三E治療」：有效（effective）、與其他主動治療效果相當（equivalent），以及在時間和成本方面效率高（efficient）；在成效的界定上我們也可加以區分其所謂「有效」的概念。有效（effective）一詞指的是非常強的證據顯示，在許多介入方法之中對於該類型個案的改善有明顯的效果；相當（equivalent）則是指能被認可與其他處遇有相同的效果，例如團體與個別介入有相等的效果；有效能（efficient）指的則是在運用上相較能用較低的成本，對多樣的群體或個案有較大的幫助。

（四）團體歷程研究

團體的歷程研究，主要關注於歷程變項與結果、歷程變項與背景變項、歷程變項之間，或是歷程變項與人際變項之間等多組的關係探究。其中，歷程變項舉例來說如：團體氣氛、療效因素（個人知覺或團體整體層次）、團體次數（團體設置）、自我揭露深度（個人參與行為）等研究概念；進而研究團體治療過程中的互動模式和動態變化，例如：分析團體中的溝通模式和情感交流、氣氛與自我揭露程度的關聯，或是依附型態與人際回饋的深淺度或品質等。作者初步歸納常見的幾類型探究方向，簡要摘述和舉例說明如下：

‧歷程變項與效能探究，例如：研究團體氣氛、療效因素知覺與效果之間

的關聯；團體初期或中期的沉默程度與效果之間的關係等。

· 成員特徵／背景變項與效能探究，例如：性別與參與模式、依附型態或模式與人際互動特徵，或是性格型態與投入團體的狀態等。

· 效果的調節因素探究，例如：領導者信念或策略運用的喜好偏向，對於治療效果的關聯性；團體的大小與人數對於某類型案主改變效果的調節；又如較密集的團體頻率和長度，以及領導者的訓練年資對於團體效果的增益性等。

· 團體成效的來源探究，例如：區辨團體的「有效」當中，從多元迴歸預測的概念，有哪些因素對這個效果是有貢獻的，又大約負載多少的成分，哪些效果來源是最重要的；例如成員的自我揭露、人際的支持度、互動關係的品質、領導者理解的傳達，以及團體氣氛等，加以分析對於團體效果的貢獻所占的比例。

· 團體成員的改變歷程探究，例如：採用質性方式來進行團體歷程經驗分析或回顧訪談的分析，也可採用量化的歷程追蹤方式，來勾勒隨著歷程在自我價感、情緒狀態和人際投入程度的改變等質量兼具的探究。

· 團體人際互動歷程探究，例如：探究成員間彼此的互動歷程，採模組建構的方式分析某言談區塊之互動，或是採用編碼方式進行分析後，加以歸納或萃取出人際互動的模式；或更進一步將人際互動（可包含成員與成員，或領導者與成員）與成效之間的關聯。

（五）團體諮商與治療研究主題

　　關於近期團體諮商領域之研究，許智傑，謝政廷和吳秀碧（2014）對臺灣團體諮商研究題材與方法進行分析，透過「臺灣博碩士論文系統網」和「臺灣期刊論文索引系統」兩大資料庫，以「團體諮商」、「團體領導者」和「諮商團體」爲關鍵字，搜尋2001年至2012年間的相關研究或論文，並排除團體治療或團體心理治療主題、非實徵研究型的文獻回顧或論述文章。經篩選，共有124篇團體諮商研究作爲分析資料。研究結果顯示，對象主要聚焦在團體成員，其次爲團體領導者；研究族群以國小學童

和國中生為主，老年人研究相對較少。在主題方面，領導相關主題最為突出，特別是團體諮商理論取向，成員適應相關議題亦占重要地位。此外，在研究取向方面則以效果研究為主，其次是歷程研究；方法上以混合方法為主，其次是量化和質性研究。這些發現提供了對團體諮商研究領域的整體了解，並指出未來可進一步深入研究各主題細節和方法多樣性。進一步探討的變項或角度包括團體結構、領導風格、成員互動模式、治療目標設定等，這些分析將有助於更全面理解團體諮商與治療的運作機制。

五、實務與實證為基礎的團體研究

　　基於實務的證據（practice-based evidence）**研究或探究**，是一種通過追蹤個案及整個團體進展來探討團體是否對參與者有幫助的方法，包含收集關於團體及其成員狀況的資訊，可以通過多種方式進行。例如：CORE-R Battery Revised評量組合（Burlingame et al., 2006）是一個全面的資源，旨在幫助領導者追蹤成員的進展進展，包括三個方面：團體成員選擇與準備、重要中期歷程的識別，最後是可以幫助追蹤成員改善或惡化的變化指標測量。

　　另一個對於實務工作者的建議，則是能於實踐中採用具有研究證據基礎的實務模式，成為**以實證為基礎的團體實務工作者**（evidence-based group practitioner）。美國團體心理治療學會（American Group Psychotherapy Association, AGPA）建議實務者能採取下列標準來構思我們的團體治療服務，並能習於運用相關的資源：

‧實務模式與做法獲得實證支持的治療。
‧選用最佳可採用的實證研究。
‧能考慮個案對治療的偏好、價值觀和／或期望。
‧設計相關評估，能收集基於實務的證據，證明你的團體實務對成員的幫助。
‧能善用臨床實務指南及其他用於協助多元文化群體的資源。

　　關於實證爲基礎的實務參考，哪些研究設計的面向可做爲我們對不同層次研究的判準依據呢？實證研究報告與參考的層級，所關注的爲：什麼是「最佳證據」？什麼是「最可用的最佳證據」？研究結果的參考層級概念，是實證爲基礎實務（EBP）中的核心原則。EBP的層級根據研究方法的嚴謹性（強度和精確性）來排名不同類型的研究；例如澳大利亞政府國家健康與醫學研究委員會（NHMRC）（1998）提供的證據層級，由上（最爲嚴謹可信的研究類型或方法所得出的結論）而下（逐漸降低其可信性或參考度）等四個層級之來源，用以評估研究證據的強度。這些層次提供了指導方針，幫助專業人士根據證據的嚴謹性和品質來制定臨床決策，如下分述：

　　1. 第I級：系統性回顧（Systematic Reviews）——高品質，或同等嚴謹設計的隨機對照試驗研究的系統性回顧，這類研究提供了最強的證據支持。

　　2. 第II級：隨機對照試驗（Randomized Controlled Trials, RCTs）——隨機分配參與者的試驗，具有較高的證據力，通常作爲治療和介入措施的重要標準。

　　3. 第III級：

　　・III-1級：類似RCT的擬實驗研究（Pseudo-randomized Controlled Trials），即不完全隨機分配。

　　・III-2級：非隨機分派之設計、世代研究或個案對照研究，或有對照組的中斷時間序列研究所得的證據，即未進行隨機分配的群體研究。

　　・III-3級：來自具有歷史對照的比較研究、兩項或以上的單臂（single arm study）／單組研究，或無並行對照組的中斷時間序列研究所得的證據，即未能進行對照控制的比較研究。

　　4. 第IV級：個案系列研究（Case Series Study），這類研究通常爲無對照的觀察性研究，證據力較低。

　　對於連結團體研究與實務之思考和判準，在閱讀或搜索文獻時，首先尋找使用最佳研究設計的臨床試驗報告；雖然最可用的證據不一定來自

最理想或嚴謹的研究設計類型，但是在臨床類推與應用上，仍需要考慮不同研究結果實證層級的信效度。Greenhalgh（2010）於《如何閱讀醫學文獻》也建議證據層次是循證醫學（EBM）的核心原則，依據研究方法的強度與精確度對研究類型進行排序；採用金字塔由高而低來顯示不同研究設計，在評估臨床介入與結果質量時的相對價值。金字塔最高層級的證據來自系統性回顧和統合分析（level 1），其次是隨機對照試驗（RCTs）（level 2），再其次是其他具有控制設計的臨床試驗／實驗（level 3）；越往下的層級，研究設計的強度與證據的可靠性相對降低，如世代研究、具控制設計的個案對照研究等（level 4）；而個案研究、專家意見、軼事紀錄、測試研究和經驗報告等證據（level 5）則處於最底層，證據力最低。

更進一步，當我們在參考或關注成功的團體治療研究時，閱覽和理解上應留意其中普遍存在的改變要素（構成效果的因素），從中獲取能對實務有助益的訊息；無論是針對問題處理、成員背景、治療方法還是環境因素（Burlingame et al., 2013），例如對下述效果來源的關注：

‧研究結果所形成的改變理論。
‧對團體動力學和基本社會過程的理解。
‧強加的結構（如成員選擇、團體前準備等）等因素的執行。
‧自發的結構（如團體發展、團體規範等）之設置或關注。
‧自發的過程（如治療因素、團體氛圍或凝聚力、領導者介入等）之催化或應用。
‧團體成員和團體實踐者的個人特徵。
‧在團體中處理多元文化案主相關的知識、技能和覺察。

一個應用領域學門的前進或發展，非常仰賴專業工作者於實務、教學和研究等多軸向的投入；諮商與心理治療奠基於心理學中的應用範疇，於應用心理學的概念中包含了：將心理學的知識加以應用（applied psychology）和從實踐中開展可茲運用的實務知識（practical psychology）兩個軌道，前後兩者接近「知而後行」與「行至漸知」的雙向歷程。因此，能從實務現場發展研究，並從研究汲取新知貢獻於實務兩者，均是諮

商與心理治療學門領域發展的要項。對於更爲複雜、多變且難以規格化或制式化的團體工作，其研究規劃與設計的難度高於個別諮商與心理治療工作，但也因其具備難度與廣泛的效益，需要更多的好的實務設計、模式發展、概念試驗、效益比較與歷程探究，也更需要實務者能兼顧評量與研究，從中培養實證探詢的立場，延伸習慣於兼具且善用實務與研究雙翼，推進團體諮商與心理治療研究領域的進階開展。

◎問題延伸討論、省思或作業

1. 請檢視本章所舉例的各種「團體實務紀錄與歷程摘要」表格文件，嘗試選用與規劃在你的團體實務中來應用；請依據團體籌劃與階段發展，說明你會如何使用這些紀錄表格？又將會因爲需要而有哪些修正或擴充？

2. 對於團體效能與評量：可試想規劃一個團體，依據先前心理測驗課程所學之實務知識，選取與此團體效標或歷程變項有關之工具，加以安排並陳述你的評估歷程設計。

3. 針對團體諮商與治療實務研究，你是否有想要執行與規劃之研究主題呢？可試著撰寫一個大約一面的簡要研究構想，包含：研究主題、目的、簡略文獻探討、研究設計、對象、工具、程序與預期結果等。

4. 實務與研究，常被視爲是兩個軌道，你認爲以實務爲基底的研究，以及以實證爲基礎的團體實務兩者該如何更佳的整合？可以你未來獨立執行團體實務之十年有成來想像，你會如何處理實務與研究之間的關聯？

第二十章

實務訓練與專業發展

本章綱要：

一、團體實務之專業成長課題

　　團體諮商與心理治療乃建立在個別心理工作實務之上，除了與心理診斷和衡鑑等基礎之外，亦包含實際接案歷程的相關實務能力；在更精深的發展與專業成長上，以下幾個面向是一個朝向精熟的團體諮商與心理治療工作者，所必須加強和持續成長的，包括：知識體系建立（對象、取向與方法）、技術層面的學習（建構團體的方法）、持續的實務經驗與接受督

導、對倫理議題的抉擇與學習、團體成員個別工作的深化，以及心理工作者個人議題的處理。以下則分別針對此些面向加以略為說明。

1. 知識體系建立（對象、取向與方法）

對於不同的參與團體之群體或對象，領導者應持續了解每個類型或不同年齡層案主的心理需求和特質，以及其參加團體之可能的獲益方式（例如：處理憂鬱與心境調適之團體、高度攻擊與對立傾向的兒童之團體、複雜哀傷所導致的適應問題成員之團體等，均有所不同）；而不同諮商與心理治療取向（approach）或不同的治療思維，常牽涉到對於人為何會改變的看法，並且能有一個具系統的觀點來理解人的改變歷程，並給予心理工作者一個較為清晰的實務指引，相對的也能指引實務工作者在團體領導上的介入方法選擇（例如：完型取向的團體、心理分析導向的團體、焦點解決取向團體，或是採哲學諮商為理念的團體等，在領導的思維和架構上均有所不同）；再者，則是對於介入方法的多元學習，在繁多的介入方法或媒材中，多方的了解或涉獵，且能逐漸形成自己熟悉且能順暢地運用之架構，諸如運用表達性媒材、運用繪本、透過夢境進行探索、採取冒險活動進行諮商團體等等。

在上述的對象、取向和方法之整合上，團體實務學習者漸漸的釐清自己專業上的偏好與信念，加以統整並累積實務也是更為重要的，例如能夠漸漸熟悉於運用戲劇方式結合敘說治療取向理念來帶領邊緣青少年團體，則可以發展出一充分整合對象、取向與方法之團體實務模式，又如採用藝術表達媒材結合完型取向概念來進行受創傷婦女之團體療癒工作、運用焦點解決結合立體創作媒材來協助處於逆境中的兒童透過參與團體能併發出正向力量來等，都是從諮商與助人知識中，逐漸累積與整合之實務體系實作，值得進階的深思與定向的追尋。

2. 技術層面的學習（建構團體的方法）

在個別諮商與心理治療的技術、策略之外，建構團體的知識和技術技能，也是一個需要多方揣摩和逐漸熟悉的學習層面。領導者可透過每一次帶領團體的機會，實作和體悟如何建構團體的方法，且在每一次過程中都

能加以反思和嘗試去覺察自己實務上的優勢和劣勢，包括已經能夠掌握的技能，以及尚無法處理或有待加強的部分；特別應著重於開始階段、轉換階段，朝向工作階段能夠運用團體來協助個人的實務工作，再多次的嘗試後邁向逐漸精熟與具備穩定建構團體的能力。

3. 實務經驗與督導

　　實務帶領團體的經驗，在新手階段若無法有督導協助或討論，往往容易在缺乏支持下面對過度強大的挫敗感，而導致專業自信的萎靡，也可能因缺乏督導而傾向於避開，儘量不去面對自己真實實務困境之窘境，而導致自己的實務能力停滯不前；而在逐漸成熟之諮商與心理治療者身上，有效的督導對於自我困境和盲點的突破，以及能引導實務工作者思索應對方式和擴展新的覺察等，都有相當大的助益；因此，持續的實務團體帶領需加上團體實務督導，始能對自我之實務專業有很大的助益與打開精進之坦途。

4. 倫理議題的抉擇

　　團體實務中的倫理議題，亦是專業學習一個很重要的面向，包括團體外部系統的倫理議題（例如：與學校諮商處室溝通如何進行團體、在監獄體制下保障受刑人參與團體之權益等）、團體進行前事務（如：招募篩選、知後同意、排除與取得同意等）、團體實務進行之相關倫理議題（如：保密被打破的意外之處理、成員相互攻擊與傷害、受到外力而被強制退出之成員如何處理等繁多議題），以及團體結束後的議題（如：關係的設定與界限處理、結束後的追蹤與轉介等）；獨立的思考與應對倫理困境議題是具有挑戰性的，領導者必須嘗試去覺察並面對相關議題，且依據相關倫理思辯精神去進行抉擇與實踐相關的重要價值。

5. 個別工作的深化

　　個別工作的深化是一個困難且需要累積相當多實務經驗才能穩定獲致的重要專業能力。此一位成員的議題是什麼？他所需要的是什麼？我如何能幫助他？團體該開放什麼才能給予資源？團體應如何設定界限以避免過度

建議？他又如何能透過實際的團體互動經驗獲益？一個議題已經處理了，領導者如何協助他再面對更深的相關議題？又如何能促發改變意願和行動？如何能把他願意改變的力量開鑿出來？諸如上述議題，在當下臨床實務中皆需要，領導者加以判斷且能運用直覺的立即進行處遇介入，是專業發展中困難度頗高的一個能力，可以是後續加以投入和發展的重要課題。

6. 個人議題的處理

　　領導者自身成長過程中未竟的心理議題，有時候是專業實務上最困難突破的瓶頸，某些來自原生家庭或童年、學校抑或是當前生活壓力所牽連的議題，都是非常真實且必須加以關注的面向。許育光（2012）針對新手諮商師之領導經驗進行分析，發現「團體實務領導經驗」所觸發之個人議題覺察與面對，包含對於自我行為情緒議題、人際模式、個人價值觀與家庭經驗等覺察，以及在領導過程中對個人議題的面對；可知在團體經驗的撞擊中，領導者個人自身所依恃的原有模式、信念、價值或情緒應對方式，可能都會受到很直接且無法迴避的挑戰。譬如：領導者處於失去情感關係或生涯發展困境等壓力下，自身的挫折感很大而難以調適，在領導團體上幾乎失去功能；又如自己對於某類型與父親作風或性格相似的個案，有很強烈的情緒反應，在團體中期越來越無法克制自己的憤怒或不滿，而與該成員處於緊張的對峙關係。如上述的例子可知，領導者處理自身的個人議題在團體諮商與治療情境中尤其重要，領導者可從自我接受治療或諮商、同儕對談與討論、督導回饋意見與反思，或是自我書寫與同儕對談等方式，嘗試去釐清和協助自己某種程度的成長。

二、團體專業的知識體系建立

　　團體工作者的基礎訓練包括對於學士或碩士層級的受訓，包括傳授所需的知識、技能和經驗，以確保他們具備基本能力。對於培育和訓練歷程，ASGW倡導所有專業培訓計畫應提供團體工作的核心基礎訓練，並在此基礎上進行專業化訓練。基礎訓練包括：自我評估和反思實踐、課堂教學涵蓋團體理論、倫理和促進技能、多元文化和社會正義的考量、觀察

實際團體運作、團體領導實作、倫理實踐，以及作爲團體成員的參與。而後，一段時間的專業經驗後，進一步的訓練和經驗對於進階團體工作實踐是必要的，對於複雜的團體歷程與動力、人際互動與模式的了解、系統化的策略運用、個別成員的深度介入與協助、協同領導合作與個人專業能力的統整等，都是相當重要的面向。

（一）團體專業的養成教育規劃

在團體諮商實務的「教」與「學」兩層次上，「學」的部分涵蓋了學什麼？如何學？和如何評量與看見學有所成等議題；而在「教」的層次上，如何授課？如何示範或講解？如何規劃訓練體系？或如何安排培訓的階段性？如何觀察與評估受訓者的實務能力？以及如何進行實務督導？等，也都是學程設計者、教學者和督導等訓練者需要思索的。

以完整的養成教育歷程與訓練來說，學院的團體實務訓練若包含大學、碩士與博士等三個層級，依據不同培養目標如理念、實務、進階、研究、督導等區分，可依序安排如下：其中，大學本科二年級學生開始學習團體動力，培養對於團體現象與動力歷程的觀察，包括人際的敏感度和現象的觀察力，也包括自己在團體中的自處和個人經驗，是非常重要的入門；通常團體動力的課程與社會心理學、組織心理學、教育心理學或後續延伸輔導、諮商、工商心理等實務能力，均有極大的相關性。另一層面，在開始學「如何做？」的實務訓練課程前，若能有機會親身體驗一個完整的團體歷程，或是參與不同取向或不同模式的團體，從中體驗與成長，且實在的認識「團體」，對於後續的學習將會很有幫助。

大學高年級開始，則著重於團體輔導與諮商的實務學習，三年級進入團體諮商與輔導課程，四年級則進行輔導諮商實習，包括團體實作和督導。此時，對於團體輔導工作之規劃開展與執行，應能具備初步勝任能力；而在進入碩士階段實務之前，最佳狀況也能有三到五個以上跨場域的短期團體輔導或諮商經驗。

在碩士層級開始，因應未來專業要求的實務標準，建議主要以學習團

體諮商與治療為主；碩士一年級學生學習團體諮商治療理論與實務，專注於非結構團體諮商實務之實作和接受課程督導，應能跟循課程前後有一個完整且受到檢視的實務歷程，碩士二年級進行兼職實習，也應持續涵蓋獨立團體實作和接受督導，且跟隨一些協同領導的機會，發展更細緻的團體領導經驗；在三年級進行全職實習，持續上下兩學期的獨立團體實作和接受督導是相當重要的，能主責從機構協商、招募篩選、開展團體、實務執行、結束團體與追蹤等完成相關的訓練。

　　為維持專業實務的持續發展，建議於碩士畢業後仍應接續執行團體諮商與治療之實務；若能進入博士層級進修，則建議應將焦點放在實務的精進、研究的涉獵和團體實務督導之學習面向。規劃上，博士班一年級可專注於團體諮商理論與實務專題研究，搭配博士層級團體工作的進階學習；博士二年級可進行團體諮商與治療研究專題與團體實務督導的學習，即朝向團體實務的研究和督導來進行研修與培植未來接續發展的基礎，整體涉及實作團體、現場督導和專題研究參與，同時也可以機會進行團體諮商研究專題的獨立研究。這一系列安排如下表20-1條列所示，從團體動力到輔

表20-1　團體專業各層級的養成教育規劃

培養面向	層級與課程方向建議
團體動力	・大學本科二年級—團體動力 ・完整參與團體的體驗規劃 ・經驗不同取向團體或工作坊的體驗規劃
團體輔導諮商	・大學本科三年級—團體諮商（與輔導） ・大學本科四年級—輔導諮商實習（團體實作／督導）
團體諮商與治療	・碩士班一年級—團體諮商理論與實務（非結構團體諮商實務之實作／接受督導） ・碩士班二年級—諮商實習（獨立團體實作／接受督導） ・碩士班三年級—全職諮商實習（獨立團體實作上下兩學期／接受督導）
團體研究與督導	・博士班一年級—團體諮商實務專題研究（實作團體／接受現場督導／專題研究參與） ・博士班二年級—團體諮商與治療研究專題（團體研究／督導學習／專題研究發展）

導、諮商、治療、研究、督導，以及回應不同場域的實務需要，可確保在不同階段獲得理論知識與實務經驗的全面培養。

（二）有效實務領導知識系統的建立

　　團體諮商與心理治療的實務訓練，從領導者能力本身來探究，應可分為當下對於團體歷程的觀察能力、對於情境判斷後覺知該如何介入的能力，以及實務上實際表現出該介入的能力。Miller（1990）提出一個臨床能力（clinical competence）模式，共分為四個階層的能力結構：一為「知道」，是對於實務的知識等有基本認知；二為「知道如何做」，是應用知識於具體情境的能力；三為「表現出怎樣做」，表現（performance）出使用知識於具體行動的能力；四為「行動」，是一個專業者每日的活動，能將專業融入於整體工作中。若對應團體實務情境中的難題和困境，「知道」顯然是能夠運用知識於團體情境觀察的能力，而進階的「知道如何做」則與如何思考、衡量當下情境、考量介入目標，以及怎樣對團體或個別成員採取與執行最好的介入計畫有關，而第三個層次對應的「表現出怎樣做」則與實際如何進行介入並執行該能力有關。因此，對於臨床實務的知識系統應包括下列三個層面：對團體歷程與實務的觀察和概念化、意圖與介入知識的熟習，以及技術與策略的整合應用。

1. 有效能的團體觀察練習與訓練

　　對於團體現象的觀察，若從較為學術性的詞彙來描述，可謂為對團體歷程或實務現象的概念化（conceptualization），亦即對於團體現象能形成一明確的概念或輪廓，了解其目前的意義或存在的重要議題或待解決的問題，且對此現象或議題能有假設和推論，之後才能對於該狀況有進一步的思考或反應。因此，此一「看見」團體現象的歷程和知道自己看見什麼，並且能有系統的描繪自己的看見，顯得相當重要。

　　Kivlighan與Quigley（1991）比較新手與資深的團體諮商師，發現新手只傾向於用支配／順從，以及成員的出席率等向度來描述與概念化自己

的觀察，而資深的團體諮商師則可從支配／順從、友善／較不友善，以及支持性的具療效因素工作／潛在的具療效因素工作等，來探討與描述自己對團體的概念化；從其研究可引申出對於要成為更精微且有效之團體諮商師來說，對於團體現象能更清晰的掌握且有更寬的觀察向度與知識、更深入的團體歷程認知系統是重要的。

　　新手諮商師如何能擴展自己的觀察能力，進而提升對團體現象的概念化能力？透過討論與反思應是最為重要的兩個要項，其中的討論可針對團體歷程，與自己的協同領導者、觀察員或督導，進行相關的討論；其次，則可針對自己所帶領的團體歷程進行錄音錄影，採取重新回顧瀏覽的方式去加以分段，並嘗試描述每一段落之重要團體現象。對於所觀察的向度，可從團體層次的氣氛、凝聚力、團體感受、團體核心議題、團體僵局或停滯不前的現象等，加以留意和描述；亦可著重於觀察人際層次的次團體、特殊的人際互動如聯盟或敵對、共同議題成員的工作、人際回饋模式，或成員間情感關係的靠近等，加以留意觀察；在個別成員方面，則可進行成員的行為觀察與分析、釐清自己是否能了解個別成員的議題，與該成員目前的自我揭露內涵與深度，以及工作的狀態和進展等。

2. 有效能的團體領導意圖之形成與訓練

　　對於逐漸朝向自主與獨立的諮商師或心理治療者來說，「知道如何去做」、「知道該怎麼做」是一個重要的能力，也是逐漸朝向獨立和具備專業自信的過程，嘗試去釐清自己「為何這樣做的理由？」「想要達到的改變為何？」或「期望這樣做的效果是什麼？」等內在的思維和想法，顯然是非常重要的學習過程。對於領導意圖與概念之形成，學習者往往很難從閱讀或非實務經驗中獲得此一「知道該怎麼做」的能力，而鍛鍊自己逐漸清晰的理解導自己是怎麼想、怎麼思考的，往往需要透過對於直接實務經驗的反思。

　　人際歷程回顧（interpersonal process recall）是一個訓練諮商實務工作者回觀自我實務而理解自我內在思考的有效方法，透過對過程重新聆聽或觀看，而能摘要團體的現象，並同步反思與報告當時對團體現象的理解與

介入方式，寫下自己對團體當下介入的思考和理由，而能更加清晰的針對自己的領導介入進行反映性的回觀；再從此出發，能回頭重新檢視自己對團體歷程的認識、所持的介入意圖之有效性、更進一步的發現與審視自我的意圖形成與實務思維等認知方式。

3. 有效能的整合團體領導技術和策略運用

　　承接上述對於團體歷程現象和領導者自我介入意圖等概念的「知」，要能選用適切的技術或策略來「行」，且能有效能的協助團體、人際互動或成員等，此一能夠「知行合一」的運用相關技術與策略，均是實務者須透過累積實務經驗中，加以揣摩和建構的累進能力。長久以來，諮商實務教學端的訓練者期待用實務技術的教導，作為養成初學者進入諮商實務之基礎，其實可能存在著很大的困境；因為「未知之行」，在思維方式與反思能力尚未建立的狀況下，往往並不是實在的「行」，其技術與策略之應用可能空有「行為」的表徵，但卻往往不是具意識且有明確介入意圖的「行動」。對於團體實務的複雜、易變和多元樣貌，從技術與策略入手作為訓練基礎，往往也同樣和難收取效益；但若是能結合對歷程觀察、自我思維與介入意圖省思，而後衍生的介入行動，則此技術和策略運用有其道理和脈絡，則可顯示出其專業性與情境的重要意涵性。承上，初學者應朝向思索自己運用特定技術或策略的思維和想法進行深入的反思，也從中累進自己對如何介入、介入的效果如何，以及是否仍有其他介入方式等具彈性的思考。

三、團體體驗與實務學習

　　實務教學多年，常困擾我的是：「沒有參加過團體諮商的受訓者，如何能學會如何帶領？」「沒有體驗過團體的受訓者，要如何引領別人來體驗？」以及「實在很想參加非結構的團體，有所體驗；但是沒有機會」或是「聽說有無結構的團體動力體驗形式，但是我沒有見過。」等困境，一方面為整體訓練體系架構的概念議題，另一方面則為資源的有限性。回想

從大學二年級參與會心團體、塔維斯托克大團體、訓練團體、心理劇等課堂體驗，大三大四自行籌組爲期近兩年每週的同儕學習團體，以及臨床實習延續參與各類型精神醫療團體；到碩士層級的團體諮商與治療、團體動力與觀察、工作討論會小組，以及實習等經驗，爲後續於醫療院所開展各型態的團體，打下扎實的根基。

　　諮商專業是細緻的，而諮商專業的訓練更是複雜的，因爲要求個體在個人和專業領域中同步成長。受訓者必須探索自己個人、所處的社會和文化歷史，並反思其對諮商歷程的影響（Mason, 1997）。團體歷程體驗的結構根據其所依據的模型或理論而異，從受訓角度來看，經驗不確定性與冒險對於參與者能有較佳的體驗性和學習（Godward et al., 2019）；參加團體歷程體驗的受訓者（未對照組）的自我覺察和社會學習有所增強，且非結構的體驗形式相較於結構化團體具有更大的正面效果（Kivlighan et al., 2019; Tschuschke & Greene, 2002）。總體而言，較爲模糊且限制較少的團體體驗形式，能有較好的促進性，也對於諮商學習者的成長有明顯的效益。

　　然而，受訓過程參與學程內部的體驗團體，也有一些爭議性。其一，團體歷程所經驗的不確定性或焦慮感，是否在身心衝擊上有可能造成受訓者的負面影響？其二，若爲必要參與，則是否此一強制性將與自由參與團體和有意願探索自我的精神相悖而馳？其三，導師或授課教師引導團體歷程體驗時，是否會造成與學生受訓者的雙重角色衝突？對於合格的團體帶領者或催化員，穩定而長期的能夠赴學院帶領此類體驗團體，是否能有足夠的人力和經費支持等，也是一個困境。創造一個團體開設與開放歡迎受訓者體驗的學習氛圍，可能是訓練學程相當重要的設計，大學生、碩士生、碩士實習生或碩士後畢業校友，以及博士生或系所資深實務講師等，跨世代傳承的設計可有助於團體的開設和實際運作；在傳承上，創造各型態團體體驗的受訓空間，實值得我們加以規劃和設計。

四、團體領導實務訓練

（一）團體實務初階系統化訓練與檢視

　　初階的團體實務意指對於基本領導能力的培養，通常以訓練初階新手為重點，例如對於碩士層級初學團體諮商的受訓諮商師進行培訓。對於初階領導介入實務與歷程任務等重要的團體領導效能，作者曾引用和統整人際歷程與領導策略之相關研究，藉以初探性的提出一系統性策略訓練模式，期能對新手團體諮商師之領導效能促進，有一簡要的參考檢視依據（許育光，2009）；該模式區別領導作為包括：團體、團體與人際兼具、人際與個別兼顧，以及聚焦於別成員等四個層次，並加以歸納其領導任務、目標與實際之有效策略。在團體整體層次，領導者採用「團體互動規範的建立」之策略來處理團體的內容或議題，而「催化團體歷程」則用以促進團體的歷程進展。在人際與團體層次，領導者採用「促進團體人際聯結」之策略來處理人際互動的內容或議題，而「人際技巧訓練」則用以處理當下浮現的人際歷程議題。在人際與個別成員層次，領導者採用「促進相互的了解與支持」之策略來處理個別成員所陳述的內容或議題，而「人際互動模式的覺察」則用以促進人際模式與個人議題當下之聯結。在個別成員層次，領導者採用「協助成員澄清個人目標」之策略來處理個人所關切的內容或議題，而「推進個人開放與朝向工作」則用以促進個人在團體中朝向嘗試改變進展。再加上開始階段與結束階段的重要任務，形成共15類介入策略，採用「團體─人際層次」、「人際─個別層次」、「個別層次」三個向度，來建構可資運用於教學和督導檢核之介入策略，該系統性的介入策略分類如下表所示。

　　實務工作者可從此些包含歷程與不同層面之策略運用，來省思自己在團體實務工作能力上之準備度或效能展現。如下表20-2所摘要條列，領導者可從不同層次與階段歷程之角度，檢視自我領導團體之任務是否達成，以及其任務達成的品質。

表20-2　團體諮商介入策略系統性分類摘要表

	團體─人際層次	人際─個別層次	個別層次
開始階段	團體互動規範的建立	相互傾聽與參與	個人目標設定
轉換階段	催化團體歷程 開啟團體話題	促進團體人際聯結 人際技巧訓練	自我揭露與分享促進 探索與深化情緒工作
工作階段	焦點聚焦與掌握	互助與團體資源運用	個人議題解決與行動
結束階段	團體回顧與結束	未竟事宜處理與分離	自我肯定與整合

（二）進階團體諮商實務訓練暨督導

　　進階團體實務能力，意指對於團體較進階的領導能力有所培養和促進，另一方面也意指處理團體歷程中較為困難推進、難以突破或較為複雜的進階議題；在層級上可界定以訓練具備一定程度經驗或水平的實務者（如博士層級或碩士後多年經驗者）朝向進階。對於進階團體諮商實務之督導與訓練，吳秀碧（2010）亦曾參考國外學者Barnes（2004）發現與自我效能有關的四項重要因素：(1)精熟的經驗；(2)替代性的學習（vicarious learning）；(3)對受訓者的口語回饋性溝通；(4)情緒喚起（emotional arousal），即知覺個人對於諮商表現能力的焦慮。著重於領導者之自我效能促進，並融合螺旋式團體領導模式之內涵（吳秀碧，2005），設計成一個適用進階受訓者學習非結構式團體領導的「系統化訓練模式」（吳秀碧，2010）。該模式強調認知能力的發展，主要在教導與學習領導策略；將任務、目的、焦點和技術整合成為具體的領導策略來訓練，以協助受訓者發展策略的選擇與運用能力。此「系統化訓練」模式的結構，包括內容結構和過程結構兩個層面。內容結構層面，包括團體階段與層面、領導任務與策略（20項）等四項元素；過程結構層面，包括精熟的經驗、情緒喚起、回饋性溝通、替代性學習和自我省思等五項元素。從發展取向的督導理念，就個人所帶領的團體實際狀況與階段的進展，指導受訓者學習辨識和選擇適配的領導策略和聚焦的層面，並由實際執行領導，以達到熟練領

導策略的運作。

　　該訓練模式運用於博士層級進階團體諮商師之實務督導，展現良好的能力促進效益。受訓者使用的領導策略共23種，可歸納為八項功能；團體領導者在專業發展上可視此些領導功能與所包含的策略為焦點，作為實務策略學習上的指引或自我檢核的綱要，本書依據團體工作的策略著重的歷程階段和不同層次，歸納如下表20-3所摘要：第一，展開與形成團體，包括：團體的結構技術和討論團體任務；第二，建立團體規範與文化，包括：人際溝通技巧訓練、建立團體規範及團體文化；第三，增進團體凝聚力，涉及：平衡溝通、建立工作同盟和促進團體中的互動；第四，推進團體過程，包括：團體歷程闡釋、此時此地、處理次團體以及轉換焦點；第五，建立合作與互助規範，涉及：形成團體討論主題和建立團體互助模

表20-3　團體諮商領導任務策略類別與歷程對應表

團體階段	團體&人際	人際&個別成員		團體&個別成員
開始	一、展開與形成團體 1. 第一次團體的結構技術 2. 討論團體任務	二、建立團體規範與文化 1. 人際溝通技巧訓練 2. 建立團體規範 3. 建立團體文化		
轉換	四、推進團體過程 1. 團體歷程闡釋 2. 此時此地 3. 處理次團體 4. 轉換焦點	三、增進團體凝聚力 1. 平衡溝通 2. 建立工作同盟 3. 促進團體中的互動		
工作	五、建立合作與互助規範 1. 形成團體討論主題 2. 建立團體互助模式	六、促進個人探索與深化 1. 促進自我覺察和了解 2. 人際互動型態覺察 3. 深化與洞察 4. 促進個人朝向工作	七、促進改變 1. 運用改變方法與技術 2. 促進學習遷移
結束	八、終結團體 1. 處理分離議題 2. 準備結束團體 3. 終結團體技術			

式；第六，促進個人探索與深化，包括：促進自我覺察和了解、人際互動型態覺察、深化與洞察及促進個人朝向工作；第七，促進改變，涉及：運用改變方法與技術及促進學習遷移；最後第八類，終結團體，包括：處理分離議題、準備結束團體和終結團體技術。這些功能和策略共同構成了團體領導者在實務工作中的重要指南，幫助他們有效地引導和管理團體，促進團體成員的成長和發展。

五、團體諮商的實務督導

（一）團體諮商與治療實務督導

關於團體諮商的督導模式之建構，Rubel與Okech（2006）以Bernard的區辨模式為基礎，提出「團體工作之督導模式」（Supervision of Group Work Model, SGW），從督導者角色（諮詢、諮商和教導）、督導焦點（介入策略、概念化的技術、個人化議題）以及互動層次（團體中個別成員層次、人際互動層次，和團體為一整體的層次），架構其團體諮商實務的督導模式；在督導模式基礎之外，也同時考慮團體諮商師的專業發展階段、團體實務情境內的跨文化議題，以及團體督導者在個別、人際動力和團體督導整體建構等概念的融入。而Okech與Rubel（2007）更進一步對於此督導模式採實驗性質的個案研究方法進行檢核，發現此模式有較好的實務效果。

對於團體諮商能力之專業發展之界定，主要從實務層面和發展層面來探討，其中實務層面考量團體諮商之發展階段（開始、轉換、工作、結束）和介入層面（團體、人際和個人）；而發展層面則應考慮受督導者其訓練層級之界定。在發展層級上考量實務需求與督導受益之最大族群，例如受督導者層級以新手階段的全職實習生為主之時，一方面此階段已初步具備團體諮商概念，另一方面在實務團體進行之必要性和學習需求上均高；而假若是較為精熟的團體諮商師，則在目標上則可評估其專業發水

平，在專業發展的內涵上，帶入更多諮商師自我評價和實務自我檢視之觀點，界定如更具有自我覺察力的能進行正向自我回饋（自我評價能肯定的部分）和負向自我回饋（實務困境）等兩方面反思。因此，在整體結構上團體督導主可藉由此些回應活動，逐次有系統性的了解受督者在團體領導實務上的專業自我回饋，亦能從比對不同受訓層級之團體諮商的回饋，探討其發展性的差異。

（二）團體諮商系統化介入策略的應用

延伸實務與督導經驗暨相關團體諮商介入策略之論述，進一步發展「系統性介入策略」架構，為一包括團體、人際、個人三個層面，各自區分為內容與歷程的催化領導內涵，再以開始、轉換、工作以及結束四個階段等，形成一個3*2*4共24個領導任務之系統化策略架構，並依據各領導任務內涵，界定重要的領導策略共計52個（Hsu & Woo, 2009）。所衍生之「系統化領導策略觀察量表」（Systematic Observation Scale of Leading Strategies, SOS-LS）其結構包含三個層次、兩個向度與四個階段，所界定之三個層次分別為團體與人際（group & interpersonal）、人際與個別（interpersonal & individual）、團體與個別（group & individual）；兩個向度作分別為內容（content）與歷程（process）；而四個階段則為開始階段（Beginning）、轉換階段（Transformation）、工作階段（Working），以及結束階段（Termination）。此一系統架構，三乘以二乘以四的交叉建構出24個，每一領域當中又包含兩到三項核心相關的策略，每項策略之內涵實包含意圖、技術與焦點於其中，每個任務要項下還包含著幾個細項的策略技術群。SOS-LS可用於介入策略系統性觀察評定，亦可作為現場直接督導之觀察，或是督導者對於受督者、學習者專業能力之評量和督導內涵之參考（Hsu, 2014）。初步版本所建構之系統核心任務要項，如下表20-4所示。

表20-4　「系統化領導策略觀察量表」核心任務摘要表

	團體&人際		人際&個別成員		團體&個別成員	
團體階段	內容	歷程	內容	歷程	內容	歷程
開始	規範建立 Norm	安全建構 Safety	促進參與 Attendance	人際融冰 Conjoint	目標分享 Goal	動機維持 Motivation
轉換	強化連結 Emerge	凝聚催化 Cohesion	同盟促進 Alliance	溝通型態建立 Communication	推進探索 Exploration	責任賦予 Responsibility
工作	焦點工作 Focus	資源開展 Resource	利他互助 Altruism	敏感度提升 Sensitivity	問題解決 Solution	解困賦能 Empowerment
結束	歷程回顧 Review	結束團體 Closure	協助道別 Separation	人際回饋鼓勵 Encouragement	進展鞏固 Attainment	個人統整 Integration

（三）團體督導實務模式之焦點

　　基於上述文獻之論述，作者提出架構團體督導模式的概念，並針對考量要點加以討論和說明如下，共有以下四點考量：第一，實務所參照之介入策略，採上段所述之「系統性介入策略」為基礎。第二，在團體督導的發展概念上，採三個方向來架構團體督導之模式，分別為：(1)與介入策略有關的團體實務（practice）、(2)受督導者本身之發展議題和個人狀態（person）、(3)督導歷程實務—為督導者帶領團體督導和進行督導之歷成催化層面（process）。第三，在歷程上採納前述之團體督導發展觀點。第四，在督導實務層面的督導角色、督導焦點與互動層面上，參考Rubel與Okech（2006）以及Okech與Rubel（2007）所相繼提出之團體工作督導模式（SGW）觀點，加以界定和應用；可從督導者角色、督導焦點以及互動層次等，加以融入於團體督導形式之運用中。

　　在建構督導模式上，分別從「知」、「情」的評估與理解，以及「意」和「行」的目標設定與行動等層次來加以發展。對於督導者的知覺，Rubel與Okech（2009）發現督導者在知覺層次可包含評估該實務團體的焦點、督導關注層面，以及結果成效；而在督導介入的行動層面，則包

含督導的介入持續或程度、督導介入的層面，以及介入目標。嘗試重新以三個層面來解讀其結果，發現可從(1)團體實務、(2)受督導者狀態，和(3)團體督導之歷程領導等三個方面，來加以界定；這三個層次其實均包含了對不同焦點的「知道、了解或意識」（知）、「情緒與感受的掌握」（情）、「對於實務的意圖或自我狀態的抉擇」（意），以及「實務的介入、自我成長的行動，或督導的介入等」（行）。作者統整此三層面之要項，以及對於所架構之團體督導模式，提出一暫時性的概念架構簡圖，如下圖20-1所示。

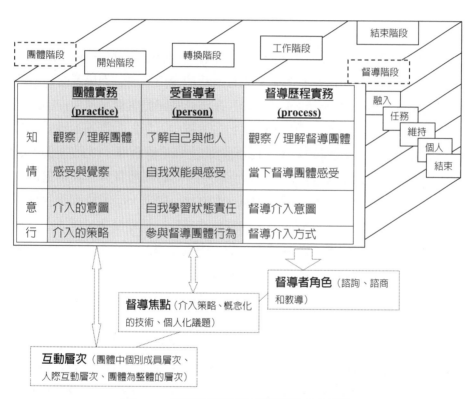

圖20-1　團體督導發展架構與概念示意圖

六、團體諮商實務的團體督導

（一）團體諮商的團體督導

相較於單一配對（督導者與團體諮商師）的督導形式，團體諮商實務的督導常依存於受訓或實務課程授課情境，有很多的機會採用團體督導的形式來進行團體諮商督導（督導者與幾個團體的領導者進行團體形式的督導）；此外團體督導之團體情境也有助於擴展受訓者或學習者之實務視野和更多角度的回饋，因此探討團體諮商的團體督導有其實務教學與訓練之效益。

針對團體諮商的團體督導雖已有實徵研究（Rubel & Okech, 2006；Hayes & Stefurak, 2010），但並未能有系統地提出具理念架構或有系統的做法與模式。Hayes與Stefurak（2010）在諮商師團體督導篇章中提出團體督導的諸多優勢。Altfeld與Bernard（1997）提出五類針對團體治療的督導模式，分別是：(1)配對的督導；(2)配對的協同治療督導；(3)協同領導的三人督導小組；(4)團體督導方式；(5)經驗導向的團體督導。其中最後一種經驗導向的團體督導最早乃由Mintz（1978）提出，除了技術與診斷等專業外，受督導的領導者個人所經驗或無法確認的情緒衝突，個人在實務上的困境議題，均可帶進此團體來討論；由受督導的領導者角色扮演其團體個案成員、領導者當下直接扮演性的說出對於該成員的想法或感受，或是團體督導成員集思廣益的談論對該位個案成員的想像等，均是其進行和採用的方式。

綜上所述，許育光（2022）認為在構建團體督導的模式上可以分為學到什麼？以及如何學習到？是兩個重要的議題，而如何發展出相匹配的領導能力也是督導模式中檢核的重點。許育光（2012）針對23位受訓諮商師之團體實作歷程經驗與個人省思進行分析，發現有四類與個人狀態有關的議題值得關注，分為：「團體實務領導經驗」、「協同領導經驗」、「團體諮商專業」、「自我諮商專業發展」。從上述觀點討論可知，若要了

解實務受督導者可能存在之學習或改變，可能可以從實務的學習，即學到如何作，以及如何學到（doing）、對自己個人議題或人際模式等狀態的衝擊或改變（becoming），以及學到如何重新審視自己的專業，如何去界定自己的角色，或成為一個團體諮商師的專業認知等存在狀態的學習（being）等三個層次來了解其專業發展。其中，學到什麼與如何做，可與實務的系統性介入能力學習有關；而考慮和關注受督導者的專業狀態，則和促進成長與存在狀態有關，兩方面均需要加以考慮。

（二）團體督導任務界定

　　團體督導層面建構之考慮要項方面，從文獻探究和前導研究實務經驗、相關分析與資料收集等過程，從受督導者實務工作（practice dimension）、受督導者發展狀態（personal dimension）、團體督導歷程發展（process dimension）等面向，來建構團體督導之層面與任務；而此三個向度也依序考慮一位帶領團體督導的督導者需要關注的焦點，分別從對於各層面的了解／評估（知）和對於督導情境各面向的覺察／感受（情），進而發展如何介入進行督導工作的澄清／抉擇（意），以及行動／促進改變（行）等任務要項。如下表20-5摘要敘述，從上述三向度*四層面共12個構面來了解團體實務之團體督導的任務要項。

表20-5　團體督導建構考慮面向與層面摘要表

	受督導者實務工作 （practice dimension）	受督導者發展狀態 （personal dimension）	團體督導歷程發展 （process dimension）
了解／ 評估 （知）	觀察／理解團體 1. 促進受督導者能具體與清楚的談論自我團體實務經驗 2. 能鳥瞰的對建構對某次單元之團體歷程有清楚的描述和認知 3. 能跨單元的對團體歷程加以統整和說明	了解自己與他人 1. 能自我揭露與分享相關的團體經驗 2. 能回饋與提案同儕相關之團體經驗或給予相關的想法回應	觀察／理解團體督導 1. 觀察團體督導氣氛與動力 2. 觀察與理解受督者間關係與每組協同領導關係 3. 關注每位受督導者對團體實務與經驗之認知建構能力

	受督導者實務工作 （practice dimension）	受督導者發展狀態 （personal dimension）	團體督導歷程發展 （process dimension）
覺察／ 感受 （情）	感受與覺察 1. 促進受督導者能分享與自我團體實務經驗片段有關之感受 2. 能對某次單元之團體歷程和自我實務困境有所覺察和描述 3. 能跨單元的對自己的實務團體歷程潛在感受加以統整和說明	自我效能與感受 1. 能揭露自我與實務經驗或專業發展狀態相關之感受 2. 能回饋與提案同儕相關團體經驗之感受或提供支持等情感面之回應	當下團體督導感受 1. 關注團體督導氣氛與團體潛在動力 2. 體察團體受督導者間之關係動力與組合上的磨合困境或優勢 3. 關注每位受督者之內在動力、個人議題與實務和專業發展的連結
澄清／ 抉擇 （意）	介入的意圖 1. 促進受督導者能具體與清楚的談論對團體實務片段需以加以調整之方向 2. 能對未來展開某次單元之團體實務有清楚的描述和方向 3. 能跨單元的對團體歷程方向進行自我評估和朝向改變	自我學習狀態責任 1. 能揭露自我與實務經驗或專業發展狀態之自我思辨和重新抉擇 2. 能回饋與協助提案同儕重新思辨相關團體經驗、提出有效之回應或促使他人抉擇	督導介入意圖 1. 澄清與掌握團體督導討論焦點並能協助聚焦 2. 藉由受督者相互對話與透過當下觀點異同之反思促進參與 3. 促進個別受督者有效的專業抉擇與推進專業發展
行動／ 改變 （行）	介入的策略 1. 促進受督導者能對於團體實務經驗和現象呈現明確的策略或實作改變 2. 能建構與有效的帶領和執行某次單元 3. 能跨單元的將所累積學習的策略和實務執行方式加以運用來推進團體工作	參與團體督導行為 1. 能改變自我於團體督導中之言談形式或調整自我專業發展／學習狀態 2. 能回饋與提案同儕相關團體經驗之作法或參與腦力激盪之策略思索和回應	督導介入方式 1. 運用團體基本架構和相關歷程催化技術來推進團體督導 2. 運用人際動力來強化受督者策略學習與實質行動 3. 促發／推進／檢核與支持／鼓勵受督者實質的實務學習與專業成長

以團體諮商實務之團體督導歷程來看（歷程切面），督導初期（跟循團體諮商實務開始階段之督導）對於團體督導中受督導者的實務工作（practice dimension）宜著重於所領導之團體之展開團體的架構、能做到或完善執行開啟團體之架構等；此外，對於受督導者發展狀態（personal dimension）之專業自信、態度或對於團體的信念，或是能自在的於團體中開展其實務等，也需要加以關注或評估；而在團體督導歷程發展（process dimension），則需要留意到受督導者在此一團體督導中的互動關係、參與行為或投入程度，以及對於團體督導之氣氛加以留意和辨識。

在互動歷程方面，來自同儕或督導者的回饋，往往成為焦點領導者重要的學習來源，其中包含對於任務、技術、支持與情感層面的回饋（Coleman, Kivlighan, & Roehlke, 2009）；更深一層的歷程互動，也能解讀或運用所呈現之平行歷程，來加以促進督導工作之效能。若以團體督導者之督導實務開展和團體督導之帶領來看（督導內涵切面），督導的中後期階段（跟循團體之轉換到工作階段），督導者如何觀察／理解團體督導，或是關注每位受督導者對團體實務與經驗之認知建構能力，加以聚焦當下團體督導感受來深化工作等都是重要的；此外，督導介入意圖和督導介入方式，以可參照上表所提點之要項，加以參酌和考量，使能澄清與掌握團體督導討論焦點或促進聚焦，選擇適切的督導介入技術和催化受督導者學習之歷程，有架構和系統的進行團體諮商實務之團體督導工作。

七、團體實務工作者的專業發展

（一）新手團體諮商師實務學習

受訓諮商師（Counselor in Training, CIT）一般是指碩士層級初入諮商領域學程，大致完成系統知能課程，預備進入兼職實習或全職實習的階段，也包括畢業後起步開始執業的階段，涵蓋於新手諮商師（Novice Counselor）的實務學習階段。初學新手領導者在進行團體諮商時，往

往會面臨一些常見的議題，在專業起步的階段，值得加以關注和支持。
Skovholt與Rønnestad（2003）總結了新手諮商師學習過程中的七個掙扎狀
態，其中包括：概念化的不充分與專業知能和思考力相關；強烈的表現焦
慮與害怕、鬆散或僵固的情緒界限、脆弱及不完整的專業自我、美化的期
待等四個掙扎則與個人情緒和自我狀態相關；另外，過度擔憂被專業守門
員檢視和迫切需要正向導師的期待則與學習過程中對資源和受訓環境的觀
感與需求有關。這些掙扎反映出新手諮商師在自我情緒、狀態、自我評價
及外在專業檢視方面的多重挑戰。

　　Corey（2016）也具體提及幾個常見的個人或專業實務上的狀態，包
括如：初始焦慮（Initial Anxiety）是許多新手領導者的共同感受，這種
焦慮可能來自於對自我能力的質疑以及對未知情境的恐懼。在自我揭露
方面，領導者需要找到一個平衡點，避免自我揭露過少（Too Little Self-
Disclosure）或自我揭露過多（Too Much Self-Disclosure）。適當與催化性
的自我揭露（Appropriate and Facilitative Leader Self-Disclosure）能夠幫助
建立信任並促進團體動力。此外，初學領導者還需學會處理困難的團體成
員（Dealing with Difficult Group Members），以及處理自己對成員抗拒的
反應（Dealing with Your Own Reactions to Member Resistance）。最後，與
體制交涉的挑戰（The Challenges of Dealing with a System）也是新手領導
者需要面對的重要課題，新手諮商師必須學會如何在制度框架內有效地推
動團體工作。

　　諮商師從團體實務中可能經歷不同階序的掙扎與擺盪，包括如何看待
專業、進入專業及發展專業的過程。許育光（2012）探究新手諮商師在團
體實作經驗中的個人省思，主要包括兩個部分：個人議題的覺察和對自我
專業狀態的反思。個人議題的覺察主要來源於團體實務領導和協同領導。
團體實務領導經驗促發的個人議題包括自我行為情緒、人際模式、個人價
值信念和家庭經驗的覺察與面對。而協同領導經驗則涉及兩人差異的覺察
與磨合、默契發展及相互學習的過程。專業省思部分涵蓋對團體諮商實務
的再認識，以及對自我諮商專業的省思，包括實務歷程學習的自我肯定、
團體動力與歷程的重新認識，以及領導角色的自我反思。

　　承上，新手的專業發展很需要在個人焦慮與實務張力中取得平衡，也亟需要同儕與協同領導團隊的支持，加上實務系統基礎專業的學習、對過程優勢與劣勢的認眞面對和省思、學習與團體成員建立關係，加上選擇適合的實務督導和在支持的環境中穩健發展，對新手都是非常重要的。此外，新手諮商師還需認識和面對自我的情緒和專業狀態，包括處理在團體領導和協同領導中所遇到的個人議題覺察、學習如何在專業實務中建立自信以及應對挫敗。這些經歷和省思能夠幫助他們逐漸站穩並發展自己的專業，從而更好地應對未來的挑戰。

（二）朝向成爲專精團體諮商實務工作者

1. 多元管道的持續學習歷程

　　多方的參與和團體形式有關之實務，是入門與持續學習的重要方式，包括參與各種形式的團體，以成員身分參與團體可透過體驗和學習當一個有效能的成員，雙方面的經歷來持續成長；在團體的類型上，除了諮商導向的團體之外，有時候一些爲訓練專業工作者所開設的敏感度訓練團體或歷程導向的訓練團體，也能爲自己在團體敏感度和歷程觀察上有很大的幫助。閱讀相關的書籍，包括教科書、專論、期刊研究或學術論著等，都有助於我更有系統的去思考某一個與團體有關的特定議題，若有團體情境的治療歷程故事或小說，像是Yalom的《叔本華的眼淚》（*The Schopenhauer Cure*）更可以讓實務學習者從中吸取相關的歷程經驗，並體會與理解治療導向的團體工作。課程參與的模擬實作雖然是一個非眞實的情境，但透過老師的示範或在直接觀察與指導下嘗試去帶領一個片段，而能從中獲取回饋也是很重要的學習歷程。

　　實務的觀摩或能與較精熟的專業工作者合作，從協同領導歷程中獲取實務的搭配或觀摩的機會，也都是初學者非常具有優勢的學習經驗。相似的，在有直接督導的前提下進行實務工作，是最爲重要且不可替代的學習經驗；在督導的形式上，Altfeld和Bernard（1997）對於團體心理治

療的督導工作提出其觀點，認為可行的督導模式可採五種不同的類型，包含：(1)配對的（dyadic）督導：即為個別的團體心理治療督導、(2)配對的協同治療（dyadic cotherapy）督導：受督導者共同帶領團體後可採個別方式進行治療實務的討論、(3)協同領導的三人（triadic）督導小組：由協同領導一個團體的兩位治療師共同與一督導進行、(4)團體督導（group supervision）方式：多位團體領導者參與同一督導團體，以及(5)經驗導向的團體督導（experiential group supervision）：運用團體資源、能量並強調團體平行歷程經驗之督導團體；而在督導的方式上，也可能有事後的討論形式之督導，以及現場直接於單面鏡後觀察並加以運用耳機進行回饋的同步督導（live supervision）。鑒於國內對於團體工作之督導仍處於發展階段，學習者可嘗試自行尋找資源或於相關場境尋找可行的督導方式，以能在有資源和條件的專業成長空間中尋找最佳的立基。

2. 勇於嘗試與挑戰

Stockton（1992）從整合歷程與技術兩個導向的觀點，提出在團體諮商教學與訓練上，應致力於擴展受訓者對團體動力的覺察（perceiving）、選擇適切的介入技術或策略（selecting），以及能夠勇於面對挑戰且冒險的去嘗試和努力運用各種來介入團體（risking）等三個重要任務；因之，能夠願意嘗試和勇於冒險的去進行實務，是新手團體領導者很重要的學習態度與特質。面對如何去嘗試執行催化歷程的任務、建構一個安全的團體環境、強化歸屬與凝聚等都需要親自去體驗和獲致成功的推進經驗，才能讓領導者自己對於團體為一個整體能有深刻的認識。而在工作上如何嘗試去融入團體具有療癒效果／因子、促進回饋與成長、促進成員助人與被幫助，以及透過旁觀或陪伴也能呈現治療效應等，也都需要領導者去嘗試，才能加深信念而更對自己的團體實務發展出一定基礎的信心。

在團體領導實務上，新手諮商師所要面對的常常是一種實務上的模糊與不確定性的焦慮感；例如許育光（2012）對於碩士層級新手諮商師領導非結構諮商團體之經驗進行分析，發現新手對於「團體諮商專業」之省

思包括對完整實務歷程學習之自我肯定、團體動力和歷程的重新認識和強化，以及對於團體實務領導角色的省思；顯見從實務中嘗試去面對挑戰與致力於突破等歷程的重要性。該研究在自己「諮商專業」之自我省思層面，則包括從挫敗到自信逐漸建構的體認、面對諮商專業的態度變遷，以及自我取向的探索等；由此可知，透過團體經驗的嘗試與歷練，也能促使新手諮商師深刻的去思考和統整自己的諮商態度，重新建構自己的專業自信，並朝向更清晰的專業發展邁進。足見此一領導者能勇於嘗試和冒險的個人化學習經驗，對專業發展和自信的影響；實務場境的訓練者或督導者，均可於個別評估、考量倫理議題並提供實質團體工作督導等條件下，給予受訓者或學習者有更多機會去嘗試領導和建構自己的團體實務經歷。

◎**問題延伸討論、省思或作業：**

1. 假設你自己很順利的接受非常良好而完整的訓練，而成為一位極為優秀的團體諮商與心理治療師，回顧你自己的學習經驗，應完整的包含哪些？請試著敘述和懷抱具體的想像。

2. 當你已經成為一位精熟且優秀的團體諮商師或團體心理治療者，你覺得自己在實務能力上最值得肯定，且也是最重要的外顯實務能力有哪些？請試著條列出五到七個，且簡要說明理由。

3. 設想你在團體諮商實務帶領過程，參與一個督導團體；對於督導者的技能和態度，你會有什麼期待呢？又對於這個與其他領導者共同參與的督導團體，你對同儕互動和團體的氛圍和過程，你有什麼樣的想像呢？

4. 面對自己現在的團體諮商與治療學習狀況，最近三到五年，你覺得自己最應把握的學習或專業發展資源有哪些？請具體的描述你自己將會如何去做？如何去學？以及如何能讓自己學得更好、更扎實與進步。

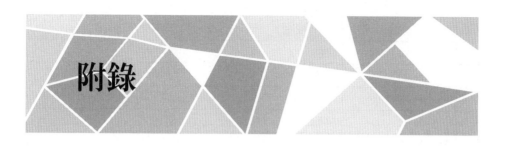

附錄

附錄3-1　AP³M³團體實務重要向度規劃設計參考表單

取向（Approach）

工作架構：對象（Person）、目標（Purpose）與歷程（Process）

執行方式：模式（Model）、媒材（Material）與測量評估（Measurement）

	向度	項目	*規劃設計撰寫
A	取向學派	單一取向	
		折衷取向	
		人際互動觀點	
P	對象需求	發展階段	
		人生任務	
		創傷哀傷	
		多元文化議題	
		篩選／組合標準	
P	目標與工作內涵	屬性	
		內涵	
P	歷程規劃與推進	人數	
		開放／封閉	
		結構─非結構	

	向度	項目	*規劃設計撰寫
		次數	
		單元長度	
		場地設備	
		規範設定	
M	模式與架構採用	特定方式	
		特定模式	
		領導協同	
		領導架構	
M	媒材選用與融入	表達性治療	
		活動治療	
		休閒治療	
		方案設計	
M	效標界定與效益評量	效標選取	
		評量取向	
		歷程／成效	
		評量工具	
		行政考評	

附錄3-2　團體心理諮商計畫與資訊彙整

❖請參與督導的領導者填妥計畫書（團體開始前）／或填寫相關訊息（團體開始後）

一、團體名稱：

二、團體性質：

　　　　屬性：□心理教育／輔導團體　　□心理諮商團體　　□心理治療團體
　　　　　　　□訓練團體

　　　　　　　說明（或其他）：

　　　　結構高低：□高結構　　□中高結構　　□中低結構　　□非結構
　　　　　　　　　□無結構

　　　　　　　說明（或其他）：

　　　　是否有規劃主題：□無　　　□有（請說明）：

　　　　團體次數：

　　　　每次進行時間：

　　　　規劃（或已經）開始第一次日期／時間：

　　　　進行地點：

　　　　特殊器材或媒材使用：□無　　　□有（說明）：

三、團體對象：

　　　　預計人數：

　　　　對象招募群體／議題或限制：

　　　　篩選標準：

　　　　招募與篩選（含方式與時間／過程描述）：

四、團體進行的實務倫理考慮

　　是否充分告知成員進行方式：□有　　　□無（原因說明）：

　　是否讓成員填寫參與同意書：□有　　　□無（原因說明）：

　　是否對於成員可能的風險有所預防和準備（如行政支援／轉介資源／緊急通報管道等）：□有　　　□無（原因說明）：

　　對於進行督導是否有告知成員：□有　　　□無（原因說明）：

五、團體的成效評估與追蹤方式

　　是否有成效評估或追蹤的規劃：□無　　　□有（簡要說明）：

　　所選用的工具／或大綱（請說明）：□無　　　□有（簡要說明）：

　　是否充分告知成員評估進行方式：□有　　　□無（原因說明）：

六、團體的經費預算／行政支持

　　是否有機構支持這個團體：□無　　　□有（說明）：

　　是否有申請其他補助／贊助：□無　　　□有（簡要說明）：

　　團體的經費支持：□來自機構　□來自成員收費　□其他：

七、團體設計（含團體目標、理論架構、每次活動主題、實施程序、參考資料）

　　是否有設計相關方案：□無　　　□有（加以簡要說明）：

　　過程是否有運用相關結構活動：□無　　　□有（加以簡要說明）：

　　*請將相關設計或方案活動，貼於本檔案之附錄一
　　（□已經附上　□無）

八、領導者（與協同領導者）專業背景說明（每人150字以內）

領導者：＿＿＿＿＿＿＿　　（專業背景簡述：　　　）

協同領導者：＿＿＿＿＿＿＿　　（專業背景簡述：　　　）

觀察者：＿＿＿＿＿＿＿　　（專業背景簡述：　　　）

附錄4-1　團體結構活動方案空白範例表格

團體方案 / 活動名稱：	

適用對象：□兒童（6-10）　□少年（11-14）　□青少年（15-18）
　　　　　□成人前期（19-25）　□教師　□家長　□一般成人

適用團體歷程：□開始階段　□轉換階段　□工作階段　□結束階段　□其他：

直接目的：	
間接目的：	

場地考量：	
器材準備：	

預計運用於第_____次團體，預計時段與時間：

執行歷程：

階段	活動領導 / 執行	介入要點	時間
準備或說明			
操作與執行			
引發、練習 或 討論分享			

可行之變化 / 深化或延伸：	
錯誤控制與注意事項：	
理論背景與方案理念：	
參考資源：	
設計者：_____（簡歷）	

附錄11-1　團體技術類別與細項技術定義列舉表

分類	名稱	定義	碼編
基本溝通技術	積極傾聽（active listening）	專注傾聽對方所表達內容，確定了解，並表達接納、尊重、關心。	al
	澄清（clarifying）	要求重述、透過發問或運用其他成員來協助成員澄清及了解。	cl
	摘要（summarizing）	摘述重點以促進進一步反應，本項也包含要成員摘要個人參與團體之目標。	smi
	具體化（concreting）	以具體的詞彙協助成員討論所表達的感覺、經驗或行為，本項也包含具體化個人目標，即協助成員以具體詞彙表達其個人目標。	cc
	檢核（checking）	確認成員的內在狀態或溝通情形。包含人際檢核（interpersonal checking），即協助成員對其當下的人際互動，例如對成員做回饋的有效性加以確認。	ck
	邀請（inviting）	邀請特定的個別成員發言。	ivi
	詢問（questioning）	以詢問協助成員表達與評量其問題。	qt
	支持（supporting）	提供增強、鼓勵或支持成員在團體中積極的互動行為。	sp
	非語言之運用（nonverbal）	以點頭、眼神、表情等方式傳遞訊息或邀請發言。	nv
深化與探索技術	探詢（probing）	試探性地使當事人可深入自己的問題，以獲自省及了解。	pb
	同理（empathizing）	幫成員說出隱含的情緒，使成員覺得被了解與支持。	ep
	詮釋（interpreting）	以相關的心理諮商理論之概念或架構來解釋或分析團體或個人的素材和情感	ip
	再導向（redirecting）	連結成員個人在團體過程前後所提出的訊息，以提供作為自我探索的參考。	rd
	挑戰（challenging）	提出與成員個人主觀想法不同的參考架構，刺激其以不同觀點思考。	ch

分類	名稱	定義	碼編
	評估 （assessment）	藉由問問題或觀察來評量成員的內在狀態，含量尺化技巧（scaling）。	as
	面質 （confronting）	對於個人言行或表達矛盾或逃避之處、個人在團體中行為不一致處予以提出，以協助自我探索。	cf
	個人分享 （personal sharing）	領導者分享自己個人的資料，包含與成員相類似的經驗、問題或個人情感與因應方式等。	ps
	個人評論 （comment）	針對個別成員參與團體的方式或談論的內容，給予評價或定位。	cmi
	回饋（feedback）	領導者就成員或團體所談內容，提供個人的想法或感受。	fb
	反映（reflection）	對成員所談內容或情緒（口語非口語訊息）的反映，以協助成員了解自己的情緒狀態及所談意義及知道領導者了解自己的感受	rf
	肢體碰觸 （touching）	以肢體接觸成員，表達情感支持、強化表達內容。	tc
團體過程催化技術	掃瞄（scanning）	非語言地關注非說話者，尤其以目光的運用為例。	sc
	調節（moderating）	掌管團體互動以確保各種情感與思考可被表達，對每位成員公平。	mr
	連結（linking）	聯結成員間問題的相似性，或相關性，以使成員間能彼此親近以發展團體凝聚力。	lk
	阻斷（blocking）	以溫和而堅定的方式阻止不適當、非必要和不符合倫理的行為。	bk
	取得共識 （consensus taking）	找出成員在不同主題和問題時的立場，使彼此知道差異與關聯。	ct
	設定基調 （tone setting）	營造團體氣氛與態度，含領導者安排物理環境、領導者表達個人心情、領導特色等方式。	ts
	聚焦（focusing）	領導者帶領探討的主要議題、主要人物或活動等特定標的或對象，包含維持團體焦點（fcm）及轉換焦點（fcs）	fc
	說明（explaining）	說明有關團體的行政庶務或有關某一技巧的介紹。	ex

分類	名稱	定義	碼編
	此時此地 （here-and-now）	領導者以團體當下所發生的素材作為協助成員的材料，請成員將所談的焦點放在當下的團體情境或經驗。	hn
	團體摘要 （group summarizing）	對於團體討論的內容及想法做摘要。	smg
	團體歷程評論 （process comment）	領導者表達在團體過程中個人所看到或所感受到的團體之動力、氣氛情緒、工作或投入情形等團體過程的素材。	cmg
	忽略（neglecting）	對成員不當的發言或行為不予關注	ng
	沉默（silent）	領導者刻意不使用任何技術或作為，保持沉默，以使成員自發處理沉默。	sl
	場面架構 （structuring）	又稱為結構化，指說明團體時間的分配或團體進行程序，或重申保密的重要性等團體進行的基本架構。	su
	開啟團體（opening group）	領導者直接宣佈團體開始或以承續上次團體主題或進展以開始該次團體。	og
	結束團體 （terminating group）	領導者宣布該次團體結束。	tg
	引出話題 （drawing out）	含邀請團體成員發言，或協助成員表達更多內在資料，以使被了解更多，也包含協助成員形成與表達其參加團體的個人目標（do，dog，ivg）。	do
	團體具體化 （substantiate with group）	協助團體成員談論或互動的內容能更加具體，並更能細緻且豐富的分享。	ccg
行動化介入技術	示範（modeling）	領導者直接示範成員需學習的技巧與作法。	md
	角色扮演 （role play）	領導者運用有關角色扮演的技術，以供個人探索或社會學習。	rp
	空椅法 （empty chairs）	運用完形的空椅技巧，協助成員的情感表達或宣洩，以整合個人內在經驗。	ec
	教導（teaching）	以直接求或間接指導方式使成員學習適當的人際溝通技巧，含：教導你我溝通、教導使用我敘述、教導以分享代替建議或說教、教導同理心、教導簡述、教導回饋、教導正向觀點、教導具體化等。	th

分類	名稱	定義	碼編
	活動／結構性的運用（activity）	為催化團體歷程的進展或處理成員個人問題而運用特定程序或步驟的方法。包含繞圈（go around），即要求成員依照座位的次序，就特定主題逐一表達個人經驗、看法或感受等。	at
	運用團體資源（group resource）	在團體中運用其他成員（們）以協助某位成員探索或解決個人問題。	gr
	雕塑（sculpturing）	帶領成員運用身體姿勢或距離呈現其內在的心理狀態或人際關係的技術。	st
	具象化或視覺化（visualizing）	引導成員將內在經驗中所呈現的景象，以具體象徵物比擬或表達出來，含視覺化。	vs
	隱喻（metaphor）	以故事或鮮活事例回應成員的問題，以引導成員不同的意識層面，活絡思考及誘發不同反應。	mt
	問題解決（problem solving）	協助成員辨識問題、認清當下處境並尋求各種解決方法，包含運用腦力激盪。	pv
	幻遊（fantasy）	要求成員閉上眼睛引導想像和體驗。	ft
	要求口頭承諾（asking for oral commitment）	對於涉及個人安全及相關倫理事項，或團體規範，要求成員在口頭上做承諾以確保不違反。	ac

說明：本研究採發現式方法進行編碼，此技術界定義表於編碼後參考原始資料和相關文獻界定之。

附錄13-1　社區危機災難現場：心理救助團隊建構 & PSCO 減壓會報團體實務

Psychological Assistant Team Building and the First-Aid PSCO Debriefing

Group Practice: In the Community Disaster Sites or Online

＊本模式提供各界於社區集體災難／創傷發生或緊急防疫啟動時，協助進行受創民眾、救助人員等第一線或相關人員之心理支持與減壓；非商業性之實務用途均允同意。研究或參考文獻閱覽／引注如下：

許育光（2015）。社區災難現場心理協助團體之領導者訓練模式與團隊合作建構實務初探。**輔導季刊**，51(3)，29-36。

PSCO減壓會報（Debriefing）團體（PPF-SF-CR-Off）*記憶口訣

開啟團體（Purpose/Privacy/Facts）	*開啟團體（PPF-GC）
故事分享（Sharing Stories）	*故事分享（SS）
感受與反應（Feeling & Reaction）	*感受與反應（FR-CNS-PABC）
因應策略（Coping Strategies）	*因應策略（CS）
賦能解困（Resolution & Empowerment）	*賦能解困（RE-A-RBG）
結束與追蹤（Offering assistant/Feedback & Follow）	*結束與追蹤（Off）

開啟團體（Purpose/Privacy/Facts）記憶：PPF-CG

目標陳述（purpose）、意願與隱私說明（privacy）、事實澄清（facts）
團體互動規則（ground rules）、保密確認（confidentiality）

故事分享（Sharing Stories）

在這裡要邀請大家分享你自己的經驗和發生的事情，像是（災難發生／疫情蔓延／衝擊事件／醫療壓力等）那時候你跟誰在一起？聽見什麼，看見什麼？在哪裡？發生了什麼事？

*促發與引導：每個人都有自己很深刻的經驗，在這裡大家所分享的故事和經驗，沒有好壞和對錯，每一段經驗都有很深的意義和感受在裡面，很值得談一談，跟大家分享。

感受與反應（Feeling & Reaction）記憶：FR-CNS-PABC

你那時候的感受是什麼？有什麼反應？你做了些什麼？

議題與感受討論（common themes & feelings）

常態與普同性討論（normalize）

目前壓力狀態評估（stress evaluation）：你現在感覺怎麼樣？現在的狀況如何？有些人遇見這樣的事情會有吃不好、睡不好、重複去想、一直都很緊張的狀況，不知道你有沒有這樣的反應？

評估面向：生理（P）／情緒（A）／行為（B）／想法（C）

因應策略（Coping Strategies）

這幾天下來你是如何處理和面對這些變動？你大致上作了些什麼，處理了哪些事情？還有哪些事情似乎還有待你去努力？

*促發與引導：分享可行／一般常見之處理行動的策略

*促發與引導：增強與強調有用的策略

*注意聆聽：尚未解決和有待處理的事務

賦能解困（Resolution & Empowerment）記憶：A-RBG

延續剛才談到一些還需要處理和努力的事情，等一下、明天或接下來這幾天你會做些什麼？（action/plans）

*引導：有沒有一些人或是資源可以幫助你？（resource note）

*促發與引導：假如面對這樣的狀況，其他同伴你可能會怎麼處理或是怎麼去作？（bnrainstorm）

*延伸引導：未來幾個月，你會有什麼目標或計畫？（goal/plans-longer）

結束與追蹤（Off-Offering assistant/Feedback & Follow）

摘要今天此團體單元並宣告即將結束

除了剛剛談過的，有沒有什麼事情是我們還能夠幫助的？（offering assistant）

我們的團體即將結束，在剛剛這個討論中有沒有想給誰彼此加油打氣，或是一些鼓勵？（feedback）

篩檢與關注個別，傳達專業意見或建議等，為後續追蹤、轉介或資源連結作準備（Follow）

以關注而正向、灌注希望和鼓勵的氛圍，作團體的結束。

附注：高風險案主／需進一步協助案主判斷 記憶：ATHD

主動提出需求（Active）／言談歷程觀察：過度無反應、過度高亢激昂、無法對焦言談（Talk）／有自我傷害或被傷害之線索或疑慮（Hurt）／觀察到紊亂或解構之可能精神症狀（Disorder）

附注：同步多團體進行後之會報團體

1.協助領導者分享各團體歷程與經驗（share process）；2.評估團體對領導者個別的衝擊（impact）；3.對於需進一步協助或轉介之團體案主進行討論（follow-up）；4.對未來投入工作進行回饋分享與建議（suggestions）

附注：團體催化與領導歷程要領

*反應性介入：積極聆聽（active listening）、跟循言談（tracking）、掃視（scanning）

**互動性介入：調節言談基調（moderating）、連結（linking）、支持與同理（supporting）

***行動性介入：發問（questioning）、探詢（probing）、自我揭露分享（personal sharing）

附錄13-2　12步驟團體方案原則

		12步驟方案（12-step programs）
與神和好	肯認挫敗	1. 我們承認自己對酒精無能為力——我們的生活已變得不可收拾。
	信心萌芽	2. 我們開始相信，有一個比我們自己更強大的力量能夠恢復我們的理智。
	交託上天	3. 我們決定將我們的意志和生活交託給我們所理解的上天照顧。
與自己和好	深刻檢討	4. 我們進行了深入且無畏懼的自我道德檢討。
	坦誠認錯	5. 我們向上天、自我以及他人坦白承認我們的過錯。
	內在轉變	6. 我們完全準備好讓上天消除我們所有的性格缺陷。
	謙遜淨化	7. 我們謙卑地請求祂移除我們的缺點。
與他人和好	檢視傷害	8. 我們列出所有我們曾經傷害過的人，並且願意向他們進行補償。
	悔罪彌補	9. 當可以的時候，我們直接向這些人賠罪，除非這樣做會傷害他們或他人。
	持續省思	10. 我們持續進行自我檢討，並在我們錯誤時立即承認。
永續和好	力量聯結	11. 我們通過祈禱和冥想，努力改善我們與上天的意識聯繫，祈求只知道祂的旨意並獲得實行的力量。
	推廣分享	12. 當我們因這些步驟而獲得靈性覺醒時，我們嘗試將這個信息傳遞給其他酒癮者，並在我們的生活中實踐這些原則。

附錄18-1　團體領導者能力評量表

吳秀碧、許育光
編製

作答說明：下面是一些有關團體諮商過程的領導技能之敘述，請您就個人在帶領團體時實際表現的狀況，從「非常不符合」到「非常符合」的五個選項中，選擇一個最符合您的實際狀況之答案，在相對應的數目字上打「○」圈選。

題項	非常不符合————非常符合	
01 我能有技巧的展開聚會、暖化，並推進團體過程。	1———2———3———4———5	A
02 我能教導成員使用「我」和「你」來直接表達與對談。	1———2———3———4———5	
03 我能協助成員澄清和具體化個人目標。	1———2———3———4———5	
04 我能促進習慣說教、分析或談論道理的成員，學習分享個人實際經驗或表達感受。	1———2———3———4———5	
05 我能敏銳的覺察和反映成員個人所表達的情緒和感受。	1———2———3———4———5	
06 我能用團體成員提供的訊息、經驗或智慧等資源來協助焦點成員。	1———2———3———4———5	
07 我能有技巧的向團體成員詢問或確認他們共同都有興趣討論的議題。	1———2———3———4———5	
08 當某位成員未遵守團體規範，我能在團體中明確的處理。	1———2———3———4———5	B
09 在團體形成之初，我能有架構的建立團體互動規範。	1———2———3———4———5	
10 我能留意成員整體的狀態，並促進彼此的互動與交談。	1———2———3———4———5	

題項	非常不符合————非常符合	
11 我能夠運用語言或非語言的技術，促進成員共同擔負開啟話題或導引團體方向的責任。	1————2————3————4————5	
12 我能透過示範或其他立即性的介入，引導成員在團體中使用適切的人際互動技巧。	1————2————3————4————5	
13 在大家分享之後，我能辨識和聯結目標或議題相似的成員。	1————2————3————4————5	C
14 我能連結成員們不同敘事之間相似的議題或情感反應。	1————2————3————4————5	
15 我能覺察並指出成員彼此之間相似的人際風格或特質等現象。	1————2————3————4————5	
16 在成員分享的不同故事中，我能指出大家共同關切的議題。	1————2————3————4————5	
17 我能連結成員個人所談的議題與他在團體中的人際互動形態。	1————2————3————4————5	
18 我能協助成員連結個人的困擾，與其參加團體的目標之間的關聯。	1————2————3————4————5	
19 當有成員揭露內在經驗時，我能協助其他成員理解並表達了解。	1————2————3————4————5	
20 我能指出團體內重要的狀況，以促使成員留意當下正在發生的事情。	1————2————3————4————5	D
21 在特定介入處理之後或重要的時刻，我能檢核成員當下對團體的感受。	1————2————3————4————5	
22 我能技巧性的促進成員，對於團體進行的任務或方向形成共識。	1————2————3————4————5	
23 當團體過度聚焦在一位成員時，我能適時將焦點轉移到團體。	1————2————3————4————5	
24 我能覺察並聯結成員個人內在心理狀態與當下團體的過程。	1————2————3————4————5	
25 我能技巧性的在焦點成員與加入討論的成員或團體之間來回聚焦，以推進討論過程。	1————2————3————4————5	

題項	非常不符合－－－－非常符合	
26 在焦點成員的自我分享之後，我能促進其他成員跟進揭露與分享。	1－－－2－－－3－－－4－－－5	
27 我能適切使用詮釋，協助成員發覺其行為與內在衝突或需求的關聯。	1－－－2－－－3－－－4－－－5	E
28 我能提供成員個人矯正性的回饋。	1－－－2－－－3－－－4－－－5	
29 我能適切的面質或挑戰成員個人的不一致或矛盾。	1－－－2－－－3－－－4－－－5	
30 我能協助抗拒、退縮或防衛的成員，探討阻礙他投入和參與的原因。	1－－－2－－－3－－－4－－－5	
31 我能協助成員覺察個人內在需求或期望。	1－－－2－－－3－－－4－－－5	
32 我能協助成員檢視自己的人際知覺與其他員不一致的落差。	1－－－2－－－3－－－4－－－5	
33 覺察到成員整體消極性的沉默時，我能協助成員探討背後隱藏的原因。	1－－－2－－－3－－－4－－－5	F
34 對於阻礙或不利於團體運作的狀況，我能加以覺察，並適時的反映和處理。	1－－－2－－－3－－－4－－－5	
35 我能協助團體成員對自我揭露者表達個人的想法或感受。	1－－－2－－－3－－－4－－－5	
36 我能技巧性的促進成員有積極的行動與改變。	1－－－2－－－3－－－4－－－5	G
37 我能運用適切的技術來增強成員個人改變的動機	1－－－2－－－3－－－4－－－5	
38 確定成員個人的問題之後，我能技巧性的逐步協助他朝向改變。	1－－－2－－－3－－－4－－－5	
39 我能與成員討論合適他個人的家庭作業。	1－－－2－－－3－－－4－－－5	
40 我能協助成員建立個人解決困境的具體目標。	1－－－2－－－3－－－4－－－5	
41 我能促進成員勇於冒險與落實改變的行動。	1－－－2－－－3－－－4－－－5	
42 我能及時發覺成員的移情現象，並協助其理解個人的情緒和行為。	1－－－2－－－3－－－4－－－5	

題項	非常不符合————非常符合	
43 在團體初期，我能促進成員發展相互關懷和支持的氣氛。	1———2———3———4———5	
44 我能鼓勵焦點成員與其他成員共同思索其問題的解決對策。	1———2———3———4———5	
45 我能敏銳覺察團體中成員揭露的深度或廣度是否均衡，並有技巧的引導和調整。	1———2———3———4———5	
46 在團體結束階段，我能技巧性的鞏固和增強成員在團體歷程中的學習與改變。	1———2———3———4———5	H
47 在團體結束階段，我能有技巧的協助成員回顧團體的過程與整理學習經驗。	1———2———3———4———5	
48 進行結束團體時，我能有技巧的對於尚未處理其議題的成員表達關切，並評估轉介之需要。	1———2———3———4———5	
49 我能協助成員覺察自己在團體中與其他成員互動的特徵。	1———2———3———4———5	

附錄18-2　團體領導能力量表計分

分量表／分項領導能力	得分	註記
A 引導與推進過程的能力		01-07（7題）
B 建立規範的能力		08-12（5題）
C 促進凝聚力的能力		13-19（7題）
D 深化團體的能力		20-26（7題）
E 深化個體的能力		27-32（6題）
F 突破過程障礙的能力		33-35（3題）
G 促進改變與行動的能力		36-45（10題）
H 結束與強化改變的能力		46-49（4題）
全量表／總分		

附錄18-3　團體領導者能力評量表總分與分項能力得分參照

附表A：總分參照

大學、碩士與博士各受訓層級全量表平均數與標準差統計表

	大學		碩士		博士	
	平均數	標準差	平均數	標準差	平均數	標準差
全量表（49題）	159.62	26.22	172.14	25.32	200.51	23.09
	N=291		N=506		N=102	

總樣本數N=899

附表B：分項能力參照

大學、碩士與博士各受訓層級分量表平均數與標準差統計表

	大學		碩士		博士	
	平均數	標準差	平均數	標準差	平均數	標準差
A 引導與推進過程（7題）	23.61	4.42	25.91	3.75	29.53	3.03
B 建立規範（5題）	17.22	3.32	18.41	2.83	20.90	2.37
C 促進凝聚力（7題）	23.91	4.13	25.78	3.98	29.56	3.68
D 深化團體（7題）	22.56	4.10	24.34	4.23	28.16	3.73
E 深化個體（6題）	18.31	3.63	19.57	3.78	23.31	3.63
F 突破過程障礙（3題）	9.76	2.04	10.40	1.88	12.00	1.88
G 促進改變與行動（10題）	31.05	6.13	33.41	6.13	40.07	5.49
H 結束與強化改變（4題）	13.20	2.58	14.37	2.51	16.98	2.14
	N=291		N=506		N=102	

附錄19-1　團體歷程摘要報告

一、團體名稱：

二、團體性質：
　　屬性：□心理教育／輔導團體　□心理諮商團體　□心理治療團體
　　　　　□訓練團體
　　　　說明（或其他）：
　　結構高低：□高結構　□中高結構　□中低結構　□非結構
　　　　　　　□無結構
　　　　說明（或其他）：
　　是否有規劃主題：無　　有（請說明）：
　　團體次數：
　　每次進行時間：
　　開始第一次日期／時間：
　　結束最後一次日期／時間：
　　進行地點：
　　特殊器材或媒材使用：□無　　□有（說明）：

三、團體成員出席狀況：
　　原初錄取人數：　　　　　　　持續穩定出席成員人數：
　　每次團體出席人數紀錄：

團體出席紀錄												附註
團體次數／每次出席人數												
1	2	3	4	5	6	7	8	9	10	11	12	

　　整體出席率計算（實際出席人次／應出席總人次）：
　　出席狀況檢討或說明：

四、團體進行的實務倫理議題紀錄／特殊情況處理報告：

五、團體的成效評估與追蹤方式
　　成效評估或追蹤使用工具：
　　訪談或質性填寫工具／或大綱：
　　成效報告&摘要說明：

六、團體的經費預算執行／行政支持註記事項
　　行政支援註記事項：

　　團體的收費／經費支持與使用彙報：

七、團體設計與方案執行之調整／評估報告（含團體目標、理論架構、每次活動主題、實施程序等變更和執行說明）

八、團體歷程摘要表

次數	單元名稱／目標	單元任務／進行狀況摘要	特殊事件註記／歷程分析
1			
2			
3			
4			
5			
6			
7			
8			
9			
10			
11			
12			

九、個別成員關懷與追蹤狀況報告：

十、整體成效評估與效益報告：

十一、待解決事項與相關建議：

十二、參與專業人員簽章：

    領導者（與協同領導者／觀察者）簽章：

        領導者：＿＿＿＿＿＿＿　　　（日期：　　　）

        協同領導者：＿＿＿＿＿＿　（日期：　　　）

        觀察者：＿＿＿＿＿＿　　　（日期：　　　）

    督導檢閱簽章

        督導者：＿＿＿＿＿＿　　　（日期：　　　）

附錄19-2　團體成員組成資料與出席紀錄

*化名代號：保密倫理（不呈現真實姓名，後續團體紀錄均用此化名簡稱）

*性別（男性：1、女性：2、其他：3）

*年齡（填寫數字）

*學歷（含就學中）（高中職以下：1、專科／大學：2、碩士：3、博士：4）

*工作（目前狀態）（學生：1、上班：2、家庭照顧：3、待業中：4、其他：5）

基本資料（參考上述指引）						團體出席紀錄（有出席：◎）　　　（缺席：b）												附註
序號	化名代號	性別	年齡	學歷	工作	1	2	3	4	5	6	7	8	9	10	11	12	
1																		
2																		
3																		
4																		
5																		
6																		
7																		
8																		
9																		
10																		

*超過12次可自行複製貼於下方第二表

**若先前缺乏訊息，可儘量收集或從目前次數記錄

附錄19-3 團體單元計畫表（中高結構團體適用）

第一單元	實施時間	年　月　日（星期　）　時　分至　時　分		
單元名稱				
團體次數	第＿＿＿＿次			
參與成員	代號／化名：		共計＿＿人	
領導者	領導者：	觀察者：		
單元目標	直接目的： 間接目的：			
成員座位註記				

活動歷程紀要／介入執行摘要	時間	器材使用／註記
一、暖身 二、發展活動 三、綜合活動／問題研討 四、結束		

特殊事件紀錄	
個別成員特殊需求&處理紀錄	
未來團體進行注意事項	

領導者（與協同領導者／觀察者）簽章：

（日期：　　　　　）

督導檢閱簽章

（日期：　　　　　）

附錄19-4 團體心理諮商單元紀錄表

團體名稱：

❖領導者於每次帶領完團體後記錄，逐次彙整

Leader		Co-leader		觀察員	
活動日期	年　月　日		時間	時　分至　時　分	
次數	第　　次		地點		
缺席名單			參加人數	人	

參加成員位置圖

活動過程紀錄

團體段落摘要	聚焦與工作之介入 （可加註干預焦點G：團體／P：人際／I：個人）	*當時的意圖與反思*

成員特殊狀況與處理（或對於個別成員進行記錄／簡要描述）：

自評與檢討（回顧起來有效或有幫助的實務介入&覺得做得不好／不足的段落）：

備註與團隊／督導討論註記（未來團體進行注意事項／提供下次團體前之留意事項）

領導者（與協同領導者／觀察者）簽章：

（日期：　　　　）

督導檢閱簽章

（日期：　　　　）

附錄19-5　諮商團體單元歷程觀察紀錄表

團體名稱：　　　　　　　　　　次數：

日期：　　年　　月　　日（時間：　　　　　　／地點：　　　　　　）

*本表提供團體觀察員進行記錄使用（無觀察員之團體可不填寫，但亦可作自我反思之紀錄）。

　　請您依據所觀察之諮商團體，條列式的陳述您對於其團體氣氛與動力、人際互動形態和個別成員的參與狀況，進行相關的探討。

一、該團體在團體層次、團體氣氛和團體動力等值得關注和分析的事件或觀點
二、該團體在成員人際互動層次值得關注和分析的事情或觀點
三、該團體在個別成員參與狀況尚值得關注和分析的事情或觀點

觀察人員／紀錄撰寫者：

領導者閱覽：1.　　　　　　　　2.

附錄19-6　團體諮商師／領導者重要事件回憶表

團體領導者實務反思：請簡短的寫下您自己覺得在團體過程中重要的段落
（帶得好或是帶得不好的部分），簡述一下您自己的感覺與想法，並標記
一下大約的段落。

覺得自己帶得好的段落／成員有幫助的段落			
編號	段落主要內容	感覺與想法	大約發生時段
1			
2			
3			
覺得自己帶得不好的段落／成員恐怕沒有幫助的段落			
編號	段落主要內容	感覺與想法	大約發生時段
1			
2			
3			

領導者（與協同領導者／觀察者）簽章：

（日期：　　　　）

附錄19-7 團體領導者介入意圖與工作自我檢核表

團體名稱：

領導者：LA_____、LB_____

第_____次團體					
日期：	年　月　日		時間：	至	
應到成員人數：	人		實到成員人數：		人
座位安排			特殊事項 紀錄		

工作重點與意圖反思

工作重點（介入技術／領導作為） 可依據焦點選擇欄位，依循歷程分別摘述		當時介入意圖 領導者反思和回觀
團體歷程	成員個人	

整體分析：

團體整體評估	
人際互動之觀察	
個別成員關注事項	
自評：領導優勢／有助於實務發展之處	
自評：有待改進之領導作為	
有待督導之要項	

國家圖書館出版品預行編目(CIP)資料

團體諮商與心理治療：多元場域應用實務／許
育光著. -- 二版. -- 臺北市：五南圖書出
版股份有限公司, 2024.10
面；　公分
ISBN 978-626-343-401-1(平裝)

1.CST: 團體諮商　2.CST: 心理治療

178.4　　　　　　　　　　　111015119

1BWS

團體諮商與心理治療
多元場域應用實務

作　　者 ― 許育光（237.2）

企劃主編 ― 王俐文

責任編輯 ― 金明芬

封面設計 ― 鄭云淨

出 版 者 ― 五南圖書出版股份有限公司

發 行 人 ― 楊榮川

總 經 理 ― 楊士清

總 編 輯 ― 楊秀麗

地　　址：106台北市大安區和平東路二段339號4樓

電　　話：(02)2705-5066　　傳　　真：(02)2706-6100

網　　址：https://www.wunan.com.tw

電子郵件：wunan@wunan.com.tw

劃撥帳號：01068953

戶　　名：五南圖書出版股份有限公司

法律顧問　林勝安律師

出版日期　2013年1月初版一刷（共六刷）
　　　　　2024年10月二版一刷

定　　價　新臺幣650元

經典永恆・名著常在

五十週年的獻禮——經典名著文庫

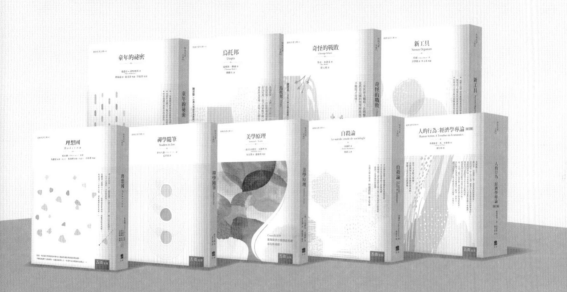

五南，五十年了，半個世紀，人生旅程的一大半，走過來了。

思索著，邁向百年的未來歷程，能為知識界、文化學術界作些什麼？

在速食文化的生態下，有什麼值得讓人雋永品味的？

歷代經典・當今名著，經過時間的洗禮，千錘百鍊，流傳至今，光芒耀人；

不僅使我們能領悟前人的智慧，同時也增深加廣我們思考的深度與視野。

我們決心投入巨資，有計畫的系統梳選，成立「經典名著文庫」，

希望收入古今中外思想性的、充滿睿智與獨見的經典、名著。

這是一項理想性的、永續性的巨大出版工程。

不在意讀者的眾寡，只考慮它的學術價值，力求完整展現先哲思想的軌跡；

為知識界開啟一片智慧之窗，營造一座百花綻放的世界文明公園，

任君邀遊、取菁吸蜜、嘉惠學子！